FRIEDRICH BATTENBERG

HERRSCHAFT UND VERFAHREN

Politische Prozesse
im mittelalterlichen Römisch-Deutschen Reich

WISSENSCHAFTLICHE BUCHGESELLSCHAFT
DARMSTADT

Die Deutsche Bibliothek – CIP-Einheitsaufnahme

Battenberg, Friedrich:
Herrschaft und Verfahren: politische Prozesse im mittelalterlichen Römisch-Deutschen Reich / Friedrich Battenberg. – Darmstadt: Wiss. Buchges., 1995
ISBN 3-534-10119-7

Bestellnummer 10119-7

Gedruckt auf säurefreiem und alterungsbeständigem Werkdruckpapier
Satz: Setzerei Gutowski, Weiterstadt
Druck und Einband: Wissenschaftliche Buchgesellschaft, Darmstadt
Printed in Germany
Schrift: Linotype Times, 9.5/11

ISBN 3-534-10119-7

Für Saskia

INHALT

VORWORT

Der Plan für die vorliegende Analyse entstand bereits vor einigen Jahren und geht in seinem Kern auf den leider allzu früh verstorbenen Lektor der Wissenschaftlichen Buchgesellschaft, Herrn Hermann Cürten, zurück. Er regte mich dazu an, auf der Grundlage der vielzitierten, 1927 erstmals publizierten und zuletzt bei der genannten Darmstädter Buchgesellschaft verlegten Monographie Heinrich Mitteis' über ›Politische Prozesse des früheren Mittelalters‹ ein ähnliches Werk zu schreiben, das mit Hilfe des weiterentwickelten methodischen Instrumentariums auch Prozesse des späten Mittelalters einbeziehen sollte. Die Realisierung dieses Planes wurde freilich zunächst durch ein anderes, dringlicheres Projekt verhindert, das unter dem Titel ›Das Europäische Zeitalter der Juden‹ als zweibändige Buchausgabe 1990 im gleichen Verlag Gestalt angenommen hatte: Es war für die termingebundene ›Besondere Wissenschaftliche Reihe‹ bestimmt. Die Verzögerung brachte indes einen Vorteil, der dem Leser des vorliegenden Buches zugute kommen wird: Im Rahmen der von Bernhard Diestelkamp herausgegebenen Reihe der ›Urkundenregesten zur Tätigkeit des deutschen Königs- und Hofgerichts bis 1451‹ konnten in den Jahren 1987 bis 1994 insgesamt sieben den Zeitabschnitt von 911 bis 1359 umfassende Quellenbände publiziert werden, durch die ein wesentlicher Teil der den Politischen Prozessen zugrundeliegenden Urkunden leichter zugänglich wurde. Da die in den späteren Prozessen verwerteten Quellenzeugnisse zumeist ebenfalls ediert sind – teilweise in den ›Deutschen Reichstagsakten‹, teilweise anhangsweise zu meinen eigenen Aufsätzen –, wird der Leser in die Lage versetzt, das im folgenden geschilderte Prozeßgeschehen anhand der durchwegs edierten und leicht greifbaren Quellentexte in größerer Unmittelbarkeit zu verfolgen.

Das Ziel der vorliegenden Analyse bestand allerdings nicht in einer Zusammenstellung einiger «Causes Célèbres» des Alten Reiches, und auch die Schilderung der zu den Prozessen führenden Ereignisse sollte nur einen geringen Raum einnehmen. Es ging vielmehr darum, anhand einiger repräsentativer Verfahren vor den königlichen Gerichten des Heiligen Römischen Reiches Wesen und Erscheinungsformen des „Politischen Prozesses" im Mittelalter herauszuarbeiten, damit aber zugleich einen Beitrag zur Funktionsweise und zum Selbstverständnis des römisch-deutschen Königtums zu leisten. Einige der Verfahren hatten bereits in eigenen Aufsätzen eine ausführlichere Würdigung erhalten, andere waren Gegenstand kontroverser Beurteilungen der älteren Literatur. Insofern wird der mit der Materie vertraute Leser manches Bekannte wiederfinden. Der hier im Anschluß an den Herrschaftsbegriff Max Webers und Otto Brunners neu definierte und anhand der Quellenzeugnisse überprüfte Begriff des „Politischen Prozesses" ließ indes aus der Synthese einiger älterer Darstellungen Neues entstehen: Das (forensische) Verfahren erwies sich schließlich als wichtiges Konstituens mittelalterlicher Herrschaft überhaupt und mußte deshalb in jedem Fall einer neuen Bewertung unterzogen werden.

Dieses Buch, das als vorläufiger Abschluß einer nun schon ein Vierteljahrhundert währenden Beschäftigung mit Problemen der Höchsten Gerichtsbarkeit des Reiches gedacht ist, verdankt sein Zustandekommen vielen befreundeten Kolleginnen und Kollegen. Stellvertretend für sie alle sei mein akademischer Lehrer Bernhard Diestelkamp genannt, dessen wissenschaftliche Leistungen ich erst kürzlich mit der ihm zum 65. Geburtstag gewidmeten Festschrift zur ›Geschichte der Zentraljustiz in Mitteleuropa‹ angemessen würdigen konnte. Zu besonderem Dank verpflichtet bin ich aber auch dem Lektor des Verlags, Herrn Rainer Kühn, der die Entstehung des Buches tatkräftig begleitet und für dessen zügige Fertigstellung gesorgt hat. Die Ermutigung und Unterstützung, die ich von anderer Seite erhalten habe, sei in der eingangs mitgeteilten Widmung gewürdigt.

Darmstadt, im Dezember 1994 J. Friedrich Battenberg

EINLEITUNG

Definition und Grundfragen

Das gesellschaftliche Umfeld der mittelalterlichen Prozesse

„Der Prozeß ist in jeder Entwicklungsphase [einer Gesellschaft] zuverlässiger Kristallisationsfaktor der Rechtskultur und in vielem getreues Abbild der politischen Geschichte einer Epoche." Mit diesen Worten hat 1971 Hans Schlosser den politischen Stellenwert des von ihm analysierten spätmittelalterlichen Zivilprozesses charakterisiert.[1] Erklärend wies er darauf hin, daß in der Spannungszone des konkreten Streitfalles und in der gestuften Typisierung des äußeren Prozeßablaufes die vielschichtigsten Züge der Rechtspflege und damit der Rechtswirklichkeit durchsichtig würden. Die spätmittelalterliche Prozeßgeschichte erhält danach einerseits eine historiographische Funktion, insofern nämlich, als durch sie gesellschaftliche und politische Entwicklungen deutlich gemacht werden können. Sie repräsentiert aber andererseits zugleich einen besonders strukturierten Ausschnitt aus dieser gesellschaftlichen Wirklichkeit, der zu ihr in einer noch näher zu definierenden funktionalen Beziehung steht. Sie hebt sich von ihr freilich dadurch ab, daß sie ereignisgeschichtlich beschreibbar und von einer Vielzahl von gleichgerichteten Impulsen (Klagen, Interventionen) abhängig ist, während diese in den Quellen vielschichtiger auftritt und vom Historiker nachträglich in ihrer strukturellen Zusammensetzung und allgemeinen „Prozeßhaftigkeit" erkannt werden kann. Faßt man in diesem Sinne die gesamte gesellschaftlich-politische Entwicklung der Vergangenheit als einen „historischen Prozeß" auf, der nach verschiedenen Handlungsimpulsen eigengesetzlich abzulaufen in der Lage ist,[2] so kommt den – auf einer anderen logischen Ebene liegenden – „juristischen Prozessen" einschließlich der von Schlosser angesprochenen Zivilprozesse die Funktion von Handlungssummen zu, die durch ihre gleichgerichteten Ablaufsformen in eigengesetzlich ablaufende, übergreifende Bewegungen, eben die „historischen Prozesse", umschlagen können.[3] Verwertbare Aussagen erhält man vor allem durch eine quantitative Erfassung seriell überlieferter Prozeßakten, wie es hinsichtlich der Acht- und Anleiteprozesse des spätmittelalterlichen königlichen Hofgerichts[4] und hinsichtlich der Reichskammergerichtsprozesse des 16. Jahrhunderts bereits versucht worden ist.[5] Die vermehrte Inanspruchnahme bestimmter Prozeßtypen kann danach z. B. einen Mentalitätswandel der Bevölkerung indizieren und zugleich repräsentieren, wie er in Einzelaussagen der Quellen nur punktuell deutlich werden könnte. Die durch statistische Erhebungen feststellbare Änderung in der sozialen Zusammensetzung der Prozeßbeteiligten wäre so gesehen nicht nur als Aussage über die Prozeßfreudigkeit bestimmter Personengruppen und die Attraktivität eines Justizkörpers in einer angebbaren Zeitspanne zu werten, sondern zugleich als eine Änderung in der Einstellung über die Lösbarkeit sozialer Konflikte. Die vor allem von Winfried Schultze hinsichtlich der frühneuzeitlichen „Untertanenprozesse" geäußerte These, wonach durch die Kanalisierung des vorhandenen Konfliktpotentials im Rahmen der attraktiver gewordenen gerichtlichen Instanzen der Territorien und des Reiches „eine tendenzielle Verrechtlichung sozialer Konflikte erreicht wurde,[6] ist eine solche Aussage, die durch eine Gesamtbewertung eines in einer bestimmten Zeitspanne gehäuft auftauchenden Prozeßtyps getroffen werden konnte. In ähnlicher Weise, nämlich durch einen vornehmlich quantitativ-statistischen Zugriff auf das seriell überlieferte Prozeßaktenmaterial, wurden auch Aussagen über die Verschriftlichung, die Professionalisierung und die Rationalisierung der Rechtskultur[7] getroffen. Die Erfassung der (juristischen) Prozeßkultur wurde so zu einem Mittel zur Klärung der Rechtskultur und darüber hinaus der allgemeinen Kultur einer Gesellschaft, wenn man unter ihr mit Richard von Dülmen die Formen versteht, in denen soziale Beziehungen erfahren und verarbeitet wurden.[8]

Die typisierende und quantitativ-auswertende Erfassung spätmittelalterlicher Prozeßquellen erscheint jedoch nicht ausreichend, um die hier vorgestellte Gruppe der „Politischen Prozesse" sachgerecht zu bewerten. Dies liegt jedenfalls dann auf der Hand, wenn man die von Hans-Jürgen Becker[9] im Anschluß an Otto Kirchheimer[10] vorgeschlagene Definition zugrunde legt und unter ihnen „gerichtsförmliche Verfahren" versteht, die „zu politischen Zwecken mißbraucht" werden. Eine derartige Mißbrauchsabsicht politischer Entscheidungsgremien, auch wenn sie eine ganze Serie von Prozessen betrifft und in einer allgemeinen Verfügung zum Ausdruck kommt, läßt sich aber nicht durch einen quantitativen Zugriff auf das Quellenmaterial, sondern nur durch eine vergleichende Bewertung von Einzelverfahren ermitteln. Läßt man die Mißbrauchsabsicht für die Situation des Spätmittelalters als anachronistisches Kriterium, das in unzulässiger Weise objektive Prozeßfunktionen von (subjektiven) politischen Absichten trennt, beiseite, und versucht man statt dessen, das Merkmal des „Politischen" als einen für historiographische Zwecke operablen Begriff nach objektiven Bestandteilen zu beschreiben,[11] so wird damit die Notwendigkeit einer Einzel- und Vergleichsanalyse nicht in Frage gestellt. Es geht dann freilich weniger um die Eingrenzung eines nach modernen Kategorien definierbaren Prozeßtyps, der den mit historischen Quellen arbeitenden Rechtsdogmatiker interessieren könnte, als um die Beschreibung einer „Prozeßwirklichkeit", die zugleich Teil einer gesellschaftlichen Wirklichkeit und damit der (sozialen und institutionellen) Kultur im oben definierten Sinne war. Eine solcherart in Gang gesetzte (Prozeß-)Fallstudie in vergleichender Absicht erfüllt so den gleichen Zweck wie die quantitativ-statistische Prozeß-Analyse: Auch sie will von einer Mehrzahl von gleichgerichteten Handlungen, wenn auch hier nicht unbedingt Handlungssummen, zumindest punktuell auf die Existenz allgemeinhistorischer Prozesse schließen, die von ihnen teils angestoßen wurden, in der Mehrzahl jedoch für den Historiker durch die Fallstudie nur beschrieben, beleuchtet und offengelegt werden können.

Wenn damit einsichtig ist, daß sowohl die nach Zeit und Raum eingegrenzte und von einer namenlosen Petentenreihe initiierte Prozeßserie als auch der nach komparablen Kriterien verwertbare Einzelfall die gesellschaftliche Kultur einer Epoche nicht nur im Sinne Hans Schlossers getreulich abbilden, sondern diese sogar in Teilen zumindest konstituieren können, so ist immer noch nicht die Frage geklärt, wie der logische Schritt vom Prozeß zur sozialen Wirklichkeit, von der Form zum Inhalt also, vollzogen werden kann. Die weitgehend auf schriftlichen Normen und allgemein akzeptierten Gewohnheiten beruhende moderne Gesellschaft bedarf des gerichtlichen Prozesses nur noch für den Fall rechtlicher oder tatsächlicher Zweifel und Normabweichungen, die eine Klärung und Sanktion erheischen. Die Legitimationsfunktion des Verfahrens[12] betrifft das eigentlich forensische Verfahren nur noch zu einem kleinen Teil, da die Rechtsdurchsetzung im behördlichen Verwaltungsverfahren und in der privaten Vertragspraxis für den Regelfall sichergestellt ist. Der gerichtliche Prozeß erfaßt dann eher die atypischen Fälle, so daß ein Schluß von diesem auf die Rechtswirklichkeit der modernen Gesellschaft nicht ohne Einbeziehung weiterer, „außerprozessualer" Normdurchsetzungsformen gezogen werden kann. Demgegenüber soll hinsichtlich der vormodernen, archaischen Gesellschaft die These aufgestellt werden, daß (gerichtlicher) Prozeß und Recht aufs engste miteinander verschränkt waren, wenn nicht gar ineinanderfallen konnten. Wo ein Legitimierungstitel nicht unmittelbar vorgewiesen werden konnte (wie etwa im Falle der Privilegienbriefe) und auch die Berufung auf eine allenthalben geltende Gewohnheit nicht möglich war, erhielt die Einhaltung gerichtlicher Verfahrensregeln selbst die legitimierende Funktion. Angesprochen ist damit ausschließlich das archaische, im Anschluß an Max Weber[13] und Jürgen Weitzel[14] so bezeichnete „dinggenossenschaftliche" Verfahren, durch das die richterliche Funktion der Leitung und des Rechtsgebots von der Funktion der Rechts- und Urteilsfindung durch die (dinggenossenschaftlichen) Urteiler geschieden wurde.[15] Nur dieses schien einen gleichförmigen Verfahrensgang unter Ausschaltung herrschaftlicher Einzelinteressen zu garantieren. Mit Recht hat Wilhelm Ebel darauf hingewiesen,[16] daß es in der „archaischen Epoche unsers Rechts" ohne Formalismus kein Recht gegeben habe. Die Aufgabe des Gerichts habe demnach nicht darin bestanden, festzustellen, was wirklich geschehen sei, sondern darauf zu achten, daß die Kampfregeln eingehalten wurden; das Recht hatte sich selbst auszusprechen und zu verwirklichen.[17] Was hier in Beobachtung mittelalterlicher Rechtsquellen behauptet wurde, bekommt seinen Sinn, wenn man sich die Funktionsweise vormoderner Gesellschaften und damit insbesondere der mittelalterlichen deutschen Gesellschaft vor Augen hält. Diese unterschied sich vor allem in zweierlei Hinsicht von der modernen Gesellschaft: Sie beruhte einerseits auf überwiegend mündlicher Kommunikation und war damit wesentlich eine orale, nicht eine literale Gesellschaft.[18] Sie konstituierte sich andererseits auf zumeist personaler, in Formen der Treue und der Schutzzusage vermittelter Basis, nicht auf institutionellen Gegebenheiten.[19] Eine derartige oral-personale Gesellschaft aber bedurfte ritueller Sichtbarmachung, um überhaupt Verhaltenserwartungen in freilich formalisierten Alternativen stabilisieren zu können.[20] Ein so beschaffenes Gemeinwesen mußte, wie Johannes Fried für das Früh- und Hochmittelalter erkannt hat,[21] durch Reden, Rituale und Gebärden „inszeniert" und auf diese Weise sichtbar gemacht werden. Hinzu kommt der von Gerhard Dilcher beobachtete Umstand, daß anstelle der moderneren Kategorien „Recht" und „Unrecht" mangels eindeutiger Normativität die vorrechtlichen Kategorien „Ordnung" und „Konflikt" standen,[22] durch die Recht gleichsam von der Entscheidung des Einzelfalls her konstituiert wurde. Konsens mußte über das Verfahren der Konfliktaustragung gefunden werden. Hatte man sich auf dieses durch Rechtsgebot und „Verwillkürung" geeinigt oder wurde dieses durch eine von allen Konfliktparteien anerkannte Herrschaft zur Verfügung gestellt, so bedurfte es keiner darüber hinausgehender Orientierungsnormen.

Es muß nun allerdings bedacht werden, daß dieses Prinzip der ritualisierten Konfliktlösung ohne Rücksicht auf eventuell bestehende Normen des (materiellen) Rechts einem historiographisch ermittelten Idealtyp entspricht, der in reiner Form der gesellschaftlichen Wirklichkeit keineswegs entsprach und schon gar nicht, wie es in der Literatur z.T. geschieht,[23] anthropologisch gegründet werden kann. Dieses Prinzip mag der hochmittelalterlichen Ordnung weitgehend zugrunde gelegen haben, hatte aber damals schon in der literalen Kultur der Kanonistik eine Konkurrentin. Hatte die Kirche schon durch ihren geistlich-transzendentalen Anspruch der Instabilität und Hinfälligkeit der auf personalen Beziehungen beruhenden Gesellschaft den Charakter der Dauerhaftigkeit verliehen,[24] so boten die stetiger und herrschaftsunabhängig arbeitenden geistlichen Entscheidungsorgane jetzt auch die Möglichkeit der Konfliktaustragung vor dem Hintergrund übergreifender Rechtsprinzipien an. Hinsichtlich der Gegenstände, die von der Zuständigkeit der Offiziale erfaßt wurden, wandelte sich die Gesellschaft von einer oral-personalen in eine literal-institutionelle. Dies konnte regional und phasenweise umfassend geschehen, wenn, wie in Worms im 14. Jahrhundert, aufgrund besonderer politischer Konstellationen geistliche Offizialatsgerichte die älteren Schöffengerichte in ihrer Zuständigkeit völlig verdrängten.[25] Dennoch aber scheint das Prinzip des Vorrangs der ritualisierten Form vor „selbstreferentiellen“ und nicht weiter legitimierungsbedürftigen Rechtsnormen[26] zumindest bis ins Zeitalter der Rezeption seine Dominanz bewahrt zu haben. Indiz dafür ist der vielfach zu beobachtende Widerstand gegen die Besetzung der überkommenen Gerichte mit Gelehrten,[27] der auf Reichsebene erst durch die Tätigkeit des Königlichen Kammergerichts allmählich aufgegeben wurde,[28] hinsichtlich der lokalen Schöffengerichte aber dazu führte, daß deren Urteile für die neugeschaffenen „verwissenschaftlichten“ Obergerichte nicht justitiabel wurden.[29] Im Unterschied zum Frühen und Hohen Mittelalter freilich galt das der personalen Organisationsform der Gesellschaft entgegenkommende Prinzip formaler und ritualisierter Ordnung nicht mehr begründungslos und von selbst; es mußte vielmehr unter Hinweis auf die überkommene Ordnung verteidigt und in seiner Effektivität für die gesellschaftliche Wirklichkeit unter Beweis gestellt werden.

Damit sollte deutlich geworden sein, daß der (forensische) Prozeß als eine ritualisierte Form der Konfliktaustragung für die mittelalterliche Gesellschaft – ebenso wie für alle archaischen Gesellschaften dieser Entwicklungsstufe – die Funktionen des Rechts erfüllte, daß er aber auch noch in seiner „verwissenschaftlichten" Weiterentwicklung das nun neu definierte Recht wesentlich konstituierte. Einzelprozeß wie auch Prozeßserie rücken damit für den rekonstruierenden Historiker zu maßgebenden Komponenten auf, in denen sich die mittelalterliche Gesellschaft nicht nur abgebildet findet, sondern die letztere auch in ihrer konkreten Ausprägung bestimmten.

Politisches Handeln in der mittelalterlichen Gesellschaft

Wenn im folgenden der Begriff des „Politischen Prozesses" zur Grundlage genommen wird, so muß zunächst definiert werden, was unter „politischem Handeln" verstanden werden soll. Eine erste Schwierigkeit der Definition besteht darin, daß für das Mittelalter nicht von der Existenz staatlicher oder institutionell festgelegter Organisationsformen ausgegangen werden kann, an denen man die „Politik" ihrer Funktionsträger messen und sie damit inhaltlich festlegen könnte. Trotz der von Johannes Fried für die ältere Zeit geäußerten Bedenken[30] sollte man allerdings von einem für archaische Gesellschaften allgemein geltenden Prinzip von Herrschaft ausgehen, und zwar im Sinne der Definition Max Webers, wonach durch sie die Chance eröffnet wird, für einen Befehl bestimmten Inhalts innerhalb eines angebbaren Personenkreises Gehorsam zu finden.[31] Man sollte sich allerdings darüber im klaren sein, daß eine derartige Herrschaft in abgestufter Form auftreten konnte, und zwar von der Bildung einer Interessenkonstellation mit informellen Einwirkungsmöglichkeiten bis hin zur „autoritären" Beherrschung von Personengruppen kraft institutioneller Festlegung.[32] „Herrschaftliche" und „genossenschaftliche" Herrschaftsformen, die auf Prinzipien der „Obrigkeit" einerseits und der „Einung" andererseits beruhten, sind deshalb gleichermaßen unter die mittelalterlichen Herrschaftsformen zu subsumieren.[33]

Um für „politisches Handeln" relevant zu werden, muß diese – wie auch immer funktionierende – Herrschaft als „Politischer Verband" auftreten. Nach Max Weber ist jeder Herrschaftsverband als Politischer Verband dann zu charakterisieren, wenn „sein Bestand und die Gliederung seiner Ordnungen innerhalb eines angebbaren geographischen Gebiets kontinuierlich durch Anwendung und Anordnung physischen Zwangs seitens des Verwaltungsstabes garantiert werden".[34]

Auch wenn von ihm ausdrücklich eine Abgrenzung zur Form des Staates vorgenommen wird, bei der ein Monopol legitimen physischen Zwanges für die Durchführung der Ordnungen in Anspruch genommen werden muß, wird man die vor dem Hintergrund des Anstaltsstaates des 19. Jahrhunderts entwickelte Definition des „Politischen Verbandes" zur Anwendbarkeit auf die Verhältnisse des mittelalterlichen Deutschen Reiches relativieren müssen. So wird man zwar eine in Grund- und Nutzungswerten objektivierte Radizierung der Herrschaft annehmen müssen, um sie für Dritte sichtbar und angreifbar zu machen, nicht aber eine geographische Ausdehnung auf ein „Gebiet". Man wird weiter das Vorhandensein eines bürokratischen Stabes zur Herrschaftsleitung kaum fordern dürfen, wohl aber von der Existenz eines – wenn auch noch so kleinen und primitiven, nur von Fall zu Fall zusammentretenden – Hofes annehmen müssen, da durch ihn vor allem die Kommunikation zu Herrschaftskonkurrenten vermittelt und die Herrschaft gegenüber Unterworfenen sichtbar gemacht wurde. Somit wurde eine Herrschaft im Mittelalter dann zu einer „Politischen", falls sie auf der Grundlage ihrer Verfügungsgewalt über „Leib und Gut" über kontinuierlich einsetzbare Sanktionsmöglichkeiten verfügte oder diese wenigstens beanspruchte und ihre Stellung nach außen hin durch „höfische" Repräsentationsformen deutlich machen konnte. „Politisches" Handeln ist infolgedessen dann anzunehmen, falls die Interessen einer derart charakterisierten Herrschaft[35] durch eigenes Handeln oder Unterlassen unmittelbar tangiert sind. Dies ist etwa zu vermuten bei Vertragsschlüssen zur Erweiterung der Herrschaftsgrundlagen, aber auch bei Fehdehandlungen zur Verteidigung und Absicherung des Herrschaftsbestandes gegen fremde Eingriffe. Der Durchsetzung einer Herrschaft im Innern sollten die Sanktionen dienen, deren Abwehr durch die Betroffenen freilich ex negativo ebenso vom Begriff des „Politischen Handelns" umfaßt sein kann, falls dadurch der Istbestand der Herrschaft selbst wesentlich betroffen wurde.

Definition des Politischen Prozesses

Somit kann der „Politische Prozeß" für den hier interessierenden Zeitraum als dasjenige forensische Verfahren angesehen werden, das Konflikte um die Grundlegung, die Stabilisierung, die Ausweitung oder Verteidigung von Herrschaft lösen sollte. Diese Definition unterscheidet sich somit grundlegend von der vornehmlich an neuzeitlichen

Verfahren entwickelten Definition Otto Kirchheimers,[36] mit der die Instrumentalisierung von rechtsförmlichen Verfahren zu solchen „politischen" Zwecken erfaßt werden sollte, die mit dem ursprünglichen Verfahrenszweck nichts zu tun hatten, insbesondere eine Brandmarkung und Ächtung eines politischen Gegners zum Ziele hatten oder aus dessen Verurteilung politische Vorteile ziehen wollten. Bezeichnenderweise wurden als Beispiele der erstgenannten Variante für das Mittelalter nur Prozesse aufgeführt, die nach kanonistischen Verfahrensregeln abliefen,[37] wie das Verfahren gegen den Templerorden 1312[38] und die zwischen Ludwig dem Bayern und der Kurie geführten Prozesse.[39] Dies aber sind Verfahren einer literal-institutionellen Rechtskultur, die nach dem bisher Gesagten im Mittelalter einer nur begrenzten gesellschaftlichen Realität entsprachen. Unter die letztgenannte Variante werden demgegenüber vor allem die großen Achtprozesse gerechnet, durch die aus dem Sturz politischer Gegner wie besonders Herzog Heinrichs des Löwen[40] und König Ottokars von Böhmen[41] politisches Kapital gezogen wurde. Hier jedoch von einem Mißbrauch prozessualer Formen zu sprechen, die von der Rechtsordnung für andere Zwecke bereitgestellt wurden, verkennt die Funktion des „politischen" Achtprozesses. Dieser – im Mittelalter nicht anders als in der Frühen Neuzeit[42] – sollte gerade dazu dienen, königliche und kaiserliche Herrschaft zu legitimieren, sie ideologisch-symbolisch zu konkretisieren und propagandistisch in der Reichsöffentlichkeit sichtbar zu machen.[43] Der „politische" und modernem Verständnis nach über das Rechtsverfahren hinausgehende Nutzen war notwendiger Bestandteil des Prozesses und kann deshalb auf keinen Fall mit Begriffen wie „Instrumentalisierung" oder „Mißbrauch" denunziert werden. Auch wenn das Bemühen um Eingrenzung des Politikbegriffes und das Plädoyer für einen sparsamen Gebrauch eines an sich konturenlosen und von modernen Assoziationen stark belasteten Begriffs anzuerkennen sind, muß weiterhin daran festgehalten werden, daß die Anwendungsbereiche des mittelalterlichen Politischen Prozesses mit den Kategorien von „Konflikt" und „Herrschaft" im definierten Sinne zusammenzubringen sind, in keinem Fall aber die erwähnte „Mißbrauchskategorie" als subjektive Komponente, die den Bewußtseinsstand des „verwissenschaftlichten" Prozesses voraussetzt, einbeziehen darf.

Die hier vorgeschlagene Definition des „Politischen Prozesses" berührt sich andererseits mit dem Verständnis der neuerdings wieder von Ulrich Eisenhardt in die Diskussion eingeführten „verfassungsrechtlichen" Prozesse.[44] Nach ihm sind solche auch für das Mittelalter anzunehmen, falls es um eine institutionell auf die Erhaltung und Durchsetzung der materiellen Verfassung gerichtete Rechtsprechung ging, wobei eine Trennung nach politischen und rechtlichen Streitigkeiten nicht getroffen werden könne. Insbesondere bei der Tätigkeit des 1235 in Mainz institutionalisierten Königlichen Hofgerichts könnten derartige verfassungsrechtliche Streitigkeiten identifiziert werden. Geht man nun davon aus, daß die mittelalterliche Verfassung als eine auf Herrschaft beruhende Ordnung charakterisiert werden kann, so könnte man „Politische Prozesse“ gleichermaßen als Verfahren von verfassungsrechtlicher Relevanz bezeichnen. Insoweit ist auch die ganz auf einem institutionellen Verständnis der mittelalterlichen Gesellschaft beruhende Definition Heinrich Mitteis’ verwendbar, der die Politischen Prozesse als diejenigen charakterisiert, „die unmittelbar auf die Fortentwicklung der Verfassung eingewirkt haben“, auch wenn hier wie in weiteren Äußerungen die Intentionalität überbetont wird.[45] Da aber der Begriff der Verfassung, der, wie auch Eisenhardt durchaus richtig sieht, zu sehr von der neuzeitlichen juristischen Diskussion geprägt ist und auch den institutionellen Flächenstaat zum Gegenstand hat, sollte man ihn für das Mittelalter besser vermeiden. Es bietet sich deshalb an, ihn durch den Begriff der Politischen Herrschaft zu ersetzen.

Die Funktion der Politischen Prozesse

Die im vorstehenden Abschnitt entwickelte Abgrenzung von „Politischen“ zu „Nichtpolitischen“ Gerichtsverfahren hat als Typisierung von Prozeßarten nur dann einen Sinn, wenn sie entweder als Spiegelung einer zeitgenössischen Differenzierung eine bestimmmte Funktion erfüllen, oder wenn sie wenigstens die moderne Beurteilung von mittelalterlichen Rechtsverfahren erleichtern kann. Letzteres dürfte dadurch erschwert sein, daß die am wissenschaftlich-rationalen Prozeßverfahren der Neuzeit entwickelte Kategorie des Politischen Prozesses der hier vorgeschlagenen Definition für die mittelalterlich-archaischen Verhältnisse der Vormoderne diametral widerspricht. Dem könnte man freilich aus dem Weg gehen, indem man statt dessen einen Begriff wie den der „Herrschaftsprozesse“ wählt, um damit jeden Zusammenhang mit dem unpassenden Pendant der Neuzeit zu vermeiden. Wenn man dem am modernen europäischen Prozeßrecht geschulten Leser jedoch eine Interpretationshilfe geben will, wird man kaum umhinkönnen, die verschiedenen Prozeßarten näher nach

Inhalt und Zweck aufzuschlüsseln, um damit Kriterien zur Beobachtung von Ähnlichkeiten und Unterschieden an die Hand zu geben. Diese Arbeit wurde hinsichtlich der Prozeßbriefe des deutschen Königlichen Hofgerichts bereits geleistet.[46] Die Differenzierung nach „Politischen“ und „Nichtpolitischen“ Prozessen bzw. nach „herrschaftlich“ und „privat“ setzt auf einer zu abstrakten Ebene ein, um komparative Analysen vor dem Hintergrund des modernen Rechts zu ermöglichen. Somit bleibt nur der Weg, nach einer Funktion des „Politischen Prozesses“ für den zeitgenössischen Betroffenen zu suchen. Hier bietet eine jüngst entstandene Untersuchung zu dem unter Kaiser Friedrich III. wirkenden Kanzler und Gelehrten Rat Dr. Ulrich Riederer eine Hilfe.[47] Hiernach konnte festgestellt werden, daß dieser vornehmlich mit Fiskalangelegenheiten des kaiserlichen Hofes betraute Rat sich darüber hinaus besonders derjenigen Prozesse am kaiserlichen Kammergericht annahm, „bei denen politische Ansprüche mit rechtlichen Mitteln verfochten wurden“.[48] Aus der Masse der Gerichtsverfahren wurden offenbar diejenigen herausgefiltert, bei denen die Interessen des Kaiserhofes in hohem Maße tangiert waren und mit denen die Herrschaft des römisch-deutschen Kaisers im Reich auf prozessualem Wege verfestigt werden konnte, auch wenn er selbst nicht Partei war. Hierzu zählten die Prozesse des Hans von Rechberg gegen die Schwäbische Städtevereinigung 1455/1456 und der Grafen von Leiningen gegen die Herrschaft Lichtenberg im Elsaß von 1458–1466.[49] Eine gleiche Differenzierung wirkte offensichtlich im Sprachgebrauch der Zentralgerichte bis zum Ende des Alten Reiches fort. Um die Rechtsprechung des Reichshofrats stärker in sein politisches Gesamtkonzept einzubinden, beabsichtigte etwa Kaiser Joseph II., eine regelmäßige Berichterstattung über alle „Politischen“ Prozesse einzuführen.[50] Geht man nun davon aus, daß die erwähnten politischen Ansprüche auch aus der Sicht der Prozeßbeteiligten definiert sein konnten, ohne daß der Kaiser unmittelbar betroffen war, so läßt sich die Funktion des „Politischen Prozesses“ für den zeitgenössischen Beteiligten wie folgt umschreiben: Dieser hatte als ein aus der Sphäre des Alltäglichen herausgehobenes Gerichtsverfahren den Zweck, auf rechtsförmlich-rituelle Weise die überkommene feudale Ordnung im Interesse einer oder mehrerer Herrschaften zu stabilisieren. Eine institutionelle Unterscheidung nach einer (politischen) Herrschaftssphäre und einer (nichtpolitischen) Lebenssphäre kann freilich für das Mittelalter noch nicht durchgeführt werden, weil jede Herrschaft noch persönlicher Natur war und noch nicht mittels eines bürokratisierten Staatsapparats durchgeführt werden konnte. Diese Entwicklung vollzog sich erst in der Frühen Neuzeit.[51] Die Qualifizierung als „Politischer Prozeß" muß deshalb von Fall zu Fall durchgeführt werden. Der rückschauende Historiker wird auf ihn insofern besonders zu achten haben, als über ihn die Strukturlinien der allgemeingesellschaftlichen Kultur der betreffenden Zeitspanne ermittelt werden können, wenn durch ihn nicht gar das politische Ordnungssystem einer Gesellschaft konstituiert wurde.

Sachliche, zeitliche und räumliche Dimensionen

Das Wesen des „dinggenossenschaftlichen" Verfahrens

Als „mittelalterlich" wird in der folgenden Analyse nur dasjenige Verfahren angesehen, das zumindest im Ansatz nach „dinggenossenschaftlichen" Prinzipien ablief, bei dem also ein urteilendes Beisitzerkollegium von Schöffen oder Standesgleichen der Prozeßparteien von einem prozeßleitenden und die ausführenden Gebote verkündenden Richter unterschieden wurde. Solange das „Recht" und damit das Wissen um konsensfähige Möglichkeiten der Konfliktlösung einer normativen Verfestigung entbehrte, auch „ganzheitlich" mit dem Lebensalltag der „Volksgenossen" verbunden war und nur fallweise ins Bewußtsein trat,[52] bedurfte es keines juristisch geschulten Stabs von Experten, der normative Grundsätze zur Anwendung brachte. Als „Recht" konnte nur dasjenige gelten, wozu man sich im Einzelfall durch Verwillkürung verpflichtet hatte, was privilegialiter verbrieft war oder was im Konfliktfalle von den Schöffen durch Urteilsspruch für den konkreten Streitfall[53] festgestellt worden war. Allenfalls die von jedermann zu beachtenden Spielregeln zur Austragung rechtlicher Konflikte, also die Grundsätze des dinggenossenschaftlichen Verfahrens, hatten einen normativ-verbindlichen Charakter.[54] Zu betonen ist freilich, daß es sich hier nicht etwa um ein spezifisch „deutschrechtliches" Prinzip handelt. Vielmehr verkörpert das Prinzip der Trennung von (dinggenossenschaftlicher) Rechtsfindung und (herrschaftlichem) Rechtszwang in Prozeßleitung und Rechtsgebot eine Kulturstufe archaischer Gesellschaften, die einerseits die Form der charismatischen „Rechtsprophetie" bereits hinter sich gelassen hatte, die andererseits aber noch nicht allgemein in der Lage war, Reflexionen über die Stabilität und Rationalität normativer Regeln über den Konfliktfall hinaus anzustellen.[55] „Mittelalterliche" Prozeßverfahren politischen Charakters im oben definierten Sinne konnten also nicht als „Musterprozesse" ablaufen, die bewußt über den konkreten Konfliktfall hinaus strukturbildend wirkten. Der Durchschlag der „bewußt" gestalteten Einzelfälle auf die mit ihnen möglicherweise veränderte rechtliche und soziale Kultur läßt sich insofern nur als Folge- und Begleiterscheinung eines (gesamt)historischen Prozesses deuten, der sich der Kontrolle seiner Verursacher entzog und in eigengesetzlichen Bahnen weiterlief. Politische Prozesse waren demnach, zumal in einer nichtnormierten, archaischen Gesellschaftsordnung, wichtiges Glied einer Ursachenkette, die zu einer schrittweisen Reduktion von Systemkomplexität führte.

Es wurde bereits darauf hingewiesen, daß durch den Einfluß der geistlichen Gerichtsbarkeit der Offiziale[56] und die Verschriftlichung der gesellschaftlichen Kultur ritualisierte Verfahrensformen bereits frühzeitig von rationalisierten Rechtsfindungstechniken bedrängt wurden. Ein derartiger „Aufweichungsprozeß" wurde nicht nur von außen angestoßen, sondern erfaßte auch das dinggenossenschaftliche Verfahren durch immanente Neuerungen. Hierzu rechnen vor allem die seit der Mitte des 14. Jahrhunderts mögliche Streitentscheidung in bayerischen Landgerichten in Anwendung des zu Rate gezogenen Landrechtsbuchs *(nach des buches sage)*,[57] die – freilich erst in der Hofgerichtsordnung von 1572 festgelegte – ausnahmsweise Mitwirkung des Rottweiler Hofrichters bei der Urteilsberatung[58] und die Einführung des dem Kammerrichter zugebilligten Stichentscheids nach der Ordnung des Königlichen Kammergerichts von 1495.[59] Diese Entwicklung zum selbsturteilenden Richter, durch die die herrschaftliche Gebots- und Leitungskompetenz durch eine eigenständige Entscheidungskompetenz verbunden wurde, verwandelte im Endstadium das Urteilergremium in eine Beratergruppe, die sich folgerichtig nur noch durch juristische Kompetenz, nicht mehr durch ihre soziale Zugehörigkeit zu einem Honoratiorentum ständischer Provenienz legitimieren konnte.

Insgesamt muß die wesentlich im 14. Jahrhundert einsetzende Aushöhlung des mittelalterlichen Prinzips der dinggenossenschaftlichen Rechtsfindung als Veränderungsprozeß eines gesellschaftlich-politischen Systems begriffen werden, das im Bereich des Heiligen Römischen Reiches unterschiedlich regional verankert war und deshalb unter dem Druck ökonomischer Sachgesetzlichkeiten in vielen städtischen Gerichten frühzeitig aufgegeben wurde. Die hier zu beobachtende „Rationalisierung und Ökonomisierung des Rechtsdenkens",[60] die eine Abgrenzung von Rechten und Pflichten nach Maßgabe selbstgesetzter Statuten, geschäftlicher Abmachungen und herrschaftlicher

Privilegien verlangte, erforderte eine Reduktion der Komplexität des im Grundsatz weitergeltenden archaischen Systems.[61] Die Relevanz des „sozialen Konflikts" als einer Grunderfahrung des Alltagslebens und Voraussetzung gesellschaftlicher Ordnung wurde hier vielfach von einem normativ geregelten und durch differenzierte Kompetenzzuweisung zur Funktion gebrachten Prinzip des „Kräftegleichgewichts" verdrängt.[62] Der vornehmlich aus kanonistischer Verfahrenspraxis der Offizialatsgerichte übernommene und von gelehrten kaiserlichen und päpstlichen Notaren *(notarii publici)*, Stadtschreibern, Räten und anderen Juristen artikulierte Rationalisierungsimpuls der modernisierten Umwelt, aber auch die unter dem Druck der Effektivitätssteigerung stehende systemimmanente Anpassungsleistung hatten einen Umbildungsprozeß in Gang gesetzt, der endgültig erst mit den Reformen des 19. Jahrhunderts zum Abschluß gelangte. Für das 14. und 15. Jahrhundert muß aber dennoch von einer fortwirkenden Dominanz des dinggenossenschaftlichen Verfahrenssystems in Mitteleuropa ausgegangen werden, dessen unveränderte Geltung freilich einer Überprüfung von Fall zu Fall bedarf.

Der zeitliche Rahmen: Schwerpunkt Spätmittelalter

Die Einführung eines zeitlichen Rahmens von der ausgehenden Stauferzeit bis zur zweiten Hälfte des 15. Jahrhunderts, begrenzt von den Regierungszeiten der beiden Kaiser Friedrich II. von Hohenstaufen und Friedrich III. von Habsburg, erwies sich nicht nur aus äußerlichen Gründen als zweckmäßig, sondern hatte auch eine inhaltliche Ursache. Schon im vorstehenden mag deutlich geworden sein, daß der dinggenossenschaftliche Prozeßgang der archaischen „Konfliktgesellschaft" im Verlaufe des Spätmittelalters innerhalb der zweieinhalb Jahrhunderte bis zum beginnenden 16. Jahrhundert am Königshof und in der Praxis der meisten weltlichen Gerichte dominierte, andererseits gerade in dieser Zeitspanne einem allmählichen Erosionsprozeß ausgesetzt war. Was am Beginn der Epoche trotz einer möglichen Adaption kanonistischer Prinzipien der Offizialatsgerichtsbarkeit die Grundlage jeder Konfliktlösung war, geriet am Ende der Epoche unter Legitimierungsdruck. Die Auflösung des dinggenossenschaftlichen Verbandes im Rahmen der urbanen Kultur und dessen teilweise Ersetzung durch ein System spezialisierter Funktionsträger hatte zunehmend Auswirkungen auf die (forensische) Verfahrenspraxis des Königshofes. Der Verfall und das schließliche Ende des Königlichen Hofgerichts in der Mitte des 15. Jahrhunderts[63] indizieren zugleich die Endphase des dinggenossenschaftlichen Prinzips für die zentrale Gerichtsbarkeit des Reiches: Die Funktion des wechselnden Urteilergremiums der bei Hofe anwesenden Fürsten, Edelherren und Ritter wurde seither überwiegend von dem spezialisierten Beisitzer- und Beratergremium des Königlichen Kammergerichts übernommen, dessen Schriftverkehr jetzt auch der „herrschaftlichen" allgemeinen Hofkanzlei zugewiesen wurde.

Der hier knapp charakterisierte Umformungsprozeß der zentralen Gerichtsbarkeit am Königshof des Reiches bildet nur einen Ausschnitt aus einem größeren historischen Prozeß im Rahmen der spätmittelalterlichen Gesellschaft, der sich nach Beginn und Endpunkt im Anschluß an die Thesen Ernst Schuberts definieren läßt.[64] Am Beginn der Zeitspanne stand die Verfestigung und Abschließung der gesellschaftlichen Lebensräume, die angesichts des enger gewordenen Nahrungsspielraums gegeneinander abgegrenzt und definiert werden mußten. Die soziale Primärgruppe auf dörflich-agrarischer Basis, die als „Umstand" und Schöffengremium die dinggenossenschaftliche Kompetenz zur Konfliktlösung innehatte, geriet durch Migrationsbewegungen und die sprunghafte Bevölkerungszunahme im 13. Jahrhundert[65] unter Identitätsdruck. Die bisher unorganisierten, auf Nachbarschaft, Verwandtschaft und gegenseitigen Treueverhältnissen beruhenden Personalbeziehungen mußten jetzt durch Einführung von Familiennamen und die Zuordnung von Personengruppen zu sekundären Gemeinschaftsmittelpunkten (Burgen, Zünften u. a.) standardisiert werden. Der eng gewordene Lebensraum mußte seither in immer neuen Versuchen den geänderten Bedürfnissen angepaßt und jeweils umorganisiert werden. Die seit dem beginnenden 14. Jahrhundert auftauchenden und bis zum Ende des 15. Jahrhundert periodisch wiederkehrenden Seuchenwellen[66] können auch als Ausprägungen der begrenzter werdenden Ressourcen und Reaktionsdefizite verstanden werden. Die Fähigkeit zur Perzeption größerer Räume und vielfältiger Lebensmöglichkeiten wuchs ebenso wie die Erfahrung von Urbanität mit ihren spezialisierten Existenzangeboten. Das auf persönlicher "Face-to-face"-Beziehung beruhende soziale Verbundsystem wurde auf sekundäre Gruppen verlagert und verlor an Effektivität. Die zunehmende Monopolisierung der Lebenschancen innerhalb dieser Gruppen[67] beförderte den Marginalisierungsprozeß für diejenigen Bevölkerungsteile, die aus rechtlichen oder faktischen Gründen keine Aufnahme gefunden hatten. Es waren dies beispielsweise die aus den Zünften ausgeschlossenen Juden und die aus den verrechtlichten Pfarrgemeinden verdrängten Ketzergemeinschaften.[68] Als das tradierte Instrumentarium zur Konfliktlösung, das auf kleinräumige, dinggenossenschaftliche Verbände hin ausgerichtet war und einheitliche, persönlich-oral organisierte Lebensräume erfassen sollte, durch Mobilisierung der Bevölkerung und Institutionalisierung der Sekundärgruppen seine ursprüngliche Aufgabe nicht mehr erfüllen konnte, experimentierte man mit neuen Lösungen auf Kosten der Randgruppen. Die Juden unter ihnen wurden Mitte des 14. Jahrhunderts größtenteils erschlagen und bis zum Ende des 15. Jahrhunderts aus den meisten Städten und vielen Territorien ausgewiesen.[69] Die Vervielfältigung der forensischen Konfliktlösungsmöglichkeiten, die Ausweitung der schiedsgerichtlichen Praxis nach Rechtsgebot und Verwillkürung und schließlich das Eindringen der gelehrten Entscheidungspraxis der Offizialatsgerichte in die Funktionsgremien der weltlichen Herrschaften begleiteten den gesellschaftlichen Umbildungsprozeß, dessen Auswirkungen vom einzelnen freilich nur punktuell erfaßt werden konnten. Er empfand die Unsicherheit und Krisenhaftigkeit seiner Situation und wurde so einerseits empfänglich für zweifelhafte und magische Frömmigkeitsformen,[70] andererseits aber auch aggressiv und konfliktsüchtig. Er gab sich nicht mehr mit dem dinggenossenschaftlichen Votum zufrieden, auch wenn dieses, wie vor dem Königlichen Hofgericht, mit höchster Autorität versehen war. Vielmehr versuchte er, durch notarielle Protestationen und Appellationsinstrumente, durch Umformulierung der Streitgegenstände und durch Abgabe unterschiedlicher Rechtsgebote seine Rechtsschutzmöglichkeiten zu vervielfältigen. Auch auf diese Weise geriet die überkommene dinggenossenschaftliche Schöffengerichtsbarkeit unter Legitimierungsdruck. Von hier aus wird verständlich, warum das – vorher ganz selbstverständlich beachtete und von niemandem in Zweifel gezogene – Verfahren des Königlichen Hofgerichts erst im 15. Jahrhundert eine schriftliche Fixierung erfuhr.[71]

Das Spätmittelalter nach alldem nur als Krisenzeit und Übergangsepoche zu werten, in der sich ein Bewußtsein von der Ausweglosigkeit und Funktionsunfähigkeit der gegebenen Ordnung ausgebreitet habe,[72] erscheint nach den insoweit überzeugenden Darlegungen Ernst Schuberts[73] als verfehlt. Vielmehr erweisen sich die letzten zweieinhalb Jahrhunderte des Mittelalters als eine Zeitspanne, in der das hochmittelalterliche Erbe umgearbeitet und den veränderten Bedürfnissen angepaßt wurde. Ohne die hier gelegten Grundlagen, die in ihrer Tragweite von den Zeitgenossen noch nicht eingeschätzt werden konnten und deshalb gewöhnlich als Anzeichen von Verfall und Niedergang denunziert wurden, wäre der mit Rezeption und Reformation einsetzende Neubau der mitteleuropäischen Gesellschaft kaum möglich gewesen.

Der „deutsche" Prozeß im europäischen Vergleich

Auch wenn der zuvor charakterisierte „dinggenossenschaftliche" Prozeß nur zu einem Teil als „deutschrechtliche" Besonderheit gewertet werden kann, statt dessen vor allem als die forensische Ausdrucksform einer bestimmten gesellschaftlichen Entwicklungsstufe gesehen werden muß, soll doch im wesentlichen eine Beschränkung auf die Gerichtsbarkeit der deutschen Kaiser und Könige vorgenommen werden. Durch die frühe Institutionalisierung des Parlement de Paris für den Bereich des französischen Königtums[74] sowie die Abspaltung der verschiedenen High Courts (Court of Exchequer, Common's Bench, King's Bench) aus dem Royal Council heraus für den Bereich des englischen Königtums[75] war es in den wichtigsten Nachbarstaaten schon seit dem 13. und 14. Jahrhundert zu Sonderentwicklungen gekommen, die mit der Zentralgerichtsbarkeit von Reichskammergericht und Reichshofrat für den Bereich des Heiligen Römischen Reiches erst im 16. Jahrhundert teilweise nachgeholt wurden.[76] Eine vergleichende Analyse repräsentativer Politischer Prozesse aus diesen so unterschiedlichen Rechtskulturen hätte angesichts dessen nur wenig Sinn. Um den spätmittelalterlichen Politischen Prozeß auf seiner dinggenossenschaftlichen Grundlage beschreiben zu können, bedarf es allerdings der Einbeziehung von Grenzfällen. Insbesondere sollen solche Verfahren analysiert werden, bei denen geographische Randbereiche betroffen waren und die Berührungspunkte mit fortgeschritteneren Verfahrenstechniken aufwiesen.

Der Politische Prozeß und das Königtum

Die Präponderanz des Zentralgerichts gegenüber den Landgerichten

Wenn Politische Prozesse nach der zuvor entwickelten Definition solche waren, bei denen es um die Grundlegung, Festlegung, Ausweitung oder um die Verteidigung von Herrschaftsrechten eines „politischen" Gemeinwesens ging,[77] so gab es eine besondere Affinität zur deutschen Königsherrschaft. Als oberster Richter aller weltlichen Angelegenheiten[78] war der römisch-deutsche Kaiser diejenige Autorität, die vor allen anderen zur Entscheidung der an den Königshof gebrachten Streitfälle berechtigt war. Durch Erteilung von Privilegien und die Ausfertigung von Schutzmandaten hatte der König es in der Hand, auf den Bestand von Herrschaftsrechten im Reich einzuwirken. Die Gerichtsherrschaft stand hierzu in einem komplementären Verhältnis insofern, als Zweifelsfragen darüber letztendlich nur in enger Verbindung mit demjenigen geklärt werden konnten, von dem die Rechts- und Schutzverleihungen empfangen worden waren. Auch wenn im Laufe des Mittelalters gerichtliche Zuständigkeiten parallel zur Entstehung regionaler Kräfte, wie besonders der Landesherrschaften, in die Hände anderer Herrschaftsinhaber übergingen, so steht doch zu vermuten, daß die eigentlich „Politischen" Streitigkeiten weiterhin vor dem König und dessen Gerichten ausgetragen wurden, da nur auf diese Weise die durch Privilegien, Schutzrechte und Rechtsgewohnheiten[79] begründete und stabilisierte Herrschaft auf Dauer legitimiert werden konnte. Die Inhaber regionaler Gerichte wie der kaiserlichen Land- und Hofgerichte des süddeutschen Raumes[80] ebenso wie der Westfälischen Freistühle (Femgerichte)[81] waren deshalb gerade im Späten Mittelalter besonders darauf bedacht, ihre eigenen gerichtsherrlichen Rechte als vom Kaiser abgeleitet abzustützen und sich soweit es ging durch Privilegien bestätigen zu lassen.[82] Die noch „offene" Reichsverfassung ließ trotz der starken Regionalisierung politischer Kräfte eine solche „legitimierende Zentralisierung" noch zu. Erst die juristische Grundlegung territorialer Herrschaft, durch die die Konsequenz aus der institutionellen Verdichtung des Reiches im Spätmittelalter gezogen wurde,[83] verlagerte unumkehrbar die Legitimierungs- und Sanktionierungskompetenz auf die regionalen Kräfte, besonders die als Inhaber der Regalien und der Hohen Gerichtsbarkeit dominierenden Landesherrschaften.[84] Bis zum Ende des 15. Jahrhunderts aber blieben königliche Herrschaft und oberste Gerichtsherrschaft dem Anspruch nach kongruent. Im folgenden sollen deshalb Funktionsweise und Erscheinungsbild der königlichen Gerichtsbarkeit im Heiligen Römischen Reich des Spätmittelalters kurz vorgestellt werden, soweit dies für das Thema der „Politischen Prozesse" von Belang ist.

Der König als höchster weltlicher Richter: Ideologischer Anspruch

Seit Eike von Repgow in den dreißiger Jahren des 13. Jahrhunderts in seinem ›Sachsenspiegel‹ den Grundsatz aufgestellt hatte, daß *der koning iz gemeine richter ubiral*,[85] konnte kein Zweifel mehr darüber bestehen, daß der römisch-deutsche König als der Prototyp und die eigentliche Verkörperung des weltlichen Richters im Heiligen Römischen Reich angesehen wurde, in dem alle Gerichtsbarkeit ihren Ursprung hatte.[86] Von ihm selbst, und nicht etwa spezialisierten Behörden mit den Namen „Hofgericht", „Kammergericht", „Rat" oder „Kommission", nahm alles Recht seinen Ausgang.[87] In formelhaften und auf ältere Traditionen zurückgehenden Umschreibungen wurde dieser Rechtszustand, als er im 15. Jahrhundert in Vergessenheit zu geraten drohte, am Königshof und in der Umgebung des Königs bei jeder nur denkbaren Gelegenheit beschworen. So wurde etwa geäußert, *daz alle gericht und recht gen und flissent sin von einem ieglichen romischen keyser und kunig des heiligen richs*,[88] daß man *nur fur in als fur den obersten richter aller weltlichen rechten* appellieren könne,[89] daß *alle reht uß imme fliessen, und die vertruckten und verkurczesten des rehten zu nieman kein zufluht haben, dann zu sinen keiserlichen gnaden*[90] und auch, daß *unser herr der kunig were uberall gesecz und recht, und wer das lebendig recht in sinem herczen, und daz gemein gesecz, das bind in nicht.*[91] König Friedrich III. begründete 1442 seine Zuständigkeit in einem Achtprozeß, der per Appellation an seinen Hof gebracht worden war, damit, daß ihm *als einem romischen kunig und obristen richter aller weltlichen sachen von unserer romischer kuniglicher wirdigkeit wegen zugepurt, einen yeglichen bey gleich und recht zu handhaben.*[92] Es kann deshalb kaum überraschen, daß die richterliche Gewalt, was immer man unter ihr verstand, als eines der wichtigsten Attribute des Königs angesehen wurde,[93] wenn nicht sogar das Herrschen und Regieren mit dem Richten gleichgesetzt wurde.[94] Daraus folgt zugleich, daß das königliche Hofgericht als die institutionelle Ausformung der herrscherlichen Richterfunktion ein fester Bestandteil der *curia regalis* war.[95] Hofgericht und Königshof konnten sogar zusammenfallen, wenn die bei Hofe zur Beratung des Herrschers anwesenden Fürsten und Herren als Urteiler einen Rechtsfall zu entscheiden hatten und in Form eines „Weistums" beurkundeten.[96]

Es bedarf allerdings noch einer Klärung, inwieweit die von den zeitgenössischen Beobachtern festgestellte Identität von Königshof und Hofgericht und damit die Behauptung eines Ineinanderfallens der regierenden und der richtenden Funktion des römisch-deutschen Königs lediglich als eine in den Urkunden beschworene Idealvorstellung angesehen werden muß, oder ob sie auch der Praxis der spätmittelalterlichen höchsten Gerichtsbarkeit im Reich entsprach. Man wird einen gewissen ideologischen Charakter dahingehender formelhafter Äußerungen in dem Sinne nicht abstreiten können, daß sie der Herrschaftsstabilisierung im Reiche dienen sollten.[97] Sie sollten die Integration widersprüchlicher Werte zu einer konsistenten Ordnung bewirken und waren daher vielfach schlagwortartig, verallgemeinernd und zum Teil auch mehrdeutig formuliert.[98] Sie wollten das Vertrauen in eine sakral begründete und durch Tradition legitimierte Autorität festigen und so eine möglichst unparteiische, unbedingte und allgemeine Rechtsprechung garantieren. Dies schließt aber nicht aus, daß sich in ihnen bis zu einem gewissen Grade auch die konkrete Realität spiegeln konnte, auch wenn der fortschreitende Prozeß der Institutionalisierung den Anspruch auf eine umfassende Identität von königlicher Regierungs- und Richtergewalt immer zweifelhafter werden ließ. Der dennoch auch im 15. Jahrhundert noch vorhandene Realitätsbezug äußerte sich etwa darin, daß der König sich an Entscheidungen des Hofgerichts oder eines von ihm eingesetzten Richters, selbst wenn diese im Sinne des kanonischen Rechts als formell rechtskräftig erklärt wurden, nicht gebunden fühlte, Prozesse von dort an sich ziehen und jederzeit abweichend entscheiden konnte, wenn die Autorität des Königs als oberstem Richter im Reiche tangiert war.[99] Angesichts dieses Absolutheitsanspruchs des Königtums konnten am Königshof nur sehr schwer stabilisierte Institutionen mit festen Kompetenzen entstehen.[100] Entscheidender waren personenbezogene „Zuständigkeiten", die dem Zugriff des Herrschers leichter ausgesetzt waren und die sich von dessen Person selbst herleiten ließen. Der fortschreitende Ausbau der Zentralinstitutionen des Heiligen Römischen Reiches in der zweiten Hälfte des 15. Jahrhunderts allerdings[101] bewirkte eine zunehmende Ideologisierung des Identitätsanspruchs und damit eine allmähliche Konkretisierung der Sachkompetenzen in bürokratisierten „Behörden" außerhalb der engeren Sphäre des Hofes, auch wenn es nie zu einer der englischen oder französischen Zentraljustiz vergleichbaren Verfestigung gekommen war. Wenn am Ende der Entwicklung im Jahre 1495 ein auf königlicher Autorität beruhendes und von den Ständen mitgetragenes Kammergericht mit einer festen Dingstätte außerhalb des Königshofes eingesetzt wurde, so konnte dies auch kaum auf einem revolutionären Akt beruht haben, der die bestehenden Verhältnisse umgekehrt hätte. Vielmehr war eine jahrzehntelange Entwicklung vorausgegangen, als deren Ergebnis sich eine allmähliche Emanzipation des Gerichtswesens aus der „politischen“ Zentralgewalt des Herrschers vollzog.[102] Die hierzu führenden Schritte freilich sind oft nur schwer zu erkennen. Sie haben auch keinerlei rechtsnormative Ausprägung in schriftlicher Fixierung erhalten und dürften selbst den Beteiligten kaum bewußt geworden sein. Es war eher eine Ausnahme, wenn in der Mitte des 15. Jahrhunderts eine überlebte und nicht mehr in das System des an der Entwicklung zur Professionalisierung teilhabenden Königshofes hineinpassende Institution, nämlich das dinggenossenschaftlich agierende Königliche Hofgericht, aufgegeben und durch einen seit langem existierenden, weniger förmlich gebundenen und dem König besser verfügbaren Rechtsprechungskörper, das Kammergericht, ersetzt wurde.[103] Auch wenn das Königliche Kammergericht weiterhin nach dinggenossenschaftlichen Kriterien arbeitete und die Trennung von Urteilern und prozeßleitenden Richtern vorerst aufrechterhielt,[104] und auch wenn die Gerichtskanzlei als eine Abteilung der allgemeinen Hofkanzlei stärker in den Königshof eingebunden wurde,[105] so wurde das neu formierte Gericht doch mit seiner teilweise schon gelehrten Beisitzerbank zum Einfallstor für eine Modernisierung,[106] die nach und nach den König als Person in den Hintergrund drängte und ihn schließlich 1495 als bloßen Legitimationsfaktor in seinen oberstrichterlichen Funktionen marginalisierte.[107] Für die hier interessierende Zeitspanne des Spätmittelalters vom 13. bis zum 15. Jahrhundert kann daher davon ausgegangen werden, daß *consilium* und *iudicium* als ursprünglich weitgehend kongruente Grundpfeiler des römisch-deutschen Königtums[108] in einer abnehmenden Intensität das Erscheinungsbild der Königlichen Gerichtsbarkeit im Reich bestimmten und erst am Ende dieses Zeitraums zu herrschaftsideologischen Faktoren minimalisiert wurden. Für die Beurteilung nicht entscheidend ist dabei, ob die Königlichen Gerichte als land- oder lehnsrechtliche „Spruchkörper“ zusammentraten, vom König selbst oder von einem Beauftragten (Hofrichter, „Statthalter“ oder Kommissar) geleitet wurden, sofern nur die „Dinggenossenschaftlichkeit“ gewahrt wurde.

Institutionalisierung von Hof- und Kammergerichtsbarkeit und Personalbeziehungen

Damit sollte deutlich geworden sein, daß im Mittelpunkt der Politischen Prozesse des späteren Mittelalters zwischen dem 13. und dem 15. Jahrhundert das Königliche Hofgericht und in dessen Nachfolge, zeitweise auch konkurrierend mit ihm, das Königliche Kammergericht standen. Entstehung, Entwicklung und Organisation dieser beiden „Reichsgerichte", die gleichermaßen allein im König ihren Ursprung und trotz aller bürokratisierten Formen ausschließlich im Hof ihre Grundlage und Legitimation hatten, bedürfen deshalb im folgenden einer näheren Betrachtung, soweit dies für das Verständnis der Politischen Prozesse von Bedeutung ist.[109]

Das aus älterer Zeit stammende, stets aber auf dinggenossenschaftlicher Grundlage arbeitende Königsgericht wurde auf dem Mainzer Hoftag von 1235 von Kaiser Friedrich II. als Hofgericht neu installiert. Der hier in lateinischer und deutscher Sprache verkündete Landfrieden verwertete die mit dem sizilischen Großhofgericht gemachten Erfahrungen und paßte dessen Organisation den weniger differenzierten und großräumigen deutschen Verhältnissen an. Vorgesehen wurde die Einsetzung eines zumindest ein Jahr lang amtierenden Hofrichters mit einer grundsätzlich umfassenden Zuständigkeit, ausgenommen nur die dem König persönlich vorbehaltenen Fürstensachen und *andere hohe sachen*. Dem Hofrichter wurde ein Hofschreiber beigegeben, der für die Register- und Beurkundungsaufgaben, besonders für die Führung von Achtbuch und Urteilsregister, zuständig sein sollte. Das neue Gericht war indes nur für wenige Jahre, während der Anwesenheit des Kaisers nördlich der Alpen, in Tätigkeit. König Wilhelm von Holland belebte zwar den Gedanken eines ständig amtierenden Hofrichters neu, übertrug diesem in der Person des Grafen Adolf von Waldeck jedoch über die gerichtlichen Aufgaben hinaus umfassende Vikariatsfunktionen, auch, um damit die königliche Präsenz im Rheinischen Städtebund zu sichern; diesem Versuch war jedoch keine dauernde Wirksamkeit beschieden. Erst König Rudolf von Habsburg, der ebenso wie seine Nachfolger Adolf von Nassau und Albrecht I. von Habsburg den Mainzer Landfrieden erneuerte und sein Königtum mit der staufischen Tradition legitimieren wollte, gelang eine Reaktivierung des Hofgerichts, die ständige Einsetzung jeweils eines Gerichtsnotars (Hofschreibers) und damit die Aufwertung der hofgerichtlichen gegenüber der weiterhin im Fürstengericht an Hoftagen ausgeübten „königsgerichtlichen" Rechtsprechung. Die

Grundlagen für die spätere institutionelle Verselbständigung des Gerichts am Königshof wurden jedoch erst unter Ludwig dem Bayern gelegt. Einen Bewußtseinsfortschritt im Hinblick auf eine Objektivierung, wenn auch ohne urkundlich sichtbare Auswirkungen auf die Realität, bedeutete der Münchener Vertrag zwischen Ludwig und seinem Thronrivalen Friedrich dem Schönen von 1325, in dem u.a. festgelegt wurde, daß das mit Hofrichter und Hofschreiber zu besetzende Gericht von der Person des jeweiligen Gerichtsherrn unabhängig sein sollte *(daz unser gericht ungeteilet sei)*.[110] Seit den dreißiger Jahren des 14. Jahrhunderts, nach Konsolidierung seiner königlichen Machtstellung, setzte Ludwig ständig amtierende Hofrichter und Hofschreiber ein. Die letzteren, jeweils zwei gleichzeitig amtierend, sorgten für eine Wiedereinführung des in Vergessenheit geratenen Achtbuchs sowie eine Verbesserung der Urkundenformulare. Sie brachten diese schließlich in die Gerichtskanzlei Karls IV. ein und vermittelten damit Kontinuität über den Dynastiewechsel hinaus.[111] Die 1342 von Ludwig verfügte Anordnung der Rechtsprechung *nach unserer vorvarn, künigen und keisern, gesetzten und geschriben rechten* bezweckte eine Sicherstellung kurfürstlicher Forderungen, hatte jedoch keine nachweisbaren rezeptionsgeschichtlichen Auswirkungen im Hinblick auf eine Einführung römischer Rechtsregeln.[112] Von der gleichen Zeit an, besonders aber unter der Regierung der beiden Luxemburger Karl IV. und Wenzel, amtierten fast ständig jeweils zwei regelmäßig dem Hohen Adel entnommene Hofrichter,[113] denen von Fall zu Fall bei Abwesenheit oder Interessenkollisionen kommissarisch tätige „Hofgerichtsstatthalter“ beigegeben wurden. Anhand der von ihnen ausgestellten nahezu 2000 überlieferten Gerichtsbriefe der Zeit von 1236 bis 1451 konnten 40 ständige Hofrichter und weitere 74 für sie tätige Statthalter ermittelt werden, die zu einem großen Teil untereinander verwandt waren und auch zu den Königen in Klientel-, bisweilen sogar Verwandtschaftsverhältnissen standen, in jedem Fall aber mit ihnen in einem größeren hochadeligen Verbund zusammengeschlossen waren.[114] Für sie alle hatte das Hofrichteramt, das in vielen Fällen personell mit dem eines Hofmeisters verbunden war, den Charakter einer Pfründe, die zur Entlohnung von Königsdiensten erworben wurde. Träger der juristischen Modernisierung und allmählichen Juridifizierung wurden die beiden über jeweils längere Zeit amtierenden Hofschreiber, die seit Karl IV. durch Rekognitionsvermerke auf den Urkunden die Verantwortlichkeit für ihre Ausfertigung übernahmen. Bis zum Ende des 14. Jahrhunderts waren sie zugleich als Parteienvertreter bei der Führung von Prozessen tätig. Ein bisher nicht gekannter Rationalisierungs- und Bürokratisierungsimpuls von weittragender Bedeutung ist für die Zeit König Ruprechts von der Pfalz zu beobachten,[115] durch den das machtpolitische Defizit dieses Königtums kompensiert werden sollte. Symbolisch sichtbar wurde dies im Gerichtsspiegel, das von nun an nicht mehr als *sigillum iudicis curie*, sondern als *sigillum iudicii curie* bezeichnet wurde und damit den Trend zur Objektivierung verkörperte.[116] Durch die erstmalige Einsetzung von jeweils zwei beeideten Hofgerichtsprokuratoren, die bis zum Ende der Wirksamkeit des Hofgerichts in der Mitte des 15. Jahrhunderts namentlich bekannt sind,[117] wurden die Hofschreiber entlastet und auf ihre Beurkundungsaufgaben konzentriert. Letztere übernahmen seit 1400 keine Parteivertretungen mehr, konnten sich allerdings der hofgerichtlichen Unterschreiber (Subnotare) zur Wahrnehmung von Prokurationsgeschäften bedienen und sicherten sich damit einen Anteil an den Nutzungen der Prozesse. Gleichzeitig erhöhten sie als eigenverantwortliche „Unternehmer" ihre regelmäßigen Gerichtseinnahmen, die vor allem in einem Anteil am Achtschatz als der wichtigsten Achtlösungsgebühr und in den Beurkundungs- und Siegelgebühren bestanden, durch selbständige Erteilung von Beglaubigungen (Vidimierungen) fremder Rechtstitel (Privilegien und Urteile), für die kein förmliches Gerichtsverfahren mehr nötig war. Erstmals wurde nun auch der Amtscharakter des Hofrichteramtes stärker betont, insofern, als den jeweils neu eingesetzten Hofrichtern, von denen seit 1400 immer nur noch ein einziger Amtsträger bestallt wurde, bei Amtsantritt eine feste Jahrespauschale aus der königlichen Kammer garantiert wurde, und zwar zumeist unabhängig davon, ob diese aus den Gerichtsnutzungen erwirtschaftet werden konnte. Dementsprechend wurden jetzt auch Umrisse einer rationaleren Arbeitsweise des Hofschreibers und seiner erstmals mit mindestens einem ständigen Unterschreiber besetzten Gerichtskanzlei sichtbar, die nach dem Urteil Peter Moraws nun zu einer „Insel mit Elementen früher Bürokratisierung" im Rahmen des Königshofes wurde.[118] Belegen läßt sich dies durch den langjährigen Hofschreiber und späteren Protonotar Johannes Kirchen (ca. 1370–1422), der unter den Königen Wenzel, Ruprecht und Sigmund über den Dynastiewechsel hinaus sein Gerichtsamt versah. Ihm ist eine schriftliche Festschreibung der wichtigsten Verfahrensgrundsätze zu verdanken. Jeweils auf Anfrage von einzelnen Prozeßparteien stellte er 1406 die Praxis bei der Versendung von gerichtlichen Mandaten[119] und 1409 unter einer theoretischen Trennung der *causa personalis* von der *causa realis* die am Hofgericht beachteten Gerichtsgewohnheiten bei Acht-

und Anleiteverfahren[120] zusammen. Das seither zu großer Bedeutung gelangende Verfahren der Reichsacht und Aberacht wurde nun formalisiert[121] und durch die seit König Sigmund rationalisierte Führung des Achtbuchs[122] als einem effektiven Herrschaftsinstrument auch für Prozeßparteien kalkulierbar gemacht. In der Zeit König Sigmunds begann sich das Königliche Hofgericht, das weiterhin nur am jeweiligen Aufenthaltsort des Herrschers tätig werden konnte und seine Funktion vielfach auch durch eine genaue Umschreibung der Dingstätte innerhalb des Hofes legitimierte,[123] mehr und mehr seiner jurisdiktionellen Eigenständigkeit bewußt zu werden. Unter dem von Johannes Kirchen in den Hof eingeführten Hofschreiber Peter Wacker von Sinsheim (ca. 1390–1437), dem Vater des späteren Heidelberger Universitätsrektors, kam es angesichts der häufigen Abwesenheit des Königs zu einer kontinuierlichen und „entpolitisierten" Amtsführung, die sich im Laufe der Jahre als eine gewisse Emanzipation vom Königshof auswirkte. Doch führten diese Entwicklungen zur zeitweisen Absetzung des Hofrichter Graf Johann I. von Lupfen-Stühlingen (1383–1437) und zur stärkeren Konzentration des Königs auf das botmäßigere Kammergericht. Dem schon unter Sigmund als Fiskalprokurator tätigen und unter König Friedrich III. zum Hofschreiber vereidigten Göttinger Bürger Johann Geisler von Münden (ca. 1400–1450) gelang für kurze Zeit eine erneute Verfestigung des nun mit starker kammergerichtlicher Konkurrenz arbeitenden Hofgerichts. 1451 urkundete dieses Gericht zum letzten Mal und wurde dann offensichtlich nach der Kaiserkrönung Friedrichs nicht mehr zusammengerufen.

Das daneben unter diesem Namen seit 1415 bekannte, der Sache nach aber sehr viel ältere Kammergericht trat nun ganz an die Stelle des Hofgerichts. Es hatte sich aus der persönlichen Ratsgerichtsbarkeit des Königs entwickelt und war nicht in gleicher Weise wie das Hofgericht an die strengen dinggenossenschaftlichen Verfahrensgrundsätze gebunden. Im Grunde repräsentierte dieses Gericht die unbeschränkte und unbeschränkbare Jurisdiktionsgewalt des Herrschers, deren Ausübung im Mainzer Landfrieden von 1235 zwar zu einem Teil auf den Hofrichter übertragen worden war, die aber in Form der Fürstensachen und der Möglichkeit zur jederzeitigen Revokation hofgerichtlicher Prozesse über das ganze Spätmittelalter hinweg erhalten blieb.[124] Mit der institutionellen Festlegung von Hof- und Kammergericht seit der Zeit König Sigmunds kam es zu einer Zweigleisigkeit zahlreicher Verfahren. Besonders deutlich machte sich dies in der privilegialen Praxis dieses Königs bemerkbar. Mit zwei, die Städte Köln[125] und Magdeburg[126] betreffenden Ausnahmen wurden von ihm gerichtliche Befreiungen regelmäßig nur vom Hofgericht, nicht aber vom königlichen Kammergericht ausgesprochen.[127] Während das nur im Wiener Reichsregistraturbuch überlieferte[128] Magdeburger Privileg möglicherweise der königlichen Kanzlei untergeschoben worden ist, oder aber die Formulierung *fur unser kuniglich hofgericht und cammergericht* nur auf ersteres zu beziehen ist,[129] wurde der Kölner Gnadenbrief, weil von der Hofkanzlei ohne Wissen des Königs ausgefertigt, auf Einspurch des Kurfürsten von Köln später wieder auf die Befreiung vom Hofgericht eingeschränkt. In der darüber 1434 ausgestellten Urkunde erklärt Kaiser Sigmund,[130] daß *des heiligen richs camergericht, das unser keiserliche person und unser nachkomen am rich bedeutet, in demselben unserm briff*[131] *nemlich ußgenomen sey, wann nymand, in welchen wesen, wirden ader stat der ist, in dem heiligen rich fur dasselbe camergericht, das die keiserlichen person bedeutet, gefryhet sein sol, nochdem und ein Romischer keiser oder kunig im selbs die volkomenheit seiner macht icht slissen mag. Und ob das geschee, so hett es doch ym rechten keyn craft.* Das den König persönlich repräsentierende Kammergericht war nach dieser Auffassung keine von ihm unabhängige Institution, von der kraft Privilegs Befreiung hätte erteilt werden können.[132] Vielmehr nahm in ihm die kaiserliche Machtvollkommenheit[133] gewisse institutionelle Formen an, ohne deshalb in ihrer Gesamtdimension beschnitten worden zu sein. Indes vollzog sich nach Untergang des Hofgerichts am Kammergericht eine ganz ähnliche Entwicklung: Auch dieses Gericht wurde zu einem eigenständigen Gerichtskörper, von dem aus Berufungen an den Kaiser persönlich möglich wurden.[134] Die Beisitzer urteilten in einer weiterhin bestehenden Bindung an den kaiserlichen Hof nach „dinggenossenschaftlichem" Verfahren, auch wenn durch die an der Urteilsfindung beteiligten Juristen – nach der nicht in Kraft getretenen Ordnung von 1487 sollten von den zwölf Beisitzern die Hälfte der Rechte gelehrt sein[135] – mehr und mehr Prinzipien des römisch-kanonischen Prozeßrechts und die Gewohnheit schriftlicher Auseinandersetzung Eingang fanden.[136] Allerdings konnte der König mit Hilfe des im 15. Jahrhundert neu geschaffenen Amtes des Fiskalprokurators in größerem Umfang als am Hofgericht eigene Ansprüche geltend machen und besonders durch die Verfolgung des *crimen laesae maiestatis* eine Disziplinierung unbotmäßiger Reichsstände über das kammergerichtliche Verfahren erreichen. Mit diesem Instrumentarium gelang es dem König überdies nach dem Urteil Karl-Friedrich Kriegers, „seine rechtlichen Möglichkeiten in machtpolitische oder fiskalische Vorteile umzusetzen, wenn auch die sich bietenden Möglichkeiten in der Praxis nicht immer optimal [...] genutzt wurden".[137] Eine Reform dieses Gerichts, das ausweislich erhaltener Urteilsbücher eine arbeitsreiche Tätigkeit entfaltete,[138] ist dem Kurfürsten Adolf von Mainz zu verdanken, dem zeitweise das Gericht zur Nutzung verpachtet war.[139] Auf ihn geht das Projekt einer Kammergerichtsordnung von 1471, die offensichtlich tatsächlich befolgt wurde, zurück.[140] Doch weiterhin hing die Wirksamkeit dieses Gerichts von der Initiative des Kaisers ab, an dessen Hof es auch gehegt wurde. Aufgrund kaiserlicher Delegation wurde ein Großteil der Verfahren durch lokale Kommissionen erledigt und erst im Urteilsstadium durch Kammergerichtsbriefe abgeschlossen. Eine grundlegende Reform von Verfassung und Organisation des Gerichts kam, nach einem fehlgeschlagenen Versuch von 1486/87, auf dem Wormser Reichstag von 1495 zustande. Erst mit diesem Zeitpunkt ist ein Anschluß an die Entwicklung der englischen und französischen Zentralgerichtsbarkeit gefunden worden, die sich schon zwei Jahrhunderte vorher in ähnlicher Weise vom König und seinem engeren Hof emanzipiert hatte.[141]

Fragestellung, Quellen und Literatur

Genese und Veränderung politischer Herrschaft durch Verfahren

Wenn nach den vorstehenden Hinweisen Erscheinungsweise und Funktion der Politischen Prozesse, soweit sie an den im einzelnen beschriebenen obersten Königlichen Gerichten des Heiligen Römischen Reiches geführt wurden, deutlich geworden sind, so bedarf es jetzt noch einiger Worte zum Zweck der im zweiten Abschnitt dieses Werkes durchgeführten Prozeßanalysen. Es kann jedenfalls nicht oder nicht nur darum gehen, auf der Grundlage einiger „Causes Célèbres" die „Streitkultur" des deutschen Adels im Spätmittelalter zu illustrieren. Vielmehr soll es entsprechend der oben gegebenen Definition der Herrschaft[142] vor allem um eine Darstellung der Genese und Veränderung politischer Herrschaft in ihren verschiedenen Ausprägungen im Spiegel der Prozeßakten gehen. Es sollen die allmähliche Verfeinerung der Instrumentarien bei der Ausübung von Herrschaft, die Tendenz zur Objektivierung persönlicher Beziehungsgeflechte auf der Ebene der Gerichtsverfahren und auch eine mögliche Steigerung der Berechenbarkeit politischen Handelns durch normative Festschreibungen und eine Erhöhung der Rechtsförmlichkeit deutlich werden. Angesprochen ist damit zugleich die Verfassungsgeschichte des Heiligen Römischen Reiches im Spätmittelalter. Lassen sich hinter den Konfliktgegenständen eigengesetzlich ablaufende Historische Prozesse erkennen, durch die die überkommene gesellschaftliche Ordnung im Reich verändert wurde? Ist der „Verdichtungsprozeß" des spätmittelalterlichen Reiches[143] im Politischen Verfahren zu konkretisieren? Ist eine Marginalisierung oder eher eine Bedeutungsverlagerung des römisch-deutschen Königtums als eines im Prozeß zum Ausdruck kommenden Legitimierungsfaktors zu beobachten? Dies alles sind Fragen, die mit dem insgesamt sehr fragmentarischen Material allenfalls beispielhaft erörtert, auf keinen Fall aber abschließend gelöst werden können.

Überlieferung und Quellenpublikationen

Da das Königsgericht sowohl in seiner Ausprägung als Hof- als auch in jener als Kammergericht mit der Person des „reisenden" Königs eng verbunden war, konnte es nur dort tätig werden, wo sich dieser gerade aufhielt. Eine dauerhafte Registratur oder gar ein Archiv konnte auf diese Weise gar nicht erst entstehen. Von den wenigen zentralen Geschäftsbüchern (Hofregister, Achtbuch, Urteilsregister, Protokolle und Ladungsregister) haben sich für die Zeit ab dem 15. Jahrhundert nur die ersteren relativ vollständig erhalten, für die Zeit der Könige Ludwig der Bayer und Karl IV. im 14. Jahrhundert außerdem noch einige Fragmente aus dem Achtbuch des Hofgerichts und für die Könige Sigmund und Friedrich III. ein Achtregister[144] sowie Urteilsregister und verschiedene Sitzungsprotokolle des Kammergerichts für die Zeit Kaiser Friedrichs III.[145] Die Urkundenproduktion der beiden Gerichte und auch die bei ihnen eingereichten Schriftsätze sind, soweit sie sich nicht aus den zitierten Registern ermitteln läßt, nur aus den Überlieferungen der Prozeßparteien zu rekonstruieren.[146] Um einen Überblick über die noch erhaltenen und teilweise schwer erreichbaren Gerichtsakten von Hof- und Kammergericht zu bekommen, ist unter der Regie der Akademie der Wissenschaften und der Literatur in Mainz als Sonderreihe der Publikationsfolge der ›Quellen und Forschungen zur höchsten Gerichtsbarkeit im Alten Reich‹ die von Bernhard Diestelkamp herausgegebene Regestenreihe der ›Urkundenregesten zur Tätigkeit des Deutschen Königs- und Hofgerichts bis 1451‹ begründet worden, die später durch eine vergleichbare Reihe der Akten des Kammergerichts fortgesetzt werden soll. Von 1987 bis 1994 sind inzwischen sieben Bände für die Zeit von 911 bis 1359 vorgelegt worden.[147] Die Folgebände der Zeit Karls IV. sind zum Teil schon so weit vorbereitet, daß sie in absehbarer Zeit erscheinen können. Schon vorher sind außerhalb dieser Sonderreihe die Gerichtsstandsprivilegien einschließlich der ›Ächterhausungsprivilegien‹ für die Zeit bis zum Ende des Hofgerichts in Regestenform publiziert worden.[148] Im übrigen muß, soweit die im Institut für Deutsche Rechtsgeschichte der Universität Frankfurt am Main aufgestellte Karteisammlung keinen Aufschluß gibt, auf die Regesten- und Urkundenwerke der ›Regesta Imperii‹ und der Älteren Reihe der ›Deutschen Reichstagsakten‹ zurückgegriffen werden. Daneben kommen einige ältere Urkundenpublikationen sowie regionale Editionen in Betracht. Überwiegend allerdings muß das in den Archiven und Handschriftenabteilungen der Bibliotheken lagernde Originalmaterial zugrunde gelegt werden. Für die Zwecke der nachstehenden Prozeßanalysen konnte zu einem Teil auf eigene Aufsätze verwiesen werden, in denen anhangsweise die benutzten Originalurkunden abgedruckt und verzeichnet sind.

Rechtshistorische und historische Forschungsliteratur

Die „Politischen Prozesse im Mittelalter“ wurden erstmals von Heinrich Mitteis anhand einiger repräsentativer Beispiele analysiert.[149] Er stützte sich jedoch ausschließlich auf früh- und hochmittelalterliche Verfahren des französisch-deutschen Rechtsbereichs. Insofern versteht sich die vorliegende Analyse als eine Art Fortsetzung des „Mitteis“ für das Spätmittelalter, freilich unter Zugrundelegung einer anderen Fragestellung. Für eine Beurteilung der Hof- und Kammergerichtsbarkeit im Mittelalter sind im übrigen außer den bereits zitierten älteren Aufsätzen und Monographien von Otto Franklin,[150] Lechner,[151] Schulte,[152] Spangenberg[153] und Tomaschek[154] vor allem die Einzelarbeiten der seit 1973 bestehenden, von Friedrich Battenberg, Bernhard Diestelkamp, Ulrich Eisenhardt, Gunter Gudian (†), Adolf Laufs und Wolfgang Sellert herausgegebenen Publikationsreihe der ›Quellen und Forschungen zur höchsten Gerichtsbarkeit‹ heranzuziehen. Moderne monographische Analysen liegen innerhalb dieser Reihe für das früh- und hochmittelalterliche dinggenossenschaftliche Verfahren von Jürgen Weitzel vor,[155] von Hanns Wohlgemuth für die Gerichtsbriefe bis zur Zeit Karls IV.,[156], von Ute Rödel zur Gerichtsbarkeit in der Frühzeit des institutionalisierten Hofgerichts[157] und von Friedrich Battenberg außerdem für den Bereich des Kanzlei- und Siegelwesens,[158] der Acht- und Anleiteverfahren[159] sowie der Gerichtsverfassung und des Prozeßwesens.[160] Zahlreiche Einzeluntersuchungen sind daneben insbesondere den Aufsätzen von Bernhard Diestelkamp,[161] Lotte Hüttebräuker,[162] Peter Moraw,[163] Heinrich Koller,[164] Karl-Friedrich Krieger,[165] Ronald Neumann,[166] Paul L. Nève,[167] Ekkehart Rotter[168] und schließlich wiederum Friedrich Battenberg[169] zu verdanken. Daneben sind vor allem die jeweils ausführlichen Einleitungen der Bearbeiter der ›Urkundenregesten zur Tätigkeit des deutschen Königs- und Hofgerichts‹[170] heranzuziehen, in denen das Personal- und Urkundenwesen sowie institutionelle Fortschritte des Hofgerichts im jeweils behandelten Zeitabschnitt analysiert werden. Auf weitere, regional orientierte Einzelarbeiten wird im Rahmen der nachstehenden Prozeßanalysen verwiesen werden. Eine Gesamtanalyse der Geschichte von Hof- und Kammergerichtsbarkeit bis zum Ende des 15. Jahrhunderts, durch die die ältere Monographie Otto Franklins und die ergänzenden Darstellungen J. A. Tomascheks und Johann Lechners abgelöst werden könnten,[171] steht indes noch aus und kann auch nicht mit vorliegender Darstellung ersetzt werden. Eine Einbeziehung der beiden vorzüglichen, in der vorigen Anmerkung zitierten Rezensionen Peter Moraws verhelfen indes dazu, diese drei älteren Gesamtdarstellungen mit den gebotenen methodischen Einschränkungen zu lesen.

EINZELPROZESSE

„Minderheitenschutz" im Reich: Der Prozeß um den Fuldaer Ritualmordvorwurf von 1236

Die Ereignisse und das „Vorverfahren" vor dem Kaiser

Der erste hier interessierende Politische Prozeß[172] fällt in eine Zeit, in der die noch weitgehend intakten hochmittelalterlichen „Universalgewalten" sich konkurrierend um den Ausbau von je eigenen schutzherrschaftlichen Gewalten über die Juden bemühten, jetzt durchaus noch in der Absicht, den ständig drohenden Verfolgungen und Diskriminierungen zuvorzukommen und die von den Kirchenvätern und Konzilien rechtlich definierte und theologisch begründete Existenzberechtigung der Juden als einer dienenden, aber doch schützens- und erhaltenswerten Minderheit festzuschreiben.[173] Verschiedenen chronikalischen Quellen zufolge waren an Weihnachten des Jahres 1235 – dem Jahr des großen Mainzer Hoftages, auf dem der Hohenstaufe Friedrich II. das Königliche Hofgericht nach sizilischem Vorbild reorganisierte[174] – bei einem Mühlenbrand vor den Mauern der Stadt Fulda fünf Kinder ums Leben gekommen. Da man einen Schuldigen für eine Brandstiftung nicht finden konnte, verdächtigte man die Juden. Sie hätten, so behauptete man in Wiederaufnahme einer im 12. Jahrhundert von England[175] und Frankreich ausgegangenen volksmagischen Vorstellung,[176] zu Heilzwecken frisches christliches Blut benötigt, hätten zu diesem Zweck die fünf Müllerskinder ermordet und zur Spurenvernichtung das gesamte Anwesen der Mühle in Brand gesteckt. Insofern wurde den Juden die Bedeutungssteigerung des „Symbolischen", durch die die Kirche die unlösbare Verbindung zwischen Weltschöpfung und Gegenwart ins Bewußtsein des Volkes zu bringen versuchte, zum Verhängnis[177]: Die Ermordung christlicher Kinder war nicht einfach nur Straftat, sondern zugleich Wiederholung des Gottesmordes und symbolische Verhöhnung des Christentums. Der Vorwurf zaubereiverdächtiger Praktiken gegenüber den Juden diente nicht zuletzt der Selbstvergewisserung des Christentums auf breiter sozialer Basis, das eben erst seit dem Vierten Lateranum 1215 seine Grenzen neu definiert hatte.[178] Die 34 Mitglieder der Fuldaer

Abb. 1: Sitzender Hofrichter (Kaiser Friedrich II.) auf einem Richterstuhl, in der rechten Hand ein gezücktes Richtschwert haltend, die linke Hand auf das Knie gestützt.

Judengemeinde, über die im übrigen sonst nichts weiter bekannt ist,[179] wurden von der Stadtherrschaft gefangengesetzt. Zwei unter ihnen wurden, wohl unter Einsatz der Folter,[180] zu dem Geständnis gezwungen, das Blut der ermordeten Knaben in wachsgetränkten Leinenbeuteln aufgefangen und danach das Haus des Müllers angezündet zu haben. Über die näheren Umstände des Prozesses ist nichts bekannt. Offensichtlich aber wurde dessen Ausgang gar nicht erst abgewartet, und eine von durchziehenden Kreuzfahrern, wo immer diese auch herkamen, aufgepeitschte Menge sorgte dafür, daß keiner der Juden aus der Fuldaer Gemeinde mit dem Leben davonkam.[181] Da diese Geschehnisse von verschiedenen zeitgenössischen Geschichtsschreibern, und zwar den Verfassern der 1238 entstandenen Marbacher und den nach 1254 geschriebenen Erfurter Annalen[182] sowie durch hebräische Selichot (Klagelieder) unabhängig voneinander und im wesentlichen übereinstimmend bezeugt wurden, besteht am dargestellten Handlungsablauf, wenn man von den teilweise unterschiedlich mitgeteilten Zahlen absieht, kein Zweifel.[183]

Das Verfahren vor dem seit September 1235 am jeweiligen kaiserlichen Hof tagenden Hofgericht[184] kam allem Anschein nach nicht durch eine Beschwerde der betroffenen Judenschaft, sondern wahrscheinlich durch eine Klage aus dem Umkreis des Fuldaer Abts Konrad III. von Malkos über die angebliche Ritualmordpraxis der Juden zustande.[185] Gefolgsleute des Abtes präsentierten dem von Jahresanfang bis zum April 1236 überwiegend in Hagenau weilenden Stauferkaiser nach einem Bericht des um 1250 schreibenden Mönches Richer von Senones in den Vogesen die Leichen der im Feuer umgekommenen Müllerskinder als *corpora delicti*, und zwar in der Absicht, von Friedrich II. eine Verurteilung der Judenschaft des ganzen Reiches zu erreichen. Ob die Juden zur Abwendung einer solchen Aburteilung einen Geldbetrag, wie von den Marbacher Annalen, oder Geschenke überreichten, wie von Richer selbst berichtet wurde, ist eher unwahrscheinlich, da die Geschichtsschreiber mit diesem Hinweis wohl nur eine unzulässige prozessuale Taktik der Juden behaupten wollten. Jedenfalls aber ließ sich der Kaiser nicht auf das in ihn gestellte Ansinnen ein und lehnte die ihm präsentierten Toten als Beweismittel zur Verurteilung der Juden ab.[186] Um Genaueres über den Ritualmordvorwurf zu erfahren, hatte er zunächst die geistlichen und weltlichen Großen, die an seinem Hof in Hagenau versammelt waren, zur Beratung zusammenrufen lassen; den Marbacher Annalen zufolge konnte er von ihnen jedoch nichts Genaueres erfahren, weil niemand Kenntnis über die behaupteten[187] Ritualmordpraktiken hatte. Doch gab sich Friedrich II. damit nicht zufrieden. Er befragte getaufte Juden aus westlichen Königreichen, wie wohl besonders aus Spanien und Frankreich, die er in der richtigen Vermutung an seinen Hof hatte rufen lassen, daß diese vom Glauben ihrer Väter Abgefallenen nichts über die Juden und den Inhalt ihrer Schriften verschweigen würden, sofern dies ein ungünstiges Licht auf ihre ehemaligen Glaubensbrüder werfen würde. Das Beispiel des die Ritualmordlegende verbreitenden französischen Konvertiten Nicholas Donin stand ihm vielleicht vor Augen.[188] Einem Schreiben König Heinrichs II. von England vom Februar 1236 an den Hohenstaufer[189] ist zu entnehmen, daß der Kaiser schon Anfang des Jahres seinen Marschall Heinrich de Aeys nach England geschickt hatte, um von den Fuldaer Vorfällen zu berichten und die Absendung von jüdischen Konvertiten zu erbitten. Die ihm daraufhin überlassenen beiden Neophyten dürften dem Kaiser bei der Aufklärung des angeblichen Ritualmordes geholfen haben.

Die Augsburger Hofgerichtssitzung und das Urteil

Ist das soeben geschilderte „Vorverfahren“ weitgehend nur durch chronikalische Nachrichten bekannt, die sich zwar in das geistige und politische Geschehen der Zeit gut einordnen lassen, die aber dennoch kein objektiv gesichertes Bild ergeben, so ist das nun folgende eigentliche Prozeßverfahren urkundlich besser gesichert. Danach ergibt sich der folgende Geschehensablauf: Auf einer im Juli 1236 in Augsburg abgehaltenen Hofgerichtssitzung konnte aufgrund der erwähnten „Sachverständigenaussagen“ ein Urteil gefunden werden. In dem darüber errichteten, in einem Transsumpt Erzbischof Wilhelms von Köln von 1360 nach einer Abschrift Bischof Eberhards von Worms von 1260 erhaltenen[190] Hofgerichtsbrief[191] wurde festgestellt, daß weder im Alten noch im Neuen Testament zu finden sei, daß die Juden nach Menschenblut begierig seien. Sie hüteten sich im Gegenteil vor der Befleckung durch jegliches Blut. Eine nicht geringe Wahrscheinlichkeit spreche auch dafür, daß diejenigen, denen sogar der Genuß von Tierblut verboten sei, erst recht keinen Durst nach Menschenblut haben könnten. Außerdem sei es kaum wahrscheinlich, daß die Juden Gut und Leben aufs Spiel setzten, nur um an Blut zu gelangen. Aus diesem Grunde habe er, Kaiser Friedrich, die Juden zu Fulda von den ihnen vorgeworfenen Verbrechen und auch die übrigen deutschen Juden von so schändlichem Verdacht nach dem Rechtspruch der Fürsten freigesprochen *(iudeos loci predicti ab obiecto crimine ac alios iudeos Alemannie a tam gravi infamia dictante sentencia principum pronunciavimus penitus absolutos)*. Zugleich wies er unter Hinweis auf die den Juden gleichzeitig mit diesen Rechtsspruch erteilten Privilegien[192] alle geistlichen und weltlichen Stände des Reiches, namentlich die Schultheißen, Vögte und Bürger der Städte an, die Juden einzeln oder gemeinsam wegen des genannten Verbrechens nicht zu belangen *(predictos iudeos specialiter vel generaliter de predicta infamia impetat)*.

Nicht ohne Interesse ist nun die Frage nach dem „dinggenossenschaftlichen“ Charakter des Verfahrens. Diestelkamp hat in seiner kürzlich erschienenen diesbezüglichen Analyse die These aufgestellt,[193] daß der vorliegende Prozeß nicht in den Formen des am Königshof üblichen Akkusationsverfahrens abgelaufen sei, das nur durch eine förmliche Klage (bzw. Anklage) einer Prozeßpartei zustande kommen konnte[194] und dem – wie hinzuzufügen ist – der durch Urteilsfrage eines bei Hofe anwesenden Großen inganggesetzte dinggenossenschaftliche Prozeß am besten entsprach. Auch die Überlegungen Konrad Lübecks, der von einem „Untersuchungsgericht" spricht, „wie es noch von keinem seiner kaiserlichen Vorgänger einberufen worden war",[195] zielten in die gleiche Richtung. Vielmehr habe sich der Kaiser nicht auf die Klage der Fuldaer gegen die Juden verlassen, sondern eigenständig Ermittlungen angestellt und über den Klageantrag hinaus entschieden. Er habe sich damit entsprechend dem 1232 verkündeten Edikt gegen die Ketzer[196] des im kirchlichen Bereich praktizierten Inquisitionsverfahrens bedient, bei dem die Durchführung eines Prozesses in Fällen heimlicher Missetaten *(clandestini maleficii)* bereits bei schwerwiegendem Tatverdacht *(gravis opinio)* ermöglicht wurde, ohne daß der Eingang eines klägerischen Antrags abgewartet werden mußte.[197] Der durch Papst Innozenz III. durch Umformung eines älteren Infamationsverfahrens rechtlich neu gestaltete und bald vornehmlich gegen Ketzer eingesetzte Inquisitionsprozeß[198] sollte eine effektivere Reform der Kirche an Haupt und Gliedern ermöglichen, da mit ihm Unregelmäßigkeiten innerhalb der Geistlichkeit *officialiter* verfolgt werden konnten.[199] Die Formulierungen des zitierten Hofgerichtsbriefes scheinen darauf hinzudeuten, daß Friedrich II. nicht nur mit den Formen des Inquisitionsprozesses vertraut war, sondern auch als *defensor ecclesie* die Judenprozesse in den Gesamtzusammenhang seiner in enger Anlehnung an die Kurie durchgeführten Ketzerpolitik zu stellen schien.[200] Die von vielen behauptete Nähe der Juden zu den Ketzern,[201] die schon 1219 im Rahmen der Albigenserkriege ebenso wie die Juden Opfer von Verfolgungen wurden,[202] konnte offenbar nur mit theologischen Argumenten und kirchenrechtlichen Prozeßformen widerlegt werden. Dazu kommt, daß der Hohenstaufe schon in einem sehr frühen Stadium des Prozesses mit Hilfe seiner Gefolgsleute eigene Ermittlungen anstellte, um Aufklärung über die den Juden vorgeworfenen Ritualmordpraktiken zu gewinnen. Man könnte dies alles als die *officialiter* eingeleitete Erhebung eines gerichtlichen Beweises deuten,[203] die dem von den Grundsätzen des formalen Parteibeweises bestimmten dinggenossenschaftlichen Akkusationsverfahren[204] widersprechen mußte.

Dem steht indes entgegen, daß Kaiser Friedrich II. im konkreten Fuldaer Fall sehr wohl aufgrund einer Klage tätig wurde. Nach einer Nachricht des Geschichtsschreibers Johann Trithemius hatten die betroffenen Juden gegen Abt Konrad von Fulda vor dem Kaiser Klage erhoben.[205] Mit Lübeck kann man davon ausgehen, daß Friedrich II. durch die Juden selbst von den Fuldaer Vorgängen Kenntnis erhalten hatte, auch wenn diese nicht in den üblichen Formen einer Klage übermittelt worden waren, daß man aber durch die Präsentation der Leichname in Hagenau und eine auf diese als *corpora delicti* sich stützende Klage der Fuldaer Herrschaftsträger einer Verurteilung wegen Ermordung der Fuldaer Juden zuvorkommen wollte.[206] Daß die zeitgenössischen Chronisten die Eingabe der Juden – es waren dies wohl Glieder der führenden Wormser Judengemeinde[207] – nicht als „normale“ Prozeßhandlung erwähnten, vielmehr nur in die Form einer Bestechungshandlung kleideten, um die Abhängigkeit des Kaisers von jüdischen Einflüsterungen zu suggerieren, erscheint bei der antijüdischen Grundeinstellung der Chroniken erklärlich. Da die Fuldaer Juden zum Zeitpunkt der Fuldaer Klage bereits ermordet waren, konnte diese nur zum Nachweis der Schuld der gesamten Judenschaft des Reiches erhoben worden sein. Die „officialiter“ veranlaßte Einholung der Sachverständigenaussagen jüdischer Konvertiten muß nicht unbedingt als die Erhebung eines materiellen Beweises auf der Grundlage des römisch-kanonischen Verfahrens gewertet werden, sondern könnte auch als die Einholung eines Rates angesehen werden, durch den die Urteiler des Gerichts in die Lage versetzt werden sollten, das Parteivorbringen sachgerecht zu beurteilen. Insofern besteht eine Parallele zur Einholung von Oberhofentscheidungen durch lokale Schöffengerichte, die sich ebenfalls in Eigeninitiative ohne Antrag der Prozeßparteien Entscheidungshilfe geben lassen konnten.[208] Auch das Recht des Kaisers, den Rat seiner Gefolgsleute und auch von Gelehrten einzuholen, war unbestritten und konnte demnach auch in ein dinggenossenschaftliches Verfahren eingeführt werden. Überdies stand die von den Juden des Reiches erbetene *(universi Alemannie servi camere nostre celsitudini supplicarunt)*[209] Bestätigung einer 1157 von Kaiser Friedrich Barbarossa der Wormser Judengemeinde erteilten Konstitution[210] an, die wohl nur dann sinnvoll erteilt werden konnte, falls über die Schuldlosigkeit der Juden am angeblichen Fuldaer Ritualmord Klarheit geschaffen war. Man muß die von Friedrich II. veranlaßten Recherchen nicht unbedingt mit einem besonderen Wohlwollen des Kaisers und einer über die Zeit hinausragenden Vorurteilslosigkeit des Staufers erklären, wie dies Willy Cohn getan hat.[211] Wenn Friedrich seiner ihm übertragenen Schutzaufgabe wirkungsvoll nachkommen und möglichen Judenverfolgungen im Anschluß an die von Kreuzfahrern verursachten Fuldaer Vorfälle zuvorkommen wollte – die seit mehr als einem Jahrhundert vorher schon einige Male in der Absicht, die christliche Gesellschaft zu erneuern, grausame Pogrome unter den Juden verursacht hatten[212] –, mußte er die erhobene Blutbeschuldigung inhaltlich überprüfen. Dadurch allein aber wurde das Akkusations- nicht zu einem Inquisitionsverfahren, bei dem die „Prozeßherrschaft" ganz in den Händen des Kaisers gelegen hätte. Das durch die Fuldaer Klage und die Intervention der Juden einmal eingeleitete Verfahren verlief, soweit die wenigen Quellen eine Interpretation zulassen, nach den durchaus üblichen Regeln des dinggenossenschaftlichen Verfahrens ab: Das Urteil wurde nach Umfrage unter den anwesenden Mitgliedern des Hofes als den Urteilern gefunden und vom Kaiser als Richter verkündet *(dictante sentencia principum pronunciavimus)*. Daß einzelne Formulierungen des kirchlichen Inquisitionsverfahrens eingesetzt wurden, hatte vor allem Legitimierungsgründe: Wollte Friedrich sein Urteil unangreifbar machen, so mußte er sich zumindest formal auf das überkommene dinggenossenschaftliche Verfahren stützen, das allein er kraft seiner *plenitudo potestatis* legitimieren konnte. Der im Urteilsbrief geäußerte Anspruch, notfalls auch ohne förmliche Klage vorgehen zu können *(etsi actiones clandestini maleficii non patebant)*, ist als bloße Deklamation zu sehen, die auf das konkrete Verfahren keine Auswirkung hatte.

Die Festigung der kaiserlichen Schutzherrschaft über die Juden

Deutlich wird jedenfalls anhand des Gerichtsbriefs, daß Kaiser Friedrich II. die Juden des Reiches keineswegs unter die Ketzer rechnen wollte. Daß er in dem mit der gleichen Urkunde verbundenen Privileg die Juden als seine kaiserlichen Kammerknechte bezeichnete,[213] bedeutet nur, daß er in Anknüpfung an die Tradition seiner Vorgänger[214] die besondere Rechts- und Schutzbeziehung der Juden zum Kaiser reaktivieren, nicht aber eine rechtliche Schlechterstellung erzielen wollte.[215] Was der Kaiser dem Papst aus politischen Gründen zugestehen mußte, wenn auch in der täglichen Praxis nicht immer unbedingt befolgte, nämlich die Herstellung einer *unio imperii et ecclesie* im Hinblick auf den Kampf gegen die Ketzer,[216] nahm er im Verhältnis zu den Juden wieder zurück. Diese wollte er in der Tradition seiner Vorgänger seinem alleinigen Schutz unterstellen und gab ihnen deshalb auch eine umfassende Konstitution. Der konkurrierende Schutzanspruch des Papstes wurde nicht anerkannt, und so bestand auch wenig Veranlassung dazu, Gemeinsamkeit mit dem Papst in Inquisitionsprozessen gegen die Juden zu üben. Vielleicht waren es sogar die in den Marbacher Annalen behaupteten jüdischen Geldleistungen, die den Kaiser mit dazu bewogen hatten, die Juden aus der von ihm gemeinsam mit dem Papst betriebenen Ketzerverfolgung herauszunehmen und in der Hoffnung auf eine zukünftige ertragreiche Steuer stärker an die kaiserliche Kammer anzubinden. Die 1241 aufgestellte Steuermatrikel,[217] in der die Juden des Reiches mit beträchtlichen Steuerquoten neben den Königlichen Städten separat erfaßt wurden, läßt erkennen, daß sich Friedrich II. in seiner Hoffnung nicht getäuscht hatte.

Somit kann im Ergebnis festgehalten werden, daß dieser durch ein tragisches Ereignis ausgelöste Ritualmordprozeß auf Reichsebene zwei bedeutsame rechtliche Festlegungen zustande brachte. In materiell-rechtlicher Hinsicht wurde einerseits die theologische Haltlosigkeit des Ritualmordvorwurfs autoritativ und gleichsam gesetzlich verankert. Dies kann im hier interessierenden Zusammenhang freilich nicht weiterverfolgt werden.[218] In prozeßrechtlicher Hinsicht andererseits wurde klargelegt, daß die Juden als *servi camere imperialis* nicht anders als die Christen dem üblichen Prozeßverfahren mit offenbar gleichen Rechten und Pflichten unterworfen waren, keineswegs aber als Ketzer der Inquisitionsgerichtsbarkeit unterfielen.[219] Einzelne inquisitorische Elemente dienten dem Kaiser nur zur einsichtigeren Entlastung der beschuldigten Juden, vielleicht aber auch zur Absicherung des Prozesses gegen Einsprüche der Kirche. Damit diente dieses Hagenauer bzw. Augsburger Gerichtsverfahren vor dem Kaiser zugleich der Präzisierung und Erprobung der seit Heinrich IV. intensiv gegen Verfolgungen wahrgenommenen kaiserlichen Schutzherrschaft über die Juden,[220] die nunmehr nach den Anfängen in Speyerer und Wormser Privilegien Kaiser Friedrich Barbarossas in der sog. kaiserlichen Kammerknechtschaft eine eindeutige rechtliche Ausformung erlebte. Deutlich erscheint das Bestreben, durch den bewußten Aufbau eines unmittelbaren Verhältnisses zwischen allen Juden im Reich und dem Kaiser – das Privileg von 1236 wurde wörtlich *omnibus iudeis ad cameram nostram immediate spectantibus* ausgestellt[221] – andere Schutzherren und Zwischengewalten auszuschalten. Es ging dem Staufer hier um eine Neukonstituierung der alten Schutzherrschaft über die Juden unter Mißachtung eventueller Schutzansprüche des Papstes und der Kirche. Die über die Juden in Anspruch genommene Rechts- und Regelungskompetenz war als gerichtlicher Schutz gedacht, den der Kaiser als oberster Richter mit seinem 1235 neu institutionalisierten Hofgericht wahrzunehmen gedachte.[222] Das Rechtsverhältnis des Kaisers als *dominus* gegenüber seinen Juden als den *servi camere imperialis*[223] sollte kein bloßes rechtliches Konstrukt bleiben; es sollte vielmehr in seinen Einzelausprägungen am obersten königlichen Gericht judizierbar und damit zur Gewährleistung effektiven Schutzes und zur Erhaltung der jüdischen Steuerkraft im Reich realisierbar werden. Die von dem besprochenen Prozeß veranlaßte Einführung des Begriffs *servus* hatte einen weiteren Vorteil für Friedrich: Er konnte sich auf diese Weise äußerlich an die 1234 im ›Liber Extra‹ endgültig kirchenrechtlich normierte Lehre von der *perpetua servitus iudeorum*, der ewigen Knechtschaft der Juden, anlehnen, die seit Augustin zum theologischen Allgemeingut gehörte,[224] ohne diese freilich übernehmen zu wollen: Der äußerlichen Assoziation an die Lehre Augustins entsprach die stärkere Betonung der Schutzkompetenz; die Verbindung des Begriffs *servus* mit *camera* schuf einen ganz anders gearteten Rechtsinhalt, als er mit der kirchenrechtlichen *servitus iudeorum* gemeint war.[225] Die durch den Fuldaer Judenmord veranlaßte „Kammerknechtschaft" wollte einerseits die kaiserliche Schutzaufgabe erneuern; sie wollte aber andererseits auch die stärkere Einbindung der Juden in den Fiskus und die Verdrängung der päpstlichen Kompetenz[226] bewirken. Erst dadurch wurde die Schutzaufgabe zur Schutzherrschaft, das kirchlich-christliche Motiv zum Gegenstand eines Politischen Prozesses zur Erweiterung von Herrschaftsaufgaben.

Neukonstituierung von Königsherrschaft als Revindikation von Reichsrechten: Der Prozeß Rudolfs von Habsburg gegen König Przemisl II. Ottokar von Böhmen 1274–1277

Das Königtum Rudolfs, historiographische Würdigung, Funktion des Verfahrens

Für die bis heute nachwirkende nationalorientierte deutsche und österreichische Historiographie des 19. Jahrhunderts bildete der Prozeß des römisch-deutschen Königs Rudolf von Habsburg mit dem böhmischen Kronträger Przemisl II. Ottokar einen der Höhepunkte politischer Auseinandersetzung im Heiligen Römischen Reich des Mittelalters überhaupt, da sich in diesem „weltgeschichtlichen Drama"[227] der künftige Weg deutscher Königs- und Kaiserherrschaft einerseits und überdies die Grundlegung eines Hausmachtterritoriums andererseits angebahnt habe, durch die das Zentrum des Alten Reiches langsam nach Südosten verlagert worden sei. Mit sichtlicher Genugtuung wurde vermerkt, daß es trotz der Verschleuderung von

Reichsrechten während des Interregnums noch einmal einem König gelungen sei, in Anknüpfung an die staufische Tradition eine territoriale und institutionelle Grundlage zu schaffen, die ein Überleben des Kaisertums immer wahrscheinlicher hat werden lassen, nationale Regungen im Reichsgebiet außerhalb dieses Zentrums aber habe verhindern können. Rudolf von Habsburg, so resümierte Oswald Redlich noch 1903, habe den Hochmut des slawischen Zepters zerbrochen.[228] Bezogen auf den Hofgerichtsprozeß gegen Ottokar meinte denn auch Otto Franklin 1867, auch den mächtigsten Herrn habe damit „die Strenge des Gerichts" ereilt, da dieser „gegen das Reichsrecht" die in Besitz genommenen österreichischen Länder nicht habe herausgeben wollen.[229] Von niemandem ist deshalb bezweifelt worden, daß dieser Prozeß geradezu als der Prototyp eines „Politischen Prozesses" angesehen werden müsse,[230] und er ist somit auch von Heinrich Mitteis in seine diesbezügliche Monographie aufgenommen worden.[231] Vor allem in den achtziger Jahren des vorigen Jahrhunderts hat der Prozeß in der Geschichtsschreibung Österreichs und des Deutschen Reiches intensive Beachtung gefunden.[232]

Aus zweierlei Gründen indes ist bislang eine sachgerechte Würdigung des Prozeßgeschehens unterblieben: Auf der einen Seite hat man ganz im Sinne der positivistischen Normenlehre einen Lehns- und Achtprozeß konstruiert, der nach einem festen, reichsrechtlich verbindlichen Schema über Achtspruch, Achtverkündung, Aberachtfeststellung und Lehnsverwirkung wegen unterbliebener Mutung abgelaufen sei,[233] sich im übrigen auf die Mißachtung einer „Revindikationsverordnung" vom Dezember 1273 gestützt habe.[234] Man hat sich nicht davon abhalten lassen, daß wir über die entscheidenden Verhandlungen des Augsburger Hoftages von Mai 1275 nur „sehr mangelhaft unterrichtet" sind[235] und wir auch über den die Säumnis Ottokars begründenden Würzburger Tag vom Januar 1275 „so gut wie keine Nachrichten besitzen".[236] Statt dessen wurde die seit dem Landfriedensgesetz von 1179 geforderte Verhängung der Aberacht für den Fall des beharrlichen und Jahr und Tag andauernden Verbleibens in der Reichsacht[237] ohne einen greifbaren Anhaltspunkt der Primärquellen in die Angaben der zeitgenössischen Historiographie hineininterpretiert und nur noch darüber gestritten, in welchen Vorgängen man denn die erforderlichen Ladungen und Fristen zu sehen habe.[238] Die den bisherigen Forschungsstand zusammenfassende Regestenpublikation von Diestelkamp und Rödel hat folgerichtig die die Säumnis begründende Würzburger Ladung für den Januar 1275, die Verhängung der Reichsacht für den Juni 1275 und die Verhängung der Oberacht für den Juni 1276 unterstellt[239] – eine Konstruktion freilich, die mit der Verbindlichkeit einer am römisch-deutschen Königshof unbezweifelt befolgten Rechtsgewohnheit steht und fällt. Die von Arnold Busson erstmals aufgestellte These, daß die in einem als Formular überlieferten Schreiben des Habsburgers an Herzog Heinrich von Bayern vom September 1275[240] gemachte Mitteilung, daß der König von Böhmen in der königlichen Acht verharre *(in proscriptione regia perseveret)*, auf eine nur vorläufige und lösbare, deshalb auch steigerungsfähige Reichsacht hindeute,[241] wurde von der Literatur sogleich übernommen.[242] Unklar blieb aber noch, in welchem Verhältnis zueinander Lehns- und Achtverfahren standen, ob zwei sich ergänzende oder kumulativ wirkende Verfahrensarten praktiziert wurden, das Lehnsverfahren durch die Säumnis in ein Achtverfahren übergeleitet wurde oder ob nur ein und dasselbe politische Anliegen mit unterschiedlichen, rechtlich noch nicht genügend fixierten Instrumentarien verfolgt wurde. Die einzig von Bachmann nicht ohne Berechtigung vertretene Ansicht, daß unabhängig vom Lehnsprozeß ein mit „Empörung und Ungehorsam" begründetes Achtverfahren gegen Ottokar durchgeführt worden sei,[243] wurde freilich zurückgewiesen.[244] Dabei wurde nicht weiter überprüft, ob nicht der König wegen angenommener notorischer Rebellion gegen das Reich kraft eigener Machtvollkommenheit ohne förmlichen Prozeß die Acht verhängte, wie es noch in zahlreichen vergleichbaren Fällen der Frühen Neuzeit geschah.[245] Immerhin war auf der einen Seite im 13. und 14. Jahrhundert die ipso iure durch die Tat selbst verwirkte Reichsacht, die die sofortige Friedlosigkeit bewirkte und allenfalls noch der Feststellung bedurfte,[246] auch am Königshof bekannt. Auf der anderen Seite wurde unter den Juristen seit dem 13. Jahrhundert die Lehre von der *plenitudo potestatis* des Kaisers, der kaiserlichen Machtvollkommenheit, diskutiert[247] und von Kaiser Friedrich II. erstmals in Privilegien in Anspruch genommen. Sie wurde schließlich von Rudolf selbst nach dem Erwerb der österreichischen Herzogtümer für sein Haus in der im Dezember 1282 ausgestellten Lehnsurkunde als Grundsatz verkündet[248] und in einem erneuerten Lehnsbrief vom Juni 1283 als besondere königliche Vollmacht präzisiert *(nobis reservavimus plenariam potestatem)*.[249] Schon angesichts dieser rechtlichen Möglichkeiten des Königtums dürfte die Annahme eines zur Oberacht intensivierten hofgerichtlichen Achtverfahrens unter König Rudolf eher dem positivistischen Denken des 19. Jahrhunderts als der Realität des 13. Jahrhundert entsprochen haben, zumal es der einzige bekannte Fall dieser Zeit gewesen wäre.[250]

Abb. 2: Auf einer Thronbank sitzende gekrönte Königsgestalt (Rudolf), in der linken Hand das Lilienzepter, in der rechten Hand ein waagerecht auf die Knie gelegtes Richtschwert.

Auf der anderen Seite ist das Verfahren gegen Przemisl II. Ottokar, wie auch immer man es rechtshistorisch bewerten will, bisher stets aus der Sicht des „Siegers" König Rudolf von Habsburg geschrieben worden, und noch immer scheint man sich nicht von dem Eindruck der zeitgenössischen Propaganda im Dienste des Habsburgers gelöst zu haben. Wie František Graus nachgewiesen hat,[251] wurde der Habsburger vor allem durch die Aktivität der Bettelordensprediger als der verheißene Friedenskaiser propagiert, dessen Sieg gegen Ottokar vorausgesagt und legitimiert wurde. Die Auseinandersetzung um die Herrschaft im Reich konnte deshalb von der Historiographie des 19. Jahrhunderts leicht als „Kampf gegen Ottokar" gedeutet werden,[252] der durch dessen Herausforderungen und dessen „vollständige und stolze Ablehnung jeglichen Entgegenkommens"[253] gerechtfertigt gewesen sei. Sogar von einem „Reichskrieg", der zur Vollstreckung eines „klaren Auftrags der Fürsten, entfremdetes Reichsgut zu revindizieren", notwendig geworden sei,[254] ist die Rede. Politische Äußerungen des Böhmenkönigs, mit denen er seinen Herrschaftsanspruch begründete, wurden folglich als „berechnete Verdrehung der Dinge" gewertet.[255] Daß Ottokar ein moderneres Herrschaftsprinzip verkörpert haben könnte und seiner Zeit vorausgeeilt war,[256] wurde nicht zur Kenntnis genommen, da man damit die Überlebtheit des Reichsherkommens in der am römisch-deutschen Königshof vertretenen Version hätte zugeben müssen. Will man den hofgerichtlichen Prozeß gegen den Przemisliden in seinem historischen Kontext richtig verstehen, darf man nicht von vornherein Recht und Unrecht entsprechend dem späteren Geschichtsverlauf festlegen, sondern muß die beiden jeweils aus ihrer Sicht berechtigten Positionen gleichmäßig gegenüberstellen. Des Habsburgers einzige Chance bestand darin, seine vom Machtpotential her defizitäre Position durch eine Anknüpfung an das staufische Kaisertum und eine konsequent durchgeführte „Revindikationspolitik" zu legitimieren. Insofern mußte er auch das im Mainzer Landfrieden von 1235 institutionalisierte Hofgericht neu installieren. Ottokar von Böhmen hingegen hatte vom Machtverfall des Königtums nach dem Ende der Staufer profitiert und nicht anders als viele späteren Landesfürsten Rechtstitel „usurpiert" und zu einer neuen Einheit geformt. Seine Chance bestand in einer rechtlichen und verwaltungsmäßigen Durchdringung seiner Herrschaft – einer Herrschaft im übrigen, wie sie Jahrhunderte später von den österreichischen Herzogen selbst verwirklicht wurde. Nur insofern war Rudolf im Vorteil, als er sich nicht unbedingt auf politische Verhandlungen und Schiedsentscheidungen einlassen mußte, die die Kompetenzen hätten abgrenzen können, sondern sich der Mittel seiner „Königlichen Machtvollkommenheit", besonders des Lehnsprozesses und des (politischen) Achtspruchs, bedienen konnte.

Historischer Hintergrund, politische und gesellschaftliche Zusammenhänge

Historischer Hintergrund und gesamtpolitischer Zusammenhang der Auseinandersetzung Rudolfs von Habsburg mit Przemisl II. Ottokar von Böhmen sind in der historischen und rechtshistorischen Forschung bereits wiederholt und ausführlich erörtert worden und bedürfen deshalb hier keiner erneuten Diskussion. Als neugewählter römischer König stand Rudolf von Anfang an einer Mächtekonstellation gegenüber, der er durch seine eigenen Herrschaftsressourcen am Oberrhein und durch das im Königtum liegende Autoritätspotential kaum wirksam begegnen konnte. Wenigstens zum Teil konnte er die bestehenden Defizite dadurch auszugleichen versuchen, daß er die in der staufischen Zeit eingesetzten oder neu geschaffenen Instrumentarien aktivierte und etwa vorhandene Gegenkräfte mobilisierte. Mit der seit dem Aachener Zollstatut vom Oktober 1273[257] schrittweise erneuerten Mainzer Landfriedensgesetzgebung Kaiser Friedrichs II. schuf der Habsburger ein rechtliches Rahmenwerk, das gegenüber konkurrierenden Dynasten als Legitimationsvorsprung wirken mußte.[258] Mit den gleichermaßen seit 1274 wirksamen und die staufische Praxis teilweise wiederaufnehmenden zentralen und regionalen Rechtsprechungs- und Verwaltungs-„Behörden“ – dem mit dem König reisenden Hofgericht einerseits und den südwestdeutschen Landvogteien andererseits[259] – wurden Möglichkeiten zur administrativen Vernetzung und Durchdringung eröffent, auch wenn sie nie in vollem Umfang genutzt werden konnten.[260] Die aktiv in die politischen „Planspiele“ einbezogenen Städte, die als Stützpunkte des über die Pfalzen nicht mehr finanzierbaren Reisekönigtum wichtig wurden, konnten zwar nicht zu einem Gegengewicht gegen die stärker werdende Stellung des Hochadels werden; sie eröffneten dem römisch-deutschen König aber doch den Zugang zu einem ökonomischen und propagandistischen Potential (vor allem in der Tätigkeit der Bettelorden), das ihm in seiner Auseinandersetzung mit Ottokar hilfreich wurde.[261] Die Erneuerung des staufischen Königtums aber durfte sich nicht nur auf die administrativen, ökonomischen und kommunikativen Netzwerke beschränken, sondern mußte auch in einer Wiederherstellung des inzwischen in hohem Maße entfremdeten Königsgutskomplexes bestehen. Die hierin begründete und viel diskutierte „Revindikationspolitik“ sollte gleichsam das sachliche Substrat bilden, durch das erst der neue organisatorische Aufbau seine Funktion erhielt. Dies mußte notwendigerweise den machtpolitischen Zusammenstoß mit dem Böhmenkönig heraufbeschwören, da dieser durch den sukzessiven Erwerb der österreichischen Lande mit Steiermark, Kärnten und Krain[262] seinen legitimen Herrschaftsbereich überschritten und Teile alten „Reichsgutes“ angeeignet hatte, wie zumindest am Königshof Rudolfs behauptet und wie es vor allem ein halbes Jahrhundert später von dem Kärntner Geschichtsschreiber Abt Johann von Viktring näher beschrieben wurde.[263]

Vor diesem Hintergrund ist die auf einem Nürnberger Hoftag vom November 1274 gefundene Rechtsweisung[264] zu sehen. Sie kann zwar weder als (gesetzliches) Statut[265] noch als „Reichsweistum“ angesehen werden, das abstraktes Recht für das Reichsgebiet schaffen sollte.[266] Dennoch aber ging sie über den konkreten Streitfall hinaus und sollte einen, wenn auch auf den Rechtsbereich des Betroffenen beschränkten Anspruch auf eine allgemeinere Verbindlichkeit erheben.[267] Die Form der Rechtsweisung wurde offensichtlich gewählt, um den als Herrschaftskonflikt zweier konkurrierender Könige deutbaren Streitfall zu objektivieren und in den Rahmen der dem römisch-deutschen Königtum zustehenden Landfriedensordnung rechtlich einzubinden. Man muß deshalb nicht gleich die Umsetzung einer für den Dezember 1273 rekonstruierten „Revindikationsordnung" annehmen.[268] Die hofgerichtliche, vom Pfalzgrafen bei Rhein als Richter erfragte und verkündete Weisung paßt sich vielmehr ganz in die Politik der Erneuerung der staufischen Herrschaftsgrundlagen ein, die vor allem durch die Territorialpolitik des Böhmenkönigs während der „königslosen" Zeit gefährdet schien. Nicht zufällig fand der so den königlichen Machtanspruch öffentlich inszenierende Nürnberger Hoftag erst nach der Anerkennung der habsburgischen Königsherrschaft durch Papst Gregor X.[269] statt, sicher auch in der Hoffnung, durch eine Domestizierung des Böhmenkönigs und dessen Einordnung in das eigene Hegemonialsystem die Grundlagen für die Erlangung der Kaiserkrone schaffen zu können.[270] Als Verfahrensform wurde der lehnsgerichtliche Prozeß gewählt, der seit der Stauferzeit verstärkt zur Inszenierung der königlichen Lehnshoheit gegenüber den Kronvasallen genutzt wurde,[271] sich im übrigen aber an den alten, dinggenossenschaftlichen Verfahrensmodalitäten orientierte.[272] Als zuständiges Forum kam nur das Königliche Hofgericht unter dem Vorsitz des Königs in Betracht, dem durch die Bestimmungen des Mainzer Landfriedens die Fürstensachen übertragen worden waren.[273] Im konkreten Streitfall um das vom Böhmenkönig an sich gezogene Reichsgut trat der römisch-deutsche König zugleich als Inhaber der Reichsrechte auf und war so in doppelter Funktion beteiligt: als Richter über einen Reichsfürsten und als Kläger um die Rückforderung von Reichsgut. Um eine möglichst große Objektivität zu erreichen, ließ der Habsburger deshalb durch Urteil den Pfalzgrafen (Ludwig) bei Rhein zum Richter bestellen, da dieser seit alters über das Recht verfüge, über Klagen des Königs oder Kaisers gegen einen Reichsfürsten zu richten. Erst jetzt waren alle Hindernisse aus dem Weg geräumt, um den Prozeß gegen Ottokar inhaltlich aufnehmen zu können.

Der Ablauf des Prozesses gegen Ottokar

Nach dem spärlich verfügbaren urkundlichen Material lassen sich die Stationen des Prozesses wie folgt rekonstruieren: Vor dem nunmehr auf dem Hoftag zu Nürnberg anstatt des Königs zu Gericht sitzenden Pfalzgraf *(sedente [. . .] pro tribunali)* konnte dieser das Urteil erlangen, daß der König sich all derjenigen Güter mit Gewalt bemächtigen könne, die Kaiser Friedrich II. in der Zeit vor seiner Absetzung ungestört innehatte, und auch derjenigen, die dem Reich gewaltsam entzogen worden waren. Sollte sich jemand der Wiedererlangung widersetzen, so sollte der König diese unrechtmäßige Gewalt zurückweisen und so die Rechte des Reiches aufrechterhalten *(iura imperii conservare)*. Außerdem wurde im Hinblick auf den – hier ausdrücklich genannten – König von Böhmen geurteilt, daß derjenige, der es ohne rechtmäßigen Grund aus Nachlässigkeit oder Ungehorsam versäumt hat, seine Lehen binnen Jahr und Tag seit der Königskrönung Rudolfs zu muten, nach Ablauf dieser Frist seines Rechtes auf alle seine Lehen verlustig gehen sollte. Zur Realisierung des Urteils sollte der Pfalzgraf den Böhmenkönig durch einen Edlen binnen sechs Wochen und drei Tagen ab dem Gerichtstag an einen bestimmten Ort und einen bestimmten Tag laden lassen, damit er sich vor dem Richter wegen der Klage des römischen Königs über seinen Ungehorsam endgültig verantworte *(questionibus regis super contumacia peremptorie responsurum)*. Falls der zur Überbringung der Ladung ausgewählte Edle eidlich versichern sollte, daß er aus Furcht vor dem Böhmenkönig dessen Land nicht zu betreten wage, so sei es ausreichend, wenn das öffentliche Edikt auf dem genannten Hoftag verlesen und die Ladung durch den Pfalzgrafen öffentlich in einer dem Königtum Böhmen möglichst nahegelegenen Stätte bewirkt werde. Damit aber alles ordnungsgemäß zugehe, werden zu der genannten Frist noch weitere achtzehn Tage zur Überbringung der Ladung hinzugefügt. Vom 20. November ab gerechnet ergebe sich daraus eine Frist von neun Wochen. Am 23. Januar des folgenden Jahres solle danach der Böhmenkönig vor dem Pfalzgrafen in Würzburg erscheinen. Sollte er sich dort nicht einfinden, so werde gegen ihn nach Recht vorgegangen *(alioquin contra ipsum prout ius permiserit procedetur)*.

Die hier angesprochene Ladung des Pfalzgrafen Ludwig wurde noch auf dem Nürnberger Hoftag *(in solempni curia supradicta)* im November 1274 verkündet.[274] Ludwig gebot danach König Ottokar von Böhmen, an dem nach dem Fürstenspruch auf den 23. Januar festgesetzten Tag vor ihm zu erscheinen. Dort sollte er sich auf die Klage des Königs wegen der diesem und dem Reiche zugefügten offensichtlichen Rechtsverletzungen *(super iniuriis et manifestis violenciis)* verantworten. Unabhängig davon, ob der Böhmenkönig erscheine oder nicht, sollte gegen ihn in dieser Sache vorgegangen werden, wie es das Recht vorsieht und das Urteil der Fürsten festsetzt *(sive veneritis sive non, nos nichilominus in eadem causa quantum iuris ordo dictaverit et principum sentencia decreverit procedemus).*

Damit enden bereits die unmittelbaren urkundlichen Nachrichten über den Hofgerichtsprozeß. Alle anderen Informationen sind entweder historiographischer Natur und entstammen der Feder einzelner Zeitgenossen, die unterschiedliche Interessen für ihre Berichterstattung mitbrachten. Oder aber es handelt sich um beiläufige Äußerungen aus Urkunden und Briefen, die den Prozeß nicht eigentlich thematisieren.[275] Schon über den Hoftag des folgenden Jahres in Würzburg, zu dem Ottokar geladen wurde, besteht Unklarheit. Fest steht nur, daß der böhmische König zu diesem am 23. Januar veranstalteten Hoftag nicht erschien und offenbar, wie die Basler Annalen vermelden, ein zweites Mal geladen wurde *(regem Bohemie secundario citavit, ut suo iudicio compararet).*[276] Ob auf dem Mitte März des Jahres in Speyer abgehaltenen Hoftag, in dessen Rahmen ausweislich eines erhaltenen Mandats auch Hofgericht gehalten wurde,[277] der Prozeß mit dem Böhmenkönig verhandelt wurde, ist ungewiß.[278] Erst auf dem im Mai 1275 stattfindenden Augsburger Hoftag kam es zu einer Erörterung der Streitsache.[279] Eine Gerichtsurkunde liegt jedoch nur über den zwischen den Boten König Ottokars und Herzog Heinrichs von Bayern ausgetragenen Streit um die Kurstimme vor,[280] während ansonsten noch chronikalisch überliefert ist, daß Bischof Wernhard von Seckau als Abgesandter des Böhmenkönigs unter Hinweis auf die nicht ordnungsgemäße Wahl König Rudolfs die Nichtigkeit des Prozesses geltend machte.[281] Nach Abschluß des Hoftages wurde Burggraf Friedrich von Nürnberg an Ottokar gesandt, um ihn zur Herausgabe der dem Reich entfremdeten Güter zu veranlassen.[282] Doch auch jetzt ist ungewiß, ob der Streit sich in einer Fortführung des Gerichtsverfahrens verdichtete. Die Mission des Burggrafen läßt eher den Schluß zu, daß der in Nürnberg begonnene Lehnsprozeß vorerst nicht wiederaufgenommen wurde, um eine „Verhandlungslösung" zu ermöglichen.

Da der König von Böhmen, wie sich aus einem als Formular überlieferten Schreiben Rudolfs an Herzog Heinrich von Bayern ergibt,[283] sich jedenfalls im September 1275 als offenbarer Feind des Reiches in der königlichen Acht befand *(cum rex Bohemie manifestus sit hostis imperii et in proscriptione regia perseveret)*, wurde in der rechtshistorischen Forschung unter Konstruierung einer relativen Chronologie eine Abfolge von drei Hofgerichtsladungen angenommen, die zur Reichsacht geführt hätten. Diese letztere aber müsse schon im Juni des Jahres erfolgt sein, da für den Juni 1276 bereits die Verhängung der Aberacht anzusetzen sei.[284] Die Existenz der Aberacht wiederum wurde aus der Fehdeerklärung *(diffidatio)* König Rudolfs vom 24. Juni 1276 geschlossen, die als Vollstreckung des Ausspruchs der endgültigen Reichsacht zu verstehen sei.[285] Eine Steigerung von der Acht zur Aberacht glaubte man darin sehen zu können, daß in der Nachricht vom September 1275 von einem „Verharren" *(persevere)* des Böhmenkönigs in der Acht die Rede sei, die Lösung aus der Acht also als möglich angesehen wurde. Man übersah dabei, daß auch die angebliche Aberacht, die man als endgültig und unlösbar ansah, durch den Friedensvertrag vom November 1276 mit königlicher Billigung aufgehoben wurde.[286] Es paßte denn auch gut in das Gesamtbild, daß König Rudolf unter Wiederaufnahme einer staufischen Praxis und in Ausführung seiner gleichzeitigen Landfriedensgesetzgebung[287] seinen Erzkanzler Erzbischof Werner von Mainz dazu veranlassen konnte, seine Suffragane als Repräsentanten des „geistlichen Armes" in den politischen Prozeß gegen den Böhmenkönig einzubinden. Mit dem Wormser Mandat des Erzbischofs vom Juli 1276[288] wurde freilich nicht die Exkommunikation ausgesprochen,[289] die Jahr und Tag nach Ausspruch der Reichsacht hätte verkündet werden können,[290] sondern nur für den Fall angedroht, daß Ottokar nicht innerhalb einer noch festzusetzenden Frist Genugtuung leiste und die widerrechtlich dem Reich gehörenden Rechte und Güter zurückerstatte. Inwieweit später ein Interdikt ausgesprochen wurde,[291] ist nach den Quellen nicht eindeutig zu entscheiden und könnte allenfalls daraus geschlossen werden, daß der im November 1276 geschlossene Wiener Friedensvertrag pauschal die Aufhebung aller gegen den Böhmenkönig ausgesprochenen Acht-, Exkommunikations- und Privationsurteile vorsah *(revocentur et retracentur immo revocate sint omnes sentencie proscripcionis, excommunicacionis, interdicti, privacionis et quecumque alie promulgate contra dominum Otakarum regem Boemie et adherentes sibi quocumque nomine censeantur)*.[292]

Zu einer Lösung des Problems kommt man, wenn man den in Nürnberg durchgeführten hofgerichtlichen Lehnsprozeß vom späteren Achtprozeß trennt und diesen letzteren als Teil einer politischen Strategie ansieht, die kaum noch des rechtlichen Verfahrens bedurfte, sich dessen allenfalls noch als Druckmittel zur Erzielung einer günstigen Verhandlungslösung bediente. Die in Nürnberg zustandegekommene Rechtsweisung hatte dem Habsburger bereits alle Rechtstitel in die Hand gegeben, um die nicht gemuteten Lehen notfalls mit Gewalt einzuziehen. Lediglich der Ungehorsam *(contumacia)* Ottokars mußte noch festgestellt werden, da für die Versäumung der Mutungsfrist möglicherweise auf entschuldbaren Gründen (besonders „ehafter" Not[293]) beruhen konnte. Nach erfolglosem Ablauf der Frist von neun Wochen waren die Voraussetzungen zur gewaltsamen Vollstreckung des Nürnberger Urteils gegeben. Die Achtverkündung hingegen scheint mit der wohl mißglückten Mission des Burggrafen Friedrich von Nürnberg an den Böhmenkönig im Zusammenhang zu stehen.[294] Nicht die Verletzung einer Lehnspflicht stand hier im Vordergrund, sondern die Mißachtung königlicher Majestät und die Auflehnung gegen die Autorität des römisch-deutschen Königs.[295] Eine solche aber lag vornehmlich in der Infragestellung des rudolfinischen Königtums, durch die in sehr viel umfassenderer Weise die Herrschaft des römisch-deutschen Königs in Zweifel gezogen wurde. Gegen derartige Majestätsverletzungen, auch wenn sie noch nicht immer unter dem Begriff des *crimen laesae maiestatis* gestellt wurden,[296] gab es seit jeher das Mittel der „politischen" Acht, die mit der „normalen", durch die Mißachtung dreier Ladungen begründeten Kontumazialacht nur in einem lockeren Zusammenhang stand.[297] Sie entsprach der Sache nach der im Spätmittelalter vor allem seit König Sigmund am Kammergericht verkündeten Reichsacht, die mit der Strafe für Majestätsbeleidigung verbunden wurde und weitgehend mit dieser identisch war.[298] Es ist weder notwendig, für diese die Versäumung von Ladungsfristen zu konstruieren, noch bedarf es einer Unterscheidung nach Reichsacht und Aberacht. Es war jedenfalls ein Verfahren, das nicht in einen förmlichen Prozeß am Hofgericht eingebunden war, sondern von der Initiative des Königs und seines Rates abhing. Gerade unter König Rudolf läßt sich die Gruppe der *consiliarii* des Hofes erstmals näher fassen und als Beratungsorgan bei der politischen Entscheidungsfindung dingfest machen.[299] In dem soeben schon angeführten Mandat Erzbischof Werners[300] wurde deshalb angegeben, daß die Verkündung der Reichsacht nach beratender Mitwirkung der Fürsten und anderer Erfahrenen erfolgt sei *(ipse [rex] deliberato consilio et debita maturitate preambula cum suis principibus et peritis [...] promulgavit)*, nicht aber, wie hinzuzufügen ist, nach einem dinggenossenschaftlichen Prozeß. So läßt sich zwanglos erklären, warum in dem zitierten Schreiben Rudolfs an Herzog Heinrich von Bayern als Achtgrund nicht die übliche *contumacia* angegeben, sondern die Tatsache der Reichsfeindschaft *(hostis imperii)* herausgestellt wurde. Was aber in dieser „offiziellen" königlichen Mitteilung enthalten war, entsprach gewiß auch der Formulierung des (verlorenen) Achtbriefs, sofern ein solcher überhaupt je ausgestellt worden war. Die im Juni 1276 schließlich erfolgte Fehdeerklärung gegenüber König Ottokar stellt sich insofern nicht als die Konsequenz einer Intensivierung des königlichen Achtspruchs dar, sondern als eine für diese Zeit legitime Maßnahme zur Verteidigung von Herrschaftsrechten, und zwar unabhängig davon, ob diese nun mit der Verletzung von Pflichten eines Lehnsmannes oder mit der Mißachtung königlicher Majestät begründet wurden. Entsprechend muß auch das kurz darauf in Gegenwart des Habsburgers verkündete Wormser Mandat Erzbischof Werners an seine Suffragane gesehen werden.[301] Es sollte angesichts der Offenkundigkeit von Ottokars „Ausschreitungen“ *(cum [...] ipsius excessus notorii sint)* die politische Unterstützung des „geistlichen Schwerts“ *(gladii spiritualis adiutorio assistere condigna vicissitudine debeamus)* demonstrieren, nicht aber ein rechtsförmliches Exkommunikationsverfahren einleiten. Die Fristen für die Verkündung des Interdikts waren zur Ermöglichung von Sühne- und Vergleichsverhandlungen offengelassen. Die fälschlicherweise als „Reichskrieg“ zur Vollstreckung der Reichsacht und Aberacht interpretierte Fehde König Rudolfs war ebenso wie die Mobilisierung der Geistlichkeit Teil eines politischen Gesamtkonzepts in der Auseinandersetzung mit dem Böhmenkönig um die Anerkennung der römisch-deutschen Königsherrschaft und um die Erneuerung der diese legitimierenden, seit dem Ende der Stauferzeit teilweise entfremdeten Herrschaftsgrundlagen.

Wertung des Prozesses im Hinblick auf das Politische Verfahren

Die in der folgenden Zeit angeknüpften, wenn auch immer wieder durch Kriegszüge und diplomatische Auseinandersetzungen unterbrochenen Friedensverhandlungen zu Wien im November und Dezember 1276, dann im Mai 1277 sowie zu Prag im September dieses Jahres[302] und auch die schließliche militärische Niederringung des Böhmenkönigs in der im August 1278 stattfindenden Schlacht bei Dürnkrut an der March[303] können im Rahmen dieser Analyse nicht weiter erörtert werden, da sie zum eigentlichen „Politischen Prozeß“ lediglich ein Nachspiel bildeten. Entscheidend für die Einordnung des Prozesses in den Gesamtverlauf der Geschichte des Heiligen Römischen Reiches war nämlich nicht dieser weitere Ereignisverlauf, in dessen Rahmen Rudolf von Habsburg als Erneuerer des staufischen Reichsgedankens und als Begründer einer zukunftsträchtigen dynastischen Hausmacht, die Familie des in der Schlacht bei Dürnkrut gefallenen Ottokars hingegeben als eine auf den böhmischen Territorialbestand zurückgedrängte und von der habsburgischen Macht ebenso wie dem Reich abhängig gewordene Landesdynastie erschien. Entscheidend war vielmehr die Situation während der rechtlichen Auseinandersetzungen der Jahre 1274 bis 1276 selbst, in denen sich Rudolf von Habsburg und Ottokar von Böhmen als gleichberechtigte Herrschaftskonkurrenten gegenüber standen, auch wenn der erstere für sich durch die römisch-deutsche Königswahl einen Legitimationsvorsprung für sich verbuchen und die dem König zur Verfügung gestellten Instrumentarien in Anspruch nehmen konnte.

Auf der einen Seite konnte sich der Habsburger auf das in den Formen des alten dinggenossenschaftlichen Prozesses durchgeführte lehnsgerichtliche Verfahren stützen, für das das Forum des seit 1274 erneuerten staufischen Hofgerichts zur Verfügung stand. Damit konnte im Rahmen der *causa realis* eine Aberkennung der Lehen bewirkt werden; im Rahmen der damit verbundenen *causa personalis* konnte aber durchaus auch bei Säumnis des Betroffenen ein Achtverfahren in den kontumazialen Formen inganggesetzt werden. Entgegen der noch heute von Ute Rödel vertretenen und von Heinrich Mitteis übernommenen Meinung, daß hier bereits die Ansätze eines eremodizialen Verfahrens erkennbar seien, das trotz Ausbleibens des Beklagten ein Urteil zur Sache ermöglicht hätte,[304] gibt es keinen Quellenbeleg dafür, daß das Hofgericht den Lehnsprozeß gegen Ottokar auch zur Person mit einem „Sachurteil" hätte abschließen können. Wenn Pfalzgraf Ludwig als Richter anstatt des Königs in seinem nach dem Nürnberger Hoftag im November 1274 an den Böhmenkönig ausgesandten Mandat davon sprach, daß er gegen ihn auch bei Säumnis nach Maßgabe der Rechtsordnung und des Urteils der Fürsten prozessieren werde *(et sive veneritis sive non, nos nichilominus in eadem causa quantum iuris ordo dictaverit et principum sentencia procedimus)*,[305] so bezog er sich damit nur auf die Grundsätze des Säumnisverfahrens, wie es seit alters praktiziert wurde. Die Anordnung, im Falle eines Ausbleibens des Beklagten gegen ihn nach Recht richten zu wollen, ist feststehender Bestandteil der ausführlicheren Hofgerichtsladungen auch späterer Zeit[306]; im Falle der Säumnis schloß sich regelmäßig ein Achtverfahren an, mit dem die Einlassung des Betroffenen zur Sache erzwungen werden sollte. Im Falle Ottokars indes wurde dieses nach dem Nürnberger Hoftag möglich gewordene Säumnisverfahren allem Anschein nach nicht zu Ende geführt, wenngleich es als Drohung im Hintergrund stand. An seine Stelle waren diplomatische Verhandlungen getreten, die die Befriedung und Absicherung des habsburgischen Königtums und die Ermöglichung einer Romreise zur Kaiserkrönung zum Gegenstand hatten, eine prozessuale, hofgerichtliche Reichsacht über Ottokar aber nicht vertrugen. Denn diese letztere hätte, da Rudolf als betroffener Lehnsherr selbst Partei war, nur durch ein Urteil der Fürsten und auf Frage des Pfalzgrafen als Richter ausgesprochen werden können und hätte mögliche „politische" Kompromißformeln mit dem Ächter ausgeschlossen.

Erst nach dem offensichtlichen Scheitern der wohl hauptsächlich von Burggraf Friedrich von Nürnberg geführten Unterwerfungsverhandlungen wurde das Mittel der Reichsacht wieder relevant, jetzt aber nicht mehr auf der Grundlage des hofgerichtlichen Lehnsprozesses. Um Druck auf den Böhmenkönig ausüben zu können, stand König Rudolf demnach auf der anderen Seite das kraft „kaiserlicher" Machtvollkommenheit und kraft seiner Befugnis, umfassenden Frieden zu setzen und zu entziehen,[307] „politische" Mittel der mit der Bestrafung wegen Majestätsbeleidigung eng verbundenen Reichsacht zur Verfügung. Mit ihm sollte nicht mehr Druck zur Einlassung auf ein Hofgerichtsverfahren ausgeübt werden; vielmehr sollte die in Zweifel gezogene Königliche Autorität und Friedensgewalt demonstriert werden. Die Verkündung eines derartigen Achtspruches bedurfte, weil er kraft kaiserlicher Machtvollkommenheit erklärt wurde, nicht des dinggenossenschaftlichen Verfahrens am Königshof, sondern konnte nach Beratung mit den am Hofe anwesenden *consiliarii* gleichsam *edictaliter* geschehen. Man wird sogar damit zu rechnen haben, daß schon die Begehung einer gegen Kaiser und Reich gerichteten Tat die Reichsacht zur Folge haben konnte, ohne daß diese eigens noch ausgesprochen werden mußte.[308] Verkündung und spätere Aufhebung waren jedenfalls nicht in die Dinggenossenschaft eingebunden und standen deshalb auch bei eventuellen Friedensverhandlungen zur Disposition.

So hat der Prozeß Rudolfs von Habsburg gegen Przemisl II. Ottokar von Böhmen im Hinblick auf die Frage nach den „Politischen Prozessen" am Königshof zweierlei deutlich machen können: Zum einen konnte mit diesem und zugleich durch eine bewußte Anknüpfung an die staufische Tradition die Legitimität der königlichen Herrschaft gegenüber einem Herrschaftskonkurrenten öffentlich inszeniert werden. Vor dem Forum der als Urteiler fungierenden Fürsten und sonstigen Großen des Reiches wurde die versäumte Lehnsmutung geltend gemacht und zum Kontrollinstrument bei der Vergabe von Reichsgut erklärt. Die gegenüber Ottokar eingeforderte Revindikation wurde auf diese Weise in ein rechtlich fixiertes *procedere* eingebunden, das den Säumigen ins Unrecht setzte, auch wenn er seit längerer Zeit Inhaber der Gewere war. Durch „flankierende" Rechtsverfahren, wie das des Herzogs Philipp von Kärnten um den Widerruf der mit Ottokar eingegangenen Verträge,[309] wurde die „Reichsgutkontrolle" auf Verträge des letzteren mit Dritten ausgedehnt. Zum anderen aber wurden die Grenzen des „dinggenossenschaftlich" durchgeführten Politischen Verfahrens deutlich: Stellte ein Herrschaftskonkurrent des Reiches durch eine ihm vorgeworfene Verschwörung *(in conspiracionem contra nos et sacrum imperium manifestus)*[310] die Herrschaft des Königs selbst in Frage, so mußte die über dem forensischen Verfahren stehende und in der kaiserlichen Machtvollkommenheit kondensierte Autorität demonstriert werden. Das dem König wie jedem adeligen Reichsangehörigen zustehende Rechtsmittel der *diffidatio*,[311] das für ihn zum Ausgangspunkt der Fehde mit dem Böhmenkönig wurde,[312] wurde von der schon vorher bestehenden „politischen" Reichsacht überwölbt und legitimiert. Aus der Sicht des Habsburgers wurde die Auseinandersetzung so zu einem *bellum publicum*, der von dem Inhaber der legitimen Königsherrschaft gegen den unrechtmäßigen Inhaber einer usurpierten Territorialherrschaft geführt werden konnte. Im entscheidenden Augenblick des habsburgisch-böhmischen Herrschaftsstreits also sind die Formen des dinggenossenschaftlichen Rechtsverfahrens verlassen und durch die in den Hofrat eingebetteten Instrumentarien unmittelbarer Königsherrschaft ersetzt worden.

Bewährung und Stabilisierung des „Reichskirchensystems": Das Verfahren des Mainzer Erzstifts und der Stiftsgeistlichkeit gegen die Stadt Mainz 1331–1336 am Hofgericht Kaiser Ludwigs des Bayern

Mainzer Krieg und Historiographische Würdigung

Daß der Ende der zwanziger Jahre des 14. Jahrhunderts einsetzende sog. „Mainzer Krieg" um das Erzstift Mainz, der aufgrund eines Hofgerichtsverfahrens beendet werden konnte, die Wachstums- und Blütezeit der spätmittelalterlichen Stadt Mainz beendete und eine längere, letztlich zur Katastrophe von 1462 führende Periode zunehmender innerer und äußerer Schwierigkeiten einleitete, war der Mainzer Stadtgeschichtsforschung seit längerem bewußt,[313] was mit dazu führte, daß man diesen Ereignissen stets besondere Aufmerksamkeit widmete. Auch wenn die reichsgeschichtlichen Aspekte dabei nicht aus den Augen verloren wurden, so sind doch die über Mainz hinausgehenden verfassungsrechtlichen Folgen eher am Rande thematisiert worden. Nicht etwa die Parteinahme für den von Papst Johannes XXII. providierten Erzbischof Heinrich von Virneburg leitete den Niedergang ein, zumal die Stadt dafür ja päpstlicherseits ausdrücklich belobigt wurde. Entscheidend wurde vielmehr das politische Zusammengehen des vom Mainzer Domkapitel postulierten Kandidaten, des Trierer Erzbischofs Balduin von Luxemburg, mit dem Kaiser. Die für 1331 erstmals urkundlich bezeugte Benennung als „Freie Stadt“[314] statuierte einen Anspruch, der in dieser Zeit bereits nicht mehr durchsetzbar war. Die von Balduin verweigerte Privilegienbestätigung spiegelte die neue Realität wider, hinter der eine nach langjährigen Kämpfen um das Pallium stabilisierte Kirchenherrschaft auf reichsrechtlicher Grundlage stand.

Der auf das Jahr 1329 konzentrierte Mainzer Krieg, der bekanntlich zur Zerstörung des Stifts St. Viktor und der beiden Klöster St. Alban und St. Jakob geführt hatte, und die sich ihm anschließende gerichtliche Auseinandersetzung vor dem Hofgericht Kaiser Ludwigs des Bayern ist durch eine Reihe von unmittelbaren urkundlichen Nachrichten vergleichsweise gut dokumentiert. Erstmals durch den Koblenzer Historiker Dominicus aus der Sicht der kurtrierischen Territorialherrschaft Balduins ausführlicher dargestellt,[315] erfuhr der Streit dann vor allem durch den Mainzer Lokalhistoriker Heinrich Schrohe eine ausführliche Würdigung.[316] Einige weitere Gesichtspunkte konnten in den Dissertationen von Ernst Vogt und Klaus Hansel angesprochen werden.[317] Die verfügbaren Quellen wurden vor allem in dem Regestenwerk Heinrich Ottos[318] sowie in den für die Zeit Ludwigs erschienenen Urkundenregesten zur Hofgerichtsbarkeit[319] zusammengestellt. Der Verlauf des Prozesses und auch dessen politisch-verfassungsrechtliche Auswirkungen fanden indes noch keine angemessene rechts- und verfassungsgeschichtliche Würdigung. Im folgenden soll deshalb nach einer knappen Darstellung des „Mainzer Krieges“ und seines politisch-herrschaftlichen Kontextes das Hauptgewicht auf eine Erläuterung des Prozeßgeschehens gelegt werden, das seinerseits in den Zusammenhang der unter Ludwig dem Bayern neu institutionalisierten Hofgerichtsbarkeit gestellt werden soll.

Die Ereignisse vor dem Hintergrund des Spannungsverhältnisses zwischen Balduin von Luxemburg und Heinrich von Virneburg

Der „Mainzer Krieg" ist nur vor dem Hintergrund des Streits um den Mainzer Erzstuhl zwischen dem vom Papst providierten Kandidaten und Neffen des Kölner Erzbischofs, Heinrich v. Virneburg, Stiftspropst zu St. Kassius in Bonn, und dem vom Mainzer Domstift postulierten Kandidaten, dem Trierer Erzbischof Balduin von Luxemburg, zu verstehen. Die traditionell auf seiten des Kaisers stehende Stadt wurde durch zwei Umstände in die Hände des Virneburgers getrieben: Zum einen bestand – wie in anderen „Freien Städten" – eine chronische Gegnerschaft des Stadtrats zu Domstift und Stiftsgeistlichkeit, die sich auch auf einen von jenem präsentierten Kandidaten auswirken mußte.[320] Zum anderen aber war die auf den Ausbau ihrer Autonomie bedachte Stadt von der Unnachgiebigkeit Balduins enttäuscht, der nicht bereit war, die von Erzbischof Mathias v. Buchegg 1325 der Stadt gegenüber gewährten Vergünstigungen und Privilegien zu bestätigen.[321] Folglich versuchte die Stadt, mit Hilfe des um Unterstützung werbenden Virneburgers eine Stabilisierung ihrer Freiheiten zu erreichen, und konnte sich schon im April 1329 die Bestätigung wichtiger Privilegien, darunter diejenigen Mathias', sowie weitere Freiheiten in Juden- und Zollangelegenheiten sichern.[322] Im Rahmen des sich nun abzeichnenden Machtkampfes zwischen den beiden Kontrahenten kam es zu einer Spaltung innerhalb der Mainzer Bevölkerung: Der städtische Klerus hielt zusammen mit der Bürgerschaft weitgehend zu dem noch in Bonn residierenden Heinrich, während Balduin außer im Domkapitel in den beiden Benediktinerklöstern St. Alban und St. Jakob sowie im Kollegiatstift St. Viktor, alle drei außerhalb der Mauern der Stadt gelegen, seine wichtigsten Stützen fand. Um die Stadt Mainz wieder in seine Hand zu bekommen, baute der Luxemburger diese drei militärisch günstig gelegenen Klöster festungsartig aus und schuf sich in dem ebenfalls neu befestigten Eltville im Rheingau, in der Flörsheimer Kirche am Main und in der Burg Weissenau Stützpunkte.[323] Trotz wiederholter Beteuerungen seiner friedlichen Absichten und zahlreicher Vermittlungsversuche seiner stiftischen Amtsträger[324] konnte Balduin den sich zunehmend bedroht fühlenden Stadtrat nicht zur Aufgabe seiner Haltung bewegen. Die sich nun anbahnenden Auseinandersetzungen zwischen der Stadt und Balduin, in der Mainzer Lokalforschung oft dargestellt und in ihrem Ablauf urkundlich gut dokumentiert, gipfelten in der Erstürmung der drei Klöster durch die Mainzer Bürgerschaft am 10.

August 1329.[325] Dabei kam es zur Zerstörung von drei der vier Befestigungstürme bei St. Alban und St. Viktor auf der Höhe südlich von Mainz, außerdem zur Niederbrennung von Kirche und Kloster St. Alban, während St. Jakob nur zu einem Teil in Mitleidenschaft gezogen wurde. Die in einer Chronik des 15. Jahrhunderts gebrachte Information, daß die Zerstörung der Klöster geschehen sei *in eime oflauf und nit von geheiß oder befel des rades zu Mencze, als daz die achtsbriefe der sache halber ußwisent*,[326] wird man eher als historiographische Korrektur zu werten haben, um den Stadtrat nachträglich in ein möglichst günstiges Licht zu stellen, denn als zuverlässige Nachricht. Die zielbewußte Ratspolitik kann vielmehr aus anderen Quellen zweifelsfrei nachgewiesen werden.[327] Die deswegen gegen die Stadt ausgesprochene Exkommunikation wurde von Papst Johannes XXII. schon im November desselben Jahres durch eine Kommission an verschiedene Mainzer Stiftsgeistliche für aufgehoben erklärt[328]; im September 1331 sprach er endgültig die Mainzer Bürgerschaft von allen kirchlichen Strafen, die sie sich durch die Zerstörung der beiden Klöster und des Stifts zugezogen haben könnten, frei, soweit sie zur Rückgabe geraubten Kircheninventars und zum Schadensersatz bereit waren.[329] Dies kam letztlich einer Billigung der Mainzer Ausfälle durch die Kurie gleich. Eine solche Politik erscheint keineswegs überraschend, wenn man bedenkt, daß nicht zuletzt die Zerstörung der luxemburgischen Stützpunkte erheblich dazu beigetragen hatte, daß der päpstliche Kandidat sich gegen Balduin politisch durchsetzen konnte.

Kurzfristig jedoch konnte Balduin von Luxemburg aufgrund einer geschickten Diplomatie und begünstigt durch die Stärkung der kaiserlichen Macht einen Legitimationsvorsprung erzielen. Grundlage dafür wurde der am 6. August 1330 unter Vermittlung seines Neffen, des böhmischen Königs Johann v. Luxemburg, zwischen dem Kaiser und den österreichischen Herzogen Albrecht II. und Otto auf einem Hoftag in Hagenau zustandegekommene Ausgleich,[330] nach dem Urteil Ernst Vogts eines der wichtigsten Ereignisse in der ganzen Regierungszeit Kaiser Ludwigs.[331] Mit ihm konnte sich der Wittelsbacher erstmals allgemeine Anerkennung im Reich verschaffen. Dies verschuf ihm einen größeren politischen Handlungsspielraum, verpflichtete ihn allerdings auch gegenüber der luxemburgischen Partei. Der Mainzische Administrator, Erzbischof Balduin v. Luxemburg, verstand es, diese Situation für sich auszunutzen. Am Ende seiner diplomatischen Bemühungen, die vor allem durch die Mainzer Angelegenheit bestimmt waren,[332] stand ein auf dem Frankfurter Hoftag am 11. Dezember

Abb. 3: Brustbild Kaiser Ludwigs des Bayern. In der linken Hand das Zepter, in der rechten das auf dem Schoß liegende Richtschwert, bekleidet mit einem Untergewand (Albe) mit Gürtel; Schulter und Arme sind von einem weit herabfallenden Umhang (Pluviale) bedeckt, dessen Bänder sich auf der Brust kreuzen.

1331 geschlossener Vertrag mit Ludwig dem Bayern,[333] der ihm vor allem die Unterstützung des Kaisers gegen die unbotmäßige Stadt Mainz verschaffte.[334] Dieser von je drei kaiserlichen und luxemburgischen Schiedsleuten vermittelte Schiedsspruch, der wenige Tage später von Ludwig bestätigt wurde,[335] legte vor allem eine gleichgerichtete Politik beider gegenüber der Kurie fest. Hinsichtlich der Mainzer Affäre wurde bestimmt, daß für den Fall, daß die von Mainz dem Erzbischof nicht vor dem Kaiser Recht tun wollten *(nicht recht tun wolden und recht vor dem keyser Ludewig verslugen)*, der Kaiser dem Erzbischof, dem Domkapitel und der dortigen Geistlichkeit gegen die Stadt Mainz und ihre Helfer beholfen sein will. Es kann also davon ausgegangen werden, daß Balduin die Mainzer wegen der Klosterangelegenheit bereits vor das kaiserliche Hofgericht geladen hatte, ihre Einlassung aber noch nicht hatte erreichen können. Da die Streitsache wegen einer Zerstörung und Verwüstung der im Mainzer Krieg betroffenen Klöster durch das päpstliche Kommissionsurteil vom September 1331 bereits als *res iudicata* angesehen werden mußte, blieb für eine weitere Verurteilung der Mainzer vor einem weltlichen Gericht kein Spielraum mehr. Für einen Prozeß vor dem Kaiser blieb nur Raum, falls Balduin den vorher durchgeführten geistlichen Prozeß als ungültig und die Zuständigkeit des Hofgerichts als eines weltlichen Gerichts trotz der der Stadt Mainz zustehenden Gerichtsstandsprivilegien[336] als gegeben ansah. Insofern diente die vertragliche Begründung der hofgerichtlichen Zuständigkeit durch den Frankfurter Vertrag vom Dezember 1331 der rechtlichen Absicherung des erstrebten Prozesses und bewirkte im Ergebnis eine Aufhebung eines etwaigen privilegierten Gerichtsstandes der Stadt Mainz. Das durch den Hagenauer Frieden ermöglichte und durch den Frankfurter Schiedsspruch vollendete Zusammengehen der luxemburgischen und wittelsbachischen Partei im Reich schuf so den Rahmen für den nun einsetzenden „Politischen Prozeß“. Es muß deshalb jetzt näher auf die Situation der Hofgerichtsbarkeit unter Ludwig dem Bayern eingegangen werden, um darauf den Ablauf des konkreten Prozesses würdigen zu können.

Der Ablauf des Frankfurter Acht- und Anleiteprozesses

Nur sehr schleppend kam in den ersten Regierungsjahren des Wittelsbachers bis zur Schlacht bei Mühlberg 1322 eine regelmäßige Gerichtsbarkeit am Königshof wieder in Gang, die während des Italienzuges Kaiser Heinrichs VII. zuletzt unter der Verweserschaft König Johanns von Böhmen ausgeübt worden war.[337] Als Indiz für eine erste Stabilisierung unabhängig von der Person des Herrschers kann der Münchener Vertrag vom September 1325 zwischen den beiden rivalisierenden Herrschern Ludwig und Friedrich der Schöne angesehen werden,[338] wonach festgelegt wurde, daß für beide gemeinsam ein Hofrichter und ein Hofschreiber eingesetzt werden sollten, *daz unser gericht ungeteilet sei*. Aber erst nach dem Tode des Habsburgers im Januar und der Rückkehr des Wittelsbachers von seinem Italienzug im Februar 1330 ist ein ständig amtierender Hofrichter mit einer allem Anschein nach funktionsfähigen Gerichtskanzlei am wittelsbachischen Kaiserhof anzutreffen. Es ist dies zunächst der mindestens ein Jahrzehnt bis 1340 amtierende Konrad von Gundelfingen aus der bayerisch-schwäbischen Klientel Ludwigs, ein Sohn des gleichnamigen Deutschmeisters, der spätestens ab 1342 von Herzog Ludwig IV. von Teck abgelöst wurde, der seinerseits schon während der „Amtszeit“ seines Vorgängers als „Statthalter“ des Gerichts fungiert hatte.[339] Beide brachten wohl auch „ihren“ jeweiligen Hofschreiber an den Kaiserhof, der erstere einen gewissen Friedrich Waldshöver, der letztere den nach dem Tode des Kaisers ins luxemburgische Lager überwechselnden Konrad Bissinger. Eine Besonderheit der gerichtlichen Arbeitsweise, wie sie seit 1323 urkundlich bezeugt ist, bestand darin, daß der für die Kanzlei zuständige Hofschreiber als rechtlich erfahrener Sachwalter des hochadeligen Hofrichters zugleich Prokurationsdienste für die Prozeßparteien wahrnahm.[340] Die seit den dreißiger Jahren erhöhten „Dienstleistungsangebote" am kaiserlichen Hof zur Entscheidung von rechtlichen Konflikten wirkten sich denn auch sofort in einem sprunghaften Anstieg der Produktion von Gerichtsurkunden aus. Diese Stabilisierung[341] war freilich nur möglich vor dem Hintergrund einer ebenso erneuerten Hofadministration, die durch die Anlage eines neuen Registers und die Verstärkung des Kanzleipersonals an Leistungsfähigkeit hinzugewann.[342]

Es überrascht somit nicht, daß der „Mainzer Krieg" von 1329 angesichts der Abwesenheit des Kaisers und auch angesichts einer noch unzureichenden Hofverwaltung zunächst nur vor geistlichen Gerichten verhandelt wurde. Erst vom April 1331 an ist der Zusammentritt des neuen Hofgerichts urkundlich nachgewiesen,[343] und zwar zunächst unter dem Statthalter Rudolf von Hewen, der als ehemaliger Hofrichter des Luxemburgers Heinrich VII. Kontinuität und Erfahrung in seiner Person verkörperte. Diese Konstellation dürfte mitentscheidend dafür geworden sein, daß der Luxemburger Balduin Vertrauen zum Königsgericht bekam und sich im Frankfurter Schiedsspruch dessen Rechtsprechung unterwarf. Freilich verzichtete er damit nicht auf die ihm in Gemäßheit seiner Privilegien[344] zustehende Gerichtsbarkeit über eigene Lehnsleute und Untertanen, wie eine von dem in Frankfurt tagenden Hofgericht an ihn verwiesene Klage gegen seinen Lehnsmann Wildgraf Friedrich von Dhaun belegt.[345] Vielmehr erhoffte er sich im Falle der Stadt Mainz nur eine größere Legitimationswirkung und eine erhöhte Sanktionschance, da ihm die Orientierung der seit 1331 sich „frei" nennenden Stadt auf den Kaiser hin wohl bewußt war.

Die allem Anschein nach erste und zugleich entscheidende Sitzung des Hofgerichts im Mainzer Streit fand am 27. Januar 1332 unter Beteiligung der am Hoftag anwesenden *fursten, greven, frigen, herren und rittern als Urteilern*[346] statt. Über die Verhandlungen wurden an diesem und am folgenden Tage insgesamt mindestens elf Hofgerichtsbriefe in zumeist doppelter Ausfertigung aufgesetzt.[347] Nicht alle sind in der Literatur bisher bekannt gewesen, und auch eine zufriedenstellende Interpretation ist noch in keinem Fall gelungen.[348] Jedenfalls spiegeln sie eine durchdachte Konzeption in der Verbindung von *causa personalis* und *causa realis* und in der exakten Trennung der

Streitgegenstände wider, die in dieser Deutlichkeit dem Hofgericht bisher fremd war. Die aufwendige Ausfertigung der Hofgerichtsbriefe, von denen zumeist je ein Exemplar mit einem an farbigen Seidenschnüren befestigten Gerichtssiegel versehen worden war, läßt die Vermutung zu, daß dem Mainzer Kurfürst und seinen Mitklägern an einer autoritativen und unanfechtbaren Beurkundung besonders gelegen war. Ob er auf die inhaltliche Gestaltung Einfluß nehmen konnte, ist nicht nachweisbar, angesichts einzelner, für die Praxis des Hofgerichts ungewöhnlicher Formulierungen jedoch nicht ausgeschlossen. Es darf dabei auch nicht vergessen werden, daß die Verbriefungen keinerlei Urteil zur Sache enthielten, sondern vielmehr nur die Rechtsfolgen der Säumnis für Leib und Gut der betroffenen Mainzer Bürger festlegten. Auch die in den fünf Verfahren der Stifte und Klöster festgelegten Privationen, die Entziehung der von den jeweiligen Klägern der Stadt gewährten Freiheiten, muß als ergänzende Rechtsfolge der Reichsacht angesehen werden, die bei Achtverfahren unter Beteiligung der Geistlichkeit bisweilen ausgesprochen wurde[349] und von der Feststellung einer zum Schadensersatz verpflichtenden Handlung unabhängig war.

Im Unterschied zum Verfahren König Rudolfs gegen Ottokar kann im Mainzer Streit davon ausgegangen werden, daß nicht das Mittel der „politischen“ Strafacht angewendet wurde, sondern das klassische Verfahrensmittel der Säumnisacht in Verbindung mit der Anleite. Der bei anderer Gelegenheit vom Hofgericht aufgestellte Grundsatz, daß *man von rechte in die achte nyman tun sol, er ensin dann von erste vorgeladen*,[350] wurde auch hier beachtet: Der auf vermutlich mehrfache Ladung zum „endlichen“ Termin säumige Betroffene konnte zur Sache nicht verurteilt werden, sondern verfiel hinsichtlich seiner Person der Reichsacht, bei einer Jahr und Tag anhaltenden Säumnis auch der Aberacht[351]: Achtgrund war die Säumnis, nicht etwa eine zum Schadensersatz verpflichtende Handlung. Im Falle eines bestehenden Schadensersatzanspruchs konnte diese Acht mit der Anleite auf das Vermögen des Betroffenen verbunden werden, durch die nach bestimmten Fristen die Einsetzung des Klägers in die Gewere näher umschriebener Güter ermöglicht wurde.[352] Dieses in den Urkunden als „Nutzgewere“ bezeichnete Verfahrensziel bot dem Kläger trotz Säumigkeit des Betroffenen eine ersatzweise Befriedigung seines Anspruchs, soweit ausreichend Güter zur Nutzung zur Verfügung standen. Auch wenn diese beiden „Ersatzverfahren“ unter Ludwig dem Bayern gewiß noch nicht in der detaillierten und vom materiellen Streitgegenstand abstrahierenden Ausformung zur Verfügung standen, wie sie aus der Hofgerichtsordnung von 1409 bekannt sind,[353] so ist doch davon auszugehen, daß das hinter ihm stehende „Kontumazialprinzip" mit seiner Trennung von *causa personalis* (Reichsacht) und *causa realis* (Anleite) eine wesentliche Grundlage des erneuerten Hofgerichtsprozesses bildete. Insofern läßt sich die Meinung, Ludwig habe mit den Frankfurter Acht- und Anleiteprozessen vom Januar 1332 eine „feindselige Haltung" gegenüber der Stadt Mainz eingenommen,[354] nicht halten: Der König hatte – auch dies eine Konsequenz des dinggenossenschaftlichen Verfahrens – dem Acht- und Anleiteantrag des Klägers bei Vorliegen der Kontumazialgründe durch die Verkündung der Reichsacht bzw. der Aberacht zu entsprechen und konnte im Anleiteverfahren nur mitwirken, falls er im Einzelfall den Gerichtsvorsitz innehatte.

Im Frankfurter Hofgerichtsprozeß traten sechs unabhängig voneinander stehende Kläger gegen die Stadt Mainz auf, die jeweils ihre eigenen Zwecke verfolgten, auch wenn ihre Initiativen gänzlich von der Haltung Balduins abhängig waren. Es waren dies ein Ritter Billung von Ingelheim[355], Balduin selbst als Administrator des Erzstifts Mainz,[356] das von Dompropst, Dekan und Kapitel vertretene Domstift Mainz,[357] die jeweils von Abt, Prior und Konvent vertretenen Benediktinerklöster St. Alban und St. Jakob außerhalb der Mauern von Mainz[358] sowie das von Dekan und Kapitel vertretene Chorherrenstift St. Viktor *extra muros*.[359] Um dem möglichen Einwand eines Verstoßes gegen das Verbot der der Geistlichkeit nach kanonischem Recht verwehrten Ausübung der Blutgerichtsbarkeit *(ecclesia non sitit sanguinem)*[360] entgegenzutreten, wurden die letztgenannten fünf Klagen durchweg unter dem Vorbehalt erhoben, daß die geltend gemachten Ansprüche sich nicht auf Leib und Leben der Mainzer richteten *(daz si uf niemans lib, lid noch tod klageten noch klagen wolden)*.[361] Deutlicher konnte kaum herausgestellt werden, daß Acht und Anleite nur als verfahrenstechnisches Hilfsmittel eingesetzt wurden: Die altertümliche und auch am Hofgericht bisweilen noch benutzte Formel, wonach durch die Acht die Ehefrau des Ächters zur Witwe, seine Kinder zu Waisen werden sollten, sein Leib den Vögeln in der Luft, den Fischen im Wasser und den Tieren auf den Feldern preisgegeben werden sollte, hatte jede praktische Geltung verloren.[362] Die Möglichkeit der Ablösung für Acht und Aberacht war nicht nur vorgesehen; sie bildete sogar das eigentliche Ziel des Verfahrens: Nicht die Vernichtung des Betroffenen, sondern dessen Einlassung in das klägerische Begehren sollte erreicht werden. Dies gilt im vorliegenden Mainzer Verfahren um so mehr, als die kumulative Verkündung mehrerer Achturteile gegen ein und dieselben Betroffenen (die Bürger der Stadt Mainz) nur Sinn hatte, wenn sie abgestufte Lösungschancen bereitstellte.

Beklagt waren jeweils der Schultheiß Emmerich, der Kämmerer Salman, die vier in allen Urkunden namentlich genannten Weltlichen Richter sowie Bürgermeister, Rat und Gemeinde der Stadt Mainz. Man kann also davon ausgehen, daß die für Administration und Gerichtswesen zuständigen Gremien[363] ebenso angesprochen wurden wie die aus Bürgern und Einwohnern bestehende Gemeinde, damals etwa 20000 bis 25000 Personen umfassend.[364] Daß im Verfahren Billungs von Ingelheim nur 50 Bürger der Gemeinde namentlich hervorgehoben wurden,[365] läßt darauf schließen, daß diese als Verantwortliche, wenn nicht sogar unmittelbar Beteiligte identifiziert wurden. Eine umfangreichere Liste betroffener Bürger, jeweils 211 Namen enthaltend, wurde in den Klagen des Domkapitels und der Klöster St. Alban und St. Jakob aufgestellt.[366] Ihnen wurde jeweils ausdrücklich vorgeworfen, sie hätten 'freventlich' und ohne Inanspruchnahme geistlicher oder weltlicher Gerichtsverfahren Haus und Hof der Kläger, insbesondere die beiden Mainzer Klöster heimgesucht und geschädigt, wurden also als besonders verantwortlich angesehen. Desungeachtet aber erfaßten alle Klagen die gesamte Gemeinde mit allen Bürgern und Einwohnern, weshalb auch die Säumnisfolgen der Acht (mit Privation) und Anleite nicht näher spezifiziert werden mußten.

Von allen sechs Verfahren nimmt das des Ritters Billung von Ingelheim insofern eine besondere Stellung ein, als es mindestens ein Jahr vor den übrigen in Gang gesetzt worden sein dürfte. Ob Billung im Dienste des Klosters St. Jakob einen persönlichen Schaden erlitten hatte, den er auf eigenes Betreiben hin am Hofgericht geltend machte,[367] läßt sich nicht mehr feststellen. Am ehesten könnte man vermuten, daß er der Klientel Erzbischof Balduins angehörte – er war jedenfalls Mitglied des kurmainzischen Lehnshofes[368] – und auf eigene Rechnung die Versorgung und Befestigung der luxemburgischen Stützpunkte gegen Heinrich von Virneburg organisiert hatte. Seine auf 4000 Mark Silber gerichtete Klage machte jedenfalls nur den Ersatz selbst erlittener Schädigungen geltend und war daher von eventuellen geistlichen Prozessen unabhängig. Mit dem von ihm erwirkten, als Generalmandat an alle Stände des Reiches formulierten Gerichtsbrief, der sich auch im Formular wesentlich von den zehn übrigen des Folgetages unterschied, wurde die Stadt Mainz *von siner clage wegen mit rechter urtail* in die Aberacht erklärt, mit der Folge, daß der Kaiser *daz wort uber sie* sprach.[369] Gleichzeitig wurde Billung *in nuczlich gewer alles irs gutes* gesetzt, nachdem er *mit rehter urtail uf ir lib und gut* die Summe von 4000 Mark Silber erklagt hatte. Da nach der am Hofgericht geübten Praxis zwischen Achtspruch und Aberachtverkündung eine Frist von mindestens einem Jahr und einem Tag verstrichen sein mußte, auch die Nutzgewereinsetzung bei Säumigen den vorherigen Ausspruch der Güteranleite *(inmissio bonorum contumacis)*[370] und die Durchführung der Einsetzung mittels eines dazu bestellten Anleiters voraussetzte, der über sein Vorgehen einen schriftlichen Bericht an den Hofrichter anzufertigen hatte,[371] kann davon ausgegangen werden, daß Billung seine Klage spätestens in der zweiten Hälfte des Jahres 1330 am Hofgericht anhängig gemacht hatte. Man könnte daran denken, daß während des längeren Aufenthalts des kaiserlichen Hofes im Juni dieses Jahres in Speyer, aus dessen Anlaß auch verschiedene gerichtliche Angelegenheiten erledigt wurden,[372] vielleicht aber auch während des Hagenauer Hoftages, der – wie erwähnt – die Einigung mit der habsburgischen Partei im Reich gebracht hatte, das Verfahren in Gang gesetzt wurde.

Für die Frage des „Politischen Prozesses" Balduins gegen die Mainzer war das Acht- und Anleiteverfahren Billungs insofern von Bedeutung, als in ihm wohl der Gedanke einer hofgerichtlichen Verfolgung der Stadt mit Hilfe der kaiserlichen Autorität heranreifte. Der militärisch zurückgeschlagene Luxemburger, dessen Herrschaft im Kurfürstentum ganz von der im Normalfall kaisertreuen Stadt Mainz abhing, dessen Zugang zu den gegen die Stadt geführten geistlichen Prozessen zudem durch den Einfluß der beiden Virneburger blockiert war, konnte jetzt die Legitimationschancen des dinggenossenschaftlichen Verfahrens am Kaiserhof nutzen, auch wenn die Sanktionschancen gering blieben. Die von ihm selbst im Verbund mit den geschädigten Stiften und Klöstern erhobene Klage, die wohl gleichzeitig mit dem Frankfurter Schiedsspruch vom Dezember 1331 am Hofgericht anhängig gemacht wurde,[373] konnte auf den Erfahrungen Billungs aufbauen, mußte freilich auch die Konkurrenz des inzwischen entschiedenen geistlichen Prozesses in Rechnung stellen. Dies schloß freilich nicht aus, daß er weitere Vorbereitungen für eine kriegerische Auseinandersetzung mit der Stadt Mainz traf, etwa durch die Indienstnahme der Brüder Philipp und Otto von Bolanden sowie des Ritters Burkhard Huser als „Hauptleute" und Söldner.[374]

In den fünf in Frankfurt verhandelten Verfahren der Mainzer Stifte und Klöster wurden recht unterschiedliche Schadensersatzforderungen geltend gemacht, die wohl kaum auf einer konkreten Berechnung der im Mainzer Krieg entstandenen Schäden beruhten. Der erzstiftische Administrator und das Domkapitel bezifferten ihre Forderung je auf eine Summe von 200000 Mark Silber,[375] während die Klöster St. Alban und St. Jakob 100000 Goldmark bzw. 100000 Silbermark geltend machten,[376] alle vier Kläger jedoch, ohne die Schäden im einzelnen zu beziffern. In einem merkwürdigen Gegensatz hierzu stehen die 6000 vom Stift St. Viktor eingeklagten Silbermark, deren Bezifferung zudem noch mit der Zerstörung konkreter Gebäude (des Münsters, des Münsterturms, des Klosterkreuzgangs, eines Altars, des Reventers, der Ringmauerpforte, von Haus und Hof sowie von Kelter und Kelterhaus) begründet wurde.[377] Man kann deshalb davon ausgehen, daß der von Erz- und Domstift eingeklagte Betrag über 400000 Silbermark die Schäden des St.-Viktor-Stifts miterfaßte, der von diesem selbst angegebenen Schadenssumme hingegen nur formale Bedeutung zukam, indem sie die Prozeßbeteiligung ermöglichen sollte. Aufgrund der fünf Klagen wurde von den unter dem Vorsitz des Kaisers zusammengetretenen Urteilern des Hofgerichts entschieden, daß der Kaiser nach Bestätigung von ordnungsgemäßer Ladung und Terminsetzung über die von Mainz die Acht sprechen und auf alle ihre Güter mit der Anleite richten solle, da sie den ihnen gesetzten Termin versäumt hätten. Die Verkündung der Acht und die Einsetzung der Kläger in die Güter der Ächter wurden vom Kaiser mit der denkbar knappsten Formulierung ausgesprochen *(darnach taten wir, als ertailt wart, und gaben in anlait uf als ir gut)*.[378] Man muß daraus schließen, daß die Gerichtskanzlei jeden Eindruck einer diskriminierenden und mit kaiserlicher Autorität ausgesprochenen Strafacht vermeiden und die relativen Wirkungen im Hinblick auf die jeweiligen Kläger deutlich machen wollte. Dennoch aber wurde von der späteren Chronistik die Säumnisacht als Strafacht mißverstanden, wenn etwa geschrieben wurde, daß *der keiser Ludwig von Beyern [...] die stad Mencze in die achte von der bruche wegen zu sant Alban und sant Jacob getan hatte*.[379] Die Relativität von Acht und Anleite wird dadurch bestätigt, daß zugleich geurteilt wurde, daß die Entlassung aus der Acht und die Aufhebung der Anleite nur bei Zustimmung des jeweiligen Klägers möglich sein sollte, nicht aber durch selbständige Entscheidung des Kaisers. Erzbischof Balduin hat sich damit dagegen abgesichert, daß Ludwig aufgrund veränderter Konstellation der Herrschaftsverhältnisse im Erzstift Mainz die Stadt Mainz restituierte. Und auch die in allen fünf Verfahren ausgesprochenen Privationen der Privilegien bezogen sich nur auf die von der jeweils beteiligten Geistlichkeit erteilten Freiheiten, nicht auf kaiserliche Gnadenerweise.

Auch die Vollstreckung der fünf Urteile wurde in die Wege geleitet. Es fällt auf, daß für alle Kläger je ein hochadeliger Anleiter bestellt wurde, der im Hegemonialbereich des Mainzer Kurstaates begütert war. Es waren dies für das Domstift Graf Georg I. von Veldenz aus dem Hause Hohengeroldseck,[380] für den Administrator des Erzstifts der als expandierender Herrschaftsträger erfolgreiche Ulrich II. von Hanau[381] sowie für die Klöster St. Alban und St. Jakob und das Stift St. Viktor der spätere Wetterauer Landvogt Gottfried IV. von Eppstein.[382] Zusätzlich erhielt das Stift den jeweiligen Amtmann, die Burg und die Stadt Oppenheim zu Anleitern, wohl in der Absicht, eine etwa entstehende Solidarität dieser Reichsstadt mit den Mainzern zu verhindern. Den Anleitern wurden darüber hinaus „Helfer" und „Schirmer" beigegeben. Es waren dies – weitgehend übereinstimmend in allen fünf Verfahren – außer dem König Johann von Böhmen sowie den Pfalzgrafen Rudolf und Ruprecht eine große Anzahl von Grafen und Herren vornehmlich des mittelrheinischen Raumes, daneben aber auch die vier Wetterauer Reichsstädte Frankfurt, Friedberg, Gelnhausen und Wetzlar, die rheinischen Freistädte Straßburg, Speyer, Worms und Köln, die beiden Königsstädte Oppenheim und Aachen sowie die kurtrierischen Städte Oberwesel, Boppard und Koblenz. Um Loyalitätskonflikte der so in Reichsdienste genommenen Adeligen und Städte zu vermeiden, wurden sämtliche gegenüber der Stadt Mainz eingegangenen Bündnisverpflichtungen aufgehoben. Durch gesondert beurkundete Mandate an die Anleiter und Schirmer[383] wurden die jeweils Benannten in Pflicht genommen. Die durch die zunehmende Macht Balduins am Mittelrhein beunruhigten und durch dessen Flörsheimer Festung sich bedroht fühlenden vier Wetterauer Reichsstädte wurden vom Kaiser dadurch gebunden, daß er ihnen für die Zeit nach Beendigung des Krieges mit Mainz die Zerstörung dieser Burg erlaubte, soweit sie nicht von Balduin selbst durchgeführt werde.[384]

Zu einer Vollstreckung der Acht und vermutlich auch der Anleitung auf die Güter der Ächter ist es jedoch nicht mehr gekommen, weil sich die Stadt veranlaßt sah, sich dem gemeinsamen Druck von Administrator und Kaiser zu beugen. Dazu dürfte auch der zunehmende militärische Druck beigetragen haben, wie er etwa im Bündnis Ulrichs von Hanau mit Balduin deutlich wird.[385] Am 23. Juni 1332 kam es zu einem Vergleich zwischen der Stadt, dem nunmehr als Administrator anerkannten Erzbischof Balduin von Trier und dem Domstift in Mainz, der in zwei ausführlichen Urkunden verbrieft wurde.[386] Die als einseitige Erklärung der Stadt Mainz beurkundete „Sühne" lief auf eine vollständige Unterwerfung der Stadt unter die Herrschaft Balduins hinaus.[387] Danach sollten die während des Mainzer Krieges gerichtlich erwonnenen Güter gegenseitig rückerstattet werden. Innerhalb von drei Jahren sollten die zerstörten Höfe und Häuser des Domstifts von der Stadt wiedererrichtet werden; über mögliche Schadensersatz- uund Bußleistungen, die bei Verstoß gegen diese Verpflichtung fällig würden, sollte ein Schiedsgericht entscheiden. Zur Wiedererrichtung der zerstörten Gebäude von St. Alban, St. Jakob und St. Viktor sollten zwei Jahre lang je 1000 Pfund Heller, danach aber jährlich 3000 Pfund bis zur völligen Wiederherstellung gezahlt werden. Als unmittelbare Folge dieser Vereinbarung kann der einen Monat später von Kaiser Ludwig dem Bayern mit Erzbischof Balduin als Administrator der Hochstifte Mainz, Speyer und Worms sowie den Pfalzgrafen Rudolf und Ruprecht errichtete Mittelrheinische Landfrieden gewertet werden, dem sich die Stadt Mainz zusammen mit Straßburg, Worms, Speyer und Oppenheim unterwarf.[388]

Die Unterwerfung der Stadt unter die Herrschaft Balduins und ihre Eingliederung in den Mittelrheinischen, von Balduin dominierten Landfrieden mußte sich unmittelbar auf die hofgerichtlichen Acht- und Anleiteverfahren auswirken. Auf Intervention der Stadt Mainz hin hob der Kaiser am 5. August des Jahres von Straubing aus die Reichsacht und das von Erzbischof Balduin und dem Domstift gegen sie erwirkte Urteil auf.[389] Mit der Achtlösung war die ausdrückliche Wiedereinsetzung in die durch das Anleiteverfahren verlorenen Güter und die Restitution der alten Ehren und Freiheiten verbunden. Durch die mit der gleichen Urkunde verbundene Neuformulierung der alten Gerichtsstandsprivilegien[390] erhielt die Stadt zugleich einen Schutz gegen zukünftige Ladungen vor das Hofgericht oder auch erzbischöfliche Gericht. Zwei Tage später hob der Kaiser von Regensburg aus auch die auf Klage des Klosters St. Alban verkündete Reichsacht auf und verbriefte diese Achtlösung doppelt durch eine aufwendigere und eine einfachere Urkunde.[391] Man kann davon ausgehen, daß hinsichtlich der von St. Jakob und St. Viktor betriebenen Verfahren ähnliche Urkunden ausgestellt wurden, da deren Klage von den erhaltenen Lösungsbriefen nicht erfaßt waren. In den gleichen Zusammenhang der Achtlösung gehört ein zwei Wochen später an die vier Wetterauer Reichsstädte ausgesandtes Mandat Kaiser Ludwigs,[392] durch das der in Ausführung der Reichsacht gegen Mainz behelligte Konrad von Trimberg gegen Anfeindungen in Schutz genommen und der Zuständigkeit des Hofgerichts unterstellt wurde.

Nicht beteiligt war allerdings Ritter Billung von Ingelheim, der offenbar weiterhin aus seinem Aberacht- und Nutzgewerbrief gegen die

Stadt Mainz vorging. Da er in den Vergleich vom Juni 1332 nicht eingeschlossen war, bestanden seine Schadensersatzforderungen fort. Auf Bitten der Stadt Mainz setzte der Kaiser deshalb im April 1335 im Hinblick auf die Entlassung *uz aller achte* fest, daß alle Urkunden, die jemand gegen sie innehabe, *abe sien und kein craft noch macht niht haben.*[393] Im Januar 1336 wurde hinzugefügt, daß damit besonders die Acht und Aberacht betroffen sei, die auf Klage des Ritters Billung von Ingelheim verkündet worden sei.[394] Sollte jemand, so wurde hier weiter bestimmt, einen Achtbrief gegen die Stadt in Händen haben, *es si derselbe Billunge oder wer er sei*, so solle dieser als ungültig betrachtet werden. Es kann davon ausgegangen werden, daß Billung die Eintreibung seiner Schadensersatzforderungen nicht erreichen konnte. Es erwies sich für ihn als verhängnisvoll, daß er sich in seinen Aberacht- und Nutzgewerbrief keine „Vergleichsklausel" hatte aufnehmen lassen: Die Einigung von Kläger und Ächter war, anders als unter Karl IV., noch kein selbstverständlicher Bestandteil der Lösungsbriefe,[395] sondern mußte besonders ausbedungen werden. Ludwig der Bayer behielt sich kraft seiner Friedensgewalt die Achtlösung auch für den Fall vor, daß eine Einigung mit dem Kläger nicht zustande kam.

Unterwerfung und Vergleich: Ergebnisse und Folgen

Mit den zuletztgenannten Verbriefungen war der „Mainzer Krieg" endgültig abgeschlossen. Erzbischof Balduin von Trier war aus ihm als Sieger hervorgegangen, der sich die Freie Stadt Mainz vorerst unterwerfen konnte, auch wenn der Umfang der städtischen Rechte innerhalb des Erzstifts und damit auch der Status als „Freie Stadt" ungeklärt blieben. Was der Luxemburger mit kaiserlicher Hilfe auf gerichtlichem Wege erlangt hatte, mußte er freilich auf päpstlichen Druck hin später wieder herausgeben. Im November 1336 erklärte er sich zum Verzicht auf die Administration des Mainzer Erzstifts und zu Verhandlungen mit Heinrich von Virneburg bereit.[396] Dieser jedoch konnte sich erst nach längeren Auseinandersetzungen mit dem „luxemburgisch" orientierten Domstift durchsetzen.[397] Die Anerkennung Heinrichs als Inhaber des Mainzer Erzstuhls durch Ludwig den Bayern Ende Juni 1337[398], die kurz darauf erfolgte Aussöhnung Heinrichs mit dem Domkapitel[399] und schließlich der unter Vermittlung des Kaisers im Juli 1338 zu Bacharach geschlossene Vergleich zwischen den beiden Kontrahenten[400] beendete den nahezu zehn Jahre währenden

Mainzer Bistumsstreit doch noch zugunsten des päpstlichen Kandidaten. Daß durch die mit kaiserlicher Unterstützung gestärkte Position Heinrichs auch der Gegensatz zur Stadt Mainz wieder aufbrach und 1342 zu einem erneuten Hofgerichtsverfahren führte,[401] soll hier nur als Nachspiel erwähnt werden.

Im Ergebnis kann festgehalten werden, daß die Unterwerfung der Stadt Mainz nur vordergründig gesehen das Ziel des am Hofgericht Ludwigs geführten Prozesses war. Das von Balduin von Luxemburg im Verbund mit den betroffenen und von ihm als Stützpunkte seiner Administration genutzten Mainzer Stiften und Klöstern anhängig gemachte Acht- und Anleiteverfahren wurde von ihm vielmehr zugleich genutzt, um seiner noch nicht ausreichend abgesicherten Kirchenherrschaft am Mittelrhein Geltung und kaiserliche Legitimation zu verschaffen. Nachdem sich Ludwig der Bayer im Hagenauer Vertrag die habsburgische Anerkennung seiner Kaiserherrschaft verschafft hatte und seinerseits als Rückendeckung gegen päpstliche Eingriffe in den *honor imperii* an einer Stabilisierung des „Reichskirchensystems“ interessiert war, waren alle Voraussetzungen für ein politisches Zusammengehen mit dem Mainzer Bistumsadministrator gegeben. Die aus dessen Sicht ungerechtfertigten Ausschreitungen der Mainzer gegen die „luxemburgischen“ Stifte und Klöster in und bei der Stadt gaben schließlich die Veranlassung, das Zusammengehen mit dem Kaiser gleichsam gerichtlich zu stabilisieren. Das den Frankfurter Hoftag zur Jahreswende 1331/32 begleitende Hofgerichtsverfahren wurde so zum Mittel, die geistliche und weltliche Herrschaft des Trierers am Mittelrhein abzusichern, diese aber zugleich auch in den Dienst des durch päpstliche Prozesse und Angriffe bedrängten Kaisers zu stellen. Das zeitweise übereinstimmende Interesse des Luxemburgers und des Wittelsbachers zwang die Stadt Mainz zum Nachgeben, führte aber auch zur Durchsetzung der unbeschränkten kaiserlichen Achthoheit, wie sich am Schicksal des Billungschen Achtverfahrens zeigen ließ. Freilich darf nicht übersehen werden, daß der Erfolg dieses „Politischen Prozesses“ um die Kirchenherrschaft am Mittelrhein nur dadurch gewährleistet wurde, daß ein durch extensive Gerichtsstandsprivilegien vom Hofgericht weitgehend befreiter Reichsfürst unter Verzicht auf die eigenen Kompetenzen und unter Mißachtung einer etwaigen Zuständigkeit geistlicher Gerichte sich qua „Verwillkürung“ dem kaiserlichen Gericht unterwarf und auch seine ebenfalls zur Unterwerfung unter ein Hofgerichtsverfahren nicht verpflichtete Kontrahentin in die gleiche Linie zwang. Gewiß gab es in dieser Zeit noch keine abstrakten Kompetenzbereiche, durch die die an den Hof getragenen

Streitgegenstände den jeweils „zuständigen" Rechtsprechungskörpern zugewiesen wurden. Dennoch wirkten die durch Privilegien erworbenen Positionen als Begrenzungen der grundsätzlich als allumfassend gedachten kaiserlichen Gerichtsgewalt. Der hier analysierte „Politische Prozeß" konnte deutlich machen, daß man von Fall zu Fall auf diese Begrenzungen verzichtete, um an der Legitimationskraft und Sanktionschance des Kaisers teilhaben zu können.

Die durch Einsatz der kaiserlichen Autorität stabilisierende Wirkung des Frankfurter Hofgerichtsprozesses war freilich nur im Rahmen einer bestimmten politischen Gesamtkonstellation möglich. Das Scheitern Balduins in Mainz ließ die Gegensätze erneut aufbrechen. Dennoch bleibt die Tatsache bestehen, daß eine wenigstens kurzfristige Stabilisierung nicht durch eine kriegerische oder diplomatische Auseinandersetzung erreicht wurde, sondern durch den legitimierenden Einsatz des alten dinggenossenschaftlichen Verfahrens.

Ein Prozeß zur Absicherung von Hausmachtinteressen: Die Streitigkeiten um die Anerkennung des „falschen" Woldemar von Brandenburg am Hofgericht Karls IV. 1348–1350

Die Funktion des „falschen" Woldemar für das Königtum – Historiographische Würdigung

Hat mit dem Frankfurter Hofgerichtsprozeß von 1332 um die Folgen des „Mainzer Krieges" deutlich gemacht werden können, daß das dem Königshof zur Verfügung stehende Rechtsverfahren im Falle gleichgerichteter Interessen des Kaisers mit einem Reichsfürsten und bei sachgerechtem Einsatz der Verfahrensmittel zur wirksamen Stabilisierung von Herrschaftsinteressen führen konnte, so wurde ein im Falle des „falschen" Woldemar durchgeführter Hofgerichtsprozeß zum disponiblen Instrument in der Hand des Herrschers, das nur noch notdürftig die offensichtlichen Machtinteressen zu kanalisieren vermochte. Dennoch sollte man auch in diesem Fall nicht davon ausgehen, daß ein von der Rechtsordnung zur Verfügung gestelltes Verfahren zur einseitigen Legitimierung einer Machtposition pervertiert wurde. Wenn selbst noch vor 150 Jahren in der Geschichtsschreibung der Romantik, besonders von Karl Friedrich von Klöden, versucht wurde, die Echtheit Woldemars nachzuweisen,[402] so kann erst recht nicht nachträglich unterstellt werden, daß Karl IV. von Anfang an von dessen Betrugsmanöver überzeugt war, dessen kurzzeitiges Ansehen unter den Städten Brandenburgs[403] also kaltblütig und wider besseres Wissen für eigene Hausmachtpläne instrumentalisierte. Von dem beteiligten Erzbischof Otto von Magdeburg wird sogar ausdrücklich berichtet, er habe an der Echtheit nicht gezweifelt *(tenuit [eum] pro vero marchione)*.[404] Man mag aus heutiger Sicht den angeblichen Askanier für einen vorgeschobenen Betrüger halten,[405] als stumme Puppe seiner Drahtzieher und als einen askanischen Strohmann[406] oder einen Narren[407] ansehen und dessen Einsatz im politischen Kräftespiel der Zeit als einen „tückischen, überraschenden und politisch wirksamen Trick",[408] einen „wohlberechneten Schachzug der Luxemburger" und als einen möglichen Trumpf[409] werten. Man sollte darüber aber nicht vergessen, daß den Zeitgenossen sicher noch keinerlei Möglichkeiten zur Identifizierung von Personen zur Verfügung standen, welche zudem eine nach den Maßstäben der Zeit glaubhafte und zusätzlich religiös untermauerte Geschichte vortrugen.

Über Herkunft und soziale Zugehörigkeit Woldemars ist bis heute trotz akribischer Quellensuche und trotz zahlreicher über ihn berichtender zeitgenössischer und späterer Chroniken[410] nichts bekannt, und sein plötzliches Auftauchen an Fürstenhöfen in offensichtlich intimer Kenntnis der politischen Lage wie der sozialen Umgangsformen in Kreisen des Hochadels läßt den Schluß zu, daß er als „Insider" selbst schon seit längerem Anschluß an die höfische Welt dieser Zeit gefunden hatte, vielleicht sogar „Waffengefährte" des 1419 verstorbenen Askaniers war.[411] Wenn er am Hofe des Magdeburger Erzbischofs Otto Landgraf von Hessen als schäbiger alter Pilger erschien, der 1319 seinen Tod als Markgraf von Brandenburg nur vorgetäuscht hatte, um seiner Gewissensqualen wegen, die ihm eine ungesetzliche Ehe mit einer Verwandten bereitet habe, auf Pilgerschaft zu gehen, der aber jetzt nach Rückkehr von einer Wallfahrt ins Heilige Land wieder zur Regierung zurückkehren wollte, um einen zum Ketzer erklärten Markgrafen zu vertreiben und das Land vom Verderben zu erretten, so war dieser Auftritt zumindest geschickt und glaubhaft in Szene gesetzt.[412] Man muß nicht unbedingt Leichtgläubigkeit und Naivität seiner Gesprächspartner unterstellen, um die Reaktionen zu erklären. Das Entsetzen über einen aus der Kirche ausgeschlossenen Markgrafen, die Sorge um das eigene Seelenheil und die Hochachtung gegenüber Personen, die unter Verzicht auf Macht und Ehren und zur Sühne für eigene Fehltritte die Mühsal von Pilgerreisen ins Heilige Land unternommen hatten, erklärt ohne weiteres die große Resonanz des angeblichen Askaniers. Seine politische Instrumentali-

Abb. 4: Brustbild König Karls IV. mit Lilienkrone, langärmeligem Untergewand (Albe) und Umhang (Pluviale). In der rechten Hand das waagerecht liegende Richtschwert, in der linken das Zepter, dessen Spitze von einem Knauf gebildet wird, aus dem drei dreiblättrige Laubblätter wachsen.

sierung war nur auf dieser Grundlage möglich, sofern man nicht dem Kaiser und einer großen Anzahl von Reichsfürsten ein großangelegtes Betrugsmanöver unterstellen will. Daß die Täuschung freilich verhältnismäßig schnell aufgedeckt wurde, hatte weniger mit plötzlichen Einsichten zu tun, als damit, daß politischer Widerstand sich formierte, der der Territorialherrschaft, wenn nicht gar dem Kaisertum des Luxemburgers hätte gefährlich werden können. Als Inhaber der legitimen Herrschaft in der Markgrafschaft Brandenburg hatten die Wittelsbacher noch immer Verbündete innerhalb und außerhalb des Reiches, wie z. B. den am Hof Ludwigs des Bayern erzogenen König Waldemar Atterdag von Dänemark, die allen Anlaß hatten, die politischen Schachzüge des angeblichen Markgrafen Woldemar einer näheren Prüfung zu unterziehen. Erst durch die Mobilisierung der Gegenkräfte, die Karl IV. unter Verzicht auf unmittelbare Territorialansprüche zumindest neutralisieren mußte, wurde Woldemar als „politische Figur“[413] und als „Werkzeug“[414] unbrauchbar: Da sein politischer Rückhalt zu gering war, brach seine Herrschaftsposition zusammen, ohne daß er deshalb freilich verketzert wurde und als Betrüger der Verfemung anheimfiel. Selbst wenn seine obskure „Wiederkehrgeschichte“ der Wirklichkeit entsprochen hätte, hätte Woldemar letztlich wenig Chancen gehabt, sich auf Dauer gegen die Wittelsbacher und schließlich die Luxemburger durchzusetzen: Die politische Landschaft hatte sich seit seinem angeblichen Weggang so entschieden gewandelt, daß ein Anknüpfen an ältere Verhältnisse gar nicht möglich gewesen wäre. Er verfügte weder über eine eigene Klientel noch war er in der Lage, eigene Verwandte und Erben als „dynastisches Kapital“ beizubringen, und auch das städtische Ratsbürgertum, auf das er setzte und dem er seinerseits Anlaß zu großen Hoffnungen gab, war nicht stark genug, um die hochadeligen Planspiele zu durchkreuzen. So war er vollständig von denjenigen Dynastien abhängig, die aufgrund eigener Erbansprüche an einer Vertreibung der „landfremden“ Wittelsbacher und einer späteren Beerbung des Woldemar interessiert waren: Es waren dies die von dem ersten Brandenburger Markgrafen Albrecht dem Bär abstammenden Grafen von Anhalt und Herzoge von Sachsen, nämlich Albrecht II. und Woldemar von Anhalt sowie Rudolf I. von Sachsen für seine Söhne Rudolf II. und Otto. In der Tat gelang ihnen bereits in der ersten Phase des Geschehens eine Eventualbelehnung mit der Mark Brandenburg,[415] so daß die damit reichsrechtlich legitimierte Verbindung zu Woldemar gleichsam eine kaiserliche Bestandsgarantie erhielt. Es zeigte sich jedoch sehr bald, daß in dem Augenblick, als die wittelsbachische Partei am Königshof wieder Einfluß gewann, die askanische „Familienverbindung“ an Gewicht verlor und durch andere Machtfaktoren nicht ersetzt werden konnte.

Gerichtliche Anerkennung und Durchsetzung der Woldemarischen Herrschaft in Brandenburg

Schon recht bald nach dem ersten öffentlichen Auftreten des angeblichen Markgrafen Woldemar von Brandenburg im August 1348 in Wolmirstedt,[416] dem bereits im September Einungen mit den Herzögen von Mecklenburg und Pommern folgten,[417] wurden Verhandlungen mit dem in der Gegend von Müncheberg und Fürstenwalde befindlichen königlichen Hoflager aufgenommen, die Anfang Oktober 1348 mit der Belehnung Woldemars mit der Markgrafschaft

Brandenburg und Landsberg sowie der pfandweisen Abtretung der Mark Lausitz an die Krone Böhmen zum Abschluß gebracht werden konnten.[418] Auffallend ist bei alledem, daß König Karl die Belehnungs- und Übertragungsakte weder aufgrund königlicher Machtvollkommenheit noch aufgrund einer vertraglichen Vereinbarung durchführte. Vielmehr setzte er mit der Begründung, *daz wir allermenclich des rechten beygesten sullen und in des genediclichen helfen*,[419] zunächst eine Kommission ein, die durch Kundschaft den Wahrheitsgehalt der Behauptungen Woldemars und damit dessen Identität als letzter askanischer Markgraf von Brandenburg ermitteln sollte *(versuchunge und erkentnuzse des hochgeborn Woldmars margraven ze Brandenburch [...], der etliche in wol erkant haben, ee er von lande schiede, daz si sich umb in ervarn solten, ob ers wer)*. Es war dies, wie Johannes Schultze mit Recht feststellen konnte, keineswegs ein unparteiisches Gutachtergremium,[420] sondern ein am Hofe anwesender und lenkbarer Kreis, der seinerseits eigene politische Interessen einbrachte. Mit den Herzogen Rudolf I. und Rudolf II. von Sachsen sowie Johann von Mecklenburg und auch den Grafen Albrecht II. von Anhalt und Albrecht V. von Barby sind zugleich die Hauptverbündeten Woldemars bezeichnet, deren Meinung wohl schon vorher feststand. Zwei ritterschaftliche (Werner von Anforde und Albrecht von Warburg) und ein geistlicher Vertreter (Propst Friedrich von Berlin) konnten vermutlich ebenfalls nur ein Leumundszeugnis für Woldemar abgeben, nicht aber ein Wahrheitszeugnis erstellen. Doch ist die Parteilichkeit dieses Gremiums für die Beurteilung der Kommission nicht entscheidend. Vielmehr sollten die acht Kommissare nur Aussagen sammeln und dem König übermitteln. Dementsprechend hatten sie sich *an fuersten, herren, rittern und knehten und ouch gemeinen leuten, die den vorgenanten margraven vormals ouch erkant haben, gewisslich ervarn [...], daz ers sey.* Der erst einige Tage vorher über Bautzen in der Mark Brandenburg eingetroffene König, der dem etwa gleichzeitig nach Köpenick und von da aus in die Neumark zurückkehrenden Markgrafen Ludwig V. von Brandenburg zuvorkommen wollte, konnte es kaum riskieren, eigene zeitaufwendige Recherchen durchzuführen, sondern mußte sich auf die Vermittlung seiner Kommissare verlassen. Ihre mögliche Parteilichkeit war kein Hinderungsgrund für ihre Einschaltung, da man davon ausgehen konnte, daß ihr Interesse und ihre Kenntnis der regionalen Situation die notwendigen Informationsquellen erschloß.

Man kann also davon ausgehen, daß es sich bei dem Gremium der acht Kommissare um ein improvisiertes, den Verhältnissen des mobilen königlichen Feldlagers entsprechendes Hofgericht handelte, dessen Urteilerbank nach den ständischen Prinzipien des Hofes zusammengesetzt war. Es darf nicht vergessen werden, daß ein nach den tradierten Rechtsgewohnheiten organisiertes und urteilendes Hofgericht am luxemburgischen Hof noch nicht existierte; es konnte erst ein halbes Jahr später zusammentreten, als es – sicher nicht vor April 1349 – gelang, einen ehemals wittelsbachischen Hofrichter (Friedrich von Heideck) und den zuletzt für Ludwig den Bayern tätigen Hofschreiber (Konrad Bissinger) zu engagieren.[421] Das *erkentnuße* der acht Urteiler wurde auf entsprechende Frage des Königs diesem mitgeteilt und konnte so die Grundlage weitergehender Verfügungen werden. Ein Gerichtsbrief wurde freilich nicht ausgefertigt, so daß die im narrativen Teil des zitierten Lehnsbriefs mitgeteilten Informationen notwendigerweise unvollständig sind: Details wurden nur soweit beurkundet, als sie für den Belehnungsakt, die begleitenden Mandate und die aus ihm folgende Befugnis zur Verpfändung der Lausitz wichtig waren.

Festzuhalten bleibt indes, daß die Existenz des Markgrafen Ludwig V. von Brandenburg, der als Sohn Ludwigs des Bayern noch exkommuniziert war, als möglicher Berechtigter in keiner Weise erwähnt wurde. Als Ketzer mußte er am Verfahren nicht beteiligt werden, so daß es, aus der Sichtweise König Karls, allein um die Feststellung der Berechtigung Woldemars an der Mark Brandenburg ging. Diese konnte in Form einer „Rechtsweisung" erfolgen, die sich ihrerseits auf – inhaltlich nicht näher bekannte – Kundschaften (Zeugenaussagen) stützte. Ohne das Mittel der Reichsacht kam der Luxemburger freilich auch in diesem Verfahren nicht aus. In einer recht ungewöhnlichen Weise machte er von ihm als einer eventualiter ausgesprochenen Strafacht Gebrauch. Nach einer im Feldlager bei Frankfurt an der Oder ausgefertigten Urkunde vom 11. Oktober 1348[422] verhängte er kraft königlicher Gewalt über diejenigen Herren, Freien, Dienstmannen, Ritter, Knechte, Städte, Bürger, Bauern und anderen Angehörigen der Markgrafschaft Brandenburg und Landsberg die Reichsacht *(haben wir mit unserm kuniglichen gewalt in unser und des reichs achte getan)*, soweit sie dem Markgrafen Woldemar ungehorsam seien und ihn nicht als rechten Herrn anerkennen wollten. Der Markgraf seinerseits erhielt Vollmacht, daß er *allermeniglich [...] aus der echte ledigen und lazzen mag gleicherweis als wir selber*, wenn diese ihn als ihren Herrn anerkennen wollen, *wann wir dieselben, die in seinen gehorsam komen und im undtertenig werden, mit craft dicz briefs ieczhunt us der echte lazzen und geben in wider alle wirde, rechte und ere, die sie mit der vorgenanten echte durch iren ungehorsam und unrecht, daz sie getan haben, verlorn haben in dheinweis.* Die Reichsacht wurde hier zu einem königlich legitimierten, disponiblen Disziplinierungsmittel, um mit ihm unbotmäßige Angehörige und Untertanen der Markgrafschaft zum Gehorsam zu zwingen. Die Friedensgewalt mit der Befugnis, die Acht zu verkünden, hat sich Karl zwar vorbehalten; und da es sich im konkreten Fall um eine Achtform handelt, die von der Begehung der Tat abhängig war und nicht in jedem Einzelfall erneut erklärt werden mußte,[423] war auch die Woldemar erteilte Befugnis zur Aufhebung eigentlich nur als Vollmacht gedacht, die im Einzelfall nicht eingetretene (Acht-)Folge der Tat festzustellen. Gleichwohl aber mußte sich diese Befugnis als königsgleiche Kompetenz auswirken, durch die ein Ausgleich für die fehlenden Herrschaftsgrundlagen Woldemars geschaffen werden sollte.

Daß Karl unabhängig von diesem Achtspruch auf Anforderung Woldemars hin gegen dessen Widersacher gerichtlich vorzugehen beabsichtigte, ergibt sich aus einer eine Woche später ausgestellten Erklärung der Stadt Guben in der Lausitz.[424] Danach hatte der König, vermutlich durch einen mit dem Achtbrief etwa zeitgleichen Ladungsbrief, auf Klage des angeblichen Markgrafen die Stadt Guben und zwei landsässige Adelige mit sechswöchiger Frist zur Verhandlung *(um teyding)* vor seinen Hof gefordert. Sie sollten ebenso den Markgrafen Ludwig veranlassen, sich in Wittenberg vor dem König zu verantworten, wozu dieser auch königliches Geleit erhielte. Die Stadt Guben äußerte ihre Zweifel, ob Ludwig kommen werde, unterwarf sich aber dennoch dem, *waz uns syne fürsteyn unde herren in synem hofe zcu rechte teylin und viendin*. Unmittelber darauf scheint sie sich mit dem König geeinigt zu haben.[425] Obwohl sich Karl um die festgesetzte Zeit Anfang Dezember des Jahres in Wittenberg aufhielt,[426] mit den Hauptvertretern der „askanischen“ Partei (dem Ebf. von Magdeburg mit den Herzogen von Sachsen und Grafen von Anhalt) zusammentraf und mit ihnen zusammen dort gerichtlich sowohl in Reichssachen als auch in böhmischen Landesangelegenheiten tätig wurde,[427] scheint eine Hofgerichtsverhandlung gegen den Wittelsbacher nicht stattgefunden zu haben. Dieser hielt sich in der fraglichen Zeit in Soldin in der Neumark auf.[428] Immerhin aber scheint damit klar, daß – wenn auch ohne großes Interesse von seiten des Königs – nach der Etablierung Woldemars in der Mark Brandenburg ein zweiter Schritt ins Auge gefaßt wurde: nämlich den Wittelsbacher durch einen Prozeß am Königlichen Hofgericht ins Unrecht zu setzen. Wichtiger jedoch waren die noch bis zum August 1349 nachweisbaren „politischen“ Bemühungen, der Herrschaft Woldemars in der Markgrafschaft selbst und im Reich Anerkennung zu verschaffen. Hierzu zählen ein Bericht an die Stadt Hagenau vom Oktober 1348[429] sowie zwei Mandate an die Stände des Reichs und verschiedene Städte der Altmark vom August 1349,[430] in denen die Kurwürde und das Erzkämmereramt Woldemars angesprochen wurden.

Inzwischen aber hatte sich die allgemeine politische Situation durch die Spaltung der wittelsbachischen Partei, die Karl im März 1349 durch seine eheliche Verbindung mit der Tochter des Kurfürsten Rudolf von der Pfalz gelungen war, dem sich abzeichnenden Ende des Königtums Günthers von Schwarzburg und der Vergleichsbereitschaft der bayerischen und brandenburgischen Wittelsbacher grundlegend geändert.[431] Nach den am 26. Mai im Feldlager vor Eltville geschlossenen Vereinbarungen[432] erkannten Markgraf Ludwig V. von Brandenburg und seine vier jüngeren Brüder das Königtum Karls IV. an, versprachen die Auslieferung der Reichskleinodien und erhielten dafür die Zusicherung, daß der König in Zukunft dem Markgrafen Woldemar und dessen Helfern keinen Beistand mehr leisten wolle. Die Handlungsweise des „gerissenen“ Luxemburgers deshalb als „verstecktes Spiel“ zu kennzeichnen,[433] erscheint dennoch übertrieben: Um die Anerkennung seines Königtums zu erreichen, mußte sich Karl zu Zugeständnissen bereitfinden; die „askanische“ Option aber wurde so lange nicht hinfällig, als Ludwig mit den Reichskleinodien über eine symbolische Herrschaftslegitimation verfügte und die Vergleichsbestimmungen nicht vollzogen waren. Es erschien überdies gerechtfertigt, noch abzuwarten, inwieweit sich Ludwig gegenüber Woldemar in der Mark durchzusetzen vermochte. Diese Situation trat erst Ende 1349 ein. Sie wurde für Karl IV. gefährlich, als sich die wittelsbachische Partei mit der askanischen, bestehend aus dem Kurfürst von Sachsen, den Grafen von Anhalt, den Herzogen von Mecklenburg, dem Grafen von Barby und dem Erzbischof von Magdeburg, am 2. Februar 1350 auf König Magnus von Schweden als Schiedsrichter einigte.[434] Jetzt bestand die Gefahr, daß sich Ludwig V., der sich im Lande bereits weitgehend durchgesetzt hatte, seine Legitimation durch einen „fremden“ König verschaffte. Somit setzte erst jetzt eine Umorientierung der luxemburgischen Politik ein;[435] das durch die Ereignisse überholte Hofgerichtsverfahren mußte dementsprechend ebenfalls der neuen Situation Rechnung tragen.

Das Nürnberger Hofgerichtsverfahren von 1350 und die Niederlage der askanischen Partei

Die seit dem Februar 1350 einsetzenden Verhandlungen am Königshof lassen sich in zwei voneinander unabhängige, wenn auch faktisch miteinander verbundene Rechtsverfahren gliedern. Es ging auf der einen Seite um den Streit zwischen Karl IV. und den Wittelsbachern, vor allem um die Anerkennung der Kurwürde Ludwigs V. von Brandenburg und die Sicherung der böhmisch-luxemburgischen Rechte. Auf der anderen Seite ging es um die Durchsetzung und rechtliche Befestigung der wittelsbachischen Herrschaft in der Mark in Auseinandersetzung mit dem noch titulierten und weiterhin aktiven angeblichen Askanier Woldemar. Für das erstgenannte Verfahren, in das der König als Streitpartei involviert war, bot sich – wie seit dem Prozeß König Rudolfs gegen Ottokar 1274 am Hofgericht durch Rechtsweisung festgelegt worden war[436] – der Kurfürst von der Pfalz als Richter an. Der „Anerkennungsstreit" Markgraf Ludwigs hingegen konnte vor dem seit April 1349 fest installierten Hofgericht unter dem Vorsitz des Königs oder auch seines amtierenden Hofrichters stattfinden; seine Durchführung war vom erfolgreichen Abschluß des luxemburgisch-wittelsbachischen „Legitimationsstreits" abhängig.

Mit zwei in Bautzen nur wenige Tage nach dem Spremberger Vertrag ausgestellten Urkunden vom 7. Februar 1350[437] einigten sich der König und Markgraf Ludwig V. von Brandenburg auf den Pfalzgrafen Ruprecht I., den Bruder des königlichen Schwiegervaters und Kurfürsten Rudolf II. von der Pfalz, *uff mynne und uff recht*, mit der Maßgabe, daß sie sich seiner schiedsrichterlichen Entscheidung unterwerfen wollten, die entweder auf gütlichem Wege herbeigeführt oder rechtlich entschieden werden sollte.[438] Auch wenn durch diese „Verwillkürung" die Konfliktparteien selbst den Richter bestimmten, kann kein Zweifel daran bestehen, daß die Ausübung des Richteramtes im Rahmen eines solchen „Sühneverfahrens" als königliche Hofgerichtsbarkeit gewertet werden muß, die in gleicher Weise von der Autorität des Königs umfaßt war wie ein durch Klage und Ladung zustandegekommenes Verfahren im Königshof.[439] Das aufgrund dessen erfragte Urteil wurde bereits acht Tage später von Pfalzgraf Ruprecht bei Rhein in Bautzen verkündet[440] und einen Tag später von beiden Parteien bestätigt.[441] Als Urteilssprecher fungierten elf namentlich aufgeführte Fürsten, Grafen und Herren, an ihrer Spitze Markgraf Friedrich von Meißen, unter ihnen auch der spätere Hofrichter Herzog Wladislaw von Teschen.[442] Die Entscheidung selbst kam einer vorläufigen Bestätigung des Wittelsbachers in seinen Rechten gleich, beinhaltete aber auch die Anerkennung des luxemburgischen Königtums und der Lausitzischen Pfandrechte für Karl IV. Im einzelnen wurde entschieden[443]: Der Spremberger Vertrag vom 2. Februar 1350, durch den König Magnus von Schweden zum Schiedsrichter im brandenburgischen Herrschaftsstreit erkoren worden war, sei zum Schaden des Heiligen Römischen Reiches abgeschlossen worden. Wie durch die Kundschaft des Grafen Günther von Schwarzburg-Arnstadt und genannter brandenburgischer Herren festgestellt worden sei, sei Woldemar nicht der Sohn des verstorbenen Markgrafen Konrad von Brandenburg. Deshalb sollten die brandenburgischen Lehen wieder an Ludwig V. samt dessen Brüdern Ludwig der Römer und Otto gegeben werden. Markgraf Ludwig dagegen solle dem König als seinem rechten Herrn huldigen. Auf einen für Anfang April nach Nürnberg anzuberaumenden Hoftag soll derjenige, *der sich nennet Wold[emar] marggraf ze Brandenburg*, vorgeladen werden, damit dort die Fürsten und Herren des Reiches endgültig durch Urteil über seine Identität entscheiden könnten. Sofern die hierzu vorgeladenen Fürsten und Herren und auch Woldemar *niht komen uf den vorgenanten tag und stat, so sol unser vorgenanter vetter marggraf Lud[wig] aller siner reht ervolget haben, gelicherwise, als ob die vorgenanten fürsten alle daby gewesen weren und heten darüber gesprochen, und auch, als ob die geladen[en] ze gegenwertig gewesen weren.* Schließlich soll Ludwig an diesem Tag dem König die Reichskleinodien ausliefern und auf die Markgrafschaft Lausitz zugunsten von Karl verzichten. Dafür soll sich Karl darum bemühen, daß Ludwig bis zum 29. September vom Kirchenbann gelöst wird. Er soll den wittelsbachischen Brüdern außerdem die Privilegien bestätigen. Die weiteren Einzelbestimmungen, die nicht unmittelbar die Person Ludwigs V. und seine Herrschaft in der Mark Brandenburg betrafen, können hier übergangen werden. In zahlreichen Urkunden König Karls als König von Böhmen, auch seines Bruders Markgraf Johann von Mähren, mit jeweils entsprechenden Gegenbriefen der wittelsbachischen Brüder, die alle in der zweiten Februarhälfte im königlichen Hoflager zu Bautzen ausgestellt wurden,[444] wurden die Bestimmungen des hofgerichtlichen Rechtsspruchs ausgeführt. Verbrieft wurden u. a. die Verleihung der Mark Brandenburg an Ludwig V.,[445] dessen Lehnshuldigung,[446] dessen Verzicht auf die Länder Bautzen und Görlitz (die Lausitz)[447] und dessen Versprechen zur Auslieferung der Reichskleinodien und Heiltümer, wie sie Ludwig der Bayer in Gewahrsam hatte;[448] außerdem die Verpflichtung Karls, den Wittelsbachern die Absolution vom Kirchenbann zu besorgen[449] und ein Gerichtsverfahren gegen Woldemar vor den Fürsten und Herren des Reiches durchzuführen, und zwar zeitgleich zur Auslieferung der Reichskleinodien.[450] In zwei weiteren, nach seiner Rückkehr in Prag ausgefertigten Mandaten[451] berichtete der König den einzeln aufgeführten Städten der Uckermark und der Altmark über den bisherigen Verlauf des Streits zwischen den wittelsbachischen Brüdern und Woldemar, der unrechtmäßigerweise dem König von Schweden zur Entscheidung übertragen worden war, obwohl der *billich und zu rechte fur uns und dem reich entscheiden wirdet.* Die Entscheidung des Rechtsstreits zwischen beiden solle auf dem nach Nürnberg anberaumten Gerichtstag erfolgen. Wer dann zu einem Markgrafen von Brandenburg benannt werde, solle dabei belassen werden, und auch der König sei zu dessen Anerkennung gegenüber den Fürsten des Reiches verpflichtet.

Mit diesem Rechtsspruch, den der Pfalzgraf bei Rhein als Richter über den König mit hofgerichtlicher Autorität aufgrund eines Urteils der Fürsten und Herren des Reiches verkündet hatte und dessen Ausführung durch eine große Anzahl von Einzelverbriefungen sorgsam in die Wege geleitet wurde, war der Streit um die Herrschaft in Brandenburg noch nicht endgültig entschieden. Vielmehr war nur die verfassungsrechtliche Grundlage gelegt, auf der das Hofgerichtsverfahren zwischen den Wittelsbachern und dem angeblichen Askanier Woldemar abgewickelt werden konnte. Von rechtshistorischer Bedeutung erscheint dabei insbesondere, daß eigens die Durchführung eines Hofgerichtsverfahrens ohne Rücksicht auf die Präsenz des Betroffenen und der weiter dazu geladenen Fürsten und Herren festgelegt wurde. Anders als noch im Prozeß König Rudolfs gegen den böhmischen König Ottokar war damit ein Eremodizialprozeß, der auch bei Säumnis des Beklagten zu einem Sachurteil führen konnte, ausdrücklich zugelassen. Es ist anzunehmen, daß auf diese Weise die mögliche Ächtung Woldemars vermieden werden sollte, die eine Aktivierung von Gegenkräften und spätere Einlassung ins Verfahren möglich gemacht hätte. Nur eine sofortige Entscheidung zur Sache konnte die Herrschaft der Wittelsbacher absichern und möglichen Widerstand im Keim ersticken. Daß man diese Form der Entscheidungsfindung eigens verbriefte, beweist andererseits, daß sie nicht der üblichen Praxis am Hofgericht entsprach.

Ein zweiter Punkt verdient ebenfalls hervorgehoben zu werden. Nach dem Bautzener Urteil des Königlichen Hofgerichts wurde der König zur Belehnung der Wittelsbacher mit der Mark Brandenburg verpflichtet, weil eine Kundschaft eines Reichsfürsten und verschiedener eingesessener Herren die Identität Woldemars mit dem letzten askanischen Markgrafen verneinte. Nach den Rechtsgewohnheiten des alten dinggenossenschaftlichen Verfahrens jedoch kam es für den Ausgang eines Prozesses auf den Wahrheitsbeweis von Zeugen (Kundschaft) nicht entscheidend an. Es war nicht Aufgabe der Urteiler, aufgrund einer inhaltlichen Beweiswürdigung Tatsachen festzustellen und danach im Rahmen vorgegebener Normen zu entscheiden. Vielmehr ging es darum, „das Recht sich selber aussprechen und verwirklichen zu lassen".[452] Für den Ausgang des Prozesses war maßgebend, wem unter den Konfliktparteien die Erbringung des Beweises – und damit die Möglichkeit, seine Behauptung zu beeidigen – zugeschoben worden war.[453] Wie sich nun aus den beiden – wörtlich übereinstimmenden – Mandaten König Karls an die altmärkischen und uckermärkischen Städte vom März 1350 ergibt,[454] war genau dies mit dem nach Nürnberg anberaumten Verfahren bezweckt: Dort sollten die markgräflichen Brüder entsprechend ihrem Beweisangebot ihre durch die angeführte Kundschaft gestützte Behauptung beschwören *(fur uns dem reich beweisen und besweren wellen, als sie zu rechte sullen)*. Die Belehnung der Mark stand damit gewissermaßen unter einer aufschiebenden Bedingung, wenngleich nach modernem Verständnis nur noch eine Formalie zu erbringen war. Wenn die Kundschaft des 1348 im Feldlager improvisierten Prozesses die Entscheidung präjudiziert hatte, so galt dies für die neuerlich eingeholte Kundschaft nicht mehr. Sie war nur die Grundlage für die „Wiederaufnahme" des Verfahrens, dessen Ausgang vom Formalbeweis vor dem Hofgericht abhängig war.

Wenn Johannes Schultze demgegenüber von einem „einseitige(n) und völlig parteiische(n) Spruchverfahren" spricht, mit dem „ein wenig rühmliches Zeugnis über das damals von ihm [scil. dem König] geübte Verfahren oder über seine Intelligenz" ausgestellt worden sei,[455] so verkennt er die institutionellen Strukturen und politischen Sachgesetzlichkeiten am Königshof dieser Zeit. Eine richterliche Unabhängigkeit gab es ebensowenig wie eine Verpflichtung des Königs zur abstrakten Ausübung von Gerechtigkeit. Das Hofgericht war einerseits fest eingebunden in den Königlichen Hof,[456] andererseits aber auch von den jeweiligen politischen Rahmenbedingungen abhängig. Wenn berichtet wird, daß man über Woldemar „bis heute" geteilter Meinung gewesen sei *(usque in hodiernum diem sunt de eo opiniones)*[457], wenn sich eine große Anzahl niederdeutscher Reichsfürsten und Adeliger sowie der überwiegende Teil der märkischen Städte für den angeblichen Askanier aussprachen, so kann nicht unterstellt werden, Karl IV. habe sich wider besseres Wissen zunächst für ihn und später unter dem Druck der erstarkten Wittelsbacher gegen ihn ausgesprochen. Plausibler erscheint, daß der Luxemburger zur Durchsetzung seines römisch-deutschen Königtums der mächtigen askanischen Partei Glauben schenkte und der von ihr erbrachten Kundschaft vertraute. Als die von den Herzogen von Mecklenburg und Pommern gestützte askanische Herrschaft im Laufe zweier Jahre langsam abbröckelte, die pfälzischen Wittelsbacher an Hof und Familie Karls gebunden wurden und auch der brandenburgische Zweig der Familie nach dem Tod des Thronkonkurrenten Günther von Schwarzburg zu einem stabilen Faktor im Reich wurde, wurde dem Luxemburger eine „Kurskorrektur" von der Realität aufgezwungen. Er mußte sich als der Betrogene fühlen und Wege suchen, den legitimen brandenburgischen Markgrafen und Kurfürsten in sein politisches System einzubeziehen. Das ihm und seinen Brüdern gewährte Gerichtsverfahren am Hofgericht war keineswegs einseitig und parteilich inszeniert, sondern in das politisch-hierarchische System des Hofes eingebunden und daher von denjenigen Hofgruppen (und Urteilern) abhängig, die bei Hofe anwesend waren. Es versteht sich von selbst, daß dies mehrheitlich Parteigänger des Königs waren und sich mit ihnen der jeweilige Einfluß bestimmter Adelskreise im Hof manifestierte. War dies 1348/49 die askanische Partei, so wurde dies spätestens 1350 die wittelsbachische Partei, die wohl im königlichen Schwiegervater Rudolf II. und in dessen Bruder Ruprecht I. von der Pfalz die mächtigsten Fürsprecher hatte. Allerdings hat es Karl verstanden, die jeweils vorherrschende Gruppe zu stützen und für sein Königtum ebenso wie für seine Hausmachtinteressen dienstbar zu machen. Das dinggenossenschaftliche Gerichtsverfahren hatte im wesentlichen die Funktion, die begründeten Herrschaftspositionen verfahrensmäßig unter Beteiligung des bei Hof vertretenen Adels zu legitimieren.

Das nach Nürnberg einberufene Hofgericht kam nach Eintreffen des Königs von Prag aus am 6. April des Jahres zustande. Aus sieben gleichlautenden, unter Hofgerichtssiegel ausgefertigten Mandaten an die Bürgerschaft und die Schuhmacherschaft, die Gewandmacher und Gewandschneiderzunft zu Prenzlau,[458] an verschiedene Zünfte und die Bürgerschaften der Städte Prenzlau, Pasewalk, Angermünde und Templin[459] sowie an den jeweiligen alten und neuen Rat der Städte Rathenow, Berlin und Köln an der Spree[460] läßt sich der Ablauf des Verfahrens, über das kein eigenständiger Gerichtsbrief überliefert ist, rekonstruieren. Danach trat Pfalzgraf Ruprecht I. vor dem Hofgericht als Bevollmächtigter des Markgrafen Ludwig V. von Brandenburg auf, um dort dessen Interessen gegen den angeblichen Askanier Woldemar wahrzunehmen. Der „auf Recht“ zur gerichtlichen Verantwortung vorgeladene[461] Woldemar war hingegen nicht erschienen. Entsprechend der Vorgaben des Bautzener Urteils vom Februar 1350 erhielt Ruprecht damit die Möglichkeit, durch Bezugnahme auf die Kundschaft die Deszendenz Woldemars von Markgraf Konrad zu verneinen und diese Behauptung zu beschwören. Dies geschah auch: *Do bewisete vor uns offenbar in gericht der vorgenente herzog Ruprecht mit guter warer kuntschaft, das er es nicht were, Woldmar margrafen Cunrads seligen zu Brandenburg sun.*[462] Dementsprechend wurde festgestellt, daß Markgraf Ludwig zu Unrecht *us der Mark zu Brandenburg geworffen ist von des wegen den man nennet marggrafen Woldmar*, und daß er deshalb zusammen mit seinen Brüdern Ludwig der Römer und Otto in der Nutzgewere des Landes wiedereinzusetzen sei. In der Folge wurden die Adressaten der Mandate angewiesen, sich von Woldemar abzukehren und den wittelsbachischen Brüdern als ihren rechten Herren zu huldigen. Mit Absicht wurden auch die Zünfte und Bürgerschaften der brandenburgischen Städte angesprochen, weil die wittelsbachische Partei in ihnen schon vorher die wichtigste Stütze gegen die Autonomiebestrebungen der patrizischen Räte gefunden hatte.[463] Beendet wurde das Gerichtsverfahren knapp acht Tage später an der gleichen Dingstätte mit der Abtretung der von Pfalzgraf Ruprecht erklagten Rechte *ze gewinne und ze verluste* an den Markgrafen Ludwig V. von Brandenburg, der nach den zeitgenössischen Rechtsgewohnheiten erst jetzt in den vollen Genuß der Nutzgewere an der Mark kam.[464] Dementsprechend konnte nunmehr *allen den, die uns und dem reich verbunden sind*, in einem separaten Mandat auch den Herzogen Otto III. und Wilhelm von Braunschweig-Lüneburg,[465] geboten werden, die Wittelsbacher gegen Woldemar zu schirmen. Die Markgrafen Friedrich und Balthasar von Meißen wurden als die eigentlichen Vollstrecker zugleich beauftragt, jene in die Nutzgewere der Mark Brandenburg einzusetzen.[466] Die Reaktion der brandenburgischen Städte auf die königlichen Huldigungsgebote waren unterschiedlich: Während Rat und Bürgerschaft der Stadt Spandau und mit ihnen wohl zahlreiche weitere Städte in den Gehorsam Ludwigs zurückkehrten,[467] hielten der Rat und die Gemeinde der Altstadt Brandenburg sowie eine weitere Gruppe von Städten der askanisch-anhaltinischen Partei die Treue und wurden deshalb ein Jahr später noch auf die Klage Markgraf Ludwigs V. in die Reichsacht erklärt.[468] Allerdings übergingen sie den „falschen“ Woldemar, nahmen den Tod des letzten brandenburgischen Askaniers Woldemar von 1319 als Faktum und orientierten sich an der Eventualbelehnung der Herzoge von Sachsen und Grafen von Anhalt; sie fühlten sich an die diesen geleistete Erbhuldigung gebunden.

Die Verfahrensgestaltung und ihre Wertung

Wenn man von einem modernen Rechtsverständnis her die Gerichtsverfahren um den angeblichen Askanier Woldemar als Beispiele einer Instrumentalisierung des Prozeßrechts für politische Zwecke wertet und so entsprechend der Definition Otto Kirchheimers für diesen Fall deren politischen Charakter bejaht, wird man die auffälligen und bei isolierter Betrachtung der Prozeßakten überraschenden Wendungen des Prozeßgeschehens leicht erklären können. Man wird sogar dafürhalten können, daß das seit Ludwig dem Bayern genauer festgelegte und auch vom Hofgericht Karls IV. später peinlich genau beachtete Verfahrensrecht in der hier analysierten Prozeßserie einige Abweichungen erfuhr. Indes wäre eine solche Wertung, wie sie allerdings von der historischen Forschung bisher weitgehend getroffen worden ist, zu vordergründig, ginge auch an den zeitgenössischen Möglichkeiten der Verfahrensgestaltung vorbei und übersähe gänzlich die Funktion des mittelalterlichen Politischen Prozesses. Sieht man entsprechend der hier vertretenen Definition den Zweck eines solchen Verfahrens darin, Konflikte um die Grundlegung, die Stabilisierung, die Ausweitung oder Verteidigung von Herrschaft zu lösen,[469] so paßt sich auch das Verfahren um den „falschen" Woldemar zwanglos in die Reihe ähnlicher Prozesse am Königshof ein. Der König sah in diesem Verfahren die Möglichkeit, seinem eigenen Königtum zur Anerkennung zu verhelfen, seine Herrschaft in der Lausitz zur Erweiterung der böhmischen Krone zu begründen und seinen Einfluß in der Mark Brandenburg selbst geltend zu machen. Um dies zu erreichen, stützte er sich anfangs auf die askanische und später auf die wittelsbachische Partei. Seine Kehrtwendung von der einen zur anderen bildete indes keineswegs einen politischen Willkürakt und kann auch nicht als das Auswechseln des einen Trumpfes gegen den anderen gewertet werden. Vielmehr reagierte der Luxemburger damit nur auf die Änderung der Machtverhältnisse in der Mark Brandenburg, auf die er selbst nur sekundär Einfluß nehmen konnte. Der hofgerichtliche Prozeß trug den jeweiligen Konstellationen von Herrschaft Rechnung, die zunächst als gegeben hingenommen wurden.

Die Usurpation und unberechtigte Nutzung von Rechtstiteln ebenso wie die Entfremdung von Reichsgütern wurden zwar als unrechtmäßig gewertet und konnten deshalb eines gerichtlichen Verdikts anheimfallen; die Unrechtmäßigkeit stellte sich jedoch zumeist erst nachträglich heraus, oder sie wurde nur in Relation zu anderen, als höher bewerteten politischen Zwecken angenommen. Insofern war die Innehabung einer Herrschaftsposition innerhalb des Reiches zunächst ein „neutrales" Faktum, von dem auch das Königliche Hofgericht ausging. Es reagierte allerdings nach Initiative der Betroffenen als Kläger auf „revolutionäre" Herrschaftsveränderungen, wie im Falle des „Mainzer Kriegs" und auch der Expansionen Ottokars auf Kosten von Reichsrechten deutlich gemacht werden konnte. In derartigen Situationen konnten Klagen um Restitutionen im möglichen Kompetenzbereich des Hofgerichts liegen. Für den Normalfall aber mußte es dabei verbleiben, eine gefährdete Herrschaft zu stützen oder deren legitimen Ausbau gerichtlich zu fördern. Die wesentlich auf die Städte der Mark gestützte, von den Askaniern in Sachsen und Anhalt ebenso wie dem ranghöchsten geistlichen Reichsfürsten, den Herzogen von Mecklenburg und von Pommern geförderte Position Woldemars dürfte von den zeitgenössischen Beobachtern zunächst wohl kaum als Usurpation und trickreiches Täuschungsmanöver wahrgenommen worden sein. Sie dürfte angesichts der exkommunizierten Wittelsbacher, die ohnehin als Landfremde auf Mißtrauen stießen, eher mit Erleichterung aufgenommen worden sein. Folglich war die Legitimierung seiner Herrschaft durch einen hofgerichtlichen Prozeß ein – ex tunc betrachtet – durchaus sachgerechtes Verfahrensziel mit friedensstiftender Wirkung. Da es sich nachträglich nach allem, was aus den Quellen bekannt ist, herausstellte, daß Woldemar kein Anrecht auf die Herrschaft in Brandenburg hatte, die Wittelsbacher sich statt dessen nach ihrer Vertreibung wieder etablieren konnten, mußte der 1348 geführte Prozeß „wiederaufgenommen" werden. Damit wurde nicht aus politischem Kalkül heraus Unrecht zu Recht gewandelt, sondern der Tatsache Rechnung getragen, daß die Inhaber der legitimen Herrschaft in Brandenburg gewechselt hatten bzw. daß es sich nachträglich herausstellte, daß die legitime Herrschaft des Pseudo-Askaniers usurpiert und diejenige der Wittelsbacher durch das Interdikt zwar zeitweilig suspendiert war, nicht aber ihre Legitimation verloren hatte.

Die in der Prozeßserie um den „falschen" Woldemar aufscheinenden Verfahrensmodalitäten am Königlichen Hofgericht waren demgegenüber von den Schwierigkeiten einer dynastischen Übergangszeit geprägt. Im Thronkampf mit Ludwig dem Bayern und nachher mit den Thronkandidaten der wittelsbachischen Partei bis hin zu Günther von Schwarzburg mußte Karl sein eigenes Königtum festigen. Dies geschah teils durch die Betonung der Eigenständigkeit der luxemburgischen Dynastie, teils durch eine legitimierende Betonung der Kontinuität zu seinem Vorgänger im Reich. Während der brandenburgischen Herrschaftskämpfe im Oktober 1348 standen ihm offensichtlich noch keine institutionellen Rahmen und personellen Möglichkeiten zur Verfügung, um an das alte dinggenossenschaftliche Verfahren des Hofgerichts seiner Vorgänger anknüpfen zu können. Dies erklärt die Unsicherheiten in der Urteilsfindung und auch den ungewöhnlichen Einsatz der Strafacht gegen die Widersacher Woldemars. Bis zum Nürnberger Hoftag vom April 1350 hatte sich diese Situation grundlegend gewandelt: Jetzt standen dem König mit dem aus der wittelsbachischen Klientel übernommenen Hofrichter und Hofschreiber erfahrene Funktionsträger zu Verfügung, die an die überkommenen Verfahrensgrundsätze anknüpfen konnten. Mit der jetzt möglichen Bürokratisierung und Formalisierung des Verfahrens unter Übernahme der unter Ludwig dem Bayern geübten Praxis konnten zugleich die legitimen Grundlagen der neuen Königsherrschaft erweitert werden. Dementsprechend trug das Nürnberger Hofgerichtsverfahren gegen den „falschen“ Woldemar ein neues Gesicht. Die Schiedsvereinbarung zwischen Karl und Ludwig V. von Brandenburg mit ihrer Verwillkürung auf den Pfalzgrafen bei Rhein erweiterte die Konsensbasis für ein zu erwartendes Urteil, machte aber aus der königlichen Gerichtsbarkeit keine „private“, auf „Parteiwillen“ beruhende Rechtsprechung. Mit der Vereinbarung des Eremodizialverfahrens, das zu einem Sachurteil trotz möglicher Säumnis des Beklagten führen sollte, wurde darüber hinaus jetzt eine „moderne“ Verfahrensform eingeführt, die weder vorher noch nachher der Praxis des Königlichen Hofgerichts entsprach. Ihre Anwendung war nur deshalb möglich, weil angesichts der gewandelten Machtverhältnisse in Brandenburg eine durch die Mittel der Reichsacht und der Anleite zu erzwingende Einlassung und Unterwerfung des Betroffenen nicht mehr nötig war: Offensichtlich war er nicht mehr in der Lage, die wittelsbachische Herrschaft zu gefährden.[470] Er scheint denn auch – ungeachtet des weiterhin anhaltenden askanisch-wittelsbachischen Herrschaftsstreits – nicht weiter bedrängt worden zu sein, verzichtete aber erst 1355 auf seine Herrschaft. Nach einer in Dessau ausgestellten Urkunde[471] entließ er im März 1355 die Bürger der Städte Brandenburg und Görzke unter Verweis auf die Markgrafen Ludwig VI. und Otto aus ihrer ihm geleisteten Huldigung.[472] Unter anhaltinisch-askanischem Schutz ist er 1356/57 in Dessau gestorben und beigesetzt worden und hat schließlich, genau zweihundert Jahre später, in der ›Genealogia der Fürsten von Anhalt‹ des Merseburger Bürgermeisters Ernst Brotuff einen legendär ausgeschmückten Nachruf erhalten.[473]

Einsatz der schiedsgerichtlichen Kompetenz des Königs: Der Prozeß um die Erschlagung des braunschweig-lüneburgischen Herzogs Friedrich 1401–1403

Die Bluttat von Kleinenglis im Zusammenhang der Territorialauseinandersetzungen in Niederhessen

Am 5. Juni 1400 war der von Kurfürst Rudolf III. von Sachsen als möglicher Thronprätendent für das römisch-deutsche Königtum vorgeschlagene Herzog Friedrich I. von Braunschweig, Ältester des braunschweig-lüneburgischen Hauses der Welfen und Eroberer der zeitweise an Sachsen entfremdeten Herrschaft Lüneburg, in einem Hohlweg westlich des zum landgräflich-hessischen Amt gehörenden Dorfs Kleinenglis südlich der Stadt Fritzlar erschlagen worden, der ihn begleitende Rudolf selbst dabei in Gefangenschaft des Grafen Heinrich VII. von Waldeck geraten.[474] Zusammen mit seinem jüngeren Bruder Bernhard I. von Braunschweig-Lüneburg hatte er sich auf der Rückreise von einer kurz zuvor stattgefundenen Zusammenkunft von Kurfürsten und Fürsten in der Reichsstadt Frankfurt am Main befunden, auf der über eine Absetzung König Wenzels und die Wahl eines neuen Königs beraten worden war.[475] Sofort war der Verdacht für die Urheberschaft auf den Mainzer Kurfürsten Johann II. von Nassau-Idstein gefallen, der als Gegner einer Kandidatur Friedrichs bekannt war und für ein Königtum des Pfalzgrafen Ruprecht III. bei Rhein eingetreten war.[476] Ein zeitgenössisches Lied[477] sprach davon, daß *von Mencze bisschoff Johann, des amptlude sin gewesen dran: Blibit er in dem l[e]umunde stann, als mir die lude sagen gemeyne, so gebe ich umb sin ere dar cleyne*. Und in der Tat war der Hauptverantwortliche der Tat, Graf Heinrich VII. von Waldeck, als oberster mainzischer Amtmann in Hessen in die Abhängigkeit des Kurfürsten geraten und zu einem Vollstrecker kurmainzischer Politik gegenüber dem um die nieder- und oberhessische Vorherrschaft konkurrierenden

Landgrafen von Hessen geworden.[478] Ob der Erzbischof tatsächlich *desser groten oveldat eyn anleggher gewest ist*, wie die braunschweig-lüneburgischen Herzöge Bernhard und Heinrich behaupteten,[479] wird sich wohl nie mehr klären lassen. Jedenfalls gaben die Täter, außer dem erwähnten Waldecker die beiden niederhessischen Ritter und kurmainzischen Lehns- und Amtleute Friedrich von Hertingshausen (bei Kassel) und Kunzmann von Falkenberg (bei Homberg an der Efze) sogleich nach der Tat auf Veranlassung des Kurfürsten eine Ehrenerklärung für diesen ab.[480] Sie erklärten hierin unter Eid, *daz derselbe unser lieber gnediger herre her Johan erczbischoff czu Mencze der geschiechte unde nyderlage rades, tades, wißenschaffte und zutuns genczlich unschuldig ist.* Johann selbst hielt es für nötig, in einem noch unmittelbar vor der Königswahl Ruprechts von Oberlahnstein aus versandten Rundschreiben an die rheinischen Kurfürsten von Köln, Trier und der Pfalz, aber auch an die Grafen Otto und Bernhard von Anhalt, an die Reichsstadt Mühlhausen und schließlich an die Stadt Hersfeld seine Unschuld zu beteuern.[481] Wer ihm nämlich schriebe oder behaupte, *daz wir der geschiechte und sache ein anleger sin gewest oder rades, tades, zutuns odir wißenscheffte da ane schuldig sin, der schribet und saget nit war und dut uns unrecht, daz sich mit warheit allez erfunden hait und noch erfinden mag.* Die Vermutung liegt allerdings nahe, daß die zitierte Ehrenerklärung, die in vielen Formulierungen mit dem Zirkular Johanns identisch ist und gewiß in der erzbischöflichen Kanzlei konzipiert wurde, nicht freiwillig abgegeben worden war. Deshalb versandte der Waldecker seinerseits ein Rundschreiben an einige betroffene und nahegelegene Städte (Göttingen, Hildesheim, Braunschweig, Halberstadt und Magdeburg), in dem er näher auf den Tathergang einging.[482] Mit dem Vorwurf, er habe den Bruder der beiden angeblichen Herzöge Bernhard und Heinrich von Lüneburg erschlagen und ermordet und sich seiner Habe bemächtigt, geschähe ihm Unrecht. Vielmehr habe er ihn gar nicht erkannt und habe auch niemanden mit Vorsatz ermorden wollen. Als er auf einer Wallfahrt zum Heiligenblut gewesen war,[483] sei er vor Graf Ernst von Hohnstein gewarnt worden, der ihm nach Leib und Gut nachstelle. Wegen einer Streitigkeit um Werner von Hanstein (bei Allendorf an der Werra) habe er ihm, dessen Vater und dessen Bruder die Fehde erklärt. Als er dann erfahren habe, daß Ernst zusammen mit den beiden angeblichen Herzögen Bernhard und Heinrich von Lüneburg nach Frankfurt geritten sei, habe er ihn auf seiner Rückreise „mit Ehren“ gefangengenommen. Ebenso habe er die beiden genannten Herren *uffe recht* festhalten wollen, denn diese hätten ihm das Land Lüneburg

Abb. 5: Brustbild Kaiser Karls IV. mit der Lilienkrone, hohem Bügel und Kreuz. Unter dem Bügel eine Mitra, auf dem Untergewand eine auf der Brust verzierte Stola; in der Rechten das waagerecht liegende Richtschwert, in der Linken der Reichsapfel mit Kreuz.

mit Gewalt genommen und längere Zeit vorenthalten, und er habe sie ihrer Schuld, *die unsin aldern seligen zuu Luneborch vor deme Romeschen keiser und koninge mit rechte irclaget, irlanget unde irwunnen habin*,[484] zu erinnern. Bevor er ihrer aber habe habhaft werden können, seien sie flüchtig geworden; bei der daraufhin aufgenommenen Verfolgung *(in der jaget unde renninge)* sei ihr Bruder Herzog Friedrich erschlagen worden, und zwar *sunder allen vorsacze*. Wegen dieses Totschlags habe er sich deshalb auch vor dem Erzbischof Johann von Mainz ebenso wie vor dem Markgrafen Balthasar von Meißen zu Recht erboten, mit der Maßgabe, *waz die zwene entrechtlichen hetten geheißin und darobir erkant mit rechte, dabi solde daz blieven sin, also, daz wir ein genugin woldin habin*. Insgesamt betonte er, nach näherer Erläuterung seiner Streitigkeit mit Graf Ernst von Hohnstein, daß *wir keine bosheit eddir obbeltad ni ghetan enhaben eddir noide icht thun wolden.*

Offensichtlich also hatte der Waldecker eine persönliche Rechtfertigung für sein Vorgehen, das demnach in keiner Verbindung mit einem etwaigen Auftrag des Mainzer Kurfürsten hatte stehen können. Bei Gelegenheit einer persönlichen Fehde mit den Grafen von Hohnstein hatte er die Verfolgung einer alten, vor dem Hofgericht Kaiser Karls IV. eingeklagten und titulierten Schuldforderung betreiben wollen. Diese stand im Zusammenhang mit seinem nicht realisierten Erbanspruch auf das Land Lüneburg, auf das sein Großvater Otto II. von Waldeck, der mit der braunschweig-lüneburgischen Erbtochter Matthilde verheiratet war und nach dem Tode seines Schwiegervaters Otto III. von Lüneburg 1352 anstatt des jüngeren Lüneburger Stammes hätte zum Zuge kommen können,[485] ein Recht zu haben glaubte. Doch war er bei der Verfolgung der Flüchtenden an Herzog Friedrich geraten, den er nicht erkannt haben wollte und den seine Fehdehelfer Kunzmann von Falkenberg und Friedrich von Hertingshausen seinen Angaben zufolge ohne Vorsatz getötet hätten.[486] Offensichtlich also war auch dies eine Erklärung, die – wüßte man von den politischen Hintergründen und Zusammenhängen nichts – durchaus plausibel klingen mußte.[487] Andererseits wird man ebenso annehmen können, daß Graf Heinrich zumindest glaubte, mit einer Verfolgung der lüneburgischen und sächsischen Herzöge dem Mainzer Kurfürsten einen Dienst geleistet zu haben und dieser ihn im Wissen darum, daß er persönliche „Rechnungen" zu begleichen hatte, gewähren ließ, auch wenn er wohl kaum den Auftrag zu einem politischen Mord gegeben haben dürfte. Erzbischof Johann muß als Hauptinitiator der kurfürstlichen Pläne zur Absetzung König Wenzels gelten, die auf dem Frankfurter Tag Ende Mai 1400 intensiv ventiliert worden waren.[488] Zur Vorbereitung einer Neuwahl ließ er eine Liste „königswürdiger" Dynastien zusammenstellen, in die nachträglich auch Sachsen-Wittenberg aufgenommen wurde. Als indes klarwurde, daß die Wahl auf Ruprecht III. von der Pfalz fallen würde, dem Johann seit seinem Bistumstreit mit Joffried von Leiningen in besonderer Weise verpflichtet war, verließ Kurfürst Rudolf von Sachsen zusammen mit den beiden Braunschweig-Lüneburgern verärgert die Versammlung.[489] Da Johann somit nicht mehr damit rechnen konnte, ihn für eine Teilnahme zu der zum 11. August nach Oberlahnstein anberaumten Wahlversammlung bewegen zu können,[490] und er auch auf die böhmische sowie die in der Hand des Markgrafen Jost von Mähren befindliche brandenburgische Kurstimme verzichten mußte, mußte wenigstens die Wahl durch die vier rheinischen Kurfürsten rechtlich und faktisch abgesichert werden. Die These, daß der Mainzer zu diesem Zweck eine Gegenkandidatur zu der Ruprechts verhindern mußte, hat deshalb ebenfalls etwas für sich, zumal Reaktionen der böhmischen und bislang noch mit königlicher Autorität versehenen Partei zu befürchten waren. Heinrich von Waldeck oder dessen Fehdehelfer mögen also einen Auftrag mißverstanden haben, der vielleicht nur die Gefangennahme Herzog Friedrichs bezweckt hatte. Dieser hätte als Schwager des sächsischen Kurfürsten als ernsthafter Thronkandidat zur Verfügung stehen können.

Erste Schiedsversuche und Ausgleichsverhandlungen

Ob die Erschlagung Herzog Friedrichs von Braunschweig-Lüneburg einen Einfluß auf den Ablauf des Oberlahnsteiner Kurfürstentags hatte, vor allem eine schnelle Einigung auf die pfälzische Kandidatur bewirkte,[491] soll hier nicht weiter interessieren. Im folgenden geht es darum, wie sich der an die Tat anschließende Politische Prozeß am Königshof in die sich ändernden Herrschaftsverhältnisse einpaßte; inwieweit der von allen in die Sache involvierten Fürsten in adeliger Solidarität bedauerte Anlaß durch Umsetzung in ein hofgerichtliches Verfahren vom König oder auch den aktiv oder passiv Betroffenen für politische Zwecke zur Stabilisierung ihrer Herrschaft instrumentalisiert wurde. Zunächst fällt auf, daß das eigentlich „zuständige“ Hofgericht König Wenzels, das noch im Juni 1400 durch einen emsigen Briefverkehr der beiden Hofschreiber Johann Fulschüssel und Johannes Kirchen mit der Stadt Frankfurt präsent war,[492] durch die Ferne des Prag kaum verlassenden königlichen Hofes[493] und die außer in einigen Städten nicht mehr durchsetzbare Autorität in keiner Weise aktiv wurde. Selbst die beschwerdeführenden braunschweigischen Herzöge setzten nicht mehr auf die böhmische Partei, und von einer Klage am Prager Hofgericht ist nichts bekannt. Der von ihnen angeschriebene Kurfürst Ruprecht von der Pfalz erwartete deshalb eine Lösung des Streitfalls nicht von einem Königlichen Gericht, sondern von den Kurfürsten anstatt des Königs, gleichsam *vacante imperio*. Er glaube, so antwortete er dem Herzog Heinrich,[494] *daz wir kurfürsten billich darczu dun solten, daz daz gekeret und gebeszirt würde.* Er habe darüber schon mit dem Mainzer Kurfürsten in seinem Schloß [Heidelberg] beraten und ihm geraten, die Seinigen zur Freilassung Kurfürst Rudolfs zu bewegen. In gleicher

Weise wollten auch seine Mitkurfürsten von Köln und Trier tätig werden. Trotz zahlreicher Interventionen der beiden Welfenherzöge scheint der Streitfall jedoch nicht mehr zu einem Verhandlungsgegenstand des Oberlahnsteiner Tages vom August dieses Jahres geworden zu sein.[495] Die Voraussetzungen dafür wurden erst nach der Königswahl Ruprechts geschaffen. Von Mainz aus lud der neue König auf Beratung mit den Kurfürsten Johann von Mainz und Friedrich von Köln im Dezember des gleichen Jahres die Beteiligten, nämlich die Herzöge Bernhard und Heinrich von Braunschweig-Lüneburg, den Grafen Heinrich von Waldeck zusammen mit Friedrich von Hertingshausen, Kunzmann von Falkenberg und Werner von Hanstein zu einem *gutlichen tag*.[496] Dieser sollte am 16. Januar des folgenden Jahres in der landgräflich-hessischen Residenzstadt Marburg stattfinden, und zwar unter Beteiligung einer vierköpfigen Kommission, der der König als Obmann präsidieren wollte. Für die braunschweigische Seite sollten Bischof Konrad von Verden und dessen Kaplan Heinrich, für die waldeckische der Mainzer Kurfürst und Graf Philipp von Nassau-Saarbrücken zur Verfügung stehen. Es war dies nicht eigentlich ein Schiedsgericht, da die Kommissionsmitglieder vom König bestellt und nicht von den Parteien eingesetzt worden waren. Andererseits aber war auch kein dinggenossenschaftliches Verfahren gewollt, da die Kommissionsmitglieder nur beratend und nicht urteilend tätig werden sollten. Ob diese königliche Kommission je zusammentrat, ist nicht bekannt. Jedenfalls aber wurde die Waldeck-Braunschweigische Streitsache während des Marburger Aufenthalts Ruprechts vom 16. bis 20. Januar 1401 intensiv verhandelt. Am Ende stand jedoch nicht eine definitive Einigung über alle Streitpunkte, sondern eine vorläufige Regelung einiger Fragen und die schiedsvertragliche Einigung auf König Ruprecht als Richter. Beteiligt waren auf der braunschweigischen Seite nun außer den beiden Herzögen Bernhard und Heinrich auch ihr älterer Bruder, Erzbischof Otto von Bremen, auf der waldeckischen Seite Graf Heinrich mit den Rittern von Hertingshausen und von Falkenberg. Beide Parteien erklärten in parallelen, wenn auch wohl nicht ausgefertigten Erklärungen,[497] daß sie mit der jeweils anderen Seite *genzlich verrichtet und gesunet sin*. Kernpunkt der beiden Kompromißbriefe war die „Verwillkürung“ auf König Ruprecht, mit der Maßgabe, daß alles das, *waz er darumbe entscheidet und ußsprichet, daz sollen die obgenant grave Henrich, Frederich und Cunczman genzlich ane alle widerrede, hindernisse und geverde stete halden, dun und fullenfuren, in aller maß, als des vorgenant unses gnedigen herren des Romischen kunings entschedunge und uß-*

spruche, die er dann daruber dun werd, werden ußwisen. Die bis zum 24. Juni zu fällende Entscheidung sollte demnach nur die am Totschlag beteiligten Täter betreffen und verpflichten, nicht die Kläger.[498] Geregelt wurden ansonsten nur noch die Gefangenenbefreiung, die Herausgabe geraubter Güter und die Erstattung geschatzter Gelder. Dafür verzichteten die Braunschweiger auf alle weitergehenden Ansprüche. Auch diese Bestimmungen legen nahe, daß die schiedsvertragliche Einigung eine einseitige Unterwerfung und Disziplinierung des Waldeckers bezwecken und ihn überdies völlig der königlichen Gnade anheimstellen sollte, ohne die Möglichkeit einer „objektivierten" Rechtsfindung zu erhalten, wie sie der Mainzer Urkunde König Ruprechts entsprach. Trotz des bestehenden Zweifels daran, ob wirklich ein Konsens über das Verfahren zustande gekommen war, bestätigte dieser mit Schreiben vom 8. April des Jahres nochmals gegenüber dem Herzog Bernhard von Braunschweig, daß er in dieser Sache bis zum 24. Juni eine Entscheidung treffen wolle, und lud deshalb beide Parteien bis zum 30. Mai nach Nürnberg, um dort *nach unser frunde rat ußzusprechen und uch zu entscheiden.*[499]

Die durch einige Urkunden und Aktenstücke dokumentierten Verhandlungen über den waldeck-braunschweigischen Streitfall während des Nürnberger Hoftages im Mai 1401 geben zwar Aufschluß über zahlreiche Streitpunkte, insbesondere über die eng mit ihm in Zusammenhang stehende kurzmainzisch-hessische Auseinandersetzung um die Vorherrschaft in Ober- und Niederhessen; sie lassen jedoch die Frage nach der Sühne für den Totschlag Herzog Friedrichs offen.[500] Hier schienen sich die beiderseitigen Standpunkte vielmehr noch weiter verhärtet zu haben. Die beiden Welfenherzöge hielten jedenfalls ihren Vorwurf gegenüber Erzbischof Johann, er habe die Ermordung ihres Bruders angestiftet, deshalb aufrecht, *dewile uns van om nicht recht darumme widerfarn is.*[501] Die Entschuldigung, die er gegenüber dem jetzigen König Ruprecht vorgebracht habe, könnten sie nicht annehmen. Ebensowenig gelang hier wie in der folgenden Zeit eine Disziplinierung der waldeckischen Partei. Dies wurde deutlich, als um eine Erneuerung des 1393 geschlossenen Rheinisch-Thüringischen Landfriedens[502] verhandelt werden sollte. Der zwischen dem Magdeburger Erzbischof Albrecht von Querfurt, den Bischöfen von Hildesheim und Halberstadt, den Landgrafen von Thüringen und von Hessen, den Herzögen Friedrich von Braunschweig-Grubenhagen, Bernhard und Heinrich von Braunschweig-Lüneburg sowie zahlreichen anderen thüringischen Grafen und Herren im Januar 1402 zu Goslar ausgehandelte Plan[503] sah einen Ausschluß der „verlandfriedeten" Adeligen vor. Es waren dies

Graf Heinrich von Waldeck sowie die beiden Ritter Kunzmann von Falkenberg und Friedrich von Hertingshausen, *die den mort und die ubiltad und reherauf begangen und gethan haben uf des richs straßen binnen verbodunge der korefursten.* Der zu einem Beitritt aufgeforderte Mainzer Erzbischof[504] hatte jedoch Bedenken, da der seiner Ansicht nach ebenfalls verlandfriedete Landgraf Hermann von Hessen, mit dem er in Fehde stand, beteiligt war.[505] Die nun einsetzenden Ausgleichsverhandlungen König Ruprechts, die sich wesentlich über die Monate Mai und Juni erstreckten,[506] bezweckten eine Beilegung der durch die Kleinengliser Bluttat wieder aufgeflackerten hessisch-mainzischen Fehde[507] und damit eine Sicherung des gefährlichen Landfriedens.[508] Über einen Ausgleich mit der waldeckischen Partei, die als verlandfriedete Gruppe isoliert worden war und damit ganz in Parallele zur Reichsacht jedermanns Verfolgung ausgesetzt sein sollte, scheint nicht verhandelt worden zu sein.

Die königlichen Sühneverhandlungen auf dem Nürnberger Hoftag und der Abschluß der Sühne

Im Rahmen eines im Januar und Februar 1403 zu Nürnberg abgehaltenen königlichen Hoftages[509] gelang schließlich der von der Braunschweiger Partei betriebene Ausgleich durch einen königlichen Sühnespruch,[510] der seinerseits Voraussetzung für den späteren Friedensvertrag zwischen Kurfürst Johann von Mainz und Landgraf Hermann von Hessen sowie den erneuerten Landfriedensbund zwischen Kurmainz, Braunschweig und Hessen wurde.[511] Die Sühneverhandlungen begannen mit einer im August 1402 von König Ruprecht ausgesprochenen Ladung der Parteien einschließlich des Landgrafen von Hessen, da er sie *miteinander verrichten und versunen wolten nach allem unserm vermogen.*[512] Dieser „gütliche Tag“ wurde auf den 21. September nach Hersfeld anberaumt. Auffallend ist, daß die beiden Ausfertigungen jeweils mit einer Verpflichtungserklärung der Betroffenen versehen wurden: die eine von Erzbischof Johann, auch namens der beiden Ritter von Falkenberg und von Hertingshausen abgegeben, die andere von Landgraf Hermann von Hessen zusammen mit den Brüdern Herzog Bernhard und Herzog Heinrich von Lüneburg sowie Otto von Göttingen, dem Schwiegersohn Landgraf Hermanns. Beide Parteien haben deshalb die jeweils von ihr mitgetragene Urkunde mitbesiegelt. Ihre Beteiligung sollte aber nicht als eine Einschränkung der königlichen Entscheidungsgewalt interpretiert werden, sondern als ein vorläufiges Versprechen, sich dem Spruch König Ruprechts unterordnen zu wollen. Auf dem Hersfelder Tag, auf dem auch der alte hessisch-thüringische Landfriede bestätigt wurde,[513] wiederholten die braunschweigischen Herzöge zusammen mit ihrem Bruder Erzbischof Otto von Bremen ihre Verpflichtungserklärung, indem sie alle ihre Ansprüche an die Ritter von Hertingshausen und Falkenberg wegen der Bluttat von Kleinenglis dem Ausspruch König Ruprechts unterstellten.[514] Was dieser *zu der minne* bis zum 15. April ausspreche, wollten sie *ganze, stete und veste halten*. Ihre Verwillkürung umfaßte damit ausdrücklich nur die Befugnis zu einem Sühnespruch, nicht zu einem Rechtsspruch. Auffallend ist aber auch, daß der Hauptkontrahent, Graf Heinrich von Waldeck, nicht mehr einbezogen wurde. Es kann vermutet werden, daß mit ihm eine Einigung gelungen war, nachdem dieser sich im Juli 1402 schon mit Landgraf Hermann von Hessen verglichen hatte.[515] Eine entsprechende Erklärung gaben nach den Kanzleiregistern des Hofes auch die beiden Ritter von Hertingshausen und Falkenberg ab;[516] nur ist angesichts dieser Überlieferungslage nicht klar, ob sie den diesbezüglichen Brief auch wirklich ausgefertigt hatten. Ungeachtet dessen brachte der König noch am gleichen Tag eine vorläufige Einigung zur Sache zwischen der kurmainzischen und der hessisch-braunschweigischen Partei zustande.[517] Hinsichtlich der aus der Bluttat von Kleinenglis resultierenden Ansprüche der braunschweigischen Herzöge gegen Erzbischof Johann von Mainz und auch der letzten Ansprüche gegen die ersteren wurde aufgrund der vorhandenen Anlaßbriefe die Verkündung eines Rechtsspruchs versprochen. Hinsichtlich der braunschweigischen Ansprüche an die beiden Ritter von Hertingshausen und Falkenberg wurde nur bestätigt, daß die Parteien mit einer Frist bis zum 15. April 1403 *dieselbe sache genczlich an uns haben gestalt zu der mynne, also, wie wir sie darinne entscheiden, daz sie daz beydersiit uffnemen, halten und genczlich follenfuren sollen*.[518] Auch jetzt wird man die damit faktisch begrenzte Kompetenz des Königs bei der Entscheidungsfindung nicht als Eingriff in die königliche Prärogative werten können, sondern als ein Mittel, den für den späteren Ausspruch erstrebten Konsens der Parteien vorab herbeizuführen. Immerhin waren die Braunschweig-Lüneburger, die noch in Marburg sich nicht selbst verpflichten, vielmehr nur die Unterwerfung ihrer Gegner erreichen wollten, inzwischen bereit, sich wenigstens im Falle einer gütlichen Entscheidung der königlichen Sühneerklärung zu fügen.

Unterfertigt durch den königlichen Rat und „Hofjuristen“ Dr. Ulrich von Albeck[519] wurden auf dem Nürnberger Hoftag am 3. Februar

Abb. 6: Der gekrönte König Ruprecht, in der linken Hand das Zepter, in der rechten das waagerecht liegende Richtschwert. Das Untergewand hat bis zu den Händen reichende Ärmel, an der rechten Schulter ist ein Umhang befestigt.

1403, lange vor Ablauf der gesetzten Frist, insgesamt fünf umfängliche gütliche und rechtliche Aussprüche des Königs in den Streitigkeiten zwischen dem Erzbischof von Mainz bzw. den Tätern von Kleinenglis und den Herzogen von Braunschweig bzw. dem Landgrafen von Hessen verkündet.[520] Nach einem Verzeichnis derjenigen, die *sassen am rechten zu Nuremberg, do der usspruche geschach zuschen dem von Mencze, von Brunswig und dem lantgraven von Hessen*,[521] waren außer dem Nürnberger Bürger Berthold Pfintzing und drei fränkischen Adeligen Burggraf Friedrich VI. von Nürnberg, der spätere Hofrichter Graf Günther XXVIII. von Schwarzburg-Ranis, Graf Emich VI. von Leiningen, Deutschmeister Konrad von Egloffstein, Hofrichter Engelhard VIII. von Weinsberg sowie die Räte Friedrich III. Schenk von Limpurg, Dietrich von Bickenbach und Eberhard X. Schenk von Erbach beteiligt. Die meisten dieser zwölf Urteiler, die sicher auch beratend beim Zustandekommen der Sühne über die Bluttat von Kleinenglis beteiligt waren, gehörten zum engeren Beraterkreis des Königs.[522] Inwieweit auch der als *decretorum doctor* unterfertigende und vielbeschäftigte Protonotar Albeck, der als Wiener „Studienkollege“ des Hofschreibers Johannes

Kirchen[523] über gleichsam persönliche Verbindungen zum Gerichtswesen des Hofes verfügte und als Mitglied der kurpfälzischen Klientel des Königs zu diesem in einem besonderen Vertrauensverhältnis stand,[524] inhaltlich Einfluß genommen hatte, muß offenbleiben. Sein Einfluß auf die Entscheidung kann aber angesichts der gegebenen Umstände vermutet werden. Insbesondere seine auf einigen Gesandtschaftsreisen erworbene Vertrautheit mit den kirchlichen Verhältnissen und religiösen Bewegungen der Zeit könnte ihm bei der Konzipierung des Nürnberger Sühnevertrags von Nutzen gewesen sein, da in ihm die Konsequenzen einer Altarstiftung für ältere Pfarrechte normiert werden mußten. In seiner Person spiegelt sich ein Stück „Verwissenschaftlichung" des Rechtsprechungswesens unter König Ruprecht wider.[525]

Im folgenden soll nur die zuletzt genannte Sühne interessieren,[526] auch wenn sie nur einen Ausschnitt aus dem Gesamtpaket der Entscheidungen um die Vorherrschaft im niederhessisch-niedersächsischen Grenzbereich darstellt. Sie steht für die Königliche Rechtsprechung dieser Zeit insofern einzigartig da, als sie eine politische Straftat mit den Mitteln der gewillkürten Sühnegerichtsbarkeit bewältigen will und sich nicht auf die tradierten Formen der Strafacht oder Säumnisacht beschränkt. Es muß angenommen werden, daß der Mainzer Kurfürst Johann über seinen Amtmann Graf Heinrich von Waldeck genügend Druckmittel besaß, um der beiden Täter habhaft zu werden, für die er ja auch schon in seiner Verpflichtungserklärung für den Hersfelder Tag eingetreten war.[527] Andererseits paßt sich dieser Sühnebrief nahtlos in die Praxis der spätmittelalterlichen Sühneverträge ein, mit denen das Problem der schweren Kriminalität der Zeit im Interesse des Seelenheils der Opfer auf einvernehmliche Weise mit den Tätern geregelt wurde.[528] Er stützt sich ganz auf den eidlich bekräftigten Anlaßbrief *(hindergang)* der beiden Ritter von Hertingshausen und von Falkenberg, nicht ausdrücklich aber auf den entsprechenden Brief der Braunschweiger. Dennoch gibt er sich als „Schiedsspruch" zu erkennen,[529] der für zwei formal gleichberechtigte Prozeßparteien verkündet und unter Majestätssiegel ausgefertigt wurde. Kurz zusammengefaßt hatte er den folgenden Inhalt: Die beiden Täter hatten binnen Jahresfrist einen Altar im St.-Peter-Stift zu Fritzlar mit der Ausstattung einer jährlichen Gülte von mindestens 40 Gulden einer gängigen und sicheren Währung zu stiften. An ihm sollte ein davon unterhaltener Pfarrer eine Ewigmesse zum Seelenheil des Erschlagenen lesen. Diese Altarpfründe sollte dem jeweils Ältesten der Herzogsfamilie von Braunschweig-Lüneburg zur Weiterverleihung zustehen. Außerdem sollten die beiden Täter eidlich versprechen, nichts mehr gegen die Herzöge von Braunschweig zu unternehmen, ausgenommen *fruntlich recht*. Gleichzeitig sollten sie sich in Turmgefangenschaft begeben und erst auf königliche Gnade hin daraus wieder entlassen werden. Sie sollten sich alsdann nach ihrer Entlassung *erheben uß Dutschen Landen zu riten und in Dutsche Lande nicht wiederkommen in zehen jaren die schierst nacheinander kommen*, mit der Möglichkeit nur, daß sie frühestens nach vier Jahren aus der Verbannung befreit werden könnten. Dafür wurde ihnen versprochen, daß die Herzöge von Braunschweig *umbe die vorgenante date und geschichte den obgenanten rittern und iren erben deheins argen warten noch tun oder zufugen sullen in deheine wise furbaz ewiclichen*.

Ganz offensichtlich wurden mit diesem königlich legitimierten Sühnevertrag zwei Zwecke miteinander verbunden: Es ging einerseits um eine politische Instrumentalisierung der Tatfolgen im braunschweigischen Interesse: Die Fritzlarer Altarstiftung gab den Welfenherzogen mitten im kurmainzischen Einflußbereich ein Patronatsrecht für eine gut dotierte Pfründe, durch das die eigene Klientel versorgt werden konnte. Andererseits wurde Vorsorge getroffen für den so plötzlich verstorbenen Anverwandten: Die Seelenmesse hielt nicht nur das Gedächtnis für ihn an, sondern sie sollte ihm auch das Fürbittengebet institutionalisieren, das allein in der Lage schien, ihn vor dem ewigen Tod zu erretten.[530] Die zehnjährige Verbannung konnte nur den Zweck haben, den Tätern nach Maßgabe des noch aufgeschobenen königlichen Gnadenspruchs eine Sühnewallfahrt zu ermöglichen, mit der ebenfalls zusätzliche Fürbitten eingeworben werden konnten.[531] Der auf bestmögliche Art und Weise sichergestellten Fürbitte kam eine gewisse „Signalfunktion" zu, durch die demonstriert wurde, daß die Täter für das Seelenheil des Opfers gebraucht wurden;[532] durch das von ihnen mitgebrachte „Sozialkapital" als Mitglieder der Adelsgemeinschaft konnten sie mit solidarischem Schutz rechnen, sofern sie die Regeln bei der Sorge für das jenseitige Leben nicht verletzten. Doch war ihr Schutz gewissermaßen ein Reflex auf die beiden beschriebenen Hauptfunktionen der Nürnberger Sühne.

Politische Folgen der Nürnberger Sühne und die Funktion des Konsensprinzips

Der von König Ruprecht beurkundete Sühnespruch dürfte wohl erfolgreich ausgeführt worden sein, auch wenn über das Schicksal der beiden in die Bluttat von Kleinenglis involvierten Ritter Friedrich von

Hertingshausen und Kunzmann von Falkenberg keine weiteren Nachrichten überliefert sind. Dies ergibt sich aus dem Friedberger Friedensvertrag zwischen dem Erzbischof von Mainz, den Herzogen Bernhard und Heinrich von Lüneburg, dem Landgrafen Hermann von Hessen und Herzog Otto von Braunschweig vom März 1405.[533] In diese *fruntliche rachtunge* nahm Erzbischof Johann ausdrücklich die beiden Ritter namentlich mit auf, und zwar mit der Begründung, daß diese *in diese fintschaft und kriege umbe unsern willen kommen sin*.[534] Der Vorbehalt *„doch ungesunet solicher geschichte, als herzoge Friderich von Brunswig selige toid bleib"* stand dem nicht entgegen, da damit ausdrücklich verhindert werden sollte, daß der Erzbischof die königliche Sühneentscheidung revidierte. Der einmal hinsichtlich des Nürnberger Spruchs erzielte Konsens sollte nicht durch etwa geänderte Machtverhältnisse gefährdet werden. Alle anderen Streitpunkte, die in den verschiedenen Nürnberger Rechtssprüchen durch den König erledigt worden waren, waren disponibel und einer erneuten Regelung in friedensvertraglichen Vereinbarungen zugänglich. An dem Sühnespruch hingegen hielt man fest und verschuf ihm noch dadurch weitere Anerkennung, daß man die vorher bestehende und stillschweigend aufgehobene Verlandfriedung der Täter durch einen Landfriedensschutz für sie ersetzte.

Wenn das Sühneverfahren um die Erschlagung des braunschweigischen Familienseniors und möglichen Prätendenten der römisch-deutschen Königskrone in die Reihe der „Politischen" Prozesse des Königshofes einbezogen wurde, so geschah dies weniger deshalb, weil die Bluttat von Kleinenglis unabsehbare politische Folgen für das Königtum Ruprechts und für den Kampf um die Vorherrschaft im niederhessisch-niedersächsischen Grenzgebiet hatte. Für diese Veränderungen waren die beschriebenen Geschehnisse selbst der Anlaß, nicht aber die von ihnen ausgehenden Prozesse. Vielmehr konnte der im Nürnberger Sühnespruch gipfelnde Streitfall zeigen, daß ein über wenig Herrschaftsgrundlagen verfügender König „alternative" Formen der Rechtsprechung einsetzte, die von der Wirksamkeit der königlichen Autorität abhängige Reichsacht vermied und statt dessen auf ein konsensorientiertes Verfahren setzte, das schließlich selbst mächtige Kontrahenten zur Disziplinierung zwang. Es kam ihm bei der Lösung des konkreten Falls entgegen, daß gerade diese Zeit von einer unabhängigen Heilssehnsucht erfüllt war, durch die ein Ausweg aus der allgemeinen Todesangst erstrebt wurde.[535] Der plötzliche Tod durch fremde Hand wurde vor diesem Hintergrund als eine Katastrophe empfunden, da der Getötete geistlich unversorgt aufgrund einer Gewalttat aus dem Leben geschieden war.[536] Nun mußte alles getan werden, um wenigstens durch nachträgliche Fürbitte und stellvertretende Buße das Seelenheil des Verstorbenen doch noch zu retten. Nichts lag näher, als eben den Verursacher der Gewalttat, angesichts seiner Schuldgefühle vielleicht ohnehin zur Fürbitte bereit, sühnevertraglich zur Sorge für das Opfer zu verpflichten. Dies war vor allem dann möglich, wenn der Täter als Mitglied der gleichen Adelsgemeinschaft wie der Getötete über genügend „Sozialkapital" verfügte, um der Fürbitten- und Bußleistung die notwendige Wirksamkeit zuzutrauen. Es mag offenbleiben, ob damit eine Zurückdrängung der immer noch vorstellbaren Blutrache intendiert war.[537] Jedenfalls konnte mit ihnen der öffentliche Frieden aufrechterhalten und wiederhergestellt werden.[538]

Diese Situation aber wußte König Ruprecht zu nutzen. Er konnte den kurmainzisch-braunschweigisch-hessischen Territorialstreit auf die Kleinengliser Bluttat und ihre Folgen fokussieren und mit dem nach mühsamen Verhandlungen vorab von den Parteien konsentierten Sühnespruch den Schlüssel zur Lösung des Konflikts anbieten. Letztlich wurde damit die Grundlage zur Befriedung dreier königsfähiger Dynastien erreicht, zugleich aber ein weiterer Schritt zur Anerkennung des kurpfälzischen Königtums durchgeführt. Freilich mußte sich König Ruprecht damit zugleich von den überkommenen Grundlagen des dinggenossenschaftlichen Verfahrens, das in weniger bedeutsamen „Privatprozessen" natürlich weiterhin praktiziert wurde,[539] lösen und sich der noch wenig festgelegten Form der Ratsgerichtsbarkeit bedienen. Es kann davon ausgegangen werden, daß neben den zwölf bei der Nürnberger Entscheidung mitwirkenden Räten auch der „Hofjurist" Dr. Ulrich von Albeck zur erfolgreichen Durchführung des Verfahrens beigetragen hatte. Die nur partiell erfolgte Verwillkürung der braunschweigischen Herzöge, die eine „gütliche", nicht aber eine „rechtliche" Entscheidung des Königs bezweckte, zwang ihn ohnehin zur Abkehr von einer Entscheidung „nach Recht", wenn er überhaupt auf Konsens rechnen wollte. Eine Rolle gespielt hat gewiß auch das politische Zusammenspiel des Königs mit dem Mainzer Kurfürsten, das ihm eine Disziplinierung des Erzbischofs ermöglichte, die die Gegenpartei zur Vergleichsbereitschaft nötigte.

Somit reiht sich der am Königshof geführte Prozeß um die Sühnung der Bluttat von Kleinenglis und die sich an sie anschließenden Fehden zwanglos in die allgemeine Geschichte der „Politischen" Prozesse ein: Auch mit ihm wurden Herrschaftsstreitigkeiten präjudiziert, auch wenn dies „nur" durch die eher unscheinbaren Mittel eines zur Demonstration königlicher Autorität zu schwachen Königs geschah. Gerade der Zwang zur Eingehung von Koalitionen, auch zur rechtzeitigen Einholung des Konsenses und zur möglichst vielseitigen Absicherung der Entscheidung hat die Erfolgschancen vergrößert, wenn auch nicht eine Stabilität auf Dauer garantieren können. Die schiedsgerichtliche Erledigung von Streitfällen, durch die die oberste Richtergewalt des Königs gewissermaßen vertraglich zugestanden und respektiert wurde, wurde geradezu zu einem besonderen Kennzeichen der rupertinischen Hofgerichtsbarkeit.[540] Freilich zeigt gerade auch der hier analysierte Streitfall, daß der König nur mehr in der Lage war, Initialzündungen und Anstöße zur Lösung zu geben.[541] Eine Befriedung konnte am Königshof nur noch vorläufig erzielt werden. Die endgültige Einigung über die politischen Streitfragen vollzog sich, wie sich in der kurmainzisch-hessischen Fehde zeigt, ohne die Autorität des Königtums.[542]

Der Königsprozeß als Mittel zur Regulierung von Folgen städtischer Unruhen: Die Verfahren um die Restitution eines in die Zunftunruhen von 1405 involvierten Metzer Bürgers an den Gerichten Sigmunds, Albrechts II. und Friedrichs III.

Die Stadt Metz als Freie Stadt im Gefüge des Reichs

Auch wenn die Freie Stadt Metz ab November 1356 für zwei Monate noch einmal in das Zentrum des Reichsgeschehens rückte,[543] Forum für die Verkündung des zweiten Teils der ›Goldenen Bulle‹ wurde und auch mit einigen wichtigen Rechtsweisungen des kaiserlichen Hoftages Zeugin der allmählichen institutionellen Verfestigung der Hoforganisation wurde,[544] ist nicht zu übersehen, daß diese zu dem Jurisdiktionsbereich des Bischofs von Metz gezählte Stadt im Laufe des späten 14. Jahrhunderts an die Peripherie des Reiches gedrängt wurde. Legt man die von Peter Moraw erstmals entwickelte und inzwischen zum Gemeingut der Spätmittelalterforschung gewordene Differenzierung nach königsnahen, königsoffenen und königsfernen Landschaften des Reichs zugrunde,[545] so wird man das in der Region Lothringen[546] gelegene Metz ohne Zweifel für das 15. Jahrhundert als königsfern bezeichnen können.[547] Sie war „Legitimationsbereich" des Königs, keineswegs mehr „Sanktionsbereich". Seinen hofgerichtlichen Urteilen konnte der Kaiser hier nur dann Anerkennung verschaffen, falls das mit ihnen verbundene Legitimationspotential soweit ins Gewicht fiel, daß sich genügend Herrschaftsträger der Region fanden, die an ihrer

Ausführung interessiert waren. Die Autorität des Königs und Kaisers wurde in der Stadt im übrigen von den „steuernden" Gruppen[548] soweit anerkannt, als man mit ihr unliebsame Eingriffe von dritter Seite verhindern konnte. Sie ließ sich gegen die Herrschaft des Bischofs von Metz und des Herzogs von Lothringen ebenso ausspielen wie gegen Interventionen der Kurie oder der Konzilien; sie hatte freilich dort ihre Grenze, wo von dieser Seite keine Gefahr drohte und die eigene Autorität als „Freie" Stadt nicht in Gefahr stand.[549] Die am römisch-deutschen Königshof in Gang gesetzten Prozesse gegen die Stadt Metz waren insofern immer vielschichtig dimensioniert: Sobald das labile System der Legitimationsbeziehung zwischen Königshof und Stadt durch die Intervention einer „ausgesteuerten" Gruppe[550] aus dem Gleichgewicht zu geraten drohte, wurden Gegenkräfte aktiviert, die sich außer der politisch-diplomatischen Mittel vor allem auch der inzwischen weiter juridifizierten Rechtsschutzmöglichkeiten des Reiches und der Kirche bedienten. Die am Königshof in diesem Zusammenhang geführten Abwehr-Prozesse wurden zu „Politischen Prozessen" dadurch, daß es nie nur um die Durchsetzung eines „privaten" Restitutionsanspruchs ging, sondern immer zugleich die Herrschaftsintensität des römisch-deutschen Königtums in den lothringischen „Grenz"-Regionen des Heiligen Römischen Reichs, besonders aber in einer „Freien" Stadt, die in einem verdichteten Reich ihre Legitimation zunehmend von dessen Königtum beziehen mußte, mitgedacht wurde. Es mußte sich jetzt zeigen, ob eine Emanzipation der Freien Stadt zu einer „Freien Reichsstadt" eine mögliche Perspektive war, oder ob die Verdichtung des institutionellen Netzes im Reich, wie sie auch in der Gerichtsbarkeit sichtbar wird, die Stadt Metz erst recht an die Peripherie und auf lange Sicht aus dem Reich ganz herausdrängte.

Die Paraiges und die «Grande Jacquérie» von 1405/06

Die sog. «Grande Jacquérie» der Jahre 1405 bis 1406[551] ist im Zusammenhang mit dem Problem der Bürgerunruhen des 14. und 15. Jahrhunderts im Bereich des Heiligen Römischen Reiches bislang übersehen worden.[552] Dies ist um so erstaunlicher, als man für die Zeit um 1400 geradezu von einer Welle städtischer Unruhen gesprochen hat, die sich mit über 80 Ereigniskomplexen im gesamten Reichsgebiet ausbreitete,[553] und man damit eigentlich den eine emsige zwischenstädtische Korrespondenz auslösenden Zunftaufstand in Metz nicht hätte übersehen dürfen. Dies hat gewiß damit zu tun, daß der Umsturz selbst von insgesamt nur kurzer Dauer war und eine Wiederherstellung des Status quo ante offenbar ohne größere Schwierigkeiten gelang. Es erklärt sich aber auch damit, daß der Umsturz selbst innerstädtisch „aufgefangen“ wurde und daß nur dessen Folgen für das Schicksal der Verlierer nach außen drangen, den Kaiser, die Gerichte des Reiches und des Konzils sowie andere Städte tangierten.

Die Freie Stadt Metz kann als eine derjenigen Städte im Bereich des Heiligen Römischen Reiches gelten, in der sich die Herrschaft der patrizischen Geschlechter bis weit über das 15. Jahrhundert hinaus fast unangefochten hatte halten können. Einige wenige untereinander versippte adelsgleiche Bürgerfamilien, die in den „Paraiges“, Genossenschaften der einzelnen Stadtteile zum Schutze ihrer Mitglieder, zusammengeschlossen waren,[554] bestimmten als „informelle“ Steuerungsgruppe die Politik des städtischen Rates.[555] Seit dem 14. Jahrhundert gelang es ihnen, die ursprünglichen Vorrechte des Bischofs von Metz zur Ernennung des Schultheißen bzw. Schöffenmeisters *(magister scabinorum)*, des Vorstehers des zwanzigköpfigen Schöffenkollegiums sowie der „Dreizehner“ *(tredecim iurati)* an sich zu ziehen. Nur in sehr geringem Maße gelang es nachrückenden sozialen Gruppen, Partizipationsrechte an der kommunalen Administration zu erringen. Seit auch die ab 1297 bestehende Sechste Paraige, in der die gesamte übrige Bürgerschaft *(commun)* zusammengeschlossen war, gemeinsam mit den anderen fünf patrizischen Paraiges sich oligarchisierte, wurden alle politischen Aktivitäten der Bürgerschaft selbst, besonders aber der von ihr beschickten Zünfte, im Keime erstickt. Schon 1326 war es zur Entladung der aufgestauten Kräfte gekommen, als sich die Zünfte angesichts der desolaten finanziellen Situation gegen den Stadtrat erhoben und die Paraiges zum Auszug aus der Stadt zwangen;[556] im Bündnis mit den Grafen von Bar jedoch und nach Niederbrennung des Vororts Saint-Julien gelang ein Jahr später die Restitution. Weitere Aufstände in den Jahren 1347 und 1356 konnten durch abschrekkende Strafmaßnahmen im Keim erstickt werden. Durch die Einbeziehung der Stadt in den Lothringischen Landfrieden und die offensichtlich guten Beziehungen von Schultheiß und Dreizehnern zu Kaiser Karl IV.[557] war ein Legitimationsblock entstanden, der von den an der Administration ausgeschlossenen Gruppen kaum durchbrochen werden konnte. Die patrizischen Paraiges und der Adel des Umlandes bildeten im Falle der Gefährdung der Stabilität stets eine Interessenkoalition, durch die das oligarchische Regiment auf Dauer stabilisiert werden konnte.

Die «Grande Jacquérie» von 1405 bildete eine der letzten Versuche im 15. Jahrhundert, die unumschränkte Herrschaft der Geschlechteroligarchie im Stadtregiment aufzubrechen. Ausgelöst wurde der Aufstand durch die als unrechtmäßig empfundene Erhöhung der städtischen Steuern, die durch die vermehrten Aufgaben des sich zur Obrigkeit entwickelnden Rates notwendig geworden waren. Ein gewisser Tuchhändler Fransquin, einer der Haupträdelsführer der Jacquérie *(ung dez principalz capitains de la commocion)*,[558] hatte schon vor Ausbruch des Aufstandes eine berittene Gruppe von Aufständischen angeführt, deren Ziel offenbar vor allem in der „Neutralisierung" der bischöflichen Vorherrschaft im Umkreis der Stadt bestand. In dem östlich von Metz in der Grafschaft Bolchen gelegenen und der Jurisdiktionsgewalt des Bischofs unterstehenden Dorf Kuhmen (Coume) wurden auf seine Veranlassung hin die Pfarrkirche ausgeplündert und dabei Bücher, Kelche, Altarschmuck, Kleinodien und Reliquien im Wert von wohl mehreren 1000 Goldgulden entwendet, außerdem offenbar auch Kinder und Frauen geschändet.[559] Allem Anschein nach ist Fransquin mit anderen zusammen als Anführer aufrührerischer Horden von Kuhmen aus in die Stadt Metz eingefallen, um dort die Bevölkerung systematisch gegen die Herrschaft der Paraiges im Rat aufzuhetzen.[560] Im Zuge der Auseinandersetzungen war es dann im Juni 1405 Mitgliedern der Zünfte, die mit der Politik des in Fehden mit den Grafen von Nassau-Saarbrücken, von Saarwerden, von Salm und den Herren von Bolchen (Boulay) verwickelten Rates unzufrieden waren,[561] gelungen, die Vorherrschaft im Rat an sich zu reißen. Ein Großteil der Mitglieder des alten städtischen Rates wurde gefangengenommen und durch die Aufständischen im Rathaus festgehalten. Einer der am meisten verhaßten Patrizier, der den Paraiges des Bezirks Porte-Moselle angehörende Nicole Grognat, wurde auf Anstiftung Fransquins auf offener Straße enthauptet. Einigen Ratsherren gelang in der allgemeinen Verwirrung die Flucht aus der Stadt, wohl vor allem in die bischöfliche Residenz Vic an der Seille, wo sie sich mit dem Metzer Stuhlinhaber Raoul de Coucy verbinden konnten.

Die Uneinigkeit des „Neuen Rates" im Innern scheint jedoch eine stabile Administration verhindert zu haben. Die geflohenen Patrizier des „Alten Rates" erhielten so Gelegenheit, ihre Kompetenz wieder unter Beweis zu stellen. Es gelang ihnen mit Unterstützung des bischöflichen Lehnsaufgebots, die Stadt anzugreifen, einzuschließen, von der Versorgungszufuhr abzuschneiden und schließlich zu Vergleichs-

und Übergabeverhandlungen zu zwingen. So kam im November 1405 ein vorläufiger Ausgleich *(autour)* zustande,[562] durch den die Macht in der Stadt geteilt werden sollte. Danach sollte von der Bürgerschaft aus den im Stadtbereich gelegenen zwanzig Pfarrsprengeln *(paroisses)*[563] ein Rat von 21 nichtpatrizischen *prudhommes* gewählt werden, der an den Ratssitzungen teilzunehmen und die Rechte der Bürgerschaft gegen die Dreizehner wahrzunehmen hatte, außerdem Zugang zu Schatz und Siegel erhielt und als Appellationsinstanz für die Urteile der Geschworenen eingesetzt wurde. Es kam jedoch nicht mehr zur Durchführung der wohl von vornherein mehr auf Zeitgewinn angelegten Vereinbarung. Im Mai 1406 gelang es den Paraiges, sich mit Waffengewalt Eingang in die Stadt zu verschaffen. Unter Ausnutzung der bestehenden militärischen Überlegenheit konnten die Hauptverantwortlichen des Aufstandes gefangengenommen werden, von denen 36 als Haupträdelsführer identifizierte Zünftler durch Ertränken hingerichtet wurden.[564] Ein weiterer Teil der Verantwortlichen des Aufstands wurde aus der Stadt verbannt, unter ihnen der erwähnte Tuchhändler Fransquin. Das Vermögen aller Verurteilten und Verbannten wurde vom Stadtrat eingezogen.

Im Januar des folgenden Jahres wurden die noch nicht Verurteilten begnadigt,[565] und Mitte des Jahres 1408 erhielten die Verbannten die Erlaubnis, in die Stadt zurückzukehren.[566] Ob auch der Tuchhändler zurückkehren konnte oder in der Verbannung verstarb, läßt sich nicht mehr feststellen. Es gibt Anhaltspunkte dafür, daß er noch zur Regelung seiner Vermögensangelegenheiten in der Stadt erschien, um – wie die Stadt später unter Hinweis auf einen Brief aus ihrer Registratur behauptete[567] – seine Erbgüter an den Metzer Bürger Nikolaus von Vallières zu veräußern und vor dem Schöffengericht aufzulassen. Jedenfalls aber ist es ihm vor seinem Tod nicht mehr gelungen, sich in den Besitz der *umb siner misstat willen verfallen[en]* Güter in der Stadt zu setzen.[568] Seit 1414 war seine Witwe Houdiette (auch Hudiat) mit dem Kölner Bürger Reinhard Fuchs verheiratet, der mit ihr zusammen die Restitution zu betreiben versuchte. Obwohl die Stadt im Prozeß später vorbrachte,[569] auch dieser habe namens seiner Ehefrau förmlich auf die Erbgüter des Fransquin zu Metz verzichtet, weshalb *nulz de biens ne héritages de la femme du dit Fransquin* existierten,[570] wurde die Veräußerung der Güter an Nikolaus von Vallières seitens der späteren Kläger nie anerkannt, wohl vor allem deswegen, weil es sich um ohne „Erbenlaub" nicht veräußerlichbare Erbgüter handelte. Ohne einen Zugang zu diesen Gütern aber war die erstrebte Rückkehr der Houdiette nach Metz nicht möglich.

Die Prozesse unter Sigmund von Luxemburg

Spätestens zu Beginn des Jahres 1415 erhoben die Eheleute Reinhard und Houdiette Fuchs vor dem zu Konstanz tagenden Königlichen Hofgericht Klage auf Herausgabe ihrer in der Stadt Metz gelegenen Erbgüter. Auf der ersten überhaupt nachweisbaren Hofgerichtssitzung unter König Sigmund lud Hofrichter Graf Günther von Schwarzburg-Ranis die Stadt Metz zur Verantwortung auf den 24. Februar.[571] Doch gelang der Stadt durch ihren Prokurator Johann Gingin von Lüttingen[572] unter Hinweis auf ihre Gerichtsstandsprivilegien[573] ein Aufschub. Erst zwei Jahre später konnte der Prozeß wiederaufgenommen werden, und zwar nach einer eineinhalbjährigen Abwesenheit des Königs vom Konzilsort, durch die jede Rechtsprechung des Hofgerichts zum Erliegen gekommen war. Mit Urkunde vom 15. Januar 1417 wurde der Metzer Prokurator Johann Gingin zur Verantwortung auf den 8. März nach Konstanz geladen.[574] Auf die Klage um Herausgabe der konfiszierten Fransquinschen Erbgüter und die Zahlung einer Entschädigung von 400 Gulden wurde die Stadt Metz mit einem von Hofrichter Graf Günther von Schwarzburg verkündeten Urteil vom 8. Mai dieses Jahres verpflichtet, die eingeklagte Geldsumme an Houdiette Fuchs nach Köln auszuliefern oder bis zur Klärung der Frage der Aktivlegitimation zwischen Houdiette und Nikolaus von Vallières beim Hofgericht zu deponieren.[575] Der Streit um die Herausgabe der Erbgüter wurde erst auf einer späteren Gerichtssitzung entschieden.[576] Mit Urkunde des gleichen Hofrichters vom 23. Juni 1417 erging hierzu ein zweites Urteil, kraft dessen der Stadt Metz geboten wurde, die Houdiette Fuchs oder ihren Vertreter unter Zusicherung freien Geleits in die Erbgüter des Fransquin einzusetzen, da die Stadt selbst eingeräumt habe, *daz ein frawn iren elichen manne etlichermaß erbte.*[577] Am gleichen Tage noch übergab der Metzer Prokurator die Entschädigungssumme von 400 Gulden an die Eheleute Fuchs.[578] Anders stand es mit der Frage der Erbgüter. Hier reagierte die Stadt zunächst ablehnend und mußte daher wenig später vom Hofgericht erneut aufgefordert werden, den Klägern zur Wiedererlangung ihrer Erbgüter Geleit zu gewähren.[579] Erst aufgrund eines erneuten, wieder von Graf Günther von Schwarzburg verkündeten Hofgerichtsurteils vom Ende des Jahres,[580] mit dem die beiden früheren Urteile bestätigt wurden, händigte die Stadt den erbetenen Geleitsbrief an die Kläger aus.[581] Ob und inwieweit diese in der Folgezeit unter dem zugesagten Geleitschutz eine reale Besitzergreifung versuchten, muß offenbleiben. Die Hauptschwierigkeit bestand darin, daß beide Parteien unterschied-

Abb. 7: König Sigmund, bekleidet mit Harnisch und langem Gewand, vor einem rautenförmig gegitterten Hintergrund; auf dem Kopf die Lilienkrone, in der rechten Hand das waagerecht liegende Richtschwert, in der linken das Zepter.

licher Auffassung über Lage und Umfang der streitbefangenen Güter waren.[582] So konnte selbst die etwaige Bereitschaft des Stadtrats, die Kläger in ihren Besitz einweisen zu lassen, zu keiner Lösung führen. Jede der Parteien konnte mit gleichem Recht Erfüllung bzw. Nichterfüllung der Forderungen behaupten, da in keinem der Hofgerichtsurteile festgelegt worden war, auf welche Güter im einzelnen Bezug genommen wurde. Da darüber keine Einigung erzielt wurde, blieb der erlangte Rechtstitel vorläufig wertlos. Folgerichtig wandten sich die Kläger erneut an das Königliche Hofgericht, um die Vollstreckung der bisher erlangten Urteile in die Wege zu leiten. Da die Stadt Metz in der Annahme, sie habe alles zur Erfüllung der eingeklagten Ansprüche Erforderliche geleistet, auf erneute Ladungen hin nicht erschien, wurde sie aufgrund eines weiteren Hofgerichtsurteils von König Sigmund auf einer Ulmer Hofgerichtssitzung im September 1418 in die Reichsacht erklärt.[583] Den Städten Frankfurt am Main und Straßburg wurde gleichzeitig aufgetragen, jede Gemeinschaft mit der geächteten Stadt zu unterlassen und damit auch jeden Handelsverkehr einzustellen.[584] Damit hatten die Kläger, auch ohne daß ein weiteres Urteil zur Sache ergangen war, einen Rechtstitel in der Hand, aufgrund dessen sie gegen jedermann gewaltsam vorgehen konnten, der der Boykottaufforderung nicht nachkam. Da die Geschäftstätigkeit einzelner Bürger derjenigen Stadt zugerechnet wurde, in deren Schutz diese standen, konnte auch auf den privaten Handelsverkehr eingewirkt werden. Als geeignetes Mittel hierzu erwies sich die Beschlagnahme von Waren Metzer Provenienz, wenn sie auf dem Markt und auf Messen angeboten wurden. Reinhard Fuchs scheint diese Möglichkeit sehr zustatten gekommen zu sein, da er offenbar über ausgedehnte eigene Handelsbeziehungen verfügte, mit denen er sich die notwendigen Informationen über den Gang der Metzischen Handelsgeschäfte besorgen konnte. Die Stadt Metz andererseits mußte derartige Gefahren befürchten und daher bestrebt sein, eine möglichst schnelle Aufhebung der Reichsacht zu erreichen. Auf lange Sicht war eine Beeinträchtigung der Kreditwürdigkeit der Stadt und ein Zurückgehen des Handels zu befürchten, falls die Möglichkeiten des Achtbriefs durch die Kläger ausgenutzt wurden. Auf Anraten der befreundeten Freien Stadt Straßburg nahm deshalb die Stadt Metz unverzüglich Ausgleichsverhandlungen mit den Eheleuten Fuchs auf,[585] ohne daß freilich eine Einigung erzielt wurde.

Hielt sich der in den Jahren 1415 bis 1418 am Hofgericht geführte Prozeß in den Grenzen einer „privaten" Vermögensstreitigkeit, wie sie seit der Neuinstallierung des Königlichen Gerichts am Rande des Konstanzer Konzils in großer Anzahl anhängig gemacht wurden,[586] so trat die Streitigkeit mit der im folgenden Jahr eingelegten „Berufung" der Stadt an den König in ein neues Stadium. Jetzt erst wurde das Verfahren gewissermaßen politisiert, auch wenn der Streitgegenstand formal der gleiche geblieben war. Die Aufhebung der vom König unter Hofgerichtssiegel verkündeten Reichsacht wäre an sich nur bei einer vergleichsweisen Einigung der „Ächter" mit den Klägern und einer Zahlung der für die Lösung notwendigen Gebühren (Achtschatz) an Hofrichter und Hofschreiber möglich gewesen.[587] Sofern die Bereitschaft zur gerichtlichen Verantwortung erklärt worden wäre, hätte wenigstens eine vorläufige Achtlösung „auf Recht" erfolgen können. In jedem Fall aber hätte die Stadt unter finanziellen Einbußen zur Restitution der Kläger in ihre Erbgüter bereit sein müssen, da diese darauf unter keinen Umständen verzichten wollten. Dies aber wollte der in seiner Herrschaftsgewalt noch keineswegs stabilisierte patrizische Rat der Stadt, der erst 1413 die Zugeständnisse an die Zünfte wiederaufgehoben hatte,[588] gerade nicht. Vielmehr wurde jetzt die Frage einer möglichen Restitution der in den Aufstand involvierten Zünftler zum Politikum, das zugleich die künftige Stellung der Stadt im Städtesystem des Reiches berührte.[589] Deshalb verließ die Stadt trotz der weiterhin bestehenden Gefahr, daß aus dem Achturteil des Hofgerichts Waren der Stadt und städtischer Bürger sowie auch die für die Stadt bestimmten Handelsgüter in Beschlag gelegt wurden, den „dinggenossenschaftlichen" Regelkreis und wandte sich unmittelbar an den König. Sie wechselte damit in ein neues System in der Hoffnung, daß das alte von ihm absorbiert würde. In diesem „politischen" System, das sich seit Beginn des Jahrhunderts von der eigentlich gerichtlichen (dinggenossenschaftlichen) Sphäre emanzipierte,[590] konnte die Stabilisierung patrizischer Herrschaft in der Stadt und die Solidarisierung mit dem Königtum ebenso wie zu anderen Freien Städten sehr viel eher thematisiert werden.

Auf Intervention der Stadt Metz lud König Sigmund sie mit einem im August 1420 unter königlichem Sekretsiegel ausgefertigten Schreiben ohne Rücksicht auf den Bestand der Reichsacht und unabhängig von einer Stellungnahme der abwesenden Hofrichter und Hofschreiber zur Verhandlung vor seinen Hof.[591] Die Kläger wurden gleichzeitig angewiesen, *dieselben von Metze mit der acht nit anlangen, ufhalden, noch [in] keynerley ander beswernuß zu cziehen in dheinwise*, bevor nicht über die Berufung der Stadt entschieden sei. Dies kam einer bedingten Achtaufhebung gleich und wurde von der Stadt auch in dieser Weise verstanden. Um weiteren Pfändungsmaßnahmen entgegentreten zu können, ließ sie den Königsbrief der Stadt Straßburg abschriftlich übermitteln[592] und ihn gleichzeitig vom Weltlichen Gericht in Mainz öffentlich verkünden.[593] Es ist anzunehmmen, daß sich der deswegen abgeordnete Stadtschreiber Petrus Zonem überall dort, wo Zwangsmaßnahmen der Eheleute Fuchs zu befürchten waren, um eine Bekanntmachung der diese verbietenden königlichen Anordnung bemühte.[594] Mit der Übertragung des Rechtsstreits an den königlichen Rat Graf Philipp I. von Nassau-Weilburg[595] wurde die Zweigleisigkeit des Metzer Restitutionsverfahrens offenkundig: Für die „politischen" Aspekte waren der König und seine Räte oder auch die von jenem betrauten Kommissare zuständig, während das engere hofgerichtliche Verfahren zunächst noch seinem eigenen Gang folgte. Graf Philipp jedenfalls ließ kraft der ihm erteilten Kommission den

Streit durch zwei seiner Räte entscheiden und übermittelte das gefundene Urteil Mitte 1422 dem königlichen Hofkanzler Bischof Georg von Passau nach Nürnberg. Da das inhaltlich nicht näher bekannte Urteil erneut den Eheleuten Fuchs Recht gab, wurde die Reichsacht nach einem späteren Vorbringen der Stadt Metz vom Kanzler bestätigt, ohne daß der König im einzelnen Kenntnis davon erlangte.[596]

Unabhängig davon, wenn auch nicht ohne Berücksichtigung dieser Entscheidung, stand die Verkündung der Aberacht über die Stadt Metz durch einen im September 1422 ausgefertigten Hofgerichtsbrief König Sigmunds.[597] Da die Acht über die Stadt niemals auch nur bedingt (hofgerichtlich) aufgehoben worden war, konnte die Verschärfung ohne weiteres nach Jahr und Tag ausgesprochen werden.[598] Auch im Rahmen dieses Aberachtspruchs ergingen wieder Mandate an verschiedene Stände des Reiches, deren Hilfe bei der Vollstreckung erwünscht war. Erhalten haben sich Gebote an die Stadt Frankfurt am Main, an die Grafen Konrad und Johann von Freiburg sowie an den Ritter Konrad Diebold.[599] Vermutlich waren dies nicht die einzigen Aberachtmandate, und es ist anzunehmen, daß auf diese Weise auch Köln, die Heimatstadt Reinhard Fuchs', Kenntnis von der Sache erhielt. Dort nämlich ließ er Waren des Metzer Bürgers Goebel van Roede beschlagnahmen, freilich mit der Konsequenz, daß er zeitweise selbst in Gefangenschaft geriet, weil Goebel sich auf den Schutz des Kurfürsten von Trier berufen konnte.[600] Da die Kläger in der Folgezeit weiterhin, und zwar mit nun noch besserer königlicher Legitimation als vorher, aus ihrem Rechtstitel vorgehen konnten – noch im Juni 1430 ließ Reinhard Fuchs Waren des Metzer Bürgers Henselin Offenburg in Beschlag nehmen, als dieser sich gerade in Köln aufhielt[601] –, war der erste Versuch der Stadt, über den König eine „Politisierung“ des Streits zu erreichen, gescheitert. Vorerst noch schien ein ordnungsgemäß durchgeführtes „dinggenossenschaftliches“ Verfahren des Hofgerichts, das mit zwei Sachurteilen und zwei Achturteilen zugunsten der Kläger abgeschlossen worden war, einer direkten politischen Intervention nicht zugänglich zu sein. Daß sich die Stadt mit dieser Situation in den folgenden Jahren offenbar abfand, hängt wohl damit zusammen, daß bald darauf ein Prozeß an der römischen Kurie in den Vordergrund rückte, durch den die Eheleute Fuchs in die Defensive gedrängt werden konnten. In diesem – hier nicht weiter interessierenden – Prozeß, der 1425 zum Höhepunkt kam,[602] ging es um Entschädigungen wegen der Verwüstungen und Plünderungen der Pfarrkirche von Kuhmen durch Fransquin, den ersten Ehemann der Houdiette, und dessen Helfer. Man muß aber auch davon ausgehen, daß die lange Abwesenheit des Königs, der sich überwiegend in seinen ungarischen Stammlanden aufhielt,[603] und die dadurch bedingte Inaktivität des Hofgerichts[604] dazu führten, daß der königliche Hof für eine weit im Westen des Reichsgebiets gelegene Stadt nur schwer erreichbar war. Gesandtschaften dorthin schienen nur dann sinnvoll, falls die Kosten in einem vernünftigen Verhältnis zum erwarteten Nutzen standen.

Wie sich aus einem königlichen Geleitbrief vom Oktober 1430 ergibt,[605] sandte die Stadt in dieser Zeit ihre Prokuratoren, den Professor der Theologie Jakob de Varenis und Johann von Esch gen. von Luxemburg, an den wieder nach Nürnberg verlegten Hof König Sigmunds, um erneut wegen der weiterhin gerichtlich anhängigen Restitutionsangelegenheit zu intervenieren. Aufgrund ihres ausführlich begründeten Antrags erteilte König Sigmund mit Kommissionsbrief vom 18. November 1430 dem Grafen Georg von Salm und dem Luxemburger Seneschall Georg von Bensdorf den Auftrag, über die Frage der erfolgten oder nicht erfolgten Gütereinsetzung der Houdiette Fuchs eine Kundschaft aufzunehmen.[606] Die durch den 1423 verstorbenen Hofkanzler Bischof Georg von Passau aufgrund des Kommissionsurteils des Grafen Philipp von Nassau gefällte Entscheidung wurde übergangen, da sie angeblich ohne Wissen des Königs zustande gekommen war und auch durch den Tod des Kanzlers nicht mehr hätte bestätigt werden können. Nach Einholung der Zeugenaussagen sollten die Streitparteien mit einer Frist von dreißig Tagen an den königlichen Hof nach Nürnberg geladen werden. Zur Erleichterung der Verhandlungen wurde die nach wie vor nicht aufgehobene Reichsacht für drei Monate suspendiert, was durch die Kommissare öffentlich verkündet werden sollte. Aufgrund dieses Auftrags ließen die beiden Kommissare nach einigen Vorbereitungen[607] im Februar 1431 die Zeugenvernehmung in Metz in Gegenwart des Metzer Stadtschreibers Petrus Zonem und des bischöflich-metzischen Notars Heinrich Gerhardi von Corvey durchführen. Das von den beiden letzteren unterzeichnete Verhörprotokoll[608] bestätigte im wesentlichen die Behauptung der Stadt, daß Houdiette Fuchs inzwischen längst in den Besitz ihrer Erbgüter gelangt sei. Damit hatte nun die Stadt ein Rechtsdokument in der Hand, mit dem der Prozeß vor dem König mit größerer Aussicht auf Erfolg neu aufgerollt werden konnte.

Forum des nun endgültig „politisch“ ausgestalteten Verfahrens war das unter König Sigmund zu neuer Geltung gelangte und erstmals auch 1415 als solches bezeichnete Königliche Kammergericht.[609] Am 17. April 1431 fand in der Burg Nürnberg im Beisein von Fürsten,

Herren, Edlen und Gelehrten – unter ihnen der Hofkanzler Bischof Johann von Agram, die beiden Bischöfe Friedrich von Bamberg und Konrad von Regensburg, Kurfürst Friedrich I. von Brandenburg, die Herzöge Wilhelm von Bayern, Wilhelm von Braunschweig und Ruprecht von Berg sowie der königliche Hofrichter Heinrich von Plauen – eine von König Sigmund persönlich geleitete Kammergerichtssitzung statt, über die zwei umfängliche Gerichtsurkunden unter Majestätssiegel ausgefertigt wurden.[610] Nach der ersteren brachten die Prokuratoren der Stadt Metz, Johann von Esch gen. von Luxemburg und Dr. Jakob de Varenis, ihre Klage erneut vor und beantragten die endgültige Aufhebung der vom Hofgericht ausgesprochenen und vom König verkündeten Reichsacht und Aberacht. König Sigmund sei nämlich von seinem Hofrichter falsch informiert worden, da in Wahrheit die Stadt Metz die Eheleute Reinhard und Houdiette Fuchs längst in Ausführung des Urteils von 1417 und entsprechend der eingeholten Kundschaft in ihre Erbgüter eingesetzt habe. Aufgrund des Vorbringens der Stadt und unter Zurückweisung aller Einwendungen sprach König Sigmund unter dem Rat der adeligen und rechtsgelehrten Beisitzer *(sano principum, baronum, nobilium procerum, doctorum et aliorum fidelium nostrorum [...] consilio)* das Urteil, daß alle gegen die Stadt erlangten Verfügungen nichtig sein sollten; insbesondere sollte die am Hofgericht ausgesprochene Reichsacht keine Wirkungen mehr zeitigen. Zugleich wurde den Beklagten ewiges Schweigen *(perpetuum silencium)* auferlegt. Nach der zweiten Urkunde wurde aufgrund des erwähnten Urteilsspruchs und der Fehlinformation kraft königlicher Machtvollkommenheit die Aufhebung von Reichsacht und Aberacht über den Schultheißen, die Dreizehner, die Bürger und Einwohner der Stadt Metz verkündet *(ab omni condempnacione, pena, banno maiori et minori imperiali sentencia, aggravacione et omnibus inde secutis per prefatum iudicem curie nostre pretextu sinistre et importune informacionis [...] auctoritate Romana regia et de regia potestatis plenitudine absolvimus simpliciter et de plano ac penitus liberamus)*. Ein Vorbehalt wurde jedoch gemacht, der einer Bestätigung der hofgerichtlichen Urteile von 1417 gleichkam: Die Eheleute Reinhard und Houdiette Fuchs seien in ihren durch Hofgerichtsspruch *(vigore sentencie iudicis curie nostre)* erlangten Rechten zu schützen *(protegi atque defendi)*. Um die erfolgte Einsetzung zu überprüfen, sandte der König kurz darauf den Edlen von Rüdlingen mit kaiserlicher Vollmacht nach Metz.[611] Die Stadt Metz ihrerseits, die die Achtaufhebung sofort unter Hinweis auf die durch die *senistres et mausongéables informacions* zustandegekommenen Achtsprüche der Stadt Frankfurt mitteilte,[612] bot den Eheleuten Fuchs, die zur Begleichung ihrer Prozeßkosten ihre in Köln gelegenen Erbgüter hatten verpfänden müssen,[613] das offensichtlich aus der Konfiskationsmasse stammende Haus des Gerhard von Stufa an, falls sie bereit seien, die Mietkosten der jetzigen Bewohnerin Agnes de Hermonneti aus Verdun für die Zeit ab 1407 zu übernehmen.[614] Da dieses Angebot unzulänglich erschien, gingen die beiden Kölner darauf nicht ein. Sie versuchten vielmehr erneut, aufgrund der beiden Achtbriefe von 1418 und 1422 durch Pfändung von Handelsgütern besonders auf der Frankfurter Messe gegen die Stadt Metz vorzugehen, da eine formal notwendige hofgerichtliche Achtlösung nicht erfolgt war, stießen dabei jedoch auf den Protest der Stadt.[615] So verlief auch diese „kammergerichtliche Phase" des Prozesses um die Restitution der Metzer Erbgüter im Sande: Das moderne und elastischere Kammergerichtsverfahren hatte zwar die Möglichkeit zu einem Vergleich eröffnet, gleichwohl aber den Abstand zum dinggenossenschaftlichen Hofgerichtsverfahren nicht überbrücken können. Letzteres lief entsprechend den 1409 aufgezeichneten ›*Modi et consuetudines iudicii curie imperialis*‹[616] in eigengesetzlichen Bahnen ab, die auch der König durch eine Entscheidung kraft königlicher bzw. kaiserlicher Machtvollkommenheit nicht verändern konnte. Daran änderte auch die Tatsache nichts, daß der Hofrichter als Mitglied des königlichen Rates beim Zustandekommen des Kammergerichtsurteils mitwirkte. Noch scheint in erster Linie das hofgerichtliche Verfahren legitimiert zu haben, nicht das „außerordentliche" Verfahren vor König und Kammergericht. Dem hofgerichtlichen Achtverfahren aber, das in seiner institutionalisierten Form für entferntere Glieder des Reiches große Gefahren mit sich brachte, entzog sich die Stadt Metz; den außerhalb dessen ergehenden königlichen Rats- und Kammergerichtsentscheidungen ordnete sich die Stadt unter, weil sie damit gegenüber jedermann ihre Königstreue dokumentieren konnte. Ob sie damit ernsthaft eine Restitution der Kölner Eheleute zulassen wollte, ist dennoch zweifelhaft.

Die demnach weiterhin unentschiedene Sache, die zwischenzeitlich nochmals an den kaiserlichen Rat Herzog Wilhelm von Bayern gebracht worden war,[617] veranlaßte die Stadt Metz im Jahre 1435 zum dritten Mal, unmittelbar bei dem – inzwischen zum Kaiser gekrönten – Luxemburger vorstellig zu werden. Sigmund übertrug nun die Kommission zur Vorladung der Parteien, zur Verhandlung und Entscheidung an seinen Rat Ritter Johann von Parsberg,[618] der trotz notariellen Protests der Eheleute Fuchs gegen ihre Ladung zur Gerichtsverhandlung ins Minoritenkloster zu Luxemburg[619] im Juli 1436 ein

Urteil zugunsten der Stadt Metz verkündete.[620] In ihm wurde aufgrund eines die Besitzeinweisung bestätigenden Notariatsinstruments des bischöflich-metzischen Sieglers Johann von Gorze und nach Beratschlagungen mit *doctorn, legisten und gelerten luden* neuerlich festgestellt, daß Houdiette Fuchs ordnungsgemäß in den Besitz der ihr durch die Hofgerichtsurteile von 1417 zugesprochenen Güter zu Metz eingesetzt worden sei *(genczliche und waire in posessie syner huyser und erbe, die hyeme vurczyden zugeurteilet sind, gesacht hain)*. Auch könnten keine weiteren Ansprüche gegen die Stadt mehr vorgebracht werden. Um eine neuerliche Berufung auszuschließen, solle die Streitsache nun auch formell rechtskräftig sein *(eyn ewige stillonge silencie und usserlich end)*, sofern nicht der Beweis erbracht werden würde, daß das vorgebrachte Notariatsinstrument falsch sei *(mit recht abebrecht und valsche)*. Ohne Rücksicht auf das Vorbringen der beiden Kölner und die Einhaltung eines formalisierten Verfahrensgangs war somit allein aufgrund eines Urkundenbeweises ein Urteil zur Sache erlassen worden, möglicherweise in Abwesenheit zumindest einer Partei.[621] Das Urteil sollte demnach auch nur mit der Behauptung der Unechtheit des Notariatsinstruments angefochten werden können, im übrigen aber in formelle Rechtskraft erwachsen.[622]

Ungeachtet dessen legten die Eheleute Fuchs Appellation ein, die Kaiser Sigmund im November des Jahres annahm und angesichts eigener Arbeitsüberlastung an die beiden Kommissare Johann von [Ober-] Wesel, Abt zu St. Marien in Luxemburg, und Lamprecht von Sachsenhausen, Abt zu St. Maximin zu Trier, zur Entscheidung delegierte. Beide erhielten umfassende Vollmacht, den Streit anstelle des Kaisers zu entscheiden *(sentencialiter terminandum)*, mit der Wirkung, daß deren Urteil unmittelbar der Autorität des Kaisers zugerechnet würde.[623] Auffallend ist hierbei, daß der „politische“ Teil des Restitutionsprozesses, mit dem vorher fast ausschließlich Mitglieder des königlichen Rates befaßt waren, nunmehr an zwei hohe geistliche Dignitäre delegiert wurde, die der kaiserlichen Klientel nicht angehörten, um so mehr aber mit den regionalen Gewohnheiten des luxemburgisch-lothringischen Raumes vertraut gewesen sein dürften. Sie boten wohl auch durch ihre Stellung und Autorität eine Gewähr für eine ordnungsgemäße Verfahrensleitung[624] und waren überdies durch die Praxis der Offizialatsgerichte mit dem kanonischen Prozeßrecht vertraut.[625]

Am 18. Mai 1437 kam es im Versammlungsraum des Klosters St. Marien zu Luxemburg vor den beiden kaiserlichen Kommissaren zur Verhandlung über die beim Kaiser eingelegte Appellation gegen das Restitutionsurteil des Hans von Parsberg.[626] Abt Lamprecht von St. Maximin verkündete hier namens der Kommissare mit dem Rat von Rechtsgelehrten *(iurisperitorum)* und unter der Zustimmung anderer, vom Kaiser verordneter Beisitzer ein Endurteil *(sentencia diffinitiva)* des Inhalts, daß die Appellation des Reinhard Fuchs namens seiner Ehefrau für begründet erklärt wurde *(bene esse et fuisse appellatum [...] et male esse et fuisse sentenciatum et pronunciatum)*, und zwar mit der folgenden Begründung: Das Urteil sei ohne den Rat der kraft der kaiserlichen Kommission und unter Zustimmung der Parteien eingesetzten Beisitzer, der Magister Tillmann Reyneri und Konrad von Freiburg, Lizentiaten des Rechts, zustande gekommen. Ohne Zustimmung der Parteien habe das Gericht statt in Luxemburg in Arlon getagt, wohin der Appellant ohne Gefahr für Leib und Leben nicht habe gelangen können. Auch sei das Urteil ohne Einsicht in die Akten *(non visis actis)* gefällt worden. Im Widerspruch zu den Feststellungen des Notariatsinstruments des Johann von Gorze seien die Eheleute Fuchs nicht ordnungsgemäß restituiert worden *(Quia hoc predicti Metenses secundum iuris disposicionem adimplere non fecerunt, dicimus dicto Reynhardo et eius legitime Hudiete non fuisse neque fore satisfactum realiter et cum effectu nec in rebus mobilibus neque immobilibus)*. Die streitbefangene Fahrnis sei auch nicht im einzelnen benannt worden. Außerdem seien Acht und Aberacht *(bannum et forbannum)*, die gegen die Stadt Metz [1418 und 1422] verkündet worden seien, nicht beachtet worden. Aufgrund dieser Feststellungen wurde das Urteil des Vorrichters aufgehoben *(cassamus, revocamus et annullamus)* und alles dasjenige, was mit ihm erlangt worden ist, für ungültig erklärt *(pronunciamus fore nullum et invalidum)*. Auf das Vorbringen des Appellanten, der sich auf das Urteil eines Erstrichters auf dem Konzil zu Konstanz berufen hatte *(primo iudex prime instancie in concilio Constanciensis)*,[627] wurde die Stadt Metz darüber hinaus verurteilt, eine auf den Betrag von 8000 Gulden veranschlagte Lösungssumme für die verweigerten Erbgüter zu zahlen, da die Ehefrau nach dem Erbrecht der Stadt Metz die Güter ihres verstorbenen Ehemanns beerbt habe und Reinhard Fuchs als ihr Vertreter trotz Zahlung einer Lösungssumme zur Auslösung der konfiszierten Immobilien nicht in den Besitz derselben eingesetzt worden sei. Dem Hinweis der Stadt auf die Verbrechen des Fransquin *(forefacta dicti maritis)* begegnete das Gericht mit der Feststellung, daß dafür bereits eine ausreichende Buße *(sufficiens pena)* von 200 Gulden geleistet worden sei und schon deshalb die konfiszierten Güter restituiert werden müßten *(bona fore et esse restituenda dicte Hudiete)*.

Dieses ganz nach den Regeln des Offizialatsprozesses zustande-

Abb. 8: Kaiser Sigmund, bekleidet mit einer senkrecht nach unten abfallenden Albe, vor rautenförmig gegittertem Hintergrund. Die verzierte Stola kreuzt sich vor der Brust; in der Rechten hält er das waagrecht liegende Richtschwert, in der Linken das Zepter.

gekommene Kommissionsurteil[628] fiel völlig aus dem Rahmen der kaiserlichen Gerichtsbarkeit heraus, und zwar sowohl des dinggenossenschaftlichen Hofgerichtsverfahrens wie auch der Rats- und Kammergerichtsbarkeit. Auch letztere war trotz gelehrter Elemente und trotz Übernahme einzelner kanonistischer Verfahrensregeln[629] auf den König als oberstem Gerichtsherrn ausgerichtet und daher von dessen autoritativer Entscheidung abhängig. Das vorliegende, möglicherweise von den beiden *assessores principales* Tillmann Reyneri und Konrad von Freiburg als Rechtsgelehrten konzipierte[630] Urteil hatte hingegen weder die formalen Beweisregeln des deutschen Rechts noch eine Orientierung auf die kaiserliche Prärogative im Auge, sondern folgte einer eigenständigen, „positivistisch"-juristischen Argumentationslinie. Durch die mitgeteilten Begründungen wurde es für die Parteien, die sich beide durch gelehrte Prokuratoren haben vertreten lassen,[631] transparent und dadurch zugleich angreifbar. Die unterlegene Stadt Metz reagierte denn auch sofort, indem sie durch ihren Syndikus Johann Fielger eine weitere Appellation einbrachte, für die sie sich die erforderlichen „Apostelbriefe" geben ließ.[632]

Damit gelangte der Prozeß erneut an den kaiserlichen Hof. Noch im gleichen Jahr lud der kaiserliche Hofkanzler Kaspar Schlick die Parteien zu Verhandlungen *(pro audiencia publica)* nach Wien, wo allerdings die erschienenen städtischen Vertreter vergeblich auf eine Entscheidung über ihr Begehren warten mußten.[633] Sie reisten daraufhin dem Kaiser nach Mähren nach, konnten aber bis zu dessen Tod in der Burg Znaim an der Thaya[634] nichts mehr erreichen. Um wenigstens im Hinblick auf die Unwägbarkeiten nach der Wahl eines Nachfolgers im Reich ihre Rechte wahren zu können, ließen sie noch am 10. Dezember 1437, einen Tag nach dem Tod des Kaisers, durch den Notar Johannes Volquini von Lorch eine Verhandlung vor dem Kanzler Schlick beurkunden. Danach wurde bestätigt, daß die Stadt alle bisherigen kaiserlichen Gebote befolgt habe, obwohl sie von Päpsten, Königen und Fürsten von allen fremden Gerichten befreit gewesen sei *(quacumque occasione vel causa ad iudicium trahi seu evocari non posset)*.[635] Schlaglichtartig macht dieses Notariatsinstrument die Kalamität der städtischen Position deutlich: Einerseits kam eine Restitution der Beteiligten am Zunftaufstand oder ihrer Erben nur insoweit in Betracht, als der erneuerten patrizischen Ordnung keine Gefahr drohte; dies erklärt den Widerstand gegen alle Versuche der Eheleute Fuchs, eine vollständige Wiedereinsetzung in ihr städtisches Vermögen zu erreichen. Andererseits aber durfte auch die nicht besonders institutionalisierte Verbindung zu König und Königshof nicht durch Ungehorsam gegen kaiserliche Gebote gefährdet werden. Man benötigte den römisch-deutschen König gleichsam existentiell als Legitimationsinstanz gegen Eingriffe benachbarter Territorialherren und auch zur Stabilisierung der oligarchischen Ordnung. Die Stadt war sich der Gefahr, die von einem hofgerichtlichen Achtbrief ausgehen konnte, durchaus bewußt, da sie und ihr Herrschaftsbereich mit ihm aus dem Legitimationsbereich des Reiches herausgenommen wurden. Die verweigerte bzw. nach Ansicht der Betroffenen nur unzureichend angebotene Güterrestitution wurde zum Anlaß, die Stellung der Stadt in ihrer Beziehung zu Kaiser und Reich deutlich zu machen. Der offenbar angestrebte und höchst nützliche Schwebezustand zwischen Widerstand und Gehorsam gegenüber dem Kaiser war freilich nur so lange möglich, als die Verfassung des Reiches noch genügend Offenheit zeigte und definitive Entscheidungen über Reichsleistungen vermieden werden konnten.

Verfahrensrevisionen unter Albrecht II. und Friedrich III. v. Habsburg

Die mit dem Tode Kaiser Sigmunds eingetretene Thronvakanz im Reich eröffnete der Stadt Metz neue Chancen zur Revision des für sie bisher ungünstig verlaufenen Rechtsstreits. Sie nutzte diese durch Appellation gegen das Luxemburger Urteil an das Baseler Konzil. Das von April 1438 bis zum Oktober 1440 währende Verfahren vor dem Konzilsrichter, dem Baseler Domkustos Dr. decr. Kaspar de Frowis *(iudex et commissarius ac executor [...] ab eadem synodo specialiter deputatus)*, wurde durch ein ausdrücklich *vacante imperio* verkündetes Urteil eröffnet,[636] durch das die Entscheidung des Kommissionsurteils wegen Nichtbeachtung des Vortrags der Stadt Metz aufgehoben wurde *(latam fuisse et esse inefficacem et invalidam ac nullitatis vicio subiacuisse et subiacere)*. Im August wurde dieses Urteil vom gleichen Richter mit der Begründung bestätigt und wiederholt, daß das Nürnberger Urteil König Sigmunds vom 17. April 1431 bereits rechtskräftig gewesen sei *(eciam transivit in rem iudicatam, perpetuam impositum silencium)*.[637] Beide Urteile, mit denen der der Stadt Metz günstige Rechtszustand des kammergerichtlichen Verfahrens von 1431 wiederhergestellt wurde, wurden auf Veranlassung der Stadt an die Pforten der Pfarrkirche St. Michael in Luxemburg sowie der Domkirchen zu Trier und Köln angeschlagen und außerdem dem Arnold von Looz, dem Notar und Prokurator des Reinhard Fuchs, zur Kenntnis gebracht.[638] In den beiden folgenden Jahren wurden aber noch drei weitere Urteile von delegierten Richtern des Baseler Konzils verkündet. Nach ihnen wurden die Äbte von Luxemburg und von St. Maximin in Trier wegen ihres Urteils zur Zahlung einer Schadensersatzsumme von 1500 rheinischen Gulden verurteilt und ihre Appellationen dagegen zurückgewiesen.[639] All dies müßte im Zusammenhang mit einer Erörterung des Politischen Prozesses am Königshof nicht weiter interessieren, wenn nicht die in Ausnutzung der Thronvakanz aktivierte Konzilsgerichtsbarkeit den Eheleuten die Chance gegeben hätte, nun ihrerseits die Verletzung elementarer Reichsrechte zu rügen und vor dem neuen, im März 1438 gewählten König Albrecht II. ihre Wiedereinsetzung in den vorigen Stand zu erzwingen. Sehr geschickt warf Arnold von Looz als Prokurator des Reinhard Fuchs Ende 1438 der Stadt Metz widersprüchliches Verhalten vor.[640] Die Stadt habe nämlich in rechtmäßiger Weise und mit Zustimmung der Gegenpartei Appellation eingelegt und verfolgt, die auch von Kaiser Sigmund zugelassen worden sei. Der Streit sei demnach bislang unentschieden am kaiserlichen Gericht anhängig gewesen *(coram tribunali cesareo pendens indecisa maneret)*, und es habe nach dem Tode des Kaisers die Hoffnung bestanden, daß ein zukünftiger römischer König die Sache zu Ende führen werde. Unter Verschweigung dieser Tatsache *(tacita veritate)* habe die Stadt jedoch an das Baseler Konzil appelliert, wo der Streit durch einige Richter unter Mißachtung der kaiserlichen Gerichtsbarkeit *(in nostre et sacri imperii iurisdictionis parvipendunt)* unter Verursachung großer Kosten für die Parteien entschieden worden sei. Daher müsse der Prozeß in der Lage, in der er sich am kaiserlichen Gericht unentschieden befände, wieder zurückgenommen und völlig entschieden werden. Entscheidender Punkt dieser Argumentation war die Behauptung, daß eine Vakanz des römisch-deutschen Königtums die Rechtshängigkeit der vor den königlichen Gerichten geführten Prozesse nicht beende, daß folglich auch eine *vacante imperio* beanspruchte Gerichtsbarkeit der Kurie oder des Konzils nicht möglich sei. Arnold von Looz plädierte damit für eine Abkehr von dem vor Hof- und Kammergericht bisher ausschließlich beachteten personalen Rechtsdenken.[641] Es konnte nach ihm zwar ein Ruhen des Verfahrens durch den Tod des Kaisers eintreten, nicht aber dessen Beendigung; der Prozeßgegner mußte sich auf den Stand des bisherigen Verfahrens verlassen können und sollte auch darauf vertrauen, daß mit der Wahl eines neuen Königs im Prozeß fortgefahren werden würde. – Ganz auf der Grundlage dieser Argumentation, die von Hofkanzler Schlick als „Berichterstatter" übernommen worden war,[642] zog König Albrecht den Prozeß an sein Gericht zurück *(advocavimus nostro iudicio)* und lud die Parteien am 27. Januar 1439 zu einem auf den Juni angesetzten Gerichtstag.[643] Da die Stadt Metz angesichts der ihrer Ansicht nach zu knappen Frist offenbar eine Verschiebung des Termins erreichen konnte,[644] König Albrecht II. aber bereits im Oktober des Jahres verstarb,[645] kam wieder kein Verfahren zustande. Aber auch das Verfahren vor den Richtern des Konzils zu Basel scheint durch eine königliche Intervention nicht unterbrochen zu sein; es wurde vielmehr noch vor dem Ableben des Königs mit dem schon zitierten Urteil vom Oktober 1439 fortgesetzt und erst nach der Wahl Friedrichs III. zu Ende gebracht.

Der im April 1440 gewählte neue König erhielt erst Kenntnis von dem Prozeß, nachdem drei gleichlautende Urteile der Baseler Konzilsrichter vorlagen und damit nach kanonischem Prozeßrecht (Prinzip der *„conformitas"*) weitere, reguläre Berufungsmöglichkeiten für die Parteien versperrt waren.[646] Als die Stadt Metz ihm die Konzilsurteile präsentierte[647], stellte sich für den König und sein Gericht erneut die Frage, ob man die bestehenden Fakten anerkannte und das

Verfahren damit als beendet ansehen, oder ob man die Konzilsprozesse als unzulässigen Eingriff in die Autorität des Königtums bewerten sollte, der ohne Rücksicht auf den Inhalt der Urteile zu deren Nichtigkeit geführt hätte. Friedrich III. wahrte seine Rechte dadurch, daß er im Juli 1441 seinen am Baseler Konzil anwesenden Rat Dr. decr. Rudolf Hecker von Rüdesheim[648] damit beauftragte, die drei übereinstimmenden Urteile auf ihre Wahrheit hin zu überprüfen. Als königlicher Subkommissar bestätigte dieser zusammen mit Dr. Johann Ner, dem Propst des St.-Peter-Stifts zu Basel, in einer ausführlich begründeten Entscheidung die drei Baseler Urteile.[649] Im August 1442 schließlich bestätigte der König dieses Urteil seiner Subkommissare.[650] Da darin die Entscheidungen der als kaiserliche Kommissare aufgetretenen Äbte von Luxemburg und St. Maximin in Trier aufgehoben wurden, verblieb es in der Metzer Restitutionssache beim Urteil König Sigmunds vom April 1431 und Hans von Parsbergs vom Juli 1436. Der Vorstoß des Arnold von Looz bei König Albrecht war damit gescheitert.

Die Neukonstituierung des Hofgerichts im Juli 1442 am Rande des Frankfurter Hoftages unter dem Vorsitz des Grafen Gumprecht von Neuenahr[651] gab den bisher letztlich rechtlos gelassenen Eheleuten Fuchs die Möglichkeit, das alte Hofgerichtsverfahren wiederaufzunehmen, da die Konstanzer Urteile von 1417 in ihrem Bestand zwischen den Parteien unstrittig waren und lediglich Streit darüber bestand, ob die Stadt ihnen zureichend nachgekommen war. Reinhard Fuchs erwirkte deshalb im Juni eine nach der Praxis des Hofgerichts übliche „gemeine" Ladung,[652] gegen die die Stadt Metz aber sofort protestierte. Im königlichen Salhof zu Frankfurt am Main, wo die Hofgerichtssitzung stattfinden sollte, ließ sie in Gegenwart des Hofrichters ihren Protest notariell beurkunden. In ihm monierte sie das Fehlen eines Klaggrundes und der Angabe einer Dingstätte in der Ladung sowie generell die Zuständigkeit des Hofgerichts.[653] Da sich die Stadt Metz parallel dazu an den König persönlich wandte, kam es nicht mehr zu Gerichtsverhandlungen vor dem Hofrichter. Da sie befürchten mußte, daß die Eheleute Fuchs versuchen würden, ihre weiterhin durchgeführten Repressalien gegen Metzer Bürger durch ein neuerliches Hofgerichtsurteil zu legitimieren,[654] erwirkte sie ein Mandat des Königs, in dem dieser den Kölner Kurfürsten Dietrich von Mörs zum kommissarischen Richter bestellte.[655] Mit der Begründung, daß damit Kosten gespart und der Prozeß endlich zu Ende gebracht würde *(expensis relevari ac finem litibus imponere)*, rief der König diesen gleichzeitig in dem Stadium, in dem er sich gerade befand, vom Hofgericht ab *(causam et causas huiusmodi ad nos in eo statu, in quo verti pendentur, eciam prefato iudice curie ex certa nostra sciencia advocavimus et tenor presencium advocamus)*. Der Erzbischof sollte statt dessen die Vollmacht haben, den Streit mit der Maßgabe zu entscheiden, daß seine ordnungsmäßig verkündeten Urteile *(iudicatum rite et recte latum)* als solche des Königs gelten sollten, als ob dieser persönlich anwesend gewesen wäre *(si personaliter interessemus)*. Mit diesem verfassungsgeschichtlich außerordentlich wichtigen Kommissionsmandat erkannte Friedrich III. sein Hofgericht als „unabhängige“, mit der Person des Königs nicht identische Institution an, die für diesen freilich verfügbar blieb. Während die Befugnis des Königs zur Aufhebung oder Bestätigung hofgerichtlicher Urteile durch einen kraft königlicher Machtvollkommenheit verkündeten Spruch nie ernsthaft bezweifelt wurde, waren der offene Eingriff in ein am Hofgericht anhängiges Verfahren, dessen Abforderung und Überstellung an ein anderes königliches Gericht neu. Sie bedeuteten einen wichtigen Schritt des Hofgerichts aus der Sphäre des Königshofes heraus, zugleich die Anerkennung eines dem König näherstehenden Gerichts mit gleichen Kompetenzen, des Kammergerichts nämlich mit der von ihm abhängigen Kommissionsgerichtsbarkeit. Der damit sichtbar werdende Weg zur Institutionalisierung der Hofgerichtsbarkeit bewirkte zugleich einen Entfremdungsprozeß gegenüber denjenigen Reichsgliedern und potentiellen Prozeßparteien, die ihre Beziehung zum Reich von einem nicht näher definierten Königtum herleiteten und sich einem königlichen Gericht deshalb nur soweit unterwerfen wollten, als dieses mit dem König identisch war und dessen richterliche Stellung ausdrückte. So lange jedenfalls kam die Befolgung von Hofgerichtsurteilen einer legitimierenden Treue gegenüber dem König gleich. Diese Identität aber war seit König Friedrich nicht mehr gewährleistet, so daß sich die Stadt Metz jetzt noch deutlicher als unter König Sigmund vom Hofgericht abwandte und auf die Wirksamkeit der stärker vom König abhängigen Kommissionsgerichtsbarkeit vertraute.

Mit dem selbständig weitergeführten Kommissionsprozeß vor dem Erzbischof von Köln trat der Metzer Restitutionsprozeß in eine letzte Phase ein. Kurfürst Dietrich, ein von König Friedrich häufig eingesetzter Kommissar, übertrug zunächst die weitere Entscheidung des Falles an zwei gelehrte Subdelegierte aus seiner eigenen Klientel, nämlich Dr. decr. Lamprecht von Langenhofen, Dekan zu St. Andreas, und Dr. iur. utr. Johann Spull, Scholaster zu St. Gereon in Köln.[656] Sie luden noch im Oktober 1442 die Parteien vor.[657] Die Stadt Metz stellte sich auf diese Situation dadurch ein, daß sie als ihren Prokurator u.a. einen Dr. Johann Pollard bestellte, der als Stiftsherr von St. Andreas in Köln seinerseits der kurkölnischen Klientel zuzurechnen ist.[658] Ein weiterer Prokurator, der Metzer Archidiakon Dr. Wilhelm Hugonis,[659] verkörperte die Verbindung zum Baseler Konzil. Da er im Auftrag des Konzils zu Verhandlungen beim Herzog von Bretagne unterwegs war, ließ die Stadt durch die Konzilsväter um einen Aufschub des Kommissionsverfahrens um drei Monate ab dem 20. Juni 1443 bitten.[660] Am 12. Oktober des Jahres wurde schließlich das Endurteil durch den Kölner Kurfürsten verkündet,[661] durch das die Stadt Metz von allen prozessualen Beschwerungen befreit und den Eheleuten Fuchs „ewiges Schweigen" auferlegt wurde. Zugleich wurden die drei Urteile des Baseler Konzils von 1439 und 1440 in allen ihren Punkten bestätigt.

Obwohl damit ein kraft königlicher Autorität gefälltes Urteil vorlag, das laut Kommissionsbrief dem König unmittelbar zugerechnet wurde, wandten sich die Prokuratoren der Stadt Metz nun erneut mit der Bitte an König Friedrich, den erzbischöflichen Spruch zu bestätigen. Dieser Bitte kam der Habsburger am 26. November des Jahres mit einer durch seinen Rat Eneas Silvius in Graz ausgefertigten Konfirmationsbrief nach.[662] Danach stellte der König fest, daß der Prozeß um Einsetzung der Eheleute Fuchs in ihre Güter zu Metz bereits vor 24 Jahren anhängig gemacht worden sei; es seien nun schon vier definitive, rechtskräftige Urteile verkündet worden, und zwar durch König Sigmund,[663] das Baseler Konzil,[664] den königlichen Subkommissar Dr. Johann Ner[665] und den Erzbischof Dietrich von Köln.[666] Obwohl der Streit 1441 inzwischen in Rechtskraft erwachsen sei *(in rem dicuntur transisse iudicatum)* und nicht mehr habe appelliert bzw. die eingelegte Appellation habe verfolgt werden können *(cum vel appellatum legittime non fuerit vel appellacio, si qua extitit interposita, rite prosecucionem non habuerit)*, hätten die Eheleute Fuchs dennoch nicht geruht und den Streit nochmals an das Königliche Hofgericht gebracht *(ad iudicium nostre traxerunt curie)*.[667] Er, der König, habe daraufhin den Streit vom Hofgericht abgezogen *(ex prefata curia advocantes)* und zur endgültigen Entscheidung dem Erzbischof Dietrich von Köln übertragen.[668] Dieser habe die Sache innerhalb eines Jahres erneut untersucht und persönlich unter Beiziehung von Rechtsgelehrten *(in persona pro tribunali sedens, convocato prius notabilium iuris doctores, quos in hac parte subdelegavit)* ein endgültiges Urteil erlassen, in dem den Eheleuten Fuchs ewiges Schweigen auferlegt worden sei.[669] Um diese Sache nunmehr zu einem Ende zu bringen, die durch so viele Urteile schon in Rechtskraft erwachsen sei *(in rem iudicatam transisse noscuntur)*, habe er auf Bitten der Stadt Metz nach reiflicher Überlegung unter Beiziehung von Doktoren kraft seiner königlichen Hoheit das Urteil des Erzbischofs bestätigt *(ratam habemus et gratam eique regalis celsitudinis nostre robur confirmacionis adicimus)*. Zugleich habe er, der König, alle eventuellen Appellationen zurückgewiesen und dem Königlichen Hofgericht die Befugnis zur erneuten Anhörung des Streits genommen *(apud tribunalem nostre curie vel alibi minime fore audiendas)*.

Mit diesem Konfirmationsbrief legte König Friedrich erneut seine Stellung zur Gerichtsbarkeit im allgemeinen und zu seiner eigenen Hofgerichtsbarkeit im besonderen fest. Auf der einen Seite hielt er sich an die Entscheidungen anderer Gerichte, auch wenn sie Vikariatsfunktionen im Reich erfüllt hatten oder kommissionsweise in seinem Auftrag in königsgleicher Stellung tätig waren, nicht soweit gebunden, daß eine etwaige formelle Rechtskraft sein Tätigwerden ausschloß. Ebenso wie er kraft seiner königlichen Prärogative Privilegien erteilen oder entziehen konnte, so behielt er sich auch vor, Bestätigungen auszusprechen oder zu verweigern: Die Rechtskraft hatte an der königlichen Autorität ihre Grenze. Auf der anderen Seite sprach er dem Hofgericht eben diejenige Kompetenz ab, die er sich selbst zulegte, nämlich über rechtskräftige Urteile erneut nach Appellation entscheiden zu dürfen. Aus diesem Grunde hatte er schon vorher den ans Hofgericht gelangten Streitfall von diesem abgezogen und kommissionsweise einem Reichsfürsten zur Entscheidung übertragen. Das Hofgericht sollte der persönlichen, durch das Kammergericht oder kommissionsweise ausgeübten Gerichtsbarkeit untergeordnet werden. Dieses war insofern nicht mehr die institutionalisierte Ausprägung der königlichen Rechtsprechung, sondern eine selbständige, freilich im Rahmen des Königshofs verbliebene „Behörde" in eigenständiger Informationsbearbeitung.

Bestätigt werden diese Überlegungen durch den Fortgang und vorläufigen Abschluß des Prozesses. Noch im November 1443, ganz sicher noch vor Verkündung des königlichen Konfirmationsbriefs, wandte sich Reinhard Fuchs mit einer neuerlichen Appellation gegen das Urteil des Kommissars Erzbischof Dietrich von Köln an das Hofgericht. Am 2. Dezember des Jahres wurden daraufhin der Schultheiß, die Dreizehner und die Bürgerschaft der Stadt Metz auf den nächsten Gerichtstag nach Carnisprivii (23. Februar 1444) vorgeladen, da andernfalls eine Entscheidung weder für noch gegen sie ergehen könne.[670] Da das Hofgericht am Hof des Königs tagte, muß davon ausgegangen werden, daß die Ladung in Kenntnis der genau acht Tage vorher ergangenen königlichen Entscheidung ausgefertigt wurde, daß man sich also nicht gehindert sah, unabhängig vom König Appellationen entgegenzunehmen und über sie zu entscheiden. Die Stadt Metz, die zwölf Tage später die Ladung erhalten hatte, reagierte sofort mit der Bevollmächtigung ihres in Nürnberg zurückgebliebenen Prokurators Dr. Wilhelm Hugonis, der als Vertreter der Stadt am Baseler Konzil und am Königshof bereits im Kölner Kommissionsverfahren eine Rolle gespielt hatte.[671] Sie instruierte ihn dahingehend, daß dieser die Kompetenz des Hofgerichts ablehnen sollte *(descliner la dite justice de la court)*.

Ein Hofgerichtsverfahren scheint jedenfalls nicht mehr zustande gekommen zu sein, zumal der Hauptinteressent der Restitutionssache, Reinhard Fuchs, Mitte 1444 verstarb. Ein dreißigjähriger Prozeß war damit zu einem vorläufigen Ende gekommen. Daß der Stiefsohn der Houdiette, Gerlach Fuchs, den Streitfall 1455 erneut am kaiserlichen Hof anhängig machte und jetzt sogar den kaiserlichen Kammerfiskal aktivieren konnte,[672] daß sich die Stadt wenig später veranlaßt sah, den Kaiser erneut um eine endgültige Entscheidung zu bitten, da ohne diese der kaiserliche Vizekanzler Ulrich Riederer[673] die Sache nicht abschließen wolle,[674] und daß schließlich im Januar 1459 ein weiteres Urteil des Kaiserlichen Kammergerichts zugunsten der Stadt verkündet wurde,[675] mag noch abschließend erwähnt werden. An dem 1444 erreichten Zustand änderte sich dadurch nichts mehr, und trotz aller Teilerfolge konnte Houdiette die Restitution in ihre Metzer Güter nicht durchsetzen. Für die Stadt war damit eine mögliche Gefährdung der restaurierten patrizisch-oligarchischen Administration verhindert worden. Der König andererseits hatte seine im Kammergericht und in Kommissionen ausgeübte Entscheidungs-Prärogative gegenüber dem – 1451 eingegangenen – Hofgericht deutlich gemacht und erfolgreich verteidigt.

Zweigleisigkeit des Verfahrens und Politischer Prozeß

Die recht komplizierte und vielschichtige Prozeßserie um die Restitution der Houdiette Fuchs in ihre nach Niederschlagung des Metzer Zunftaufstandes konfiszierten Güter läßt auf den ersten Blick ein undurchdringliches Gegeneinander und Konkurrieren sich widersprechender Kompetenzen in der Ausübung der Gerichtsbarkeit im Reich erkennen. Neben dem dinggenossenschaftlich verfahrenden alten Hofgericht hatte sich das Kammergericht etabliert. Über diesem entschied weiterhin der König persönlich oder im Einvernehmen mit seinen Räten. Schließlich konnten Kompetenzen an Kommissionen und von dort weiter an Subkommissionen delegiert werden, und im Falle einer Vakanz der Reichsgerichtsbarkeit nahmen auch kuriale bzw. konziliare Gerichte vikariatsweise hofgerichtliche Funktionen wahr. Daß die beinahe endlosen Beschwerde- und Klagemöglichkeiten zu jahrzehntelangen Auseinandersetzungen führen konnten, hat gerade der hier analysierte Prozeß gezeigt. Demgegenüber muß allerdings auch gesehen werden, daß sich die königliche Gerichtsbarkeit unter den Königen Sigmund und Friedrich III. in einer Übergangsphase befand: Legitimierend war an sich allein der dinggenossenschaftlich durchgeführte Hofgerichtsprozeß, und mit ihm inszenierte der König auch seine oberste Gerichtsgewalt im Reich. Die Bürokratisierungsentwicklung dieses Gerichts unter den verschiedenen halbgelehrten Hofschreibern führte zu einer eigengesetzlichen Bewegung vom Zentrum des Königshofes fort, die den König mehr und mehr veranlaßte, Streitfälle von politischer Tragweite im eigenen Rat oder auch vor seinem Kammergericht erledigen zu lassen. Die Hinzuziehung gelehrter Juristen in der Beratung des Königs, die seit Sigmund zur gewohnten Praxis wurde,[676] wirkte sich ebenfalls in einer Begrenzung der wenig modernisierungsfähigen Hofgerichtsbarkeit und in einem Ausbau von Kammergerichts- und Kommissionsjustiz aus. Jahrzehntelang blieb die Situation zwischen den beharrenden Kräften des alten Hofgerichts und den auf Modernisierung drängenden Kräften des Kammergerichts unentschieden. Nachdem es gelungen war, das letztere als die angemessene Ausprägung der kaiserlichen Gerichtsautorität auszugestalten, wurde es seinerseits zum legitimierenden Forum am Königshof. Gelehrte königliche Rechtsprechung nach dem Vorbild der Offizialatsgerichte wurde seither im wesentlichen von den reichsfürstlichen Kommissaren betrieben. Das Kammergericht jedoch absorbierte die kanonistisch-juristischen Elemente in einem Verfahren, das im Kern weiterhin dinggenossenschaftlichen Prinzipien verpflichtet blieb.

Im Hinblick auf die Frage nach den Politischen Momenten des Metzer Restitutionsprozesses lassen sich ebenfalls bei näherem Zusehen klare Linien erkennen. Der alles in allem mindestens ein halbes Jahrhundert währende Streit um die nach Niederschlagung des Metzer Zunftaufstandes konfiszierten Güter der Houdiette Fuchs hätte auch als Prozeß vor Königs- und Konzilsgerichten den Rahmen einer „privatrechtlichen" Auseinandersetzung um die Vindikation von Eigentum, um die Wiedereinsetzung in die Gewere und um Schadensersatz kaum überschritten, wäre er nicht von beiden Seiten zu einem Exempel und zu einem Schlüsselprozeß aufgewertet worden, mit dem einerseits die verfassungsrechtliche Stellung der Stadt im Reich stabilisiert, andererseits die Wiederzulassung der aus der Stadt verbannten Kräfte erreicht werden sollte. Für die an der „Westgrenze" des Reiches gefährdete Freie Stadt Metz mußte es darum gehen, im Bündnis mit dem Kaiser die oligarchische Herrschaft der führenden Paraiges-Familien zu stabilisieren, ohne daß eine verpflichtende Bindung an ein institutionalisiertes und damit in seiner Verfassungsstruktur verdichtetes Reich eingegangen wurde. Houdiette Fuchs und ihr „Ehevogt" Reinhard Fuchs hingegen setzten auf die legitimierende Wirkung der alten Hofgerichtsbarkeit, auf die formalen Rechtsregeln des dinggenossenschaftlichen Verfahrens und auf die Schädigungswirkung der Reichsacht für den Handelsverkehr der Stadt; durch die Ausübung andauernden Drucks sollte die Stadt zur Unterwerfung unter die Hofgerichtsbarkeit gezwungen und damit in das engere System des Reiches eingebunden werden. So kam es zu einer Zweiteilung des Verfahrens, die ganz den gegenläufigen Interessen entsprach, in dieser Form aber nur während der Übergangsphase der königlichen Gerichtsbarkeit in der ersten Hälfte des 15. Jahrhunderts möglich war. Die Institutionalisierung des Hofgerichts und seine Fortentwicklung vom Zentrum der königlichen Macht kam den Interessen der Eheleute Fuchs entgegen; sie konnten, nachdem 1417 die ersten Entscheidungen zu ihren Gunsten gefallen waren, am meisten gewinnen, wenn der Prozeß als „unpolitisches" Verfahren nach formalen Beweisregeln ablief. Die Stadt Metz andererseits wollte sich nicht auf ihr Gerichtsstandsprivileg zurückziehen; sie war vielmehr bereit, ihre Königstreue durch den Nachweis, alle königlichen Gebote erfüllt zu haben, unter Beweis zu stellen. Für sie boten die vor dem königlichen Rat, dem Kammergericht und den Kommissionen geführten Prozesse die Chance, eine unverbindliche Unterordnung unter den König zur Legitimierung des eigenen Freistadtstatus zu demonstrieren. Mit ihren massiv eingesetzten und zu Prokuratoren bestellten Juristen konnte sie auf die Verfahrensgestaltung Einfluß nehmen, und auf sie dürfte auch die mehrfach betonte und für die königliche Gerichtsbarkeit ungewöhnliche Rechtskraftwirkung der Kommissionsurteile zurückgehen. Das Interesse der Stadt, die sich noch 1458 über die fortdauernden gerichtlichen Belästigungen durch die Familie Fuchs beklagte,[677] gebot schon aus ökonomischen Gründen eine schnelle Beendigung der Prozesse, so daß der in der königlichen Gerichtsbarkeit rezipierte Gedanke der formellen Rechtskraft und die Konzentration der Prozesse in der Hand des Königs als die geeigneten Mittel hierzu erschienen. Daß zur Stützung ihrer Position in der Zeit der Reichsvakanz nach dem

Tode Kaiser Sigmunds auch die Konzilsgerichtsbarkeit in Anspruch genommen wurde, führte zwar unter König Albrecht II. zu einer kurzzeitigen Irritation, da dies als unzulässiger Eingriff in die Rechte des Reiches verstanden wurde; sie stabilisierte jedoch im Ergebnis die Stellung der Stadt gegenüber dem König, nachdem die „Wahrheit" der Konzilsurteile von diesem anerkannt worden war.

Daß Friedrich III. durch den Metzer Restitutionsprozeß seine Stellung als oberster Gerichtsherr gegenüber dem „verselbständigten" Hofgericht stärken konnte, mag als Nebenwirkung des Verfahrens verstanden werden, die mitprägend für die geänderte Verfassungswirklichkeit im Reich wurde. Die Tatsache aber, daß es der Stadt Metz gelang, unter Übergehung des Hofgerichts im Vertrauen auf die legitimierende Wirkung kammer- und kommissionsgerichtlicher Urteile ihre eigene Position im Verbund mit König und Kaiser zu stärken und damit letztlich die oligarchische Herrschaft innerhalb der Stadt gegen eine Gefährdung durch präjudizierende Restitutionen zu stabilisieren, kann nicht mehr als zufällige Nebenwirkung des am Königshof geführten Prozesses angesehen werden. Es war dies vielmehr eine beabsichtigte Politisierung des Verfahrens, die die Stadt durch ein Großaufgebot an Juristen als Prokuratoren zur Durchsetzung ihrer Interessen erreichte. Sie konnte sich nicht darauf einlassen, nach Zahlung des Achtschatzes und der Lösung aus der Reichsnacht in Vergleichsverhandlungen die Restitution der Eheleute Fuchs durchzuführen. Sie mußte vielmehr den Anachronismus des Achtverfahrens, dessen schädigende Auswirkungen auf den Handelsverkehr der Städte allgemein befürchtet wurde, und zugleich die Plausibilität ihrer juristisch gestützten Argumentation soweit deutlich machen, daß ihre Königs- und Reichstreue dennoch nicht angezweifelt, sondern bestätigt wurde.

Herrschaftsstabilisierung und Fehderecht: Ein Fiskalprozeß zwischen den Herrschaften Lichtenberg und Leiningen um die Vorherrschaft im Unterelsaß vor dem Kammergericht Kaiser Friedrichs III. 1458–1466

Die lichtenberg-leiningensche Fehde im elsässischen Territorialkonflikt

Nahezu ein Jahrzehnt lang, in der Zeit von 1458 bis 1466, befaßte sich das Kammergericht Kaiser Friedrichs III. mit der Fehde der Brüder Jakob und Ludwig V. von Lichtenberg mit Graf Jofried von

Leiningen-Hardenburg. Unmittelbarer Anlaß war die im Auftrag Ludwigs erfolgte Gefangennahme des letzteren auf offener Reichsstraße, als dieser in Begleitung des Hans von Rechberg auf dem Weg zu einer Schiedsverhandlung zwischen diesem und den schwäbischen Reichsstädten war.[678] Doch war dieser Übergriff nur vorläufiger Endpunkt einer langandauernden Auseinandersetzung um die Vorherrschaft im Unteren Elsaß, die im Grunde bereits in der Schlacht bei Reichshofen 1451 zugunsten der Lichtenberger entschieden war. Nicht von Anfang an war klar, daß die mit ihren territorialen Schwerpunkten rings um die Reichsstadt und den Heiligen Forst Hagenau zwischen Selzbach, Moder und Zorn sowie rechtsrheinisch zwischen Rench und Kinzig gelegene Herrschaft Lichtenberg zum dominierenden Faktor des unteren Elsaß werden würde. Mitten in ihrer größten Expansionsphase im 14. Jahrhundert[679] war es ihren dynastischen Konkurrenten aus dem Hause Leiningen gelungen, einen Keil in die noch unzusammenhängende Territorialmasse der Lichtenberger zu setzen, indem Emich V. von Leiningen-Hardenburg, der Großvater Jofrieds, 1383 größere Teile des erst 1332 lichtenbergisch gewordenen Amtes Brumath an der Zorn an sich zu bringen vermochte.[680] Ob damit eine Brücke zwischen dem pfälzischen Herrschaftsschwerpunkt um Dürkheim und der Herrschaft Dagsburg an der oberen Zorn errichtet werden sollte, kann nur spekuliert werden. Jedenfalls wurden durch diesen Eingriff ständige Streitigkeiten zwischen den beiden Dynastien provoziert, da die eben erst fast erreichte territoriale Verbindung zwischen den lichtenbergischen Kernlanden im Westen um Lichtenberg, Ingweiler und Buchsweiler und dem rechtsrheinischen Teil um Lichtenau und Willstätt wieder zerstört zu werden drohte.[681]

Zu Beginn der fünfziger Jahre des 15. Jahrhunderts kam es zu größeren kriegerischen Auseinandersetzungen um diese Erbschaft, die einen großen Teil des Hohen und Niederen Adels des Unterelsasses polarisierte. Auf seiten der Lichtenberger standen die Grafen von Lützelstein, die Herren von Geroldseck am Wasichen und von Finstingen, während sich die Herren von Ochsenstein[682] und von Fleckenstein[683] ebenso wie Graf Jakob von Mörs-Saarwerden, ein Schwager des Grafen Jofried, und Diebold I. von Hohengeroldseck,[684] ein Sohn des alten Lichtenberger Gegners Walther II., auf die leiningensche Seite geschlagen hatten.[685] Die Pfalzgrafen bei Rhein, die als Pfandschaft vom Reich die Landvogtei im Elsaß innehatten und kraft dieser Funktion eine gleichsam kaiserlich autorisierte Schiedskompetenz über den elsässischen Adel ausüben konnten,[686] neigten ebenfalls zur lichtenbergischen Seite. Schon in der Anfangsphase der Fehde im April

1450 versuchten die Lichtenberger, der leiningenschen Seite durch ein Rechtsgebot[687] auf den Pfalzgrafen Friedrich dessen Kompetenz aufzudringen; der angestrebte Schiedstag kam jedoch nicht zustande.[688] Nachdem die militärischen Auseinandersetzungen der Monate August bis Oktober 1450 ohne jedes greifbare Ergebnis geblieben waren, brachte die zweite Fehde, die durch einen Überfall der leiningenschen Partei ausgelöst worden war, mit deren Niederlage im Juni 1451 bei Reichshofen die Entscheidung. Graf Jofried geriet im Zuge der Auseinandersetzungen zusammen mit Georg von Ochsenstein in die Hände der Lichtenberger und blieb ein Jahr lang ihr Gefangener.[689] Beendet wurde die Fehde durch einen in Zabern verkündeten umfänglichen Schiedsspruch Bischof Ruprechts von Straßburg aus dem Hause der Pfalzgrafen von Simmern.[690] In Ausführung des Spruchs mußte sich Jofried bei Entlassung aus der Gefangenschaft eidlich verpflichten, in keiner Weise mehr die Herren von Lichtenberg, ihre Ländereien, Leute und Herrschaften zu befehden.[691]

Die genauer geregelte Restitution älterer lichtenbergischer Rechte um Brumath mag hier nicht weiter interessieren. Hinzuweisen ist jedoch darauf, daß die Auseinandersetzung längst über das Elsaß hinaus Kreise gezogen hatte, da durch die sichtbar werdende Dominanz der Lichtenberger die teilweise von außen gesteuerten Einflußzonen in Mitleidenschaft gezogen zu werden drohten. Jofried hatte insbesondere in Kaiser Friedrich III. einen wohlwollenden Fürsprecher, der ihn mehrfach zu Reichsdiensten im kaiserlichen Hof verpflichtete.[692] Aus der Auseinandersetzung zwischen dem auf der lichtenbergischen Seite stehenden Pfalzgrafen Friedrich dem Siegreichen mit Herzog Ludwig von Zweibrücken-Veldenz[693] konnte Jofried ebenso Nutzen ziehen, nachdem er sich mit dem letzteren aus Enttäuschung über die Haltung des Wittelsbachers beim Verlust von Brumath verbündet hatte. Daß durch die für Pfalzgraf Friedrich siegreich ausgegangene Schlacht bei Seckenheim 1462[694] das Pendel endgültig zugunsten der lichtenbergischen Dynastie ausschlug, war vorher noch nicht absehbar. Die Folgen zeigten sich in der kurz darauf zwischen den Pfalzgrafen Friedrich und Ludwig mit Ludwig V. von Lichtenberg eingegangenen und gegen den Leininger gerichteten Einung,[695] die durch den gleichzeitigen Verzicht des Veldenzers auf die Geltendmachung weiterer Forderungen an die Herrschaft Lichtenberg[696] ermöglicht wurde. Durch dieses mit einer Reihe weiterer Verträge flankierte Vertragswerk wurde ein überregionales Hegemonialsystem aufgebaut, aus dem Graf Jofried und seine Anhängerschaft ausgeschlossen wurden. So gab es für ihn nur noch die Möglichkeit, mit

Abb. 9: Brustbild König Friedrichs III. im Ornat; in der rechten Hand das waagerecht liegende Richtschwert, in der linken das Zepter.

Hilfe des kaiserlichen Hofes und besonders durch den Einsatz des kammergerichtlichen Verfahrens einen legitimierenden rechtlichen Vorsprung zu erreichen.

Das erste Fiskalverfahren vor dem Kammergericht 1458/59

Offenbar ohne jede Vorwarnung hatten die Amtleute Ludwigs V. von Lichtenberg am Vorabend zu St. Michael des Jahres 1457, am 28. September, den Grafen Jofried von Leiningen, der sich – wie erwähnt – in Begleitung des Hans von Rechberg auf dem Weg zu einer kaiserlichen Schiedsverhandlung befunden hatte, zu Iffezheim (südwestlich von Rastatt) bei der Rheinfähre des Markgrafen Karl von Baden überfallen und kurz darauf gefangengesetzt.[697] Diese Ereignisse führten zu einem recht erregten Briefwechsel zwischen den Brüdern des Gefangenen, den Grafen Emich VII. und Bernhard von Leiningen-Dagsburg, mit den beiden Lichtenbergern, Jakob und Ludwig, in dem sich die Leininger vor dem Kaiser, den Kurfürsten und einigen weiteren Reichsfürsten zu Recht erboten.[698] Er erbrachte indes kein Ergebnis. Der Vorwurf, daß die Lichtenberger Amtleute kaiserliches Geleit verletzt hätten, wurde von diesen unter Hinweis darauf zurückgewiesen, daß Graf Jofried den von Bischof Ruprecht von Straßburg 1452 verkündeten Schiedsspruch verletzt und den darin übernommenen Verpflichtungen nicht nachgekommen sei. Statt dessen habe er die Lande der Lichtenberger verwüstet und geschatzt und auch einige Untertanen von ihnen gefangengesetzt. Die Gefangennahme Jofrieds sei eine im Rahmen der Fehde berechtigte Selbsthilfemaßnahme gewesen. Jakob von Lichtenberg behauptete gar, nicht Graf Jofried, vielmehr die Lichtenberger Untertanen seien *uff des Heiligen Richs straß* gefangengenommen worden.[699] Da damit Vergleichsverhandlungen fürs erste ohne Ergebnis geblieben waren, wandten sich die Leininger an das Kammergericht Friedrichs III. Auf ihre Klage hin, die vom Fiskalprokurator von Reichs wegen erhoben wurde, ließ dieses Gericht von Wiener Neustadt aus, der kaiserlichen Residenz dieser Zeit, im Februar 1458 eine Ladung auf den fünfundvierzigsten Tag nach Empfang des Ladbriefs[700] ausgehen.[701] Die Fiskalklage gegen die beiden Lichtenberger Brüder stützte sich auf die Verletzung der Goldenen Bulle Kaiser Karls IV. von 1356,[702] der Frankfurter Reformation König Friedrichs III. von 1442 gegen das Fehdewesen im Reich[703] sowie den Tatbestand des „Majestätsverbrechens", des *crimen laesae maiestatis*.[704] Die bei Verletzung dieser kaiserlichen Gesetze und Grundsätze vorgesehenen Bußen seien deshalb verwirkt, weil sich die rechtswidrige Gefangennahme auf einer unter dem besonderen Schutz des Kaisers stehenden Reichsstraße ereignet habe und weil das persönlich gewährte kaiserliche Geleit zum Besuch der Kommissionsverhandlungen verletzt worden sei. Da jedoch keiner von den beiden Beklagten zum gesetzten Gerichtstermin erschien, wurde in Wien am 14. Februar des folgenden Jahres ein unter dem Vorsitz des Markgrafen Wilhelm von Hachberg und dem Beisitz u. a. von Rechtsgelehrten *(der recht gelertten)* schon am 11. Dezember 1458 gefundenes Kammergerichtsurteil verkündet, durch das dem Antrag des kaiserlichen Fiskalprokurators stattgegeben wurde.[705] Den Brüdern Jakob und Ludwig von Lichtenberg wurde in einer gesonderten Urkunde aufgegeben,[706] den Grafen Jofried von Leiningen samt dessen Helfern unverzüglich und bedingungslos freizulassen und die geschuldete Buße binnen sechs Wochen und drei Tagen zu entrichten. Im Unterschied zur bis zur Jahrhundertmitte üblichen Praxis des Hofgerichts wurden die beiden Lichtenberger nicht wegen Säumnis der Gerichtstermine und Mißachtung der kaiserlichen Autorität in die Reichsacht verurteilt; sie wurden vielmehr entsprechend dem „Eremodizialprinzip" so behandelt, als seien sie anwesend gewesen, hätten sich auf die Klage eingelassen und als hätten sie die der Klage zugrundeliegenden Tatsachen zugestanden. Obwohl damit ein Urteil zur Sache vorlag, orientierte man sich bei der Ausgestaltung doch an der älteren Praxis. Einzelmandate zur Ausführung des Urteils wurden gleichzeitig an den Pfalzgrafen Friedrich bei Rhein,[707] Markgraf Karl von Baden[708] und die Stadt Straßburg,[709] ein Generalmandat an viele geistliche und weltliche Reichsfürsten, auch an zahlreiche Adelige, Rittergesellschaften, Freie Stadt und Reichsstädte sowie die Städte und Lande der Schweizerischen Eidgenossenschaft versandt.[710] Bei all diesen Mandaten fällt auf, daß sie in verblüffender Weise den Achtbriefen und Achtmandaten des Königlichen Hofgerichts ähneln. Das 1459 formulierte kaiserliche Gebot ging keineswegs in erster Linie dahin, die verwirkten Bußen eintreiben zu helfen; es umfaßte vielmehr vor allem den Befehl, die Lichtenberger weder zu hausen noch zu hofen, sie weder zu verköstigen noch sie mit Getränken zu versorgen, noch überhaupt in irgendeiner Weise mit ihnen Gemeinschaft zu pflegen. Sieht man sich die Formeln der hofgerichtlichen Achtbriefe des 15. Jahrhunderts an,[711] in denen zum Teil mutatis mutandis wörtlich übereinstimmende Gebote enthalten waren, so besteht kein Zweifel mehr daran, daß das Formular von 1459 der Sache nach einem Achtmandat entsprach. Nimmt man die Aussagen des noch zu besprechenden Kammergerichtsbriefs vom April 1465 hinzu,[712] so ergibt sich, daß die kaiserliche Hofkanzlei selbst der Ansicht war, mit der Urkunde von 1459 und den dazu ausgegangenen Mandaten seien die Brüder Ludwig und Jakob von Lichtenberg in die Reichsacht gesprochen worden. Es kommt hinzu, daß die „peremptorische" Sitzung, auf der über die Klage des Fiskalprokurators[713] entschieden worden war, mehr als zwei Monate vor dem Verkündungstermin stattgefunden hatte: Es scheint, daß man den Parteien noch Gelegenheit zu einem erfolgreichen Abschluß der Vergleichsverhandlungen[714] hatte geben wollen. So kann man davon ausgehen, daß das Urteil nur vorläufigen Charakter haben sollte und vor allem den Zweck hatte, auf die beklagten Lichtenberger Druck auszuüben; es war gewissermaßen durch eine erhoffte Einlassung der Beklagten auflösend bedingt.[715] Damit zeigt es sich, daß man sich am Kammergericht im Grunde immer noch nicht völlig vom alten dinggenossenschaftlichen Achtverfahren gelöst hatte. Die Einlassung der Beklagten auf die Klage war zwar nicht mehr Voraussetzung für eine antragsgemäße Verurteilung. Deren Abwesenheit jedoch führte offensichtlich nur zu einer „provisorischen" Entscheidung, die in ihren Wirkungen und in ihrer Funktion der alten Reichsacht entsprach. Die Ursachen für die nur zögernde Einführung des „echten" Säumnisverfahrens mit der Möglichkeit der Verurteilung trotz Abwesenheit einer Partei lagen hauptsächlich darin, daß man zur Ausführung eines Urteils auf den Konsens der Parteien angewiesen war. Rechtsgebote, Schiedsverträge und „Anlaßbriefe" mit ihrer vorab erklärten Unterwerfung unter das zu erwartende Urteil boten die beste Gewähr für eine konsensfähige Entscheidung; lagen derartige Verwillkürungen nicht vor, so war die Umsetzung eines Urteils nur zu erreichen, falls die Autorität des Richters unmittelbar und persönlich in Anwesenheit der Parteien zur Geltung kam. Fehlte eine Partei ganz, so konnte die Hoffnung auf Konsens nur aufrechterhalten werden, falls die Sachentscheidung offengehalten und auf den Säumigen Druck zur Erzwingung der Einlassung ausgeübt wurde.[716] Das „verzögerte" und „bedingte" Urteil des Kammergerichts von 1458/59 bot also die Vorteile einer Sachentscheidung, ohne auf das Druckmittel der Reichsacht verzichten zu müssen. Ludwig V. von Lichtenberg, der als der aktivere Teil auch die Interessen seines älteren Bruders Jakob wahrnahm, reagierte denn auch gleich nach Bekanntwerden des Urteils und sandte seinen Rat und Schreiber Johannes von Weyhersheim[717] an den kaiserlichen Hof nach Wien.[718] Er beglaubigte ihn bei dem kaiserlichen Vertrauten, dem Gurker Bischof Ulrich Sonnenberger,[719] gleichzeitig auch beim ehemaligen königlichen Hofrichter und jetzigen kaiserlichen Rat Burggraf Michael von Magdeburg-Hardeck. Johannes konnte wenigstens die wittelsbachischen Herzöge Albrecht III., Johann IV. und Sigmund von Bayern-München zur Fürsprache beim Kaiser bewegen, nachdem dieser *solicher hanndlung halb* [gemeint ist die Gefangennahme Jofrieds] *etwas unwillens und ungnade gen dem benant [Ludwig] von Liechtemberg* gezeigt hatte.[720] Ohne sich auf das ergangene Kammergerichtsurteil zu beziehen, versuchte Ludwig, den Kaiser zur Revision seiner Haltung zu bewegen. Er war sich sehr wohl dessen bewußt, daß der Entzug der ihm [Ludwig] zustehenden Anrede *„des richs getruwer"* im Kammergerichtsmandat vom Februar 1459 der Entziehung kaiserlicher Gnade und Gunst gleichkam.[721]

Gegen das Urteil selbst versuchte er sich im Wege der Appellation zu wehren. Durch seinen Lichtenauer Amtsvogt *(advocatus in Liechtennowe),* Adolf Nassow,[722] den er im Mai 1459 mit der Wahrnehmung seiner Interessen gegen die Leininger beauftragt hatte,[723] ließ er gegen das Urteil des kaiserlichen Gerichts Berufung einlegen.[724] Diese wurde an Kaiser Friedrich III. persönlich gerichtet, an die Kurfürsten des Reiches, an einen zukünftigen regierenden Kaiser und an den damaligen Papst Pius II. sowie an die Kurie, ein zukünftiges Generalkonzil und alle sonst in Betracht kommenden Adressaten *(aliumve aut alios, ad quem vel quos de iure appellare et provcare licet introducendi vel devolvendi)*: an diejenigen Funktionsträger und Gremien also, die als mögliche Inhaber einer oberstrichterlichen Gewalt im Heiligen Römischen Reich in Frage kommen könnten. Wenige Tage später ließ auch die leiningensche Partei in ihrer Residenz Hardenburg bei Dürkheim in der Pfalz das an den Pfalzgrafen Friedrich gerichtete Kammergerichtsmandat vom Februar 1459 beglaubigen, wohl bevor es mit dreimonatiger Verspätung von dem kaiserlichen Boten Hans Forster dem Adressaten übermittelt worden war.[725] So wird auch in den Reaktionen auf die Kammergerichtsentscheidung eine Zweigleisigkeit deutlich, die den „politischen" Charakter des Prozesses offenlegt: Als juristisches Verfahren, das seine Legitimation in der Kompetenz der beteiligten Rechtsgelehrten und dem Einsatz der kaiserlichen Autorität trug, wurde es von den betroffenen Lichtenbergern ernst genommen, die deshalb gegen das Urteil mit dem Mittel der Appellation vorgingen. Bezeichnenderweise beriefen sie sich hierbei nicht auf das im April 1449 erhaltene Gerichtsstandsprivileg, mit dem sie vom Königlichen Hofgericht und allen anderen Hof- und Landgerichten befreit worden waren[726]; sie sahen insofern die Kammergerichtsbarkeit als Ausdruck der höchstrichterlichen Autorität des Kaisers, der man sich auch nicht durch ein Privileg entziehen konnte.[727] Es wurde aber zugleich als Teil eines politischen Konflikts um die Durchsetzung von Herrschaftsinteressen angesehen, in dem es je nach Zweckmäßigkeit legitimierend eingesetzt oder auch verzögert gehandhabt werden konnte. Die Auseinandersetzung um die Urteilsdurchsetzung vollzog sich ganz in der quellenmäßig schwer faßbaren Familiarität des kaiserlichen Hofes in Wien und Wiener Neustadt. Zwei der drei einflußreichen „Wetterherren", eines stabilen Triumvirats in der Umgebung Friedrichs III.,[728] nämlich Ulrich Sonnenberger und Ulrich Riederer, bei denen Ludwig von Lichtenberg vorstellig wurde,[729] bestimmten maßgeblich darüber, in welcher Weise die elsässische Fehdeangelegenheit vom Kaiser und seinem Gericht betrieben wurde. Sie trugen mit dazu bei, daß der Habsburger seine richterliche Gewalt ganz in den Dienst seiner Herrschaftspolitik stellte.[730]

Neben allen juristischen und diplomatischen Aktivitäten um die Ausführung bzw. Verhinderung des Kammergerichtsurteils gingen inzwischen die Fehdehandlungen zwischen der lichtenbergischen und leiningenschen Seite weiter. Ein umfangreiches Verzeichnis der für Ludwig V. geworbenen Söldner aus dem Jahre 1460 legt Zeugnis über die Ausbreitung der Fehde ab.[731] Ein Bericht Graf Philipps von Hanau, Schwiegersohn und Erbe Ludwigs von Lichtenberg, an diesen von 1461 gibt über die Kriegszüge der Leininger Auskunft, die von Rheinzabern aus mit 40 Pferden gerüstet in die Markgrafschaft Baden zogen.[732] Erst 1463, auf massive Intervention der politischen Freunde des Grafen Jofried, gelang es diesem, sich der lichtenbergischen Gefangenschaft zu entledigen. Allerdings mußte er in einer Reihe von ihm abgenötigten Urfehde-Verschreibungen vom Juni dieses Jahres auf umfangreiche Rechte und Besitzungen verzichten.[733] Die in dem hier interessierenden Zusammenhang wichtigste und weittragendste Verpflichtung betraf den am kaiserlichen Kammergericht geführten Prozeß.[734] Hiernach mußte Jofried eidlich versprechen, *das wir die forderunge und furheischunge, so gescheen sint durch unser brudere oder andere von unsernt wegen vor unserm allergnedigsten herren den Romischen keiser uff die egenanten unsere vettern von Liehtemberg abetund und die nit furbasser uben, sonder dovon steen und lossen*. Mit allem seinem Vermögen sollte er sich dafür einsetzen, daß binnen Jahresfrist die vom Kaiser den Lichtenbergern auferlegten Beschwerungen *on alle ir engeltniß* aufgehoben würden. Offenbar hatte der Fiskalprozeß das Ansehen der lichtenbergischen Brüder im Reich beeinträchtigt, weshalb in der zitierten Urfehde darauf hingewiesen wurde, daß *alles inen zu nit cleinem unstatten, sunder zu mercklichem schaden* geschehen sei. Ob die beiden Lichtenberger mit den erpreßten Verpflichtungserklärungen ihr Ansehen wiederherstellen, eine Niederschlagung des Fiskalprozesses erreichen und die kaiserliche Gnade wiedererlangen konnten, mußte die Zukunft zeigen.

Vorauszusehen war, daß die leiningenschen Brüder die nächstmögliche Gelegenheit dazu nutzen würden, von den Verpflichtungen der Verschreibungen wieder freizukommen. Kurze Zeit nach Entlassung aus dem Gefängnis bemängelte Jofried Unstimmigkeiten hinsichtlich seiner Verpflichtung zur Intervention beim Kaiser und bat deshalb um Zusendung einer beglaubigten Abschrift.[735] Dem Verkauf der an Ludwig verschriebenen Burgen Gutenburg und Minfeld an Kurfürst Friedrich von der Pfalz, an denen Jofried weiterhin eigene Rechte in

Anspruch nahm, setzte er seinen Widerstand entgegen.[736] Mit seinem erneuten Rechtsgebot auf Kaiser Friedrich III., einen kaiserlichen Kommissar oder auch wahlweise vor den Markgrafen Albrecht von Brandenburg bzw. Karl von Baden oder Graf Ulrich von Württemberg[737] hatte er allerdings keinen Erfolg, da es sich bei den genannten Fürsten und Grafen durchwegs um Parteigänger des Kaisers gegen die Wittelsbacher und damit auch gegen die Lichtenberger handelte. Somit hatten die Verschreibungen vom Juni 1463 zwar eine Beendigung der lichtenbergisch-leiningenschen Fehde herbeigeführt und wohl auch den Kammergerichtsprozeß fürs erste zum Stillstand gebracht. Sie hatten aber nicht den Kampf um die politische Vorherrschaft im Unterelsaß entschieden.

Das zweite Fiskalverfahren vor dem Kammergericht 1464–1466

Das Scheitern aller Vergleichs- und Schiedsversuche und die Unnachgiebigkeit der lichtenbergischen Partei, die im Vertrauen auf ihre gestärkte herrschaftliche Position im Unterelsaß und auf das erneute Bündnis mit dem elsässischen Landvogt Kurfürst Friedrich von der Pfalz und Herzog Ludwig von Veldenz[738] zu einem Entgegenkommen nicht bereit war, veranlaßte Graf Jofried von Leiningen 1464, erneut die Hilfe des Kaiserlichen Kammergerichts in Anspruch zu nehmen. Damit begann die zweite und letzte Phase in der rechtlichen Auseinandersetzung zwischen den Herrschaften Lichtenberg und Leiningen. Aus heutiger Sicht mag sie nur mehr als ein juristisches Nachspiel einer längst entschiedenen politischen Auseinandersetzung gewertet werden. Daß aber zwei Jahre lang nochmals erbittert um den Bestand von Rechtstiteln gekämpft wurde und jede der Parteien ihre Anhängerschaft von neuem mobilisierte, läßt erkennen, daß aus der Sicht der Beteiligten noch nichts endgültig festgelegt war; noch war die lichtenbergische Herrschaft vielfältigen Gefährdungen ausgesetzt, zumal der Bruderzwist zwischen Jakob und Ludwig eine schwere Krise provozierte.[739] Daß der eng mit der Freien Stadt Straßburg verbundene und seiner Herrschaft Buchsweiler entsetzte Straßburger Obervogt und Graf Jakob von Lichtenberg sich im Mai 1463 unter den Schutz König Ludwigs XI. von Frankreich stellte[740] und von ihm auch militärische Hilfe erwarten konnte,[741] hätte sich durchaus zugunsten der leiningenschen Partei auswirken können. Die zeitweise Entfremdung Ludwigs von Kurfürst Friedrich von der Pfalz, der den Überfall auf Jakob als Eingriff in die adelige Standessolidarität werten mußte, brachte Revisionschancen mit sich. Nach der 1463 zugunsten des kaiserlichen bzw. päpstlichen Kandidaten Adolf von Nassau erfolgreich beendeten Mainzer Stiftsfehde[742] und dem gestärkt daraus hervorgegangenen Ansehen des Kaisers konnte zudem mit einem Autoritätsgewinn des Kammergerichts gerechnet werden. Die 1464 auf Bischof Ulrich von Passau als Kammerrichter und Hofkanzler übertragene Verwaltung dieses Gerichts erhöhte im Interesse der Einnahmesteigerung die Effektivität seiner Rechtsprechung.[743] Dies alles erklärt die Verbissenheit, mit der Graf Jofried trotz der Ferne des kaiserlichen Hofes das legitimierende Instrumentarium des Kammergerichts in Anspruch nahm, um seine Rechte gegenüber der Herrschaft Lichtenberg doch noch durchzusetzen.

Die von Graf Jofried beim Kammergericht erhobene Klage[744] stützte sich darauf, daß die beiden Lichtenberger ihn nur aufgrund von Schatzungen, Urfehden und Verschreibungen aus dem Gefängnis entlassen hätten, obwohl die kaiserlichen Gebote solche verboten hätten. Beide wurden deshalb im Oktober 1464 von Kaiser Friedrich auf den fünfundvierzigsten Tag nach Empfang des Ladbriefs zu einem peremptorischen Gerichtstag nach Wiener Neustadt geladen.[745] Auf die wohl gleichzeitig mit der Klage in Ausführung der im Juni 1463 eingegangenen Rachtungsverpflichtungen vorgebrachte Bitte, die Brüder von Lichtenberg aus allen Bußen, aus der Acht und Aberacht des Kaiserlichen Kammergerichts *gnediclich zu ledigen und zu absolviren*, entgegnete der Kaiser allerdings in einem wenig später ausgefertigten Schreiben,[746] *das wir im* [diese Bitte] *aber abgeslagen und nit thun haben wellen, als wir dann uns und dem reiche des schuldig und pflichtig sein*. Ludwig bat zwar wegen „ehafter Not"[747] und zu knapper Frist um einen Aufschub der Prozeßverhandlungen bis zum 24. Juni 1465, beabsichtigte jedoch gleichwohl, sich jetzt persönlich auf die Klage einzulassen.[748] In einer undatierten, auf einem Tag zu Nürnberg aufgesetzten Verhandlungsniederschrift seiner Räte[749] wurde im einzelnen festgehalten, wie man sich am kaiserlichen Hof verhalten wolle. Danach sollte in erster Linie auf die Nichterfüllung der Straßburger Rachtung vom März 1452 und auf die unrechtmäßigen Fehdehandlungen der Leininger hingewiesen werden. Darüber hinaus sollten die guten Dienste hervorgehoben werden, die die lichtenbergischen Brüder Kaiser Friedrich bei der Bewältigung der Mainzer Stiftsfehde dadurch erwiesen hatten, daß sie den kaiserlichen und päpstlichen Kandidaten Graf Adolf von Nassau gegen den abgesetzten Erzbischof Diether von Isenburg unterstützt hätten.[750] Für den Fall, daß der Kaiser bereit sei, die Lichtenberger wieder in ihre Rechte einzusetzen *(wider restuiere und zu sime rehten secze)*, werde Ludwig persönlich vor ihm erscheinen und dem Leininger als Kläger sein Recht nicht versagen. Nicht mehr besonders gefordert wurde die Annullierung des alten Kammergerichtsprozesses; die Kompetenz des kaiserlichen Gerichts für die Folgen der elsässischen Fehde wurde vielmehr ausdrücklich zugestanden. Die lichtenbergischen Räte sollten namentlich vorbringen, *das alle reht uß imme* [dem Kaiser] *fliessen und die vertruckten und verkurtzesten des rehten zu nieman kein zufluht haben, dann zu sinen keiserlichen gnaden*. Aus all dem ist zu schließen, daß Ludwig sich den Regeln des Kammergerichtsprozesses zu unterwerfen bereit war, sofern ihm eine gerechte und unparteiische Verhandlungsführung garantiert werden konnte.

Doch scheint die Werbung des Lichtenbergers am kaiserlichen Hof keinen sichtbaren Erfolg gezeitigt zu haben. Eine bald darauf entstandene Rechtfertigungsschrift eines ungenannten Lichtenberger Rats[751] vermerkt, daß trotz der Prorogationsbitte weder eine schriftliche noch eine mündliche Antwort des Kaisers erfolgt sei. Daß seiner Bitte nicht entsprochen wurde, hängt vor allem damit zusammen, daß es sich um einen officialiter geführten Fiskalprozeß handelte, der nicht der Disposition der Parteien anheimgestellt war. Folglich waren sowohl der Antrag Jofrieds auf Aufhebung der Reichsacht wie auch der Prorogationsantrag Ludwigs nur dann beachtlich, falls der von Amts wegen geführte Prozeß dadurch keinen Eintrag erhielt. Aus dem späteren Urteil ergibt sich jedoch, daß es noch andere Beklagte gab, die ebenfalls in die Affäre um die Leininger Urfehden verwickelt waren. Bei einem derartigen gemeinsam geführten „Inquisitionsverfahren" aber mußte wohl nicht unbedingt auf eine Terminbitte eines der Beklagten Rücksicht genommen werden. Unter diesen Umständen zog es Ludwig vor, zum Prozeßtermin in Wiener Neustadt nicht zu erscheinen und damit ein ihm ungünstiges Urteil zu riskieren. Dieses Kammergerichtsurteil wurde am 4. April 1465 aufgrund der Prozeßverhandlungen vom 12. und 23. März von Kaiser Friedrich III., ausgefertigt von dem Protonotar Dr. Johannes Roth,[752] in Wiener Neustadt verkündet.[753] Auf Klage des Fiskalprokurators wurden darin aufgrund einhelligen Urteils der 21 adeligen und gelehrten Beisitzer alle Urfehde-Verschreibungen des Grafen Jofried für nichtig erklärt, da die Brüder Jakob und Ludwig von Lichtenberg trotz ordnungsgemäßer Ladung zur Gerichtsverhandlung nicht erschienen seien und sich außerdem in Reichsacht und Reichsaberacht befunden haben, als die Verträge geschlossen worden waren. Die gleichzeitig beklagte Stadt Straßburg verzichtete von sich aus auf ihre Rechte an den Verschreibungen. Kurfürst Friedrich von der Pfalz, Herzog Ludwig von Zweibrücken-Veldenz, Graf Jakob von Mörs-Saarwerden und Johann von Finstingen, die ebenfalls vom Inhalt der Urfehdebriefe profitiert und deren Zustandekommen auch mitveranlaßt hatten, wurden als *socii criminis et muneris* zur Verantwortung gezogen, weil sie mit Ächtern unrechtmäßigerweise Gemeinschaft gepflogen hatten. Eine konkrete Buße wurde ihnen allerdings nicht auferlegt.

Besser verständlich wird dieses Urteil, wenn man es im Zusammenhang mit dem Wiener Kammergerichtsurteil vom Februar 1359 sieht. Der Verhandlungsgegenstand, der in beiden Urteilen mit übereinstimmenden Formulierungen angesprochen wurde, betraf im Kern die Verletzung kaiserlicher Geleitsrechte auf offener, freier Reichsstraße. In beiden Fällen ging es um eine „privatrechtliche" und um eine „strafrechtliche" Rechtsfolge: Zum einen sollten die Verletzungsfolgen rückgängig gemacht werden, insbesondere eine Entschädigung des Verletzten, des Grafen Jofried von Leiningen, erreicht werden. Dies hatte 1459 nur durch eine bedingungslose Freilassung aus der Gefangenschaft erreicht werden können, 1465 nur noch durch die Aufhebung der Urfehdeverschreibungen, da diese als unzulässige Bedingungen für die Freilassung angesehen werden mußten. Zum andern sollte nach beiden Urteilen die nach der Goldenen Bulle von 1356, nach der Frankfurter Reformation von 1442 sowie nach dem Tatbestand des Majestätsverbrechens verwirkten Bußen realisiert werden. Auch die Beteiligung weiterer Beklagter im Kammergerichtsverfahren war nur eine Konsequenz des so gefaßten Prozeßgegenstands. Die „Nebenbeklagten" konnten als *socii criminis* [scil. der Straftatbestände] *et muneris* [scil. der Verschreibungen] angesehen und deshalb mit entsprechenden „strafrechtlichen" und „privatrechtlichen" Verletzungsfolgen belegt werden. So ist in diesem Kammergerichtsprozeß eine einsichtige Systematik erkennbar: Die *gerichtzordnung*, die im Urteil von 1465 zitiert wurde,[754] konnte demnach, auch wenn sie niemals schriftlich festgelegt war, als gerichtlich praktizierte Rechtsgewohnheit realen Inhalt gehabt haben. Hinsichtlich des „privatrechtlichen" Teils war der Gerichtsbrief von 1459 sozusagen zur Hauptsache ergangen, während derjenige von 1465 nach einer teilweisen Erledigung der Hauptsache, nämlich der Entlassung Jofrieds aus der Gefangenschaft, nur noch die Nebenfolge feststellte. Für die 1459 ausgesprochenen strafrechtlichen Folgen brachte das Urteil von 1465 außer einer Bestätigung und einer Einbeziehung der *socii criminis* nichts Neues. Weiterhin waren hier Bußfestsetzung und Ächtung unter Berufung auf ältere Ordnungen und Straftatbestände die probaten Mittel zur Inszenierung der kaiserlichen Autorität. Sieht man sich schließlich die im Kammergerichtsbrief mitgeteilte Reihe der 21 Beisitzer *(bey dem rechten sind gewesen)* an, so bestätigt sich die Unentschiedenheit zwischen traditioneller „Dinggenossenschaftlichkeit“ und zukunftsweisender „Wissenschaftlichkeit“ in der Rechtsprechung. Außer dem Protonotar Dr. Johannes Roth waren an der Urteilsfindung noch zwei weitere Doktoren geistlicher Rechte beteiligt: der Bamberger Domdekan Hertnid von Stein und der Augsburger Domherr Ulrich von Rechberg.[755] Gelehrt war vielleicht auch Hans von Horb, wenn man seinen sonst genannten Meistertitel mit dem eines *„magister artium“* gleichsetzen kann.[756] Ansonsten wurde die Reihe von zwei geistlichen Reichsprälaten (Kammerrichter Ulrich von Gurk und Abt Johann von Kempten), sieben Grafen und Herren aus dem Hochadel[757] sowie weiteren Adeligen und Bürgerlichen aus der süddeutschen und österreichischen Klientel des Kaisers[758] gebildet. Das unübersehbare und gewiß erheblich zur Modernisierung beitragende juristische Element – das in zwei Fällen mit einer hohen geistlichen Würde und adeliger Herkunft der Inhaber verbunden war – wurde weiterhin von einer ganz überwiegend adeligen Urteilerbank dominiert, durch die das überkommene dinggenossenschaftliche Verfahren verkörpert wurde. Ganz in traditioneller Weise lief denn auch das Urteilsverfahren ab, wenn man davon absieht, daß die Urteilsfrage nicht vom Kaiser oder dem Kammerrichter gestellt wurde, sondern vom Fiskalprokurator als dem Interessenvertreter der kaiserlichen Kammer. Selbst die Begründung des Urteils blieb formaler Natur: Die juristische Qualifikation der Verschreibungen und der Art und Weise ihres Zustandekommens blieb offen.

Auch der Urteilsbrief vom April 1465 war wieder von einigen Ausführungsmandaten („Gebotsbriefen“) begleitet: Am 11. Juni des Jahres erging ein Gebot an alle Kurfürsten, geistliche und weltliche Fürsten, Grafen, Freiherren, Ritter und Edelknechte ebenso wie an alle Funktionsträger und Städte des Reiches, mit den Brüdern Jakob und Ludwig von Lichtenberg keine Gemeinschaft mehr zu pflegen, bis diese die ihnen auferlegte Buße bezahlt und den Grafen Jofried von Leiningen schadlos gestellt hätten.[759] Auch dieser Kammergerichtsbrief entspricht wieder teilweise wörtlich den älteren Achtmandaten des Königlichen Hofgerichts, ohne auch nur einmal das Wort „Reichsacht“ zu gebrauchen. Gleichzeitig wurden in einem weiteren Mandat die Hintersassen und Amtleute der Herrschaft Lichtenberg von allen ihren Verpflichtungen zur Zahlung von Zinsen, Gülten, Nutzungen und Renten entbunden.[760] Anders als bei der alten Reichsacht war der

Zweck dieser Maßnahmen jedoch nicht mehr die Erzwingung der Einlassung im Prozeß, sondern die Ausübung von Druck auf die Beklagten, ihren „privatrechtlichen" und „strafrechtlichen" Verpflichtungen aus den Urteilen von 1459 und 1465 nachzukommen. In einer Reihe weiterer Urteile vom 5. Oktober des gleichen Jahres wurden darüber hinaus die lichtenbergischen Städte Neuweiler, Ingweiler, Buchsweiler, Wörth und Görsdorf im Elsaß wegen Beteiligung an der Gefangennahme des Grafen Jofried von Leiningen entsprechend den Vorschriften der Goldenen Bulle und der Frankfurter Reformation zu Bußen von jeweils 20000 Gulden verurteilt.[761] Gleichzeitig – wenn auch außerhalb des Kammergerichtsverfahrens – wurden die Hintersassen und Güter der Grafen Emich VII. und Bernhard von Leiningen, der Brüder Jofrieds, in den besonderen Schutz des Reiches gestellt.[762]

Erst die gegen ihn erneut verkündeten Urteile veranlaßten Ludwig V. von Lichtenberg im Mai 1466, sich beim Kaiser über das ihm geschehene Unrecht zu beschweren.[763] Nochmals schilderte er aus seiner Sicht den gesamten Verlauf der Fehde und beklagte sich darüber, daß trotz seiner Bitten um Aufschub des Verfahrens weiter gegen ihn prozessiert worden sei. Im Vertrauen auf die ihm mündlich überbrachte Antwort, *wie das uwer keiserliche gnade mir gnedig sin wolt*, habe er nichts weiter unternommen. Als er jedoch in seinem Lande abwesend gewesen sei, seien seine Hintersassen aufgrund der Kammergerichtsprozesse des Grafen Jofried und des Kammerfiskals heimgesucht und geschädigt worden. Er flehte daher den Kaiser an, diese Sache *in den schrine der gerehtigkeit inzuschließen* und die gegen ihn ungerechtfertigterweise erhobenen Klagen abzustellen. Gleichzeitig wandte er sich in einem weiteren Schreiben an den Kammerrichter Bischof Ulrich von Passau und die Urteilssprecher des Kammergerichts.[764] Auch in diesem breitete er in lebhafter und bilderreicher Sprache sein Anliegen aus. Das Gericht solle den lügenhaften Klagen des Jofried keinen Glauben schenken: *Ir als diejhenen, die der eren und gerehtigkeit faren, sollent von hant keren Schaffritten von Lyningen, mit yme kein gemeinschafft haben, imen ouch um kein wise by uch zu gericht [...] siczen lossen nach ime ouch sins lugenthafftigen angebens [...] nit glauben, sunder innehalten.* Sie als diejenigen, *die do wirdig besitzen und halten das reht, daruß als von dem hohesten ursprung und ußfluß haben sollen alle andre reht*, sollten das Vorgehen des Grafen Jofried keineswegs gutheißen. Ludwig bat deshalb auch sie, ihm Gerechtigkeit widerfahren zu lassen.

Ob freilich diese beiden Briefe an Kaiser und Kammergericht eine Aufhebung der Urteile und Mandate bewirkten, muß bezweifelt werden. Denn noch am 14. August 1466 verkündete Friedrich III. von Wiener Neustadt aus ein weiteres, am 3. August zusammen mit seinen Räten und Rechtsgelehrten gefundenes Kammergerichtsurteil gegen Herzog Ludwig von Zweibrücken-Veldenz, durch das dieser zur Herausgabe der leiningenschen Burgen Gutenburg und Minfeld an den Grafen Jofried von Leiningen sowie zur Zahlung einer Entschädigung in Höhe von 10000 Gulden veranlaßt werden sollte.[765] Das im Juni 1467 an alle Stände des Reiches verkündete Gebot, mit den Brüdern Jakob und Ludwig von Lichtenberg keine Gemeinschaft mehr zu pflegen, weil diese sich in Reichsacht und Aberacht befänden,[766] bestätigte nochmals den seit 1458/59 bestehenden Rechtszustand, an dem sich durch die Eingaben Ludwigs von 1466 nichts mehr geändert hatte. Das durch Papst Paul II. im Januar 1468 an verschiedene titulierte Stiftsgeistliche ausgegebene und schließlich im März des Jahres an die Bischöfe Lamprecht von Speyer und Johann von Worms wiederholte Mandat, die gegen die Lichtenberger und den Herzog von Veldenz verkündeten Kammergerichtsurteile zu bestätigen *(auctoritate nostra confirmetis)*,[767] macht darüber hinaus deutlich, daß die Reichsacht mitnichten ihre Bedeutung als symbolträchtiges Instrument zur Darstellung kaiserlicher Friedensgewalt verloren hatte. Noch immer hielt man es für nötig, die Hilfe des geistlichen Schwerts in Anspruch zu nehmen, auch wenn die Verkündung des Kirchenbanns wohl nicht mehr erstrebt wurde.[768] Es ist davon auszugehen, daß Friedrich III. zur Wahrung seiner kaiserlichen Autorität im Reich eine vergleichsweise Erledigung des Streitfalls gar nicht erst ins Auge gefaßt hat, vielmehr an der ihm durch Urteil bestätigten Rechtsposition des Kammerfiskals auch gegenüber einem mächtigen Dynasten im Elsaß festhielt. Das auf Betreiben des Grafen Jakob von Lichtenberg im August 1465 eingeleitete weitere Fiskalverfahren gegen Ludwig, das die Entsetzung des ersteren aus seiner Herrschaft ahnden sollte,[769] dürfte den Habsburger in seiner Haltung noch weiter bestärkt haben. An den faktischen Herrschaftsverhältnissen im Unterelsaß konnten die Urteile freilich nichts mehr ändern: Eine Restitution zugunsten der Leininger war angesichts der inzwischen stabilisierten lichtenbergischen Herrschaft auch mit kaiserlicher Hilfe nicht mehr zu erreichen. Nach dem 1862 ausgesprochenen Urteil Johann Georg Lehmanns trugen in diesem Streitfall „List und Bosheit [...] den vollständigsten unrühmlichen Sieg davon“, und Graf Jofried sei damit „für immer seines Eigenthums beraubt“ worden.[770] Auch wenn sich eine derart schroffe Verurteilung der Lichtenberger Politik anhand der Quellen nicht stützen läßt, so ist doch nicht zu übersehen, daß im elsässischen Herrschaftskonflikt derjenige den Sieg davongetragen hatte, der seine machtpolitischen Möglichkeiten am geschicktesten einzusetzen wußte. So, wie Ludwig seinen Bruder Jakob der Herrschaft entsetzte, so befreite der sich auch von einem lästigen Herrschaftskonkurrenten, der in den Kern des lichtenbergischen Hegemonialgebiets einzudringen versucht hatte.

Fehdewesen und Fiskalat: Das „Legitimitätspotential" der Königlichen Gerichtsbarkeit unter Friedrich III.

An dieser Stelle muß jetzt wieder danach gefragt werden, wo sich der „politische" Charakter dieses zehnjährigen Kammergerichtsprozesses zeigt, aber auch danach, was er im Gesamtrahmen des Heiligen Römischen Reiches wirklich mit herrschaftsverändernder oder -stabilisierender Relevanz bewirkt hat. Man könnte zunächst der Auffassung sein, daß es sich bei dem Verfahren vor dem Kaiser und seinem Gericht nur um eine juristische Auseinandersetzung ohne jede Relevanz für die politische und gesellschaftliche Realität gehandelt habe: Der Kampf um die Vorherrschaft im Unteren Elsaß ist letzten Endes wohl mit militärischen Mitteln entschieden worden, aber auch durch die Heiratspolitik der maßgebenden Hochadelsfamilien, ein Aspekt, der in der hier gebrachten Analyse weitgehend übergangen werden mußte.[771] Das Aussterben der Dynastien von Ochsenstein und Lichtenberg in der zweiten Hälfte des 15. Jahrhunderts (1485 und 1480), von dem die „landfremden" Dynastien der Grafen von Zweibrücken-Bitsch aus dem lothringisch-pfälzischen Raum und der Grafen von Hanau aus der Wetterau durch eine vorausschauende Heiratspolitik profitierten,[772] sollte die politische Landschaft des Unterelsaß gründlich verändern. Das unterschiedliche Schicksal der an die jeweiligen Schwiegersöhne vererbten Eigengüter und der teilweise an die Lehnsherren heimgefallenen oder eingezogenen Lehnsgüter ließ neue Kräftekonstellationen entstehen, die den alten Gegensatz Lichtenberg – Leiningen historisch bedeutungslos erscheinen lassen. Aber auch die Leiningensche Herrschaft, die durch eine gut funktionierende Familienordnung zwischen den drei Brüdern Emich VII., Jofried und Bernhard zusammengehalten worden war[773] und die durch das Aussterben der Teillinie Dagsburg (zwischen Saar und Zorn im Elsaß) 1467 nochmals eine Herrschaftskonzentration erreichen konnte, machte 1495 nach dem Tode des Ältesten, der als einziger von ihnen männliche

Erben hatte, einen Veränderungsprozeß durch, der den Kampf Jofrieds um verschiedene lichtenbergische Besitzungen und Rechte nachträglich als sinnlos erscheinen lassen mußte.

Doch muß auch hier nochmals betont werden, daß die durch Heiratspolitik und militärische Auseinandersetzungen, durch planmäßige Erwerbspolitik und zufällige genealogische Einwirkungen und schließlich die durch globale politische Kräftekonstellationen bedingten Veränderungsfaktoren für die Handelnden immer nur zu einem geringen Teil berechenbar waren. Wenn man eine Stabilisierung oder Erweiterung der eigenen Herrschaft und an den Aufbau einer hegemonialen Stellung innerhalb einer Region denken wollte, so bedurfte man dazu eines legitimierenden Instrumentariums, das unter Umständen auch gewaltsame Eingriffe und militärische Auseinandersetzungen in rechtlich erlaubte Maßnahmen verwandelte. Dies gilt für die zwischen den Herrschaften Lichtenberg und Leiningen geführten Fehden um so mehr, als deren Ablauf von einem jedermann als Rechtsgewohnheit bekannten Regelwerk geprägt war, das gerade von einem Zusammenspiel von militärischem Druck und begleitender rechtlicher Auseinandersetzung in Vergleichs-, Schieds- und Rechtsverfahren getragen war. Fehdegründe und Fehdehandlungen waren innerhalb der geschlossenen Adelsgesellschaft, die allein als zur Fehde berechtigt angesehen wurde, genau definiert, und auch die Differenzierung zwischen rechter und unrechter Fehde, zwischen Überfall und rechtlich erlaubtem Angriff, war allen Beteiligten bewußt.[774] Am Beginn einer jeden Fehde stand der Versuch einer Einigung, der, soweit nicht schon in Landfriedensverträgen oder Burgfriedenseinungen eine Schiedsklausel vorhanden war, durch übereinstimmende Rechtsgebote auf ein Schiedsgericht in die Wege geleitet wurde.[775] Ebenso stand am Ende einer jeden Fehde die von den Fehdeführenden selbst oder auch befreundeten Adelsgenossen abgeschlossene Sühne.[776] Der regelhaft inszenierte und gewaltsam ausgetragene Konflikt war nur dann rechtmäßig, wenn eine vorherige Einigung auf dem Vergleichs- oder Schiedswege nicht erreichbar war; und auch die gewaltsam geschaffenen Ergebnisse konnten nur dann rechtlichen Bestand haben, wenn in der abschließenden Sühne über seine Anerkennung Konsens unter den Parteien entstanden war. So ergibt sich der Eindruck, daß die Fehdepraxis zwar zum adeligen Selbstverständnis zählte und als legitimes Mittel der Herrschaftsausübung angesehen wurde, daß man aber ebenso bewußt den rechtlichen Rahmen setzte, innerhalb dessen sich die Auseinandersetzung abspielen sollte. Mit in diesen Rahmen gehörte, daß Regelverletzungen „justitiabel" waren und vor den jeweils „zuständigen" Gerichten überprüft werden konnten. Dies galt erst recht von solchen Rechtsbrüchen, die den Rechtskreis Dritter tangierten oder die Landfriedenshoheit des Kaisers oder der Territorialherren verletzten.

Damit wuchs dem Königlichen Kammergericht eine Schlüsselrolle zu. Es war dies diejenige übergreifende Institution, die, getragen von einer legitimierenden Autorität, unabhängig von schiedsvertraglichen Abmachungen und etwa vorhandenen Rechtsgeboten der Fehdeparteien, auf Klage einer verletzten Partei regulierend eingreifen konnte. Nicht mehr das Verhandlungsgeschick des Königs, wie es Ruprecht von der Pfalz in der kurmainzisch-hessisch-braunschweigischen Fehde zu Beginn des Jahrhunderts beweisen mußte, war entscheidend, um eine konsensfähige Sühne zustande zu bringen. Das durch Gerichtsstandsprivilegien nicht mehr und von Appellationsprivilegien noch nicht in seiner Wirksamkeit beeinträchtigte Kammergericht war inzwischen zu einer vorab von den Konfliktpartnern akzeptierten Regelungsinstanz geworden, auf die man sich nicht eigens verwillküren mußte. Wurde mit Hilfe dieses Gerichts eine Regelverletzung sanktioniert, so bestand die Chance, die Ergebnisse der Fehde zu revidieren: Die in der Adelsgemeinschaft besonders wirksame Solidarität und soziale Kontrolle konnten in diesem Fall durchaus für den notwendigen Druck sorgen, um den Status quo ante wiederherzustellen.

Seit unter König Sigmund mit dem Amt eines Fiskalprokurators die Interessen des Königs institutionell am Kammergericht verankert waren, wuchs dem obersten königlichen Gericht eine weitere Möglichkeit zu, Regelverletzungen von Fehdehandlungen zurückzudrängen. Das ab 1421 mit Antonius Bartholomei Franchi aus Pisa als erstem Amtsinhaber ständige Fiskalat am Königshof[777] hatte die vornehmlich fiskalischen Belange des Königs gerichtlich geltend zu machen und über die Verletzungen von Reichsrecht durch Eintreibung von Bußen zu wachen. Der Überfall auf einer unter dem Geleitschutz des Kaisers stehenden offenen Reichsstraße, besonders in Fällen, daß für die Teilnahme an kaiserlichen Sühneverhandlungen ein spezieller Geleitbrief erteilt wurde, galt als eine solche Verletzung von Reichsrechten. Sie konnte deshalb auf „Anzeige“ des Betroffenen vom Fiskal officialiter vor dem Kammergericht geltend gemacht werden. Hierzu bedurfte es allem Anschein nach weder einer förmlichen Klage noch einer Einlassung des Beklagten, sofern der Tatbestand des Geleit- und Friedensbruchs eindeutig festgestellt war und die verletzte Norm, wie besonders die Goldene Bulle von 1356 und die Frankfurter Reformation von 1442, herangezogen werden konnte. Hinzu kam seit König Rudolf die Vorstellung, daß jeder dieser landfriedensbrüchigen

Übergriffe zugleich als Anschlag auf die Autorität des Königs, als *crimen laesae maiestatis*, gewertet werden müsse. So konnte Regelverletzungen bei Fehdehandlungen, wie besonders deutlich die Lichtenberg-Leiningensche Fehde gezeigt hat, am Kammergericht in zweierlei Weise begegnet werden: Sie konnten durch „privatrechtliche" Sanktionen und Druckmittel korrigiert werden, und sie konnten durch Einsatz der kaiserlichen Autorität im Fiskalverfahren an einer weiter ausgreifenden Rahmenordnung des Heiligen Römischen Reiches gemessen und „strafrechtlich" sanktioniert werden. Beide ineinander verschränkte Möglichkeiten, die keineswegs jeweils besonderen Verfahrensgängen zugewiesen waren, konnten bei den Fehdeparteien schon deshalb auf generelle Akzeptanz stoßen, weil sie in einem festgelegten, nach dinggenossenschaftlichen Prinzipien ablaufenden Verfahren eingebracht wurden. Sie erhielten in dem hier analysierten Fall einen so hohen Grad an Verrechtlichung, daß sie durch diplomatische Vorstöße der Parteien am kaiserlichen Hof und in der Hofbeamtenschaft nicht mehr wesentlich beeinflußt werden konnten.

Da Auseinandersetzungen um Herrschaftspositionen immer zugleich Kämpfe um die Legitimität der Herrschaft waren, und da stabile hegemoniale Systeme nur durch legitimierende Rechtstitel aufgebaut werden konnten, kam einem solcherart strukturierten und überdies in hohem Maße konsensfähigen Kammergerichtsverfahren eine besondere Bedeutung zu. Daß durch überholende Ereignisse der globalen politischen Konstellation, durch unvorhergesehene Erbgänge und durch eine beharrliche Familien- und Erwerbspolitik das einmal durch Gerichtsverfahren erworbene „Legitimitätspotential" wieder verlorengehen konnte, ist für die Beurteilung nicht entscheidend. Diese hängt einzig und allein von der zeitgenössischen Anschauung ab, für die die „Legitimation durch Verfahren" eine Grundkomponente bei der Stabilisierung von Herrschaftsrechten darstellte.

ZUSAMMENFASSUNG UND ERGEBNISSE

Der Prozeß der „Modernisierung" von Friedrich II. zu Friedrich III. im Überblick

Durch die im letzten Abschnitt vorgestellten Beispiele von Politischen Prozessen am Königshof wurde etwa ein Vierteljahrtausend durchschritten. Friedrich II. von Hohenstaufen, der am Beginn dieser Epoche steht, wird trotz der „progressiven" Elemente seiner Herrschaft im allgemeinen noch dem Hohen Mittelalter zugerechnet. Mit ihm ging nicht nur die Epoche eines dominierenden Kaisertums zu Ende; auch Modernisierungsansätze der zentralen „Administration", die aus den Erfahrungen des normannisch-sizilischen Königtums abgeleitet worden waren, blieben in den Anfängen stecken. Gerichtsbarkeit und Landfriedensgewalt blieben als wichtigste Aufgaben des römisch-deutschen Königs ebenso bewußt wie die Restaurierung des imperial angelegten Kaisertums. Als dem Staufer selbst bei seiner Absetzung im Jahre 1245 Friedensbruch vorgeworfen wurde,[778] mußte dies – unabhängig davon, ob dieser Vorwurf berechtigt war oder nicht – zu einem Legitimationsverlust des Kaisertums führen. Nur mühsam gelang es Rudolf von Habsburg dreißig Jahre später, unter Berufung auf die Zeit vor der Absetzung, die Autorität des Königtums und zukünftigen Kaisertums wieder zu festigen. Dies gelang ihm auf Dauer und über sein persönliches *regnum* hinaus weniger durch die Betonung der Kontinuität und legitimen Nachfolge zur staufischen Dynastie als durch die Re-Installierung einer obersten richterlichen Gewalt und einer für die Wahrung des Landfriedens relevanten Landvogtei-Organisation, durch die die Friedenskompetenz regional wieder sichtbar gemacht werden konnte.[779] Das Bewußtsein von der legitimierenden Kraft der staufischen Dynastie für neu eingerichtete Gerichtsbarkeit unter dem Habsburger war so groß, daß dessen Hofrichter Berthold von Trauchburg noch nach seinem Ausscheiden aus dem Amt ein von Friedrich II. hergeleitetes Hofrichtertum vorgab, um gerichtliche Autorität durchsetzen zu können.[780]

Ein völlig neues Bild zeigt sich unter dem dritten Friedrich im Kaisertum, dessen Regierungszeit das letzte Prozeßbeispiel entnommen wurde.[781] Von einer eigenständig ausgeübten Landfriedensgewalt konnte keine Rede mehr sein,[782] und auch die hofgerichtliche Rechtsprechung, die ihre Tradition nach wie vor von Friedrich II. und dessen Mainzer Landfrieden herleitete, war durch die Ausgabe einer nahezu flächendeckenden Gerichtsstandsprivilegierung zu einer kompetenziell begrenzten, supplementären Gerichtsbarkeit geworden.[783] Die Institutionalisierung der sich eigenständig entwickelnden, wenn auch mit dem Hofe weiterhin personell und sachlich verquickten Hofgerichtskanzlei wurde, da durch sie die kaiserliche Autorität nicht mehr genügend zur Geltung gebracht werden konnte, zurückgebildet; an ihre Stelle trat die seit längerem im Kammergericht gefestigte, aber auch durch Schieds- und Kommissionswesen ausgeübte persönliche Rechtsprechung des Königs, die flexibler eingesetzt werden konnte. Die parallel dazu seit dem Beginn des 15. Jahrhunderts zu beobachtende Professionalisierung und die teilweise schon ressortweise Differenzierung der Beamtenschaft des Hofes sowie der weiterhin bestehende Zwang zum Angebot einer „Legitimierung durch Verfahren" verhinderten indes ein Abdriften dieser von der *„Auctoritas Regia"* getragenen Rechtsfindungsform ins Unverbindliche. In den das Reichsganze und insbesondere die Organisation des Königlichen Hofes erfassenden Verdichtungsprozeß wurde auch die Kammergerichtsbarkeit eingebunden: Sosehr sie durch eine Anbindung an die allgemeine Hofkanzlei in der Hand des Königs für politische Zwecke leichter instrumentalisiert werden konnte, so sehr gebot nun der „Legitimierungszwang" eine nachvollziehbare Strukturierung. Wenn Heinrich Koller jüngst feststellen konnte, daß Friedrich mit seinen *handgeschriften* des öfteren in laufende Gerichtsverfahren am Königshof aus finanziellen oder persönlichen Motiven heraus einzugreifen versuchte,[784] so wird auch damit deutlich, daß der „normale" Verfahrensablauf sich weit verfestigt hatte, so daß die Kodifizierung in der Kammergerichtsordnung von 1471 nur eine seit längerem sich anbahnende Entwicklung abschloß.[785] Anders als unter Kaiser Friedrich II. war die herrscherliche Gewalt nicht mehr identisch mit der Gerichtsgewalt. Die zwar weiterhin mit der Person des Herrschers ideologisch verknüpfte Gerichtskompetenz wurde von ihm zwar noch angestoßen und im äußeren Rahmen strukturiert. Sie vollzog sich aber inzwischen in bürokratisierten Formen, in einem eingefahrenen Ritual, das im Unterschied zur früheren Zeit Elemente des gelehrten kanonischen Prozesses verarbeitet hatte.[786] Der Fiskalprozeß insbesondere, dessen Herkunft aus dem kirchlichen Rechtsbereich unverkennbar ist,[787] signalisiert eine Verfestigung, über die selbst die Prozeßparteien nicht mehr so ohne weiteres disponieren konnten. Ergänzend bediente sich der Kaiser zur Konkretisierung seiner Gebotsgewalt der sich aus dem Tatbestand des *crimen laesae maiestatis* ergebenden Sanktionsmöglichkeit. Aus staufischer Tradition übernommen und seit Ludwig dem Bayern politisch instrumentalisiert, setzte erst Kaiser Friedrich III. das Verbot des „Majestätsverbrechens" in die allgemeine politisch-gerichtliche Praxis um.[788] Das Amt des Fiskalprokurators wurde diesem Tatbestand gewissermaßen zugeordnet. Der Kaiser bediente sich freilich der alten Verfahrensformen als wichtiger Hülsen, die angesichts ihres Bekanntheitsgrades und ihrer Unveränderbarkeit allein konsensfähig waren und deshalb nicht einfach beiseite geschoben werden konnten. Das Mittel der Reichsacht und Aberacht wurde – in schwerwiegenden Fällen verbunden mit den Rechtsfolgen des *crimen laesae maiestatis*[789] – in seiner Bedeutung als Zwangsmittel zur Einwirkung auf den Beklagten – wenn auch zumeist kombiniert mit seinem Strafcharakter – genauso weiterbenutzt wie das Ritual der Urteilsfrage. Da man inzwischen bereit war, ohne Anwesenheit des Beklagten ein – wenigstens vorläufiges – Urteil zur Sache zu sprechen, und auch die scharfe Trennung zwischen prozeßleitendem Richteramt und urteilendem Beisitzeramt aufgehoben hatte, wären beide Formen eigentlich nicht mehr nötig gewesen. Trotzdem hielt man gerade am Königshof daran fest, weil ein eindeutig fixiertes forensisches Ritual, und zwar gepaart mit einer ebenso eindeutig sichtbar gemachten Friedensgewalt, die chancenreichsten Mittel waren, den unabdingbaren Konsens möglicher Prozeßparteien zu erhalten.

Es gab demnach in der Zeit zwischen Friedrich II. und Friedrich III. hinsichtlich des Gerichtswesens am Königshof nicht nur einen Prozeß der bürokratischen Verdichtung, der die Personalbeziehungen zu Kompetenzbereichen verdinglichte; es gab vielmehr auch einen Prozeß der Erneuerung königlicher bzw. kaiserlicher Autorität in Wiederanknüpfung und Ausbau tradierter Legitimationsrituale. Beides widersprach sich nicht, sondern stand eher in einem komplementären Verhältnis zueinander. Je weiter sich die eigengesetzlichen Mechanismen der Konfliktregelung vom Zentrum der königlichen Machtzentrale fortentwickelten und je mehr rationalere und konsensfähigere Verfahrensformen und Kompetenzvermutungen den hofgerichtlichen Prozeßgang bestimmten,[790] desto mehr mußte das Königtum zur Wahrung der oberstrichterlichen Kompetenz Formen entwickeln, die einem Verlust an Autoritätssubstanz entgegenwirkten. Auf diese Weise erklärt sich auch die gerade in Politischen Prozessen anzutreffende Zweigleisigkeit des Verfahrens. Vor allem seit König Sigmund läßt sich beobachten, daß hofgerichtliche Achtprozesse doppelt beendet wurden, durch einen kraft königlicher Machtvollkommenheit erteilten Lösungsbrief und durch eine „ordentliche" Absolution unter Hofgerichtssiegel.[791] Die Aufhebung *de plenitudine regie potestatis*[792] oder *auctoritate Romana regia et de regia potestatis plenitudine*[793] hatte nicht unbedingt eine Beendigung des hofgerichtlichen Verfahrens zur Folge, wie gerade auch die Darstellung des Prozesses der Eheleute Fuchs gegen die Freie Stadt Metz hatte nachweisen können. Sie verschaffte dem Begünstigten jedoch ein „Legitimierungskapital", das dem dinggenossenschaftlichen Verfahren die Grundlage nahm. Prozeßparteien wie die Freien Städte Metz und Besançon, die sich dem bürokratischen Verdichtungsprozeß des Reiches zu widersetzen wußten, orientierten sich deshalb lieber an der unmittelbaren Ausstrahlung der kaiserlichen Autorität: Sie war legitimierend gegenüber territorialen Nachbarn einzusetzen und konnte so eine gefährdete Herrschaftsposition stützen helfen. Aus ihr entstand deshalb nur eine Königsbindung, nicht aber eine Reichsbindung.

Königtum und Gerichtsbarkeit: Die Politischen Prozesse als Gradmesser einer Wechselbeziehung

Sieht man sich nun die im vorigen Abschnitt analysierten Politischen Prozesse nach ihrer Zuordnung zum Königtum an, so stellt man fest, daß sie die dargelegte Gegenläufigkeit und zugleich Komplementarität der Entwicklung in ihrer jeweiligen Stufe recht gut repräsentieren. Der Prozeß um die Fuldaer Ritualmordlegende ist vor dem Hintergrund des gerade erst geschaffenen Kaiserlichen Hofgerichts zu sehen, in dem es eine gesetzlich festgelegte Doppelgleisigkeit des Verfahrens gab. Doch war das Hofgericht unabhängig davon, ob es unter dem Vorsitz des Hofrichters oder in den *causae maiores* unter dem des Kaisers tagte, ungeteilt. Der zur kaiserlichen Schutzherrschaft über die Juden des Reiches führende Prozeß war ein solcher des Hofgerichts, von dessen Verfahrungsgrundsätzen bestimmt. Dennoch aber wurde er vom Kaiser inhaltlich so stark geprägt, daß die Meinung aufkommen konnte, es habe sich um einen der Hofgerichtsbarkeit nicht entsprechenden, aus dem kanonischen Recht rezipierten Inquisitionsprozeß gehandelt.[794] Tatsächlich aber war dieses nach dem Vorbild des Prozeßgangs des sizilisch-normannischen Großhofgerichts geformte, gesetzlich aber nicht „durchformte" Verfahren trotz aller Institutionalisierungsansätze in Hofrichter- und Hofschreiberamt noch ganz auf den Herrscher zugeschnitten: Die hofgerichtliche Kompetenz war ungeteilt in der Person des Herrschers vereinigt, wenn auch zur Ausübung in minderwichtigen und alltäglichen Rechtsfällen auf Dritte innerhalb der Klientel des Kaisers übertragen. Das im Hofgericht geübte Verfahren war zwar dinggenossenschaftlich geordnet; es war aber dennoch offen für einen von kaiserlichen Interessen formulierten Streitgegenstand. Es konnte somit unmittelbar herrschaftsstabilisierend eingesetzt werden und bedurfte nicht der Umsetzung in einem „politischen" Verfahren. Der Prozeß gegen König Przemisl Ottokar von Böhmen mußte auf einer gänzlich anderen Machtgrundlage aufgebaut werden und konnte nur durch ein Zusammenspiel mit dem fürstlichen Hochadel zu einem ähnlichen Ergebnis wie der Prozeß Friedrichs II. gebracht werden. Kurz vor dem Nürnberger Hoftag vom November 1274 war das Königliche Hofgericht als Institution unter dem Vorsitz eines Hofrichters reaktiviert worden. Mit Berthold von Trauchburg, der spätestens seit Februar 1274 den Hofrichtertitel führte[795] und im September des gleichen Jahres in Kaiserslautern verschiedenen Gerichtssitzungen vorsaß,[796] konnte ein Vertreter eines süddeutschen Hochadelsgeschlechts an den Hof verpflichtet werden, der seinerseits über gerichtliche Erfahrungen verfügte und seine Familien- und Amtstradition auf die staufische Zeit Friedrichs II. zurückführte.[797] Nimmt man das gleichzeitige Bemühen König Rudolfs hinzu, in Wiederaufnahme der staufischen Praxis den Landfrieden im Reich regional und bald auch übergreifend zu erneuern und abzusichern, so wird deutlich, daß einem am renovierten Hofgericht geführten Politischen Prozeß eine ähnliche Funktion zukam wie dem älteren „Ritualmordprozeß": Er sollte mit forensischen Mitteln eine Herrschaftsaufgabe des Königs unmittelbar durch ein legitimierendes Verfahren lösen. Er stabilisierte durch eine Reihe von Rechtsweisungen die Königsherrschaft selbst und gab ihr die rechtlichen Voraussetzungen für eine Revindikation verlorengegangener Reichsrechte. Daß dieser im Zusammenwirken zwischen König und Fürsten, aber doch auch durch eine neuartige Betonung der königlichen Machtvollkommenheit, gebildete Rahmen erst durch die Ergebnisse einer militärischen Entscheidung dauerhaft ausgefüllt werden konnte, ändert daran nichts. Wie unter Kaiser Friedrich II. war das Hofgericht seines „politischen Enkels" Rudolf von Habsburg als legitimierende Institution zwar geschaffen worden, mit der Person des Herrschers und seinem Hof aber weitgehend identisch geblieben. Durch das Vorliegen einer *„causa maior"*, die den Gerichtsvorsitz des Königs persönlich erforderte, änderte sich der Charakter des Gerichts nicht:

Königshof und Hofgericht hatten jeweils den gleichen Träger, demgegenüber der „beamtete" Hofrichter mit dem ihm zugeordneten Hofschreiber nur ausführendes Organ war. Unter Kaiser Ludwig dem Bayern gab es ebenfalls eine Erneuerung des Hofgerichtswesens, doch diesmal mit einem etwas anderen Ergebnis. Das spätestens im April 1331 unter dem Statthalter und ehemaligen Hofrichter Rudolf von Hewen in Nürnberg erneuerte Hofgericht mit seinen namentlich bekannten Hofschreibern trug schon deutlich institutionell-bürokratische Züge. Das gegen die Stadt Mainz inszenierte Verfahren ließ ein Gerichtswesen am Hofe des Wittelsbachers erkennen, das in eigengesetzlichen Bahnen ablief und den Kaiser nur noch unvollständig als Herrn des Verfahrens erkennen ließ. Beginn, Beförderung und Beendigung des Prozesses waren von der Initiative eines geistlichen Reichsfürsten abhängig, dem gegenüber Ludwig sich vertraglich verpflichtete. Als das Verhalten der Stadt Mainz und die allgemeine politische Lage eine Beendigung des Prozesses erforderten, zeigte es sich, daß die dabei nicht bedachten Interessen eines der Kläger, des Ritters Billung von Ingelheim, Schwierigkeiten provozierten. Ein „privates" Interesse am Gerichtswesen des Königshofes hatte sich emanzipiert. Sein Vorhandensein ebenso wie auch die Disponibilität der Prozeßschritte in der Hand eines Reichsfürsten konnten schlaglichtartig deutlich machen, daß das Hofgericht nur noch mit Einschränkungen als ein lenkbares Instrument in der „Politik" des Kaisers gewertet werden konnte. Es hatte an Eigenständigkeit im Ganzen des Hofes gewonnen. Dabei ist freilich schwer zu entscheiden, ob eine fortschreitende Bürokratisierung den „Emanzipationsprozeß" einleitete, oder ob die prekäre Situation des gegenüber dem Papsttum noch nicht gefestigten und von den Fürsten nur gegen Zugeständnisse gestützten Kaisertums die unter Friedrich II. und Rudolf zu beobachtende Dominanz des Königs und Kaisers über das „institutionalisierte" Gerichtswesen verlorengehen ließ. Der vor dem Hofgericht des Luxemburgers Karl IV. verhandelte Prozeß um den falschen Woldemar von Brandenburg konnte nur auf diesem Stand aufbauen. Zwei Wege standen offen: Zum einen konnte der neue König versuchen, unter Betonung der königlichen Machtvollkommenheit in der Tradition Rudolfs das Hofgericht wieder vollständig in den vom König dominierten Hof einzugliedern, auch wenn die dinggenossenschaftliche Mitwirkung der Fürsten und sonstigen Großen des Reiches immer eine immanente Beschränkung blieb.[798] Zum anderen aber konnte der gerichtliche Emanzipationsprozeß im Interesse einer stabilen und vorhersehbaren Rechtsfindung unter gleichzeitiger Herausnahme des Königs aus dem

Hofgericht zu einer davon abgehobenen „Appellationsstelle" anerkannt werden. In der ersten Phase des Brandenburger Prozesses versuchte Karl ganz offensichtlich, durch Ausnutzung einer eher zufällig entstandenen Situation zur dringend notwendigen Befestigung seines Königtums und zur Disziplinierung der wittelsbachischen „Königspartei" das Hofgericht im Sinne der ersten Alternative wieder ganz in seinen Dienst zu stellen. Die askanische Partei und einige Fürsten und Grafen aus seiner engeren und weiteren Klientel unterstützten ihn dabei. Im Grunde aber gab es in diesen ersten Jahren 1348/49, als ein wittelsbachisches Königtum durchaus noch reale Chancen hatte, noch kein Hofgericht, das den Rahmenbedingungen des Mainzer Landfriedens von 1235 hätte genügen können. Die Änderung der politischen Situation jedoch, insbesondere das Erstarken der wittelsbachischen Herrschaftsposition in Brandenburg und das Auftreten einer gegen die askanische Position gerichteten Fürstenkoalition zwangen Karl sehr bald dazu, im Interesse seiner eigenen Herrschaftssicherung die Partei zu wechseln. Eine Stützung seines Königtums durch die wittelsbachische Partei war freilich nur zu erreichen, falls Karl sich dem Spruch seines Schwiegervaters Pfalzgraf Ruprecht unterwarf, der damit zugleich als Richter über den König auftrat, und einer Revision des Woldemarischen Anerkennungsverfahrens zustimmte. Als Folge daraus konnte auf dem Nürnberger Hoftag im April 1350 das alte Hofgericht mit dem teilweise von den Wittelsbachern übernommenen Personal und einem neuen Selbstverständnis zwar re-installiert werden. Es konnte sogar den von Ludwig dem Bayern und dessen Hofschreibern aufgebauten bürokratischen „Apparat" übernehmen. Doch war dieser nicht mehr ein ohne Einschränkung lenkbares Instrument in der Hand des Königs. Vielmehr mußte er die Sachgesetzlichkeiten des dinggenossenschaftlichen Verfahrens unter dem Vorsitz eines Hofrichters anerkennen und seinen Einfluß auf die *causae maiores* konzentrieren. Eine konsequente Fortführung dieses Weges hätte aus dem Hofgericht eine vom Rahmen des Königshofes umschlossene, innerhalb dessen aber doch selbständig agierende „Behörde" gemacht[799] und den König selbst zu einer über dieser stehenden Appellationsinstanz. Das Schicksal der Politischen Prozesse entschied sich danach, ob sie in dem bürokratisierten dinggenossenschaftlichen Verfahren thematisiert oder ob sie kraft übergeordneter Autorität des Königs und Kaisers in freieren Formen der Ratsgerichtsbarkeit entschieden wurden. Legitimation durch Königsautorität und Legitimation durch Verfahren konnten so auf Dauer auseinanderfallen.

Die Krise des römisch-deutschen Königtums unter Wenzel und der

Herrschaftsantritt Ruprechts von der Pfalz im Reich schufen wiederum eine neue Situation für das Politische Prozeßwesen im Reich. Daß dieser König sein durch unzureichende Herrschaftsgrundlagen bedingtes Machtdefizit durch eine Bürokratisierung der Administration, eine Juridifizierung von Entscheidungsprozeduren am Hof und durch eine gezielte Ausschöpfung seiner territorialen Ressourcen auszugleichen hoffte, ist längst bekannt.[800] Das Hofgericht, das sich trotz eines wechselvollen Schicksals in den letzten Jahren des 14. Jahrhunderts unter der kontinuierlichen Begleitung zweier „beamteter" Hofschreiber und einer geregelten Leitung unter Hofrichtern aus der hochadeligen Klientel des Königs als eigenständige „Behörde" stabilisiert hatte,[801] folgte dieser aus den Zwängen des Defizits geborenen Umorientierung königlicher Politik: Die unter Ludwig dem Bayern begonnene Entwicklung zur Eigenständigkeit innerhalb des Hofes konnte so zu einem ersten Höhepunkt kommen. Wollte der König kraft seiner oberstrichterlichen Stellung auf den Ablauf eines Politischen Prozesses Einfluß gewinnen, so mußte er neue Formen der „Hofgerichtsbarkeit über dem Hofgericht" in die Wege leiten. Dies gelang König Ruprecht im Prozeß um die Kleinengliser Bluttat durch die Installierung einer stark konsensorientierten Sühnegerichtsbarkeit. Da seine Autorität nicht machtpolitisch begründet war und deshalb auch nicht unter der Formel der „Königlichen Machtvollkommenheit" glaubhaft inszeniert werden konnte, blieb nur die durch Verhandlungen erzielte Absicherung. War diese gelungen, so konnte ein darauf beruhender Politischer Prozeß mit Aussicht auf Erfolg gegen die Betroffenen durchgesetzt werden. Andererseits war diese von Fall zu Fall erneuerte Autorität in höchstem Maße krisenabhängig. Da es nicht gelang, ihr durch die Kaiserkrönung eine dauernde und symbolträchtige Weihe zu verschaffen, und auch die Territorialressourcen zu einer Effektuierung nicht ausreichten, war ein Scheitern des Experiments absehbar. Übrig blieb das durch eine neu formulierte Verfahrensordnung sowie durch eine überlegte Mandatspraxis[802] in seiner Legitimationsfunktion stabilisiertes Hofgericht, das offensichtlich vom Autoritätsverlust des Königtums nicht in Mitleidenschaft gezogen wurde. Der auf der Schwelle zwischen „privatem" Restitutionsverfahren und „politischem Statusverfahren" stehende Prozeß der Eheleute Fuchs gegen die Freie Stadt Metz konnte dann deutlich machen, daß sowohl das seit dem Konstanzer Konzil unter Sigmund weiter stabilisierte Hofgerichtsverfahren als auch das dem König unmittelbar zugeordnete Rats- und schließlich Kammergerichtsverfahren in der Lage waren, als Prozeßhülsen legitimierende Elemente zu verschaffen, das erstere eher dem auf Restitution bedachten Ehepaar, das letztere eher der einer zu engen Reichsbindung ausweichenden, aber doch an „Legitimationskapital" interessierten Stadt. Das jetzt schon nach eingefahrenen Regeln ablaufende und von einer stabilen „Administration" unter Leitung des Hofschreibers Peter Wacker von Sinsheim gestützte Hofgerichtsverfahren schien zunächst das geeignete Mittel, um den Restitutionsprozeß gleichsam emotionslos-distanziert durchzuführen. Die beklagte Stadt Metz ließ sich auf das Verfahren ein und war allem Anschein nach zum Entgegenkommen bereit. Als der Lebensnerv der oligarchischen Patrizierherrschaft jedoch getroffen zu werden und eine unerwünschte Einbindung der Stadt in eine juridifizierte Verfassung des Reiches drohte, war das objektivierte, von politischen Zusammenhängen losgelöste Hofgerichtsverfahren nicht mehr der richtige Weg der Konfliktlösung. Durch die nun auch institutionalisierte Trennung der beiden Legitimationsbereiche „König" und „Hofgericht" wurde die Berufung an die erstgenannte, höhere Instanz möglich. Da sich aber noch kein eigentliches Appellationsverfahren herausgebildet hatte und einem „verdichteten" Bereich um Hofrichter und Hofschreiber ein „offener" Bereich mit alternativen, aber stets auf den König bezogenen Entscheidungsformen gegenüberstand, entstand fast notwendigerweise eine Zweigleisigkeit. Mit immer neuen Anläufen zur Aktivierung des von der Königsautorität getragenen Legitimationsbereiches bis hin zur Inanspruchnahme von Vikariatsfunktionen des Konzils versuchte die Stadt, die Ergebnisse des Hofgerichtsprozesses zu unterlaufen. An diesem letzteren hingegen hielten die Eheleute Fuchs bis in die Regierungszeit Friedrichs III. hinein fest. Doch ignorierten sie das vor dem Kaiser schwebende Verfahren deswegen nicht und versuchten ihrerseits, dessen Ergebnisse durch Rechtsmittel für ungültig erklären zu lassen. Das zum Teil verwirrende Hin und Her, das auch durch einige nach kanonischem Recht rechtskräftige Urteile nicht beendet wurde, konnte jedenfalls augenfällig deutlich machen, daß der Hiatus zwischen der Person des Königs als des obersten Richters im Reich samt seinen ihm persönlich zugeordneten Entscheidungsgremien zum dinggenossenschaftlich eingefahrenen Hofgericht nicht mehr zu überbrücken war, auch wenn die Klammer des Königshofes beide zusammenhielt. Doch auch der Versuch Friedrichs III., der Separierungs- und Bürokratisierungsentwicklung durch Aktivierung eines Gegengewichts in seiner Kommissions- und Kammergerichtsbarkeit gegenzusteuern, mißlang auf Dauer. Durch den Wegfall des Hofgerichts mußte eine andere forensische Institution eingesetzt werden, die möglichen Parteien die „Legitimation durch Verfahren" verschaffen konnte. Das damit aufgewertete Kammergericht mußte so trotz der Aufnahme von Elementen der Professionalität und der Wissenschaftlichkeit und trotz einer gewissen Juridifizierung des Verfahrens an den alten Hofgerichtsprozeß anknüpfen. Gerade der Prozeß um die Lichtenberg-Leiningensche Fehde konnte deutlich machen, daß das alte Achtverfahren ebenso wie die Formen der Urteilsumfrage als Elemente der „Dinggenossenschaftlichkeit" beibehalten wurde.[803] Andererseits gelang es dem Kaiser nun, durch den Einbau des schon unter König Sigmund praktizierten Fiskalprozesses die kaiserliche Autorität in neuen Formen zur Geltung zu bringen. Die Bezugnahme auf ältere Reichsgesetze wie das der Goldenen Bulle von 1356 und der ›Reformatio Friderici‹ von 1442 sowie auch die Einbeziehung des Tatbestands des *crimen laesae maiestatis* haben mit dazu beigetragen, daß über das Fiskalamt die kaiserliche Autorität forensisch wirksam wurde. Das institutionalisierte Kammergericht, dessen Kanzleipersonal in die allgemeine kaiserliche Hofkanzlei eingebunden blieb, folgte so einerseits einer juristisch-emanzipativen Linie, die vom Hofgericht vorgezeichnet war und jetzt durch Einsatz fachlicher Qualifikationen verstärkt werden konnte. Eine zunehmende Serienspaltung der von diesem Gericht geführten Geschäftsbücher[804] läßt auch den seit den siebziger Jahren rapide zunehmenden Bürokratisierungsprozeß deutlich werden. Andererseits wurde das Amt des Fiskalprokurators zum Instrument der Disziplinierung in der Hand des Kaisers, durch das wenigstens zeitweise der Emanzipationsprozeß des Kammergerichts vom kaiserlichen Hof aufgehalten werden konnte.

Der Stellenwert der Politischen Prozesse im Gesamtgefüge der königlichen Herrschaft und der Hofgerichtsbarkeit – Sachliche, geographische und zeitliche Dimensionen

Die Untersuchung hat mit der Absicht begonnen, eine repräsentative Auswahl mittelalterlicher Politischer Prozesse in einer Gesamtanalyse vorzustellen. Es muß deshalb noch einmal betont werden, daß der Gesichtspunkt der Repräsentativität sich nur auf den politischen Charakter der Verfahren bezieht; es konnte sich nicht darum handeln, die am Königlichen Hofgericht und den sonstigen Entscheidungsgremien des Königshofes verhandelten Konfliktfälle insgesamt zur Wertungsgrundlage zu nehmen. Sieht man sich die historische Übersicht über die an den königlichen Zentralgerichten seit der Entstehung des römisch-deutschen Reiches verhandelten Streitfälle an, wie sie erstmals von Otto Franklin 1866 zusammengestellt worden ist,[805] so könnte man zum Schluß gelangen, daß vor den König ohnehin nur solche Streitigkeiten getragen wurden, bei denen es um Herrschaftsrechte größeren Umfangs ging. Aus zwei Gründen jedoch wird man den von Franklin zugrundegelegten Auswahlkriterien mit Skepsis begegnen: Zum einen wollte er sich „mit der Stellung, Bedeutung und dem Einflusse dieses höchsten Gerichts auf die Rechtsentwicklung im Reiche" beschäftigen[806] und damit im Grunde das Funktionieren einer übergeordneten Rechtsprechungsinstanz im Laufe der Jahrhunderte demonstrieren, wie sie auch für die damalige Gegenwart der sechziger Jahre des 19. Jahrhunderts in den Dienst eines neuen deutschen Gesamtstaates hätte gestellt werden können. Auch wenn er dies nicht direkt aussprach, so wird doch deutlich, daß seine Prozeßanalyse einen wissenschaftlichen Beitrag zur Lösung der ihm begegnenden Gegenwartsprobleme bringen sollte.[807] Unter diesen Umständen bildeten Prozesse der Fürsten und Großen des Reiches um die Durchsetzung und Stabilisierung ihrer Herrschaft das beste Anschauungsmaterial. Zum anderen aber war das durchweg publizierte Quellenmaterial, auf das Franklin seine Analyse stützen mußte, selbst schon gesichtet und nach seiner Relevanz für die Verfassungsgeschichte ausgewertet. Die weniger bedeutsamen Prozesse, die formelhaft abliefen und weder einen Gesichtspunkt der Rechtsfortbildung noch eine Affinität zu wichtigen Herrschaftsauseinandersetzungen des Mittelalters erkennen ließen, kamen deshalb kaum zur Sprache. Solche Rechtsfälle wurden neben den großen politischen Auseinandersetzungen an den Gerichten des römisch-deutschen Königs von Anfang an verhandelt. Als Beispiele seien ein 949 vor König Otto I. entschiedener Prozeß um die Restitution von Grundbesitz an einen ins Kloster eingetretenen gewissen Adam,[808] ein 960 anhängiger Prozeß um die Dienstpflichtigkeit der der Metzer Abtei St. Martin zugehörenden Hintersassen[809] und ein Mandat König Heinrichs IV. an das Kloster Lorsch über die Absetzung des Abtes *propter inobedientiam et malum exemplum*.[810] Mögen derartige Prozesse angesichts der hohen Kosten einer Intervention am zumeist fernen Königshof eher die Ausnahme dargestellt haben,[811] so wurden diese seit der Neugründung des Hofgerichts im Mainzer Landfrieden 1235 vorherrschend. Von den etwa 2500 bekannten Hofgerichtsbriefen,[812] die ihrerseits nur einen Bruchteil von wohl kaum mehr als einem Viertel der von dem Herrscher, seinem Rat oder seinen Kommissaren ausgefertigten Gerichtsurkunden ausmachten,[813] sind nur vergleichsweise wenige als Verbriefungen von Herrschaftsprozessen größerer Bedeutung zu werten. In der Regel ging es um die Bestätigung oder Beglaubigung von Rechtstiteln regionaler Gerichte oder von Königsprivilegien und um die Verfolgung und Eintreibung von Schuldforderungen.[814] Auch die eine Sondergruppe darstellenden Prozesse um die Versorgung der „Hofbeamten" wird man nur bedingt als Verfahren herrschaftlichen Charakters ansehen können. Hingewiesen sei besonders auf die an anderer Stelle bereits analysierten Prozesse des hofgerichtlichen Unterschreibers Wigand Vogt von Reichelsheim um den Dottenfelder Hof,[815] des Reichserbkämmerers Konrad von Weinsberg um die aus der Falkensteiner Erbschaft stammende Pertinenz des von ihm ererbten Kämmereramts[816] und des königlichen Hofschreibers Peter Wacker von Sinsheim um die heimgefallenen Reichslehen des Rudolf von Sachsenhausen.[817] Die in der vorliegenden Analyse statt dessen vorgestellten Politischen Prozesse repräsentieren also nur einen kleinen, wenn auch wichtigen Bereich der obersten königlichen Gerichtsbarkeit im Heiligen Römischen Reich.

Auch wenn die hier analysierten Politischen Prozesse aus dem Gesamtbestand der vor den Königsberichten verhandelten Streitgegenstände eher zufällig herausgegriffen wurden, so sollten sie doch einen möglichst weiten geographischen, zeitlichen und sachlichen Rahmen abdecken. Sie erfaßten mit Brandenburg und Lothringen die königsfernen Regionen des Südwestens und Nordens, mit Böhmen und Österreich eine auf dem Weg zum dynastischen Zentralgebiet des Reiches befindliche Großregion, mit der hessisch-niedersächsischen Grenzlandschaft eine königsoffene Region und mit Pfalz und Unterelsaß eine königsnahe Landschaft. Der schwäbisch-fränkische Zentralraum des Reiches war zwar nicht Gegenstand der analysierten Prozesse; doch fanden dort die wichtigsten Hofgerichtssitzungen statt, da sich die Könige innerhalb dieses Bereichs in Reichs- und Freistädten wie Frankfurt am Main, Straßburg, Konstanz, Augsburg am häufigsten aufhielten.

Der zeitliche Rahmen der Jahre von 1235 bis um 1470 wurde ebenfalls mit Bedacht gewählt, einerseits deswegen, weil dies die Epoche war, in der die Prinzipien des dinggenossenschaftlichen Verfahrens in Hof- und Kammergericht am systematischsten befolgt wurde; andererseits aber auch deswegen, weil sich in diesem knappen Vierteljahrtausend die Umformungen der jeweils beachteten Grundsätze unter Beibehaltung ihrer Grundstruktur am besten nachvollziehen ließen. Hinter allen sieben Prozessen standen zugleich Neuanfänge der Königlichen Gerichtsbarkeit, die einerseits besondere Legitimierungsanstrengungen provozierten und damit die Fortführung älterer Traditionen nahelegten, die andererseits aber auch Reformansätze repräsentierten, die zur jeweiligen Neudefinition des königlichen Richteramts führten. Dies dürfte der vorstehende Abschnitt deutlich gemacht haben. Zusammenfassend sei noch einmal erwähnt: Friedrich II. nahm 1235 die Erfahrungen der normannisch-sizilianischen Gerichtspraxis auf und kombinierte sie mit den Traditionen des römisch-deutschen Königsgericht zu einer neuen Institution in doppelter Ausformung für *causae maiores* und *causae minores*. Rudolf von Habsburg nahm 1274 die Ansätze Friedrichs auf, paßte sie an die neuen Verhältnisse nach dem „Interregnum" an und reaktivierte innerhalb seiner Landfriedenspolitik den in den Mainzer Gesetzen gestellten Rahmen. Ludwig der Bayer, der sein neubegründetes Kaisertum nur mühsam mit Hilfe der Fürsten gegen das Papsttum stabilisieren konnte, knüpfte 1331 daran an, gab aber andererseits der Hofgerichtsbarkeit notgedrungen einen verfestigten institutionellen und personellen Kern, mit dem die Grundlage einer Emanzipation vom Zentrum des Königshofes gelegt wurde. Karl IV. mußte 1349/50 im Thronkampf, nachdem 1348 der Neuansatz einer nichtinstitutionalisierten, personal-königsbezogenen und autoritativen Gerichtsbarkeit nicht zum Ziele führte, schließlich doch auf Personal und Institution der wittelsbachischen Zeit zurückgreifen, konnte dadurch aber eine über seine Regierungszeit hinaus anhaltende Stabilisierung erreichen, von der noch sein Sohn und Nachfolger Wenzel profitierte. Ruprecht von der Pfalz, wie Rudolf von Habsburg mit nur geringen Herrschaftsressourcen angetreten, anders als dieser aber nicht in der Lage, von der Niederlage seines Herrschaftskonkurrenten (Wenzel von Böhmen) zu profitieren, mußte ab 1401 einerseits zur Legitimation seines eigenen Königtums auf die Institutionen Karls und Wenzels zurückgreifen, formte diese andererseits zur Ermöglichung einer effektiveren Rechtsverfolgung um. Neben das jetzt nicht mehr unbeschränkt instrumentalisierbare, weil bürokratisierte Hofgericht trat verstärkt die Schieds- und Kommissionsgerichtsbarkeit, die in ihrer konsensorientierten Ausprägung neue Chancen der Durchsetzung königlicher Autorität offenließ. Daran knüpfte auch Sigmund 1415 während des Konstanzer Konzils an, auch er durch teilweise Übernahme des Personals seiner Vorgänger, besondes des schon unter Wenzel und Ruprecht dienenden Hofschreibers Johannes Kirchen. Gleichzeitig betonte Sigmund jedoch mit der Institutionalisierung des Kammergerichts, daß es eine persönliche Gerichtsbarkeit des Königs gab, die über der des Hofgerichts stand und von der keine privilegialen Befreiungen erteilt werden konnten. Die damit gleichsam normativ verankerte Zweigleisigkeit des Gerichtswesens am Königshof, die durch eine zunehmende Verlagerung auf Kommissionen weiter verfestigt wurde, führte die Hofgerichtsbarkeit in ein neues Stadium. Die von dem Chronisten Eberhard Windecke aus Mainz für 1427 berichtete Absetzung des Hofrichters Graf Johann von Lupfen-Stühlingen wegen Begünstigung einer Prozeßpartei,[818] die tatsächlich zu einer dreijährigen Vakanz des Amtes führte,[819] bedeutete eine erste größere Krise der institutionalisierten Hofgerichtsbarkeit, die durch die längere Abwesenheit Sigmunds aus dem Reichsgebiet noch verstärkt wurde. Möglicherweise wurde diese 1430 nur deswegen überwunden, weil mit Burggraf Heinrich von Meißen ein Mitglied der Königsklientel als Hofrichter versorgt werden sollte. Der gleichzeitige Ausbau von Kammer- und Kommissionsgerichtsbarkeit, wie sie im Metzer Prozeß der Eheleute Fuchs zur Geltung kam, signalisiert die zukunftsträchtigere Alternative im Zeichen einer Juridifizierung und Professionalisierung der Rechtsprechung am Königshof. Friedrich III. zog nach seiner Kaiserkrönung die Konsequenzen daraus: Nachdem er zunächst zur Legitimierung seiner Königsherrschaft Personal und Institutionen der Gerichtsbarkeit von Sigmund übernommen hatte, besonders das Hofgericht in der tradierten Form einberief, war spätestens 1452 der Zeitpunkt gekommen, auf dieses ganz zu verzichten. Die Auseinandersetzung um die Lichtenberg-Leiningensche Fehde stand deshalb ganz im Zeichen einer erneuerten persönlichen und im Kammergericht institutionalisierten Gerichtsbarkeit des Kaisers, für die am Königshof keine Alternative mehr zur Verfügung stand.

Herrschaft und Elite: Die Politischen Prozesse im Rahmen der Sachgesetzlichkeiten der Feudalgesellschaft

Aus einem weiteren Grund kommt den hier analysierten Politischen Prozessen keine allgemeine Repräsentativität für die Konfliktbewältigung einer archaischen Gesellschaft zu: Es waren dies Auseinandersetzungen einer gesellschaftlichen Elite, die sich Zugang zu den Machtinstrumentarien des königlichen Hofes zu verschaffen suchte oder die selbst dessen inneren Kern verkörperte. Wer Herrschaftspositionen verteidigen oder an ihnen partizipieren wollte und wer für ihre Stabilisierung oder Ausweitung Sorge tragen wollte, mußte sich im Konfliktfalle um Rechtstitel bemühen, denen eine höhere autoritative

Wirkung zukam als der faktischen Herrschaftsposition selbst. Sie konnten nur von Inhabern einer übergreifenden Herrschaft erlangt werden, die die streitbefangene Herrschaft als solche zweiter Ordnung gewissermaßen in sich einschloß. „Kläger“ und „Beklagte“ am Hofgericht waren, soweit es um Politische Prozesse ging, also nicht etwa – oder zumindest nicht nur – Rechtsuchende in einem modernen Sinne des Wortes. Es waren – soweit nicht der König selbst als Inhaber übergeordneter Herrschaftsrechte mit einer Prozeßpartei identisch war – Teilhaber an politischer oder – wie im Falle der Eheleute Fuchs – wirtschaftlicher Herrschaft, die zugleich in Abhängigkeit zu einer übergreifenden, sie schützenden Herrschaft standen. Ob dies eine im rechtlichen Sinne lehnsrechtliche Stufung war, oder ob ein Schutz- und Abhängigkeitsverhältnis anderer Art vorhanden war, ist für die Bewertung dieser Beziehung nicht relevant. Für den rückschauend analysierenden Historiker ist entscheidend, daß vor allem im Falle politischer Relevanz der Streitfälle eine Gerichtsbarkeit nicht gesellschaftlich isoliert ausgeübt werden konnte. Es wurden in ihr nicht nur Fragen politischer Herrschaft thematisiert, sondern sie selbst war zugleich Ausübung derartiger Herrschaft. Wer in der feudalen Ordnung des mittelalterlichen römisch-deutschen Reiches nicht an Herrschaftsrechten irgendwelcher Art partizipieren konnte, konnte zumindest nicht aktiv Teilhaber eines Politischen Prozesses sein. Nur scheinbar bildet der Prozeß um den angeblichen Fuldaer Ritualmord eine Ausnahme: Die Juden als Betroffene standen zwar weitgehend außerhalb der feudalen Ordnung.[820] Insofern hätte die bloße Zurückweisung des Ritualmordvorwurfs durch die von Friedrich II. eingesetzte Kommission den Prozeß nicht zu einem politischen gemacht. Es ging darüber hinaus aber zugleich um die Reichweite der kaiserlichen Schutzherrschaft über die Juden in Abwehr möglicher anderer Schutzbeziehungen. Ein ähnliches Bedenken könnte gegen den Folgeprozeß zum Metzer Zunftaufstand geltend gemacht werden. Das die Restitution begehrende klägerische Ehepaar Fuchs zählte gewiß nicht zu den Inhabern politischer Herrschaft im Reich: Houdiette war Mitglied einer ökonomischen Elite in Metz, durch ihre Stellung außerhalb der Paraiges aber gerade von der Partizipation an politischer Herrschaft ausgeschlossen; Reinhard Fuchs war ebenfalls „nur“ wohlhabender Bürger einer Freistadt, wohl kaum aber Mitglied der regierenden politischen Oberschicht in der Stadt Köln. Zum Politischen Prozeß wurde die Auseinandersetzung mit der Stadt Metz erst, als diese in Abwehr der Restitutionsklage die innere Stabilität im Rahmen der oligarchischen Paraiges-Herrschaft und die äußere Stellung im Rahmen des

Verfassungsaufbaus des Heiligen Römischen Reiches neu definierte. Aber auch die Abwehr einer Revindikation, die den Eheleuten Fuchs eine ökonomische und potentielle politische Herrschaft verschafft hätte, machte die darüber geführte Auseinandersetzung zu einer politischen. Für alle anderen Prozesse gilt uneingeschränkt, daß sie auf der Aktiv- wie Passivseite von Elitegruppen des Reiches geführt wurden. Im rudolfinischen Prozeß war ein Reichsfürst betroffen, der zugleich Anwärter auf den Königsthron war. Der vor Ludwig dem Bayern geführte Prozeß hatte einen niederadeligen Ritter, Reichsklöster und -stifte auf der einen Seite, eine Freie Stadt des Reiches auf der anderen. Hinter ihnen aber standen zwei geistliche Reichsfürsten – die Trierer bzw. Mainzer Erzbischöfe Balduin von Luxemburg und Heinrich von Virneburg –, die den „Mainzer Krieg" auch auf dem Prozeßwege durch „Stellvertreter" durchführen ließen. Der den Prozeß beendende Vergleich wurde denn auch nicht zwischen der Stadt und den Stiften geschlossen, sondern zwischen den beiden konkurrierenden Prätendenten des Mainzer Erzstuhls.[821] Natürlich waren auch die Beteiligten des Woldemar-Prozesses als Reichsfürsten Teilhaber von Elitegruppen des Reiches; dies muß auch für den falschen Woldemar selbst gelten, da er den Anspruch eines Reichsfürsten erhob und als solcher zumindest von der askanischen Partei und zeitweise auch dem König behandelt wurde. Der Prozeß um die Kleinengliser Bluttat wurde auf der Aktivseite von welfischen Herzögen geführt, auf der Passivseite waren teils ein Graf von Waldeck betroffen, teils Mitglieder des ritterschaftlichen Niederadels, hinter denen freilich außer dem Waldecker mit Johann von Nassau auch ein geistlicher Reichsfürst stand. Daß schließlich im Prozeß zwischen den Herrschaften Lichtenberg und Leiningen ausschließlich Mitglieder hochadeliger Dynastien beteiligt waren, bedarf kaum noch einer Hervorhebung.

Bedeutung und Funktion verfassungsrechtlicher Grundsatzentscheidungen im Politischen Prozeß

Die hier vorgenommene Wertung und Einordnung der Politischen Prozesse darf jedoch nicht zu dem Schluß verleiten, daß es in jedem Fall um verfassungsrechtliche Grundsatzfragen ging, die einer allgemeinen, wenn auch nur zwischen den Konfliktparteien geltenden Regelung zugeführt wurden. Gerade die hier ausgewählten Prozesse haben deutlich machen können, daß die meisten Verfahren durch eher zufällige Ereignisse zustande kamen, die bei isolierter Betrachtung kaum der Erwähnung wert gewesen wären: Die Ermordung von Juden aufgrund eines Ritualmordvorwurfs, die Zerstörung von eine Stadt bedrohenden, Verteidigungszwecken dienenden Klosteranlagen, das Auftreten eines politischen Betrügers, die Erschlagung eines vor einer drohenden Gefangennahme stehenden, flüchtenden Herzogs, die Verweigerung einer Güterrestitution und der Überfall auf einer kaiserlichen Geleitsstraße. Verfahren um ähnliche Vorfälle, die in einer fehdeintensiven Zeit fast zum Alltag gehörten, sind gewöhnlich auf dem Vergleichs- und Schiedswege erledigt worden, ohne daß sie über eine Region hinaus politisches Aufsehen erregten. Konfliktbewältigung, die in Einungen und Burgfriedensabmachungen verfahrensmäßig vorab festgeschrieben wurde, wurde hier zur Angelegenheit adeliger Solidarität, mit deren Hilfe Störungen des Systems sanktioniert wurden. Kam eine solche Solidarität aber nicht zustande oder brach sie durch Polarisierungen der machtpolitischen Landschaft wieder auseinander, mußten die bewährten Mechanismen der Konfliktbewältigung, die durchweg auf Konsensbasis beruhten, versagen. Erst jetzt kamen Formen der „Ersatzbewältigung" zum Zuge, durch die adelige Solidarität auf höherer Ebene wiederhergestellt werden konnte. Die Wiederherstellung von Konsens war deshalb auch bei Politischen Prozessen das wichtigste „Verfahrensziel". Einseitige Rechtstitel vermittelnde Urteile sollten nicht polarisieren, sondern den Druck zur Herstellung von Konsens erhöhen. Da im überkommenen dinggenossenschaftlichen Verfahren die „Wahrheitsfindung" durch Beweiszuteilungsregeln formalisiert war, hing der erstrebte Konsens faktisch von der Einlassung des Beklagten im Verfahren ab. War diese nicht erreichbar, konnten am Königshof durch Rechtsweisungen immerhin die Voraussetzungen und Rahmenbedingungen für einen späteren Konsens geschaffen werden, die für den modernen Verfassungshistoriker als verfassungsrechtliche Grundsatzentscheidungen unter dem mißverständlichen Titel eines „Reichsweistums" erscheinen. Anders wurde es, als unter dem Einfluß des kanonischen Offizialatsprozesses die Suche nach materieller Wahrheit zur Regel wurde. Damit wurde es möglich, auch unabhängig von der Anwesenheit des Beklagten im Prozeß nach „schlüssigem" Vortrag des Klägers oder zureichenden Ermittlungen des Fiskalprokurators übergreifende Sachaussagen zu formulieren, die auf den Erfahrungen mit einem konkreten Konfliktfall beruhten und Regeln für dessen Bewältigung enthielten. Freilich wirkten auch diese nicht als „Reichsweistümer" oder gar als Präjudizien für zukünftige Fälle; wenn das Verfassungsrecht des Reiches durch sie faktisch fortentwickelt wurde, so war dies ein Effekt, der nur vom rückschauenden Historiker wahrgenommen werden kann, dem zeitgenössischen Beobachter aber verborgen blieb.

Herrschaft und Verfahren: Gesamtergebnis

Die Untersuchung hat gezeigt, daß es im Mittelalter in zweierlei Hinsicht einen Zusammenhang zwischen (politischer) Herrschaft und (königsgerichtlichem) Verfahren gab: War ein Politischer Prozeß betroffen, so ging es in ihm um die Bewältigung von Konflikten um eine Grundlegung, Stabilisierung, Ausweitung oder auch Verteidigung von Herrschaftspositionen,[822] auch wenn primäres Verfahrensziel die Wiederherstellung des durch den Beklagten verletzten Rechtsfriedens und damit des Konsenses zwischen den Parteien war. Zugleich aber standen von den Prozeßparteien zumindest die aktiv Beteiligten ihrerseits in einer Herrschaftsbeziehung zum römisch-deutschen König (wenn sie nicht mit diesem identisch waren), da nur diese die Chance zur Lösung eines Herrschaftskonfliktes gab. Es entsprach dem auf hierarchischen Personalbeziehungen beruhenden System des Heiligen Römischen Reiches, daß die Mitglieder der engeren königlichen Klientel von dieser Konstellation am ehesten profitierten. Nicht Erwägungen materialer Gerechtigkeit standen im Vordergrund des Verfahrens, sondern solche der Nähe zum Königtum und in diesem Rahmen solche der Legitimität von Herrschaft. Durch die Doppelung des Verfahrens – zunächst in der Differenzierung nach *causae maiores* und *causae minores*, später nach institutionalisierter Hof- und persönlicher Ratsgerichtsbarkeit, dann nach Hof- und Kammer- bzw. Kommissionsgerichtsbarkeit und schließlich nach institutionalisierter Kammergerichtsbarkeit und persönlichem „Machtspruch" des Kaisers[823] – drangen „herrschaftsunabhängige" und objektivierte Gesichtspunkte in den Prozeßgang ein, freilich im wesentlichen nur auf der jeweils „unteren" Ebene der institutionalisierten, vom König teilweise emanzipierten Gerichtsbarkeit. Diese Ebene wurde dann aber auch diejenige des „unpolitischen" Prozesses um „private" Rechtshändel, wie sie auch an anderen Gerichten behandelt werden konnten. Die von größerer Königsnähe geprägte „obere" Ebene wurde zum eigentlichen Austragungsort der in dieser Abhandlung behandelten Politischen Prozesse.

Etwas weiteres mußte bedacht werden: Wenn Niklas Luhmann für moderne Gerichtsverfahren die Entscheidbarkeit aller aufgeworfener

Probleme einfordert, nicht aber die Garantierung ihrer (inhaltlichen) Richtigkeit,[824] so macht er damit auf einen Gesichtspunkt aufmerksam, der den Politischen Prozessen des römisch-deutschen Königsgerichts inhärent war, aber auch in einem weiteren Sinne im alten dinggenossenschaftlichen Verfahren überhaupt die tragende Rolle spielte: Die Zurverfügungstellung eines objektivierbaren Verfahrens, dessen stetige Fortbildung im Rahmen eines jeweils sich ändernden politischen und gesellschaftlichen Kontextes und überhaupt die Präponderanz formaler Austragungsregeln standen im Vordergrund und verschafften bei ihrer Einhaltung gewissermaßen eine Vermutung für Richtigkeit. Die Politischen Prozesse gerieten jedoch darüber hinaus in ein Spannungsfeld zwischen der damit gemeinten Legitimation durch Verfahren und der mindestens ebenso erstrebten Legitimation durch (königliche) Autorität. Zwischen beiden konnte ein Widerspruch entstehen, der dazu führte, daß die eine Partei die erstere, die andere die letztere für sich reklamieren konnte, wie der Metzer Zunftfolgeprozeß zeigte. Die Verwissenschaftlichung des Verfahrens seit dem späten 15. Jahrhundert, durch die Richtigkeitsgarantien auf Kosten der Verfahrensgarantien in den Vordergrund geschoben wurden, verdeckte lange Zeit die angeführten Grundlagen. Es war nicht etwa Unfähigkeit zur Wahrheitsfindung, die den mittelalterlichen Urteiler und Richter zum Rückzug auf Formalien veranlaßte; es war das Bewußtsein, daß inhaltlich „richtige“ Entscheidungen nicht von Gerichts wegen gefunden werden und daß vielmehr nur die formalen Prinzipien zur Erkenntnis der Richtigkeit aufgezeigt werden konnten. Da diese Prinzipien im Falle von Herrschaftskonflikten nicht ausreichend erschienen, wurden sie durch das angesprochene Prinzip der Legitimation durch (königliche) Autorität ergänzt. Die mehr und mehr auf juristische Argumente von gelehrten Mitgliedern des königlichen Rates oder auch der Parteienprokuratoren gestützte autoritative Königsentscheidung war aber auch und gerade in Politischen Prozessen auf die Legitimation durch Verfahren angewiesen. So provozierte der Wegfall des (legitimierenden) Hofgerichts eine Imitation im Kammergericht, die mit der Wormser Kammergerichtsordnung von 1495 eine vorerst endgültige Fassung erhalten sollte.

Betrachtet man nun abschließend noch einmal die Wirkungsweise und den Ablauf der hier analysierten Politischen Prozesse vor dem Hintergrund des Systems „Königshof“ im Heiligen Römischen Reich, so ergibt sich, daß das Teilsystem „Gerichtsbarkeit“ in hohem Maße von der Umwelt abhängig war, auf die es funktional bezogen war. Die am Hofe ausgeübte Gerichtsbarkeit war nicht etwa eine über den Parteien stehende Macht, denen sie sich einzufügen hatten und der sie ausgeliefert waren;[825] sie war eher konsensvermittelnder und legitimierender Pol, der seine Richtung von den Parteien selbst bezog. Auch wenn diese Gerichtsbarkeit in Verbindung mit dem Königtum als „ruhender Pol" gedacht und ideologisch begründet wurde, war er von der jeweils eingebrachten Herrschaftskonstellation abhängig. Er verkörperte selbst Herrschaft, die durch die ihm untergeordnete oder von ihm abweichende Herrschaft bedingt war. Als Teilsystem innerhalb des Hofes war die Königliche Gerichtsbarkeit in allen ihren Variationen in einer etwas anderen Funktionsweise von den jeweiligen personellen Konstellationen des Königshofes abhängig. Ein kommunikatives Netz verschiedener interner und externer Klientelsysteme, die alle letztlich auf den König bezogen waren, bestimmte das Funktionieren der Prozeßtätigkeit. Schließlich aber gab es auch innerhalb des Teilsystems „Königsgerichtsbarkeit" ein Netzwerk funktionierender Referenzbeziehungen. Es wurde anfangs durch Prozeßerfahrung, später auch durch Rechtskenntnis zusammengehalten, war aber immer auf die jeweils aktenführende Kanzlei (Hofschreiber, „Kammerschreiber") bezogen. Institutionelle Entwicklungen waren letztlich immer abhängig vom Funktionieren der personell vermittelten internen und externen Systembeziehungen.

So kann eine Analyse Politischer Prozesse in der archaischen Welt des mittelalterlichen römisch-deutschen Reiches zeigen, daß weder das System forensischer Prozesse am Königshof noch das System der hierarchisch aufgebauten Herrschaftsordnung voneinander unabhängig gesehen werden können. Herrschaftsausübung war ohne Konflikt und Konfliktbewältigung nicht möglich, und eine „Verfahrenskultur" zur Entscheidung zwischenmenschlicher Konflikte politischen Charakters konnte nicht funktionieren ohne eine Bezogenheit auf die jeweiligen Herrschaftspositionen. Historiker könnten ihren Beitrag zum Verständnis der mittelalterlichen Herrschaftsordnung wesentlich erweitern, wenn sie die verächtlich der Kompetenz der Rechtshistoriker überlassene Konfliktkultur stärker in ihre Überlegungen einbeziehen würden.

ANMERKUNGEN

[1] Hans Schlosser, Spätmittelalterlicher Zivilprozeß nach bayerischen Quellen. Gerichtsverfassung und Rechtsgang, Köln/Wien 1971, S. 1.

[2] Christian Meier, Fragen und Thesen zu einer Theorie historischer Prozesse, in: Karl-Georg Faber/Christian Meier (Hrsg.), Historische Prozesse, München 1978, S. 11–68, insb. S. 30ff.

[3] Arnold Gehlen, Studien zur Anthropologie und Soziologie, Neuwied/Berlin 1963, S. 197f.

[4] Friedrich Battenberg, Reichsacht und Anleite im Spätmittelalter. Ein Beitrag zur Geschichte der höchsten königlichen Gerichtsbarkeit im Alten Reich, besonders im 14. und 15. Jahrhundert (= Quellen und Forschungen zur höchsten Gerichtsbarkeit im Alten Reich 18), Köln/Wien 1986, insb. S. 158ff.

[5] Filippo Ranieri, Recht und Gesellschaft im Zeitalter der Rezeption. Eine rechts- und sozialgeschichtliche Analyse der Tätigkeit des Reichskammergerichts im 16. Jahrhundert (= Quellen und Forschungen zur höchsten Gerichtsbarkeit im Alten Reich 17), Köln/Wien 1985.

[6] Winfried Schultze, Bäuerlicher Widerstand und feudale Herrschaft in der frühen Neuzeit, Stuttgart-Bad Cannstatt 1980, S. 141; s. auch Peter Blickle, Unruhen in der ständischen Gesellschaft 1300–1800 (= Enzyklopädie deutscher Geschichte), München 1988, S. 79, 100.

[7] Siehe z. B. die Analysen: Friedrich Battenberg, Wege zu mehr Rationalität im Verfahren der obersten königlichen Gerichte im 14. und 15. Jahrhundert, in: Dieter Simon (Hrsg.), Akten des 26. Deutschen Rechtshistorikertages Frankfurt am Main (= Studien zur europäischen Rechtsgeschichte 30), Frankfurt a. M. 1987, S. 313–331; ders., Das römisch-deutsche Königtum und die Legitimation mehrheitlicher Entscheidungen im Spätmittelalter, in: Zeitschrift der Savigny-Stiftung für Rechtsgeschichte, Germanist. Abteilung, Bd. 103, 1986, S. 1–41.

[8] Richard van Dülmen, Vorbemerkung, in: Ders. (Hrsg.), Armut, Liebe, Ehre. Studien zur historischen Kulturforschung, Frankfurt a. M. 1988, S. 8.

[9] H[ans]-J[ürgen] Becker, Politische Prozesse, in: Adalbert Erler/Ekkehard Kaufmann (Hrsg.), Handwörterbuch zur deutschen Rechtsgeschichte, Bd. 3, Berlin 1984, Sp. 1796–1800, hier: Sp. 1796.

[10] Otto Kirchheimer, Politische Justiz. Verwendung juristischer Verfahrensmöglichkeiten zu politischen Zwecken, Neuwied/Berlin 1965 (= 1981), S. 80ff.

[11] Hierzu s. den folgenden Abschnitt: Definition, S. 7ff.

[12] Niklas Luhmann, Legitimation durch Verfahren, 3. Aufl., Neuwied 1978, S. 178ff.; ebd., S. 40ff., zur Funktionsbestimmung des Verfahrens.

[13] Max Weber, Rechtssoziologie, in: Ders., Wirtschaft und Gesellschaft. Grundriß der verstehenden Soziologie, hrsg. von Johannes Winckelmann, 5. Aufl. 1972, S. 387–513, hier: S. 452 ff.

[14] Jürgen Weitzel, Dinggenossenschaft und Recht (= Quellen und Forschungen zur höchsten Gerichtsbarkeit im Alten Reich 15), Köln/Wien 1985, S. 214 ff., 1167 ff.; ders., Die Bedeutung der „Dinggenossenschaft" für die Charakterisierung spätmittelalterlicher höchster Gerichtsbarkeit, in: Hugo de Schepper (Hrsg.), Höchste Gerichtsbarkeit im Spätmittelalter und [in] der frühen Neuzeit, Amsterdam 1985, S. 71–80, hier: S. 73; s. auch Bernhard Diestelkamp, Einleitung, in: Bernhard Diestelkamp/Ekkehart Rotter (Bearb.), Die Zeit von Konrad I. bis Heinrich VI. (= Urkundenregesten zur Tätigkeit des deutschen Königs- und Reichshofgerichts [im folgenden: URH], Bd. 1), Köln/Wien 1986, S. XI.

[15] Friedrich Battenberg, Art.: „Prozeßleitung", in: Adalbert Erler/Ekkehard Kaufmann (Hrsg.), Handwörterbuch zur deutschen Rechtsgeschichte, Bd. 4, Berlin 1985, Sp. 53–55.

[16] Wilhelm Ebel, Recht und Form. Vom Stilwandel im deutschen Recht, in: Ders., Probleme der deutschen Rechtsgeschichte, Göttingen 1978, S. 257–279, hier: S. 267.

[17] Ebd., S. 267 ff.

[18] Gerhard Dilcher, Mittelalterliche Rechtsgewohnheit als methodisch-theoretisches Problem, in: Gerhard Dilcher/Heiner Lück/Reiner Schulze/Elmar Wadle/Jürgen Weitzel/Udo Wolter, Gewohnheitsrecht und Rechtsgewohnheiten im Mittelalter (= Schriften zur Europäischen Rechts- und Verfassungsgeschichte 6), Berlin 1992, S. 50 ff.

[19] Ebd., S. 39 ff.

[20] Ebd., S. 51. Luhmann, Legitimation durch Verfahren (wie Anm. 12), S. 39 f., stellt das Ritual dem Verfahren gegenüber, da in ihm im Gegensatz zu diesem Alternativen eliminiert seien. Für das Mittelalter wird man annehmen müssen, daß Ritual und Verfahren eine Einheit bildeten, in der Entscheidungsalternativen in formalisierter Form möglich waren.

[21] Johannes Fried, Der Weg in die Geschichte. Die Ursprünge Deutschlands bis 1024 (= Propyläen Geschichte Deutschlands 1), Berlin 1994, S. 132 ff., 136.

[22] Dilcher, Mittelalterliche Rechtsgewohnheit (wie Anm. 18), S. 47 ff., 51. Die Kategorie des „sozialen Konflikts" wird von Winfried Schulze mit einigem Recht als Grundkategorie der ständischen Gesellschaft verstanden, s. Winfried Schulze, Theoretische Probleme bei der Untersuchung vorrevolutionärer Gesellschaften, in: Jürgen Kocka (Hrsg.), Theorien in der Praxis des Historikers. Forschungsbeispiele und ihre Diskussion (= Geschichte und Gesellschaft, Sonderheft 3), Göttingen 1977, S. 55–74, hier: S. 72 f. Indes ist im Anschluß an die Untersuchungen von Mack Walker und Christopher Friedrichs im Hinblick auf die fortgeschrittenere urbane Kultur Alteuropas eine Einschränkung zu machen: Hier entwickelte sich seit dem Spätmittelalter durch ein kompliziertes Gefüge von scheinbar sich selbst im Wege stehenden

Entscheidungsgremien und beratenden Ausschüssen ein Zustand eines vorweggenommenen Interessenausgleichs, der auf Konfliktvermeidung eingerichtet war. Die Kategorie des „sozialen Konflikts“ war hier durch eine solche des „sozialen Gleichgewichts“ ersetzt, s. MACK WALKER, German Home Towns. Community, State und General Estate 1648–1871, Ithaca (New York) 1971, insb. S. 35; CHRISTOPHER FRIEDRICHS, Politik und Sozialstruktur in der deutschen Stadt des 17. Jahrhunderts, in: Georg Schmidt (Hrsg.), Stände und Gesellschaft im Alten Reich, Stuttgart 1989, S. 151–170, insb. S. 151 ff.

23 DILCHER, Mittelalterliche Rechtsgewohnheit (wie Anm. 18), S. 44 ff.

24 FRIED, Weg in die Geschichte (wie Anm. 21), S. 643.

25 FRIEDRICH BATTENBERG, Gerichtsbarkeit und Recht im spätmittelalterlichen und frühneuzeitlichen Worms, in: Bernhard Kirchgässner/Hans-Peter Becht (Hrsg.), Residenzen des Rechts (= Stadt in der Geschichte 19), Sigmaringen 1993, S. 37–77, hier: S. 58 ff.

26 Zur Selbstreferenz von Rechtssystemen s. NIKLAS LUHMANN, Soziale Systeme. Grundriß einer allgemeinen Theorie, Frankfurt a. M. 1984, S. 58 f.

27 Typisch dafür ist die 1420 von Reichserbkämmerer Konrad von Weinsberg im Namen des Königs gegebene Auskunft, es *were auch des hofgerichts recht noch gewohnheit nicht, das doctoren oder ymand anders doran siczen und urteil sprechen solten, denn werntlich herren und rittere*, zit. BATTENBERG, Reichsacht und Anleite (wie Anm. 4), S. 345.

28 WINFRIED TRUSEN, Anfänge des gelehrten Rechts in Deutschland, Wiesbaden 1962, S. 198 ff.; JOHANN LECHNER, Reichshofgericht und königliches Kammergericht im 15. Jahrhundert, in: Mitteilungen des Instituts für Österreich. Geschichtsforschung, Ergänzungsband 7, 1907, S. 44–186, hier: S. 103 ff.

29 Einen solchen Fall behandelt bei: FRIEDRICH BATTENBERG, Der Streit um einen Sattelhof am ehemaligen Mühlturm zu Darmstadt. Ein Prozeß des Landschreibers Hans Friedrich von Gernsheim vor dem Stadtgericht Darmstadt und dem Hofgericht Marburg 1548–1550, in: Archiv für Hess. Geschichte NF 37, 1979, S. 187–213, insb. S. 197 ff.

30 FRIED, Weg in die Geschichte (wie Anm. 21), S. 162 ff.

31 MAX WEBER, Soziologische Grundbegriffe, in: Ders., Wirtschaft und Gesellschaft (wie Anm. 13), S. 1–30, hier: S. 28; ders., Die Typen der Herrschaft, in: Ebd. (wie Anm. 13), S. 122–176, hier: S. 122.

32 MAX WEBER, Soziologie der Herrschaft, in: Ders., Wirtschaft und Gesellschaft (wie Anm. 13), S. 541–868, hier: S. 542 f.

33 OTTO BRUNNER, Bemerkungen zu den Begriffen „Herrschaft“ und „Legitimität“, in: Ders., Neue Wege der Verfassungs- und Sozialgeschichte, 3. Aufl. Göttingen 1980, S. 64–79, hier: S. 70 f.; ders., Land und Herrschaft. Grundfragen der mittelalterlichen Verfassungsgeschichte Österreichs, 5. Aufl. Wien 1965, S. 113, 163 f., 440. Zum Herrschaftsbegriff insgesamt s. REINHART KOSELLECK/PETER MORAW/HORST GÜNTHER/DIETRICH HILGER/KARL-HEINZ ILTING, Herrschaft, in: Otto Brunner/Werner Conze/Reinhart Koselleck (Hrsg.), Geschichtliche Grundbegriffe, Bd. 3, Stuttgart 1982, S. 1–102, insb. S. 5–13 (PETER MORAW, „Herrschaft“ im Mittelalter).

[34] Weber, Soziologische Grundbegriffe (wie Anm. 31), S. 29.

[35] Im folgenden wird von „Herrschaft" immer dann gesprochen, falls ein politischer Verband im definierten Sinne gemeint ist. Die aus Anlaß eines Referats Winfried Schulzes geführte Diskussion zwischen Ernst Hinrichs und Hans-Ulrich Wehler über die Frage, ob man besser die Kategorie der Herrschaft oder im Anschluß an Niklas Luhmann (s. Luhmann, Soziale Systeme [wie Anm. 26], S. 626ff.) diejenige des „Politischen Systems" als konstituierend für die Gesellschaft des Ancien Régime ansieht (s. Diskussion zum Referat Schulze, in: Jürgen Kocka [Hrsg.], Theorien in der Praxis des Historikers. Forschungsbeispiele und ihre Diskussion, Göttingen 1977, S. 74–85, hier: S. 77f.) verknüpft unzulässigerweise unterschiedliche logische Ebenen: Jede Herrschaft ist, wenn sie als politischer Verband im definierten Sinne verstanden wird, zugleich als „Politisches System" im Sinne der Terminologie Luhmanns zu qualifizieren.

[36] Kirchheimer, Politische Justiz (wie Anm. 10), S. 80ff., 607ff. Kirchheimer geht es um eine Denunzierung moderner Mißbrauchsformen des 19. und 20. Jahrhunderts, nicht um einen Beitrag zur Erklärung von Prozeßformen Alteuropas. Ohne eine inhaltliche Definition zu geben, geht auch Bernhard Diestelkamp davon aus, daß der Gerichtsbarkeit des Reiches (besonders des Reichskammergerichts) eine „politische Funktion" zukam, und zwar allein dadurch, daß bei ihr durch die Anwendung vorgegebener Normen kontroverse politische Probleme gelöst wurden. Ein Mißbrauch des rechtlichen Verfahrens war damit *per definitionem* nicht verbunden, s. Bernhard Diestelkamp, Einleitung, in: Ders. (Hrsg.), Die politische Funktion des Reichskammergerichts (= Quellen und Forschungen zur höchsten Gerichtsbarkeit im Alten Reich 24), Köln/Weimar/Wien 1993, S. 1–7, hier: S. 1f.

[37] Becker, Politische Prozesse (wie Anm. 9), Sp. 1798.

[38] Marie Luise Bulst-Thiele, Der Prozeß gegen den Templer-Orden, in: Josef Fleckenstein/Manfred Hellmann (Hrsg.), Die geistlichen Ritterorden Europas (= Vorträge und Forschungen 26), Sigmaringen 1980, S. 375–402; J. R. Grigulevic, Ketzer – Hexen – Inquisitoren. Geschichte der Inquisition (13.–20. Jahrhundert), Teil 1, 2. Aufl., Berlin 1980, S. 199ff.; vgl. auch Johannes Fried, Wille, Freiwilligkeit und Geständnis um 1300. Zur Beurteilung des letzten Templergroßmeisters Jacques de Molay, in: Histor. Jahrbuch, Bd. 105, 1985, S. 388–425.

[39] Zuletzt dazu: Heinz Thomas, Ludwig der Bayer (1282–1347). Kaiser und Ketzer, Regensburg/Graz/Wien/Köln 1993, S. 118ff., 159ff.

[40] Heinrich Mitteis, Politische Prozesse des früheren Mittelalters in Deutschland und Frankreich, Darmstadt 1974 [= Heidelberg 1927], S. 48ff.; Karl Heinemeyer, Der Prozeß Heinrichs des Löwen, in: Blätter für deutsche Landesgeschichte 117, 1981, S. 1–60; umfangreiche weitere Nachweise zur Literatur zum Prozeß ebd., Anm. 1–25.

[41] Die Quellen zum Prozeß Ottokars sind neuerdings zusammengestellt bei: Bernhard Diestelkamp/Ute Rödel (Bearb.), Die Zeit Rudolfs von Habsburg 1273–1291 (= Urkundenregesten zur Tätigkeit des deutschen Kö-

nigs- und Hofgerichts bis 1451 [im folgenden: URH], Bd. 3), Köln/Wien 1986, S. 453 (Index zu Kg. Ottokar von Böhmen).

[42] Hierzu s. zuletzt: CHRISTOPH KAMPMANN, Reichsrebellion und kaiserliche Acht. Politische Strafjustiz im Dreißigjährigen Krieg und das Verfahren gegen Wallenstein 1634 (= Schriftenreihe der Vereinigung zur Erforschung der Neueren Geschichte 21), Münster 1992, insb. S. 8ff.

[43] BATTENBERG, Reichsacht und Anleite (wie Anm. 4), S. 242f.

[44] ULRICH EISENHARDT, Zu den historischen Wurzeln der Verfassungsgerichtsbarkeit in Deutschland, in: Friedrich Battenberg/Filippo Ranieri (Hrsg.), Geschichte der Zentraljustiz in Mitteleuropa. Festschrift für Bernhard Diestelkamp zum 65. Geburtstag, Weimar/Köln/Wien 1994, S. 17–38, hier: S. 19ff.

[45] MITTEIS, Politische Prozesse (wie Anm. 40), S. 5ff.

[46] FRIEDRICH BATTENBERG, Das Hofgerichtssiegel der deutschen Kaiser und Könige 1235–1451 (= Quellen und Forschungen zur höchsten Gerichtsbarkeit im Alten Reich 6), Köln/Wien 1979, S. 146ff.

[47] CHRISTINE REINLE, Ulrich Riederer (ca. 1406–1462). Gelehrter Rat im Dienste Kaiser Friedrichs III. (= Mannheimer Historische Forschungen 2), Mannheim 1993, insb. S. 388ff. Siehe auch dies., Zur Gerichtspraxis Kaiser Friedrichs III., in: Paul-Joachim Heinig (Hrsg.), Kaiser Friedrich III. (1440–1493) in seiner Zeit, Köln/Weimar/Wien 1993, S. 317–353, insb. S. 352f.

[48] Ebd., S. 388.

[49] FRIEDRICH BATTENBERG, Die Lichtenberg-Leiningensche Fehde vor dem Kammergericht Kaiser Friedrichs III., in: Zeitschrift für die Geschichte des Oberrheins 124, 1976, S. 105–176; REINLE, Ulrich Riederer (wie Anm. 41), S. 389ff., 401ff.

[50] VOLKER PRESS, Der Reichshofrat im System des frühneuzeitlichen Reiches, in: Battenberg/Ranieri, Geschichte der Zentraljustiz (wie Anm. 44), S. 349–363, hier: S. 361f.

[51] MICHAEL STOLLEIS, Geschichte des öffentlichen Rechts in Deutschland, Erster Band: Reichspublizistik und Policeywissenschaft 1600–1800, München 1988, S. 70.

[52] Zur Situation s. KARL KROESCHELL, Verfassungsgeschichte und Rechtsgeschichte des Mittelalters, in: Helmut Quaritsch (Red.), Gegenstand und Begriff der Verfassungsgeschichtsschreibung (= Beihefte zu ›Der Staat‹ 6), Berlin 1983, S. 47–77, hier: S. 74ff.; s. auch die Diskussionsbeiträge dess. ebd., S. 82, 84f. und 92ff., die die Thesen des Referats präzisieren.

[53] Mit Recht hat daher Diestelkamp darauf hinweisen können, daß angesichts der solcherart begrenzten Wirkung von Urteilen des Königsgerichts von „Reichsweistümern" eigentlich nicht gesprochen werden kann, BERNHARD DIESTELKAMP, Reichsweistümer als normative Quellen?, in: Peter Classen (Hrsg.), Recht und Schrift im Mittelalter (= Vorträge und Forschungen, hrsg. vom Konstanzer Arbeitskreis für mittelalterliche Geschichte, 23), S. 281–310, hier: S. 297ff.

[54] BATTENBERG, Reichsacht und Anleite (wie Anm. 4), S. 18.

[55] Siehe hierzu insb. WEBER, Rechtssoziologie (wie Anm. 13), S. 441ff., 452f.

[56] Siehe hierzu ACHIM STEINS, Der ordentliche Zivilprozeß nach den Offizialatsstatuten. Ein Beitrag zur Geschichte des gelehrten Prozesses in Deutschland im Spätmittelalter, in: Zeitschrift der Savigny-Stiftung für Rechtsgeschichte, Kanonist. Abteilung, Bd. 90, 1973, S. 191–262; WILHELM ENDEMANN, Civilprozessverfahren nach der kanonistischen Lehre, in: Zeitschrift für deutschen Civilprozeß 15, 1891, S. 197–326. Siehe o. Abschnitt: Das gesellschaftliche Umfeld der mittelalterlichen Prozesse, S. 1 ff.

[57] SCHLOSSER, Zivilprozeß (wie Anm. 1), S. 392 f.

[58] PAUL LENEL, Scheidung von Richtern und Urteilern in der deutschen Gerichtsverfassung seit der Rezeption der fremden Rechte, in: Zeitschrift der Savigny-Stiftung für Rechtsgeschichte, German. Abt. 34, 1913, S. 440–447, hier: S. 443.

[59] BETTINA DICK, Die Entwicklung des Kameralprozesses nach den Ordnungen von 1495 bis 1555 (= Quellen und Forschungen zur höchsten Gerichtsbarkeit im Alten Reich 10), Köln/Wien 1981, S. 182 f.

[60] WILHELM EBEL, Über die rechtsschöpferische Leitung des mittelalterlichen deutschen Bürgertums, in: Ders., Probleme der deutschen Rechtsgeschichte, Göttingen 1978, S. 145–162, hier: S. 157.

[61] Siehe hierzu i. e. LUHMANN, Soziale Systeme (wie Anm. 26), S. 56 ff.

[62] Siehe die Nachweise o. Anm. 22.

[63] FRIEDRICH BATTENBERG, Gerichtsschreiberamt und Kanzlei am Reichshofgericht 1235–1451 (= Quellen und Forschungen zur höchsten Gerichtsbarkeit im Alten Reich 2), Köln/Wien 1974, S. 221, 232; BERNHARD DIESTELKAMP, Vom Königlichen Hofgericht zum Reichskammergericht. Betrachtungen zu Kontinuität und Wandel der höchsten Gerichtsbarkeit am Übergang zur frühen Neuzeit, in: Gerhard Dilcher/Bernhard Diestelkamp (Hrsg.), Recht, Gericht, Genossenschaft und Policey. Studien zu Grundbegriffen der germanistischen Rechtshistorie, Berlin 1986, S. 44–64, hier: S. 52 f.

[64] ERNST SCHUBERT, Einführung in die Grundprobleme der deutschen Geschichte im Spätmittelalter, Darmstadt 1992, S. 3 ff. Hierzu auch: FRIEDRICH BATTENBERG, Rezension, in: Archiv f. Hess. Gesch. 50, 1992, S. 391 f.

[65] J. C. RUSSELL, Die Bevölkerung Europas 500–1500, in: Carlo M. Cipolla/K. Borchardt (Hrsg.), Europäische Wirtschaftsgeschichte 1, Stuttgart/New York 1978 (= 1983), S. 13–14, hier: S. 23.

[66] Siehe zuletzt: KLAUS BERGOLDT, Der Schwarze Tod in Europa. Die Große Pest und das Ende des Mittelalters, München 1994.

[67] Vgl. zur Weiterentwicklung dieses Prozesses in der Frühen Neuzeit: RICHARD VAN DÜLMEN, Gesellschaft der Frühen Neuzeit: Kulturelles Handeln und sozialer Prozeß. Beiträge zur historischen Kulturforschung, Wien/Köln/Weimar 1993, S. 34 ff.

[68] Siehe dazu insb.: JEFFREY RICHARDS, Sex, Dissidence and Damnation. Minority Groups in the Middle Ages, London/New York 1991, S. 88 ff., 42 ff.; BERND-ULRICH HERGEMÖLLER (Hrsg.), Randgruppen der spätmittelalterlichen Gesellschaft. Ein Hand- und Studienbuch, Warendorf 1990, S. 232–276

(Aufsatz ROTRUD RIES, Juden – zwischen Schutz und Verteufelung) und S. 1–51 (Einleitung des Hrsg.).

[69] Siehe dazu i. e. die Darstellung bei: FRIEDRICH BATTENBERG, Das Europäische Zeitalter der Juden. Zur Entwicklung einer Minderheit in der nichtjüdischen Umwelt Europas, Bd. 1: Von den Anfängen bis 1650, Darmstadt 1990, S. 120 ff., 162 ff.

[70] BERND MOELLER, Frömmigkeit in Deutschland um 1500, in: Ders., Die Reformation und das Mittelalter. Kirchenhistorische Aufsätze, hrsg. von Heinz Schilling, Göttingen 1991, S. 73–85, hier insb.: S. 77 ff.

[71] FRIEDRICH BATTENBERG, Von der Hofgerichtsordnung König Ruprechts von 1409 zur Kammergerichtsordnung Kaiser Friedrichs III. von 1471, in: Ders., Beiträge zur höchsten Gerichtsbarkeit im Reich im 15. Jahrhundert (= Quellen und Forschungen zur höchsten Gerichtsbarkeit im Alten Reich 11), Köln/Wien 1981, S. 21–81, insb. S. 42 ff., 70 ff.

[72] Siehe FERDINAND SEIBT, Zu einem neuen Begriff von der „Krise des Spätmittelalters", in: Ferdinand Seibt/Winfried Eberhard (Hrsg.), Europa 1400. Die Krise des Spätmittelalters, Stuttgart 1984, S. 7–23, insb. S. 13. Siehe auch WINFRIED EBERHARD, Die Krise des Spätmittelalters. Versuch einer Zusammenfassung, in: Ebd., S. 303–319. Nach ihm ist die Krise vor allem im Existenzgefühl und Bewußtsein der konkreten Menschen des Spätmittelalters auszumachen (S. 318 f.).

[73] Nachweise s. o. Anm. 64.

[74] Siehe SERGE DAUCHY, The cost of pleading in the Parlement of Paris in the Fifteenth Century, in: Battenberg/Ranieri (Hrsg.), Geschichte der Zentraljustiz in Mitteleuropa (wie Anm. 44), S. 181–194; FELIX AUBERT, Le Parlement de Paris à la fin de moyen age, son organisation, Paris 1889.

[75] JOHN H. BAKER, An Introduction to English Legal History, London 1971, S. 19 ff.

[76] Siehe dazu BERNHARD DIESTELKAMP, Die höchste Gerichtsbarkeit in England, Frankreich und Deutschland zwischen Absolutismus und Aufklärung, in: Högsta Domsmakten 1789–1989 (= Rättshistoriska Studier 16), Lund 1990, S. 19–45.

[77] Siehe o. S. 7 ff.

[78] Siehe die Nachweise bei: BATTENBERG, Reichsacht und Anleite (wie Anm. 4), S. 60 f.; KARL-FRIEDRICH KRIEGER, Rechtliche Grundlagen und Möglichkeiten römisch-deutscher Königsherrschaft im 15. Jahrhundert, in: Reinhard Schneider (Hrsg.), Das spätmittelalterliche Königtum im europäischen Vergleich (= Vorträge und Forschungen 32), Sigmaringen 1987, S. 465–489, hier: S. 478 f.

[79] Siehe zum Begriff: KARL KROESCHELL, Deutsche Rechtsgeschichte, Bd. 2, 7. Aufl., Opladen 1989, S. 84 ff.; REINER SCHULZE, „Gewohnheitsrecht" und „Rechtsgewohnheiten" im Mittelalter – Einführung, in: Dilcher/Lück/Schulze/Wadle/Weitzel/Wolter, Gewohnheitsrecht und Rechtsgewohnheiten im Mittelalter (wie Anm. 18), S. 9–20, hier: S. 12 ff.

[80] Siehe bes. HANS ERICH FEINE, Die kaiserlichen Landgerichte in

Schwaben im Spätmittelalter, in: Zeitschr. der Savigny-Stiftung für Rechtsgeschichte, Germanist. Abteilung, Bd. 66, 1948, S. 148–235. Zuletzt: MARTIN WERNLI, Das kaiserliche Hofgericht in Zürich. Ein Beitrag zur spätmittelalterlichen Gerichtsbarkeit (= Zürcher Studien zur Rechtsgeschichte 21), Zürich 1991, insb. S. 15 ff.

[81] Siehe bes. THEODOR LINDNER, Die Feme. Geschichte der „heimlichen Gerichte" Westfalens, Paderborn 1896 (= 1989), S. 334 ff., 427 ff.; JOHANNA KOSSMANN-PUTTO, Het heimelijk gerecht. Het Westfaalse veemgerecht en de noordelijke Nederlanden in de late middeleeuwen, Hilversum 1993, S. 22 ff.; RICHARD GIMBEL, Die Reichsstadt Frankfurt am Main unter dem Einfluß der Westfälischen Gerichtsbarkeit (Feme) (= Studien zur Frankfurter Geschichte 25), Frankfurt a. M. 1990, S. 31 ff.

[82] Siehe BATTENBERG, Hofgerichtsspiegel (wie Anm. 45), S. 192 ff.

[83] Der wohl von Richard van Dülmen erstmals gebrauchte Begriff der „Verdichtung" wurde vor allem von Peter Moraw in die wissenschaftliche Diskussion eingebracht und zum verfassungsgeschichtlichen Leitbegriff für den Veränderungsprozeß des Spätmittelalters, s. RICHARD VAN DÜLMEN, Formierung der europäischen Gesellschaft in der Frühen Neuzeit, in: Reinhart Koselleck (Hrsg.), Strukturprobleme der Frühen Neuzeit (= Geschichte und Gesellschaft, Bd. 7), 1981, S. 5–41 (hier zitiert nach dem Sammelband: Richard van Dülmen, Gesellschaft der Frühen Neuzeit. Kulturelles Handeln und sozialer Prozeß, Wien/Köln/Weimar 1993, S. 16–61, hier: S. 22); PETER MORAW, Von offener Verfassung zu gestalteter Verdichtung. Das Reich im späten Mittelalter 1250 bis 1490 (= Propyläen Geschichte Deutschlands, Bd. 3), Berlin 1985, S. 17 ff.; ders., Königliche Herrschaft und Verwaltung im spätmittelalterlichen Reich (ca. 1350–1450), in: Reinhard Schneider (Hrsg.), Das spätmittelalterliche Königtum im europäischen Vergleich (= Vorträge und Forschungen 32), Sigmaringen 1987, S. 185–200, hier: S. 194 f.

[84] DIETMAR WILLOWEIT, Rechtsgrundlagen der Territorialgewalt. Landesobrigkeit, Herrschaftsrechte und Territorium in der Rechtswissenschaft der Neuzeit (= Forschungen zur deutschen Rechtsgeschichte 11), Köln/Wien 1975, insb. S. 17 ff.

[85] Sachsenspiegel, Landrecht, 3. Buch, XXVI, 1; s. die Ausgabe CLAUDIUS FREIHERR VON SCHWEDEN, Sachsenspiegel (Landrecht), Stuttgart 1977, S. 108. Siehe FRIEDRICH EBEL, Sachsenspiegel, in: Handwörterbuch zur deutschen Rechtsgeschichte 4, Berlin 1990, Sp. 1228–1237, hier: Sp. 1229 f. Dieser Grundsatz wurde noch 1433 in einem von König Sigmund in Auftrag gegebenen Gutachten Sienenser Juristen bestätigt, und zwar mit dem Inhalt, *das wir uberal an allen enden, wo wir sein, als ein Romischer kunig unsere und des richs gerichte volfuren und unsern stul seczen mogen*, WILHELM ALTMANN (Bearb.), Regesta Imperii, Bd. 11: Die Urkunden Kaiser Sigmunds 1410–1437, Innsbruck 1896–1900 (= Hildesheim 1967), Nr. 9366.

[86] Nachweise wie Anm. 78. Zu allem s. demnächst auch: FRIEDRICH BATTENBERG, Die königlichen Hofrichter vom 13. bis 15. Jahrhundert. Eine Untersuchung zur sozialen und funktionalen Einbindung der Hofgerichtsbarkeit in

den Königshof, in: Peter Moraw (Hrsg.), Deutscher Königshof, Hoftag und Reichstag im späteren Mittelalter (12.–15. Jahrhundert) (= Vorträge und Forschungen 43), Sigmaringen 1995.

87 Hans Spangenberg, Die Entstehung des Reichskammergerichts und die Anfänge der Reichsverwaltung, in: Zeitschrift der Savigny-Stiftung für Rechtsgeschichte, Germanist. Abteilung, Bd. 46, 1926, S. 231–289, hier: S. 236 ff.

88 Urkunde von 1438 Mai 21, Stadtarchiv Frankfurt a. M., Münzwesen U 397; fast identische Aussage in einem undatierten Schreiben der Stadt Augsburg aus der gleichen Zeit, zit. bei: Peter Michael Lipburger, Über Kaiser Friedrich III. (1440–1493) und die ›Regesta Friderici III.‹, in: Jahrbuch der Universität Salzburg 1979–1981, Salzburg 1982, S. 127–151, hier: S. 134 und 145 f.

89 Urkunde von 1439 Juni 24, StadtA Frankfurt, Reichssachen, Nachträge U 1482/3/15.

90 Urk. von 1465, bei: Battenberg, Die Lichtenberg-Leiningensche Fehde (wie Anm. 48), S. 117 und 162 ff. Nr. 58. Siehe auch dazu: Ernst Schubert, König und Reich. Studien zur spätmittelalterlichen deutschen Verfassungsgeschichte, Göttingen 1979, S. 121.

91 Urkunde des Hofgerichts von 1430 November 16, Fürstl. Archiv Donaueschingen, OA 14 B, Zitat des Fiskalprokurators Ulrich Meyer von Wasseneck. Siehe Heinz Angermeier, Die Reichsreform 1450–1555. Die Staatsproblematik in Deutschland zwischen Mittelalter und Gegenwart, München 1984, S. 61. In dem Zitat von 1430 kommt die auf das Corpus Iuris (Novellae 105.2.4) zurückgehende *lex animata*-Vorstellung zum Ausdruck, s. hierzu Michael Stolleis, Geschichte des öffentlichen Rechts in Deutschland 1 (wie Anm. 51), S. 64.

92 Urkunde von 1442 Juni 4, Staatsarchiv Ludwigsburg, B 198 U 120.

93 Friedrich Battenberg, Fälschung und königliches Hofgericht. Legitimationsversuche des Klosters Steingaden und des Hofrichters Berthold von Trauchburg im 13. Jahrhundert, in: Fälschungen im Mittelalter. Internationaler Kongreß der Monumenta Germaniae Historica München, Bd. 3: Diplomatische Fälschungen 1, Hannover 1988, S. 583–610, hier: S. 608; ders., Reichsacht und Anleite (wie Anm. 4), S. 60 ff.; Ute Rödel, Königliche Gerichtsbarkeit und Streitfälle der Fürsten und Grafen im Südwesten des Reiches 1250–1313 (= Quellen und Forschungen zur höchsten Gerichtsbarkeit im Alten Reich 5), Köln/Wien 1979, S. 13 ff.; Hanns Wohlgemuth, Das Urkundenwesen des deutschen Reichshofgerichts 1273–1378 (= Quellen und Forschungen ... 1), Köln/Wien 1973, S. 12 ff.

94 Spangenberg, Entstehung (wie Anm. 87), S. 265.

95 Ute Rödel (Bearb.), Die Zeit Adolfs von Nassau, Albrechts I. von Habsburg, Heinrichs von Luxemburg 1292–1313 (= von Urkundenregesten zur Tätigkeit des deutschen Königs- und Hofgerichts bis 1451 [im folgenden: URH], Bd. 4), Köln/Wien 1992, S. XVI; dies., Königliche Gerichtsbarkeit (wie Anm. 93), S. 20 f.

[96] Zur Problematik des Begriffs „Reichsweistum" und dem Weistumsverfahren am Königsgericht s. DIESTELKAMP, Reichsweistümer (wie Anm. 51), S. 281–310.

[97] Zum Ideologiebegriff für das Mittelalter s. GEORGES DUBY, Sozialgeschichte und Gesellschaftsideologie, in: Max Kerner (Hrsg.), Ideologie und Herrschaft im Mittelalter, Darmstadt 1982, S. 332–335, hier: S. 333 ff.; MAX KERNER, Einleitung, in: Ders. (Hrsg.), Ideologie (wie oben), S. 1–58, in: 20 ff.; KURT LENK, Problemgeschichtliche Einleitung, in: Ders. (Hrsg.), Ideologie, Ideologiekritik und Wissenssoziologie, 8. Aufl., Darmstadt/Neuwied 1978, S. 13–49, hier: S. 13.

[98] Zu diesen Kennzeichen des Ideologiebegriffs s. NIKLAS LUHMANN, Wahrheit und Ideologie. Vorschläge zur Wiederaufnahme der Diskussion, in: Ders., Soziologische Aufklärung. Aufsätze zur Theorie sozialer Systeme, 4. Aufl., Opladen 1974, S. 54–66, hier: S. 62.

[99] Siehe etwa die Quellenzeugnisse bei: FRIEDRICH BATTENBERG, Ein Folgeprozeß zum Zunftaufstand in der Reichsstadt Metz von 1405. Ein Beitrag zu Stellung und Funktion der obersten Reichsgerichte im 15. Jahrhundert, in: Ders., Beiträge (wie Anm. 71), S. 82–194, hier: S. 120 ff.

[100] PETER MORAW, Zum königlichen Hofgericht im Spätmittelalter, in: Zeitschrift für die Geschichte des Oberrheins, Bd. 121, 1973, S. 307–317, hier: S. 307; ders., Noch einmal zum königlichen Hofgericht im deutschen Spätmittelalter, in: Ebd., Bd. 123, 1975, S. 109–114; ders., Organisation und Funktion von Verwaltung im ausgehenden Mittelalter (ca. 1300–1500), in: Kurt G. A. Jeserich/Hans Pohl/Georg-Christoph von Unruh (Hrsg.), Deutsche Verwaltungsgeschichte, Bd. 1: Vom Spätmittelalter bis zum Ende des Reiches, Stuttgart 1983, S. 21–65, hier: S. 28.

[101] Zu diesem Verdichtungsprozeß s. die in Anm. 83 zitierten Arbeiten PETER MORAWS.

[102] Siehe dazu: BERNHARD DIESTELKAMP, Vom Königlichen Hofgericht zum Reichskammergericht (wie Anm. 63), S. 52 ff.

[103] Siehe dazu die Nachweise o. Anm. 63.

[104] J. A. TOMASCHEK, Die höchste Gerichtsbarkeit des deutschen Königs und Reichs im 15. Jahrhundert, in: Sitzungsberichte der Wiener Akademie der Wissenschaften, Bd. 49, 1865, S. 521–612, hier: S. 586 f.

[105] LECHNER, Reichshofgericht und königliches Kammergericht (wie Anm. 28), S. 78 f.

[106] Siehe TRUSEN, Anfänge (wie Anm. 28), S. 190 ff.

[107] Die als Reaktion darauf neu eingerichtete Gerichtsbarkeit des Hofrats, die schließlich als Reichshofrat das Reichskammergericht an die zweite Stelle verwies, ist nicht mehr Gegenstand dieser Analyse.

[108] Zu diesem Begriffspaar s. SCHUBERT, König und Reich (wie Anm. 90), S. 90 f.

[109] Die folgende knappe Darstellung beruht in ihrem Kern auf dem klassischen Werk von OTTO FRANKLIN, Das Reichshofgericht im Mittelalter, Bde. 1 (Geschichte), 2 (Verfassung) und 3 (Verfahren), Weimar 1867–1869 (= Hildes-

heim 1967), ergänzt durch die beiden in Anm. 104 und 105 zitierten Arbeiten von TOMASCHEK und LECHNER. Siehe auch die beiden zusammenfassenden Darstellungen bei: FRIEDRICH BATTENBERG, Reichsgerichte, in: Ergänzbares Lexikon des Rechts 1/1080, 1990, S. 1–5, hier: 1f.; ders., Reichshofgericht, in: Adalbert Erler/Ekkehard Kaufmann, Handwörterbuch zur deutschen Rechtsgeschichte, Bd. 4, Berlin 1990, Sp. 615–626.

[110] Hierzu und zu den Reorganisationsmaßnahmen Ludwigs des Bayern s. FRIEDRICH BATTENBERG, Einleitung, in: Ders. (Bearb.), Die Zeit Ludwigs des Bayern und Friedrichs des Schönen 1314–1347 (= Urkundenregesten zur Tätigkeit des Deutschen Königs- und Hofgerichts bis 1451 [URH], Bd. 5), Köln/Wien 1987, S. IX–XXXIII. Siehe u. S. 57, mit Nachweisen.

[111] Siehe hierzu: FRIEDRICH BATTENBERG, Einleitung, in: Ders. (Bearb.), Die Königszeit Karls IV. (1346–1355 März) (= Urkundenregesten zur Tätigkeit des deutschen Königs- und Hofgerichts bis 1451 [URH], Bd. 6), Köln/Wien 1990, S. IX–XXI.

[112] TRUSEN, Anfänge (wie Anm. 28), S. 102ff. Siehe auch OTTO FRANKLIN, Beiträge zur Geschichte der Reception des römischen Rechts in Deutschland, Hannover 1863, S. 134ff.

[113] Siehe ALOYS SCHULTE, Der hohe Adel des deutschen Hofrichters, in: Festschrift der Görresgesellschaft für Georg v. Hertling, Kempten/München 1913, S. 532–542.

[114] BATTENBERG, Die königlichen Hofrichter (wie Anm. 86), S. [20ff.]; Nachweise mit Belegdaten ebd., Anm. 65.

[115] FRIEDRICH BATTENBERG, Wege zu mehr Rationalität (wie Anm. 9), S. 324ff.

[116] FRIEDRICH BATTENBERG, Das Hofgerichtssiegel der deutschen Kaiser und Könige (wie Anm. 46), S. 50; BATTENBERG, Die königlichen Hofrichter (wie Anm. 86), S. [17f.].

[117] BATTENBERG, Wege zu mehr Rationalität (wie Anm. 9), S. 325f.

[118] MORAW, Noch einmal (wie Anm. 100), S. 107.

[119] BATTENBERG, Gerichtsschreiberamt (wie Anm. 63), S. 140f.

[120] BATTENBERG, Hofgerichtsordnung (wie Anm. 71), S. 26ff., 70ff.; ders., Reichsacht und Anleite (wie Anm. 4), S. 304ff., 319ff., 324ff.

[121] BATTENBERG, Reichsacht und Anleite (wie Anm. 4), S. 249ff.

[122] Ein Achtbuch wurde auch schon im 14. Jahrhundert geführt. Erst das für die Zeit ab 1417 erhaltene Achtregister läßt seinen Charakter als bürokratisches Hilfsmittel und Herrschaftsinstrument zugleich erkennen, s. FRIEDRICH BATTENBERG, Das Achtbuch der Könige Sigmund und Friedrich III. (= Quellen und Forschungen zur höchsten Gerichtsbarkeit im Alten Reich 19), Köln/Wien 1986, insb. S. 9ff., Edition S. 29ff.

[123] Siehe dazu BATTENBERG, Die königlichen Hofrichter (wie Anm. 86), S. [59 ff.] zu Anm. 159ff.

[124] BATTTENBERG, Reichsacht und Anleite (wie Anm. 4), S. 76.

[125] Urkunde von 1415 April 6, FRIEDRICH BATTENBERG, Die Gerichtsstandsprivilegien der deutschen Kaiser und Könige bis zum Jahre 1451, Bde. 1–2

(= Quellen und Forschungen zur höchsten Gerichtsbarkeit im Alten Reich 12), Köln/Wien 1983, Nr. 169; s. dazu auch LECHNER, Reichshofgericht (wie Anm. 28), S. 72.

126 Urkunde von 1431 Juni 6, BATTENBERG, Gerichtsstandsprivilegien (wie Anm. 125), Nr. 1301. Möglicherweise gehört auch ein Privileg zugunsten der Stadt Aachen in diese Reihe, Urk. von 1431 März 23, ebd. Nr. 1298.

127 Nachweise bei BATTENBERG, Gerichtsstandsprivilegien (wie Anm. 125), Sachregister unter „Reichshofgericht", S. 871 f.

128 Band J Bl. 142–142 v; spätere Abschrift auch im Landeshauptarchiv Magdeburg. Nachweise bei BATTENBERG, Gerichtsstandsprivilegien (wie Anm. 125), zu Nr. 1301.

129 Siehe LECHNER, Reichshofgericht (wie Anm. 28), S. 76.

130 Urkunde von 1434 April 14, BATTENBERG, Gerichtsstandsprivilegien (wie Anm. 125), Nr. 1347. Dazu LECHNER, Reichshofgericht (wie Anm. 28), S. 72 f.

131 Gemeint ist das Privileg von 1415, Nachweise wie Anm. 125.

132 Eine gleiche Auffassung wird nach einer Urk. Kaiser Sigmunds von 1435 Juni 7, RI 11 (wie Anm. 85), Nr. 11 114, deutlich, nach der festgestellt wurde, daß *niemand für die kayserliche maiestat und das kamergericht gefreit ist.* Siehe dazu auch TOMASCHEK, Höchste Gerichtsbarkeit (wie Anm. 104), S. 534 f. FRIEDRICH BERNWARD FAHLBUSCH, Städte und Königtum im frühen 15. Jahrhundert. Ein Beitrag zur Geschichte Sigmunds von Luxemburg (= Städteforschung A 17), Köln/Wien 1983, S. 204.

133 *Plenitudo potestatis imperialis.* Zur Ausbildung und Entwicklung dieser Ideologie s. SCHUBERT, König und Reich (wie Anm. 90), S. 128 ff. Zu dem zitierten Fall ebd., S. 136. Vgl. auch BATTENBERG, Das Römisch-deutsche Königtum (wie Anm. 9), S. 10 f.

134 LECHNER, Reichshofgericht (wie Anm. 28), S. 103.

135 TRUSEN, Anfänge (wie Anm. 28), S. 204 Fußn. 49; OTTO STOBBE, Geschichte der deutschen Rechtsquellen, 2. Abtheilung, Braunschweig 1864, S. 191. Text bei: JOHANN HEINRICH VON HARPPRECHT, Staats-Archiv des kayserlichen und des Heiligen Römischen Reichs Cammergericht, Teil 1, Ulm/Frankfurt a. M. 1757, S. 223–231.

136 LECHNER, Reichshofgericht (wie Anm. 28), S. 102 ff.

137 KRIEGER, Rechtliche Grundlagen (wie Anm. 78), S. 488.

138 LECHNER, Reichshofgericht (wie Anm. 28), S. 50 ff.

139 LECHNER, Reichshofgericht (wie Anm. 28), S. 110 f.

140 BATTENBERG, Hofgerichtsordnung (wie Anm. 71), S. 54 ff., 74 ff.

141 SPANGENBERG, Entstehung (wie Anm. 87), S. 289.

142 Siehe o. S. 4, zu Anm. 13.

143 Siehe o. S. 17, zu Anm. 83.

144 BATTENBERG, Achtbuch (wie Anm. 122), S. 9 ff.; ders., Das Reichsachtbuch der Könige Sigmund und Friedrich III. als rechts- und sozialgeschichtliche Quelle, in: Hugo de Schepper (Hrsg.), Höchste Gerichtsbarkeit im Spätmittelalter und [in] der Frühen Neuzeit (= Verzamelen en Bewerken van de Jurisprudentie van de Grote Raade, Nieuw Reeks 9), Amsterdam 1985, S. 19–42.

145 LECHNER, Reichshofgericht (wie Anm. 28), 50ff.

146 Im Reichsachtbuch sind nur Kurzfassungen der Achtbriefe enthalten, als Beilage außerdem eine bei König Sigmund eingereichte Supplik, s. BATTENBERG, Achtbuch (wie Anm. 122), S. 131f.

147 URH 1 (wie Anm. 14), 3 (wie Anm. 41), 4 (wie Anm. 95), 5 (wie Anm. 110) und 6 (wie Anm. 110). Außerdem die Bände 2, bearb. von EKKEHART ROTTER, und 7, bearb. von FRIEDRICH BATTENBERG, Köln/Wien 1994. Der den Zeitraum der Jahre 1360–1365 erfassende Band 8, bearb. von RONALD NEUMANN, ist in Vorbereitung.

148 BATTENBERG, Gerichtsstandsprivilegien (wie Anm. 125).

149 MITTEIS, Politische Prozesse (wie Anm. 40).

150 FRANKLIN, Reichshofgericht (wie Anm. 109).

151 LECHNER, Reichshofgericht (wie Anm. 28).

152 SCHULTE, Der hohe Adel des deutschen Hofrichters (wie Anm. 113). Diese lange Zeit grundlegende und immer wieder zitierte Arbeit wird jedoch in naher Zukunft durch die Analyse von BATTENBERG, Die königlichen Hofrichter (wie Anm. 86) überholt sein.

153 SPANGENBERG, Entstehung des Reichskammergerichts (wie Anm. 87).

154 TOMASCHEK, Höchste Gerichtsbarkeit (wie Anm. 104).

155 WEITZEL, Dinggenossenschaft und Recht (wie Anm. 14).

156 WOHLGEMUTH, Das Urkundenwesen des deutschen Reichshofgerichts (wie Anm. 93).

157 RÖDEL, Königliche Gerichtsbarkeit (wie Anm. 93).

158 BATTENBERG, Gerichtsschreiberamt (wie Anm. 63); ders., Das Hofgerichtssiegel (wie Anm. 44).

159 BATTENBERG, Reichsacht und Anleite (wie Anm. 4); ders., Das Achtbuch (wie Anm. 122).

160 BATTENBERG, Die Gerichtsstandsprivilegien (wie Anm. 125); ders., Beiträge zur höchsten Gerichtsbarkeit (wie Anm. 71).

161 DIESTELKAMP, Reichsweistümer (wie Anm. 51); ders., Vom Königlichen Hofgericht (wie Anm. 63); ders., Höchste Gerichtsbarkeit (wie Anm. 76); ders., Der König als Richter im Hochstift Utrecht am Ende des 14. Jahrhunderts, in: Miscellanea Forensia Historica, Amsterdam 1988, S. 79–97; ders., Das Gericht des deutschen Königs im Hoch- und Spätmittelalter und das peinliche Strafrecht, in: Gerhard Lingelbach/Heiner Lück (Hrsg.), Deutsches Recht zwischen Sachsenspiegel und Aufklärung. Rolf Lieberwirth zum 70. Geburtstag, Frankfurt u. a. 1991, S. 37–45; ders., Das „privilegium fori“ des Klerus im Gericht des Deutschen Königs während des 13. Jahrhunderts, in: Festschrift für Hans Thieme zu seinem 80. Geburtstag, hrsg. von Karl Kroeschell, Sigmaringen 1986, S. 109–125. Siehe auch die in der in Anm. 74 zitierten Festschrift abgedruckte Bibliographie der wissenschaftlichen Publikationen Bernhard Diestelkamps, insb. zu Kap. D: Geschichte der Gerichtsbarkeit und des Prozeßrechts (S. 468ff.).

162 LOTTE HÜTTEBRÄUKER, Ein Reichshofgerichtsprozeß zur Zeit Karls IV.,

in: Zeitschrift der Savigny-Stiftung für Rechtsgeschichte, Germanist. Abt., Bd. 56, 1936, S. 178–201.

[163] PETER MORAW, Zum königlichen Hofgericht im deutschen Spätmittelalter (wie Anm. 100); ders., Noch einmal (ebd.). Es sind dies ausführliche Rezensionen der Arbeiten von Wohlgemuth (wie Anm. 93) und Battenberg (wie Anm. 63).

[164] HEINRICH KOLLER, Der Ausbau königlicher Macht im Reich im 15. Jahrhundert, in: Reinhard Schneider (Hrsg.), Das spätmittelalterliche Königtum im europäischen Vergleich (= Vorträge und Forschungen 32), Sigmaringen 1987, S. 425–464.

[165] KARL-FRIEDRICH KRIEGER, Die königliche Lehngerichtsbarkeit im Zeitalter der Staufer, in: Deutsches Archiv Bd. 26, 1970, S. 400–433; ders., Rechtliche Grundlagen (wie Anm. 78); ders., Die königliche Rechtsetzungs- und Rechtsprechungsgewalt in Lehnsachen gegenüber Kronvasallen, in: Ders., Die Lehnshoheit der deutschen Könige im Spätmittelalter (ca. 1200–1437) (= Untersuchungen zur deutschen Staats- und Rechtsgeschichte NF Bd. 23), Aalen 1979, S. 483–556.

[166] RONALD NEUMANN, Herrscherliche Aufträge zur Streitentscheidung bis zum Tode Kaiser Karls IV., in: Battenberg/Ranieri (Hrsg.), Geschichte der Zentraljustiz (wie Anm. 44), S. 79–100.

[167] PAUL L. NÉVE, Das Königliche Hofgericht, der Markgraf von Brandenburg und die Erbschaft des Lütticher Bischofs Johann VII. von Wallenrode, in: Battenberg/Ranieri (Hrsg.), Geschichte der Zentraljustiz (wie Anm. 44), S. 101–118.

[168] EKKEHART ROTTER, Das Königliche Hofgericht zwischen bischöflicher Stadtherrschaft und Coniuratio Communiae (11.–13. Jahrhundert), in: Battenberg/Ranieri (Hrsg.), Geschichte der Zentraljustiz in Mitteleuropa (wie Anm. 44), S. 39–60.

[169] BATTENBERG, Fälschung und königliches Hofgericht (wie Anm. 93); ders., Lichtenberg-Leiningensche Fehde (wie Anm. 48); ders., Der Reichshofgerichtsprozeß um den Dottenfelder Hof bei Bad Vilbel (1434–1438), in: Archiv für Hess. Geschichte NF 33, 1975, S. 87–110; ders., Reichskämmerer Konrad von Weinsberg und die Falkensteiner Erbschaft. Die Prozesse am Reichshofgericht, am Hofgericht Rottweil und am königlichen Kammergericht 1420–1447, in: Ebd. Bd. 35, 1977, S. 99–177; ders., Das römisch-deutsche Königtum (wie Anm. 7); ders., Wege zu mehr Rationalität (wie Anm. 7); ders., Die königlichen Hofrichter (wie Anm. 86); ders., Studien zum Personal des königlichen Hofgerichts im Mittelalter, in: Battenberg/Ranieri (Hrsg.), Geschichte der Zentraljustiz in Mitteleuropa (wie Anm. 44), S. 61–78; ders., Die Hofgerichtsbriefe Karls IV. von Luxemburg. Vorstudien zu einer kanzlei- und personengeschichtlichen Beurteilung, in: Archiv für Diplomatik, Bd. 40, 1995, S. 123–169.

[170] URH, Bde. 1–7 (wie Anm. 146).

[171] FRANKLIN, Reichshofgericht (wie Anm. 109). Ergänzt werden kann diese Arbeit durch die weniger bekannte Monographie über ›Das königliche Kammergericht vor dem Jahre 1495‹ (Berlin 1871), die freilich durch die Ar-

beiten Lechners und Tomascheks überholt ist. Siehe auch LECHNER, Reichshofgericht (wie Anm. 28) und TOMASCHEK, Höchste Gerichtsbarkeit (wie Anm. 104). Zum Verständnis sollten die beiden Arbeiten von MORAW, Zum königlichen Hofgericht (wie Anm. 100) und: Noch einmal zum königlichen Hofgericht (wie Anm. 100) herangezogen werden.

172 Die neuesten Darstellungen dieses Prozesses finden sich bei: FRIEDRICH BATTENBERG, Die Ritualmordprozesse gegen Juden in Spätmittelalter und Frühneuzeit – Verfahren und Rechtsschutz, in: Rainer Erb (Hrsg.), Die Legende vom Ritualmord. Zur Geschichte der Blutbeschuldigungen gegen Juden, Berlin 1993, S. 95–132, hier: S. 105 ff.; ders., Kaiserlicher Judenschutz und Ritualmordlegende. Überlegungen zum Rechtsschutz der Juden in Spätmittelalter und Frühneuzeit, in: Leonore Siegele-Wenschkewitz (Hrsg.), Als Minderheit in einer christlichen Gesellschaft. Beiträge zum Verhältnis von Juden und Christen in der Reformationszeit, Neukirchen-Vluyn 1995 (im Druck); BERNHARD DIESTELKAMP, Der Vorwurf des Ritualmordes gegen Juden vor dem Hofgericht Kaiser Friedrichs II. im Jahre 1236, in: Dieter Simon (Hrsg.), Religiöse Devianz. Untersuchungen zu sozialen, rechtlichen und theologischen Reaktionen auf religiöse Abweichung im westlichen und östlichen Mittelalter, Frankfurt a. M. 1990, S. 19–39. Abdruck der Diskussion dazu in: Protokoll der 174. Sitzung des Konstanzer Arbeitskreises für mittelalterliche Geschichte e. V. Sektion Hessen im Institut für mittelalterliche Geschichte der Universität Marburg (Red.: A. Wenz-Haubfleisch). Zur politischen Einordnung des Prozesses s. die Darstellung bei: ALFRED HAVERKAMP, Aufbruch und Gestaltung. Deutschland 1056–1273 (= Neue Deutsche Geschichte 2), München 1984, S. 298 ff. Siehe jetzt: ISRAEL J. YUVAL, Vengeance and Damnation, Blood and Defamation: From Jewish Martyrdom to Blood Libel Accusations, in: ZION Bd. 58, Jerusalem 1993, S. 33–90 (hebr., engl. Summary: S. VI–VIII).

173 Vgl. hierzu: BATTENBERG, Das Europäische Zeitalter 1 (wie Anm. 69), S. 97 ff. HANS LIEBESCHÜTZ, Das Judentum im System der Kirchenpolitik und der Scholastik des 13. Jahrhunderts, in: Ders., Synagoge und Ecclesia. Religionsgeschichtliche Studien über die Auseinandersetzung der Kirche mit dem Judentum im Hochmittelalter, Heidelberg 1983, S. 210–236, insb. S. 227 ff.

174 Zu den politischen Hintergründen s. zuletzt: HAGEN KELLER, Zwischen regionaler Begrenzung und universalem Horizont. Deutschland im Imperium der Salier und Staufer 1024 bis 1250 (Propyläen Geschichte Deutschlands 2), Berlin 1986, S. 492 ff. Eine Verbindung zur re-installierten Kaiserherrschaft nach dem Sturz Heinrichs (VII.) und zur Landfriedenspolitik des Staufers besteht gewiß nicht. Doch wäre in Erwägung zu ziehen, ob nicht der unter König Heinrich III. von England in den dreißiger Jahren des 13. Jahrhunderts erheblich erhöhte steuerliche Druck auf die dortigen Juden Ausdruck einer gleichen atmosphärischen Verschlechterung zu Lasten der Juden war, durch die Ausschreitungen gegen sie legitimiert wurden; s. dazu ROBERT C. STACY, Politics, Policy, and Finance under Henry III 1216–1245, Oxford 1987, S. 144 f. Zu den Verbindungen Friedrichs zu Heinrich II. s. u. S. 32.

175 Siehe GAVIN I. LANGMUIR, Thomas of Monmouth: Detector of Ritual

Murder, in: Ders., Toward a Definition of Antisemitism, Oxford 1990, S. 209–236, hier: S. 217 ff.; MOSES A. SHULVASS, The History of the Jewish People 2: The Early Middle Ages, Chicago 1982, S. 171 ff.

176 Siehe HERMANN L. STRACK, Das Blut im Glauben und Aberglauben der Menschheit, mit besonderer Berücksichtigung der „Volksmedizin" und des „jüdischen Blutritus", 8. Aufl., München 1900, S. 125 ff.; RONNIE PO-CHIA HSIA, The Myth of Ritual Murder. Jews and Magic in Reformation Germany, New Haven/London 1988, S. 2 ff.

177 So LIEBESCHÜTZ, Synagoge und Ecclesia (wie Anm. 173), S. 136.

178 DIETER HARMENING, Zauberei im Abendland. Vom Anteil der Gelehrten am Wahn der Leute. Skizzen zur Geschichte des Aberglaubens (= Quellen und Forschungen zur Europäischen Ethnologie 10), Würzburg 1991, S. 57 f.; ähnlich auch: JEAN-CLAUDE SCHMITT, Heidenspaß und Höllenangst. Aberglaube im Mittelalter, Frankfurt a. M./New York/Paris 1993, S. 104 ff.

179 Siehe L[EOPOLD] LÖWENSTEIN, Art.: „Fulda", in: I. Elbogen/A. Freimann/H. Tykocinski (Hrsg.), Germania Judaica, Bd. 1: Von den ältesten Zeiten bis 1238, Tübingen 1963, S. 113 f.

180 Der Inquisitionsprozeß zählte schon vor Aufnahme in den ›Liber extra‹ Papst Gregors IX. 1234 zu den gängigen Verfahrensarten, in dem durch ein geändertes Beweisverständnis auch der Einsatz der Folter zur Erzwingung von Geständnissen üblich war, s. WINFRIED TRUSEN, Der Inquisitionsprozeß. Seine historischen Grundlagen und frühen Formen, in: Zeitschrift der Savigny-Stiftung für Rechtsgeschichte, Kanonist. Abt. 105, 1988, S. 163–230, hier: S. 219 u. a.; ders., Von den Anfängen des Inquisitionsprozesses zum Verfahren bei der *Inquisitio Haereticae Pravitatis*, in: Peter Segl (Hrsg.), Die Anfänge der Inquisition im Mittelalter, Köln/Weimar/Wien 1993, S. 39–76, hier: S. 46 ff.; EDWARD PETERS, Folter. Geschichte der Peinlichen Befragung, Hamburg 1991, S. 73 ff.

181 KONRAD LÜBECK, Der angebliche Ritualmord des Jahres 1235, in: Ders., Fuldaer Studien. Geschichtliche Abhandlungen, Bd. 1, Fulda 1949, S. 165–185, hier: S. 172 ff.; WILLY COHN, Kaiser Friedrich II. und die deutschen Juden, in: Monatsschrift für Geschichte und Wissenschaft des Judentums, Jg. 63, 1919, S. 315–332, hier: S. 320 ff.; MORITZ STERN, Die Blutbeschuldigung zu Fulda und ihre Folgen, in: Zeitschrift für die Geschichte der Juden in Deutschland, Bd. 2, 1888, S. 194–199; hier (S. 195) sind auch nach dem Nürnberger Memorbuch die Namen der ermordeten Fuldaer Juden zusammengestellt.

182 LÜBECK, Ritualmord (wie Anm. 179), S. 170 f.

183 Die Quellen sind zusammengestellt bei JULIUS ARONIUS (Bearb.), Regesten zur Geschichte der Juden im fränkischen und deutschen Reiche bis zum Jahre 1273, Berlin 1902, S. 207–209, Nr. 474.

184 Erster bekannter Hofgerichtsbrief unter Majestätssiegel vom September 1235, unter Hofgerichtssiegel vom 8. Februar 1236; s. WOHLGEMUTH, Urkundenwesen (wie Anm. 93), S. 122 Nr. 1 f.; URH 2 (wie Anm. 147), Nr. 395 u. 399. Erster Hofrichter, der den genannten Hofgerichtssitzungen präsidierte, war der auch sonst im Gefolge des Kaisers bzw. seines Sohnes Konrad IV.

nachweisbare Albrecht v. Roßwag, s. SCHULTE, Der hohe Adel (wie Anm. 113), S. 533, 538.

185 Auch hierüber ist nichts Näheres bekannt. Man wird allerdings nicht annehmen können, daß Friedrich II. lediglich durch Gerüchte über eingetretene Unordnungen zu einem Vorgehen veranlaßt wurde, wie es Poliakov annimmt; s. LÉON POLIAKOV, Geschichte des Antisemitismus 1: Von der Antike bis zu den Kreuzzügen, 2. Aufl., Worms 1979, S. 52.

186 LÜBECK, Ritualmord (wie Anm. 181), S. 170f.

187 ARONIUS, Regesten (wie Anm. 183), Nr. 474.

188 Gewiß hatte der Kaiser auch Kenntnis von den seit den dreißiger Jahren des 13. Jahrhunderts in Paris geführten „Talmudprozessen" gegen die Juden, bei denen vor allem der jüdische Apostat und Dominikaner Nicholas Donin führend in der Anklage hervortrat, s. SHLOMO SIMONSOHN, The Apostolic See and the Jews: History (Pontificial Institute of Mediaeval Studies, Studies and Texts, 109), Toronto 1991, S. 343ff.; ALEXANDER PATSCHOVSKY, Der „Talmudjude". Vom mittelalterlichen Ursprung eines neuzeitlichen Themas, in: Alfred Haverkamp/Franz-Josef Ziwes (Hrsg.), Juden in der christlichen Umwelt während des späten Mittelalters, Berlin 1992, S. 13–27, hier: S. 15ff.

189 JOHANN FRIEDRICH BÖHMER (Bearb.), Regesta Imperii, Bd. 5, hrsg. von JULIUS FICKER und EDUARD WINKELMANN, Teil 2: Päpste und Reichssachen, Innsbruck 1892–1894, Nr. 11179.

190 Urk. von 1260 März 11, in Urk. von 1360 Januar 2, Stadtarchiv Köln, Haupturkundenarchiv 1 Nr. 2283. Die Urk. Bischof Eberhards von Worms wurde auf Bitten der Wormser Judenschaft ausgefertigt, die demnach wohl im Besitz des originalen, wohl gefährdeten und vielleicht schon verlorenen Dokuments waren. Die Urkunde Erzbischof Wilhelms erging für dessen Juden *(iudeorum nostrorum)*.

191 Moderne Editionen: LUDWIG WEILAND (Hrsg.), Monumenta Germaniae Historica, legum Sectio 4: Constitutiones et Acta Publica Imperatorum et Regum, Bd. 2 (1198–1272), Hannover 1896, S. 274–276, Nr. 204; HEINRICH BOOS (Hrsg.), Urkundenbuch der Stadt Worms, Bd. 2, Berlin 1890, S. 739–744, Nr. 546a. Ausführliches Regest jetzt in: URH 2 (wie Anm. 147), Nr. 413.

192 Gemeint ist das der Urkunde inserierte Privileg gleichen Datums, in dem seinerseits ein Privileg Kaiser Friedrichs I. von 1157 April 6 zugunsten der Wormser Juden inseriert ist; Abdruck bei: Boos, Urkundenbuch (wie Anm. 191), S. 740–742. Zur Bedeutung dieses Privilegs s. BATTENBERG, Das Europäische Zeitalter 1 (wie Anm. 69), S. 107; GUIDO KISCH, Forschungen zur Rechts- und Sozialgeschichte der Juden in Deutschland während des Mittelalters, 1954 (= Sigmaringen 1978), S. 59ff.; DIETMAR WILLOWEIT, Vom Königsschutz zur Kammerknechtschaft. Anmerkungen zum Rechtsstatus der Juden im Hochmittelalter, in: Karlheinz Müller/Klaus Wittstadt (Hrsg.), Geschichte und Kultur des Judentums (= Quellen und Forschungen zur Geschichte des Bistums und Hochstift Würzburg 38), Würzburg 1988, S. 71–89, hier: S. 81ff.; KENNETH R. STOW, Alienated Minority. The Jews of medieval Latin Europe, Cambridge (Mass.)/London 1992, S. 244ff.

[193] Diestelkamp, Der Vorwurf des Ritualmordes (wie Anm. 172), S. 23f.

[194] Zu dieser Verfahrensart s. Eberhard Schmidt, Einführung in die Geschichte der deutschen Strafrechtspflege, 3. Aufl., Göttingen 1983, S. 76ff.

[195] Lübeck, Ritualmord (wie Anm. 181), S. 183.

[196] Urkunde von 1232 Februar 22, MGH Const. 2 (wie Anm. 191), S. 194f., Nr. 157. Nach dieser Konstitution erklärte Friedrich II. die Ketzer für dauernd verfemt und gebannt und ihrer Güter für verlustig *(perpetua dampnamus infamia, diffidamus atque bannimus, consentes ut bona talium confiscentur, nec ad eos ulterius revertantur)*.

[197] Zum Unterschied zwischen Akkusations- und Inquisitionsprozeß s. Schmidt, Einführung (wie Anm. 194), S. 76ff.; Gerd Kleinheyer, Zur Rechtsgestalt von Akkusationsprozeß und peinlicher Frage im frühen 17. Jahrhundert. Ein Regensburger Anklageprozeß vor dem Reichshofrat, Opladen 1971; ders., Tradition und Reform in der Constitutio Criminalis Carolina, in: Peter Landau/Friedrich-Christian Schroeder (Hrsg.), Strafrecht, Strafprozeß und Rezeption. Grundlagen, Entwicklung und Wirkung der Constitutio Criminalis Carolina, Frankfurt a. M. 1984, S. 7–27, hier: S. 18ff. Nach der gemeinrechtlichen Strafrechtswissenschaft galt das Akkusationsverfahren als *processus ordinarius*, während das Inquisitionsverfahren als *processus extraordinarius* eingestuft wurde (ebd., S. 21).

[198] Trusen, Inquisitionsprozeß (wie Anm. 180), S. 210f.; ders., Von den Anfängen (wie Anm. 180), S. 44ff.

[199] Trusen, Inquisitionsprozeß (wie Anm. 180), S. 214.

[200] Zur Ketzerpolitik des Staufers s. Kurt-Viktor Selge, Die Ketzerpolitik Friedrichs II., in: Josef Fleckenstein (Hrsg.), Probleme um Friedrich II. (= Vorträge und Forschungen, Bd. 16), Sigmaringen 1974, S. 309–343, hier bes.: S. 324 (auch in: Gunther G. Wolf [Hrsg.], Stupor Mundi. Zur Geschichte Friedrichs II. von Hohenstaufen, Darmstadt 1982, S. 449–493). Hierzu auch Diestelkamp, Der Vorwurf des Ritualmordes (wie Anm. 172), S. 23.

[201] So etwa Jeffrey Richards, Sex, Dissidence and Damnation. Minority Groups in the Middle Ages, London/New York 1991, S. 17ff., 95ff. Die Unterschiede dagegen betont Liebeschütz, Synagoge und Ecclesia (wie Anm. 173), der darauf hinweist (S. 158f.), daß die antijüdische Einstellung der Kirche (im Gegensatz zur Einstellung gegenüber den Ketzern) zunächst „keine entsprechenden Folgen für die Juden gehabt“ hatte.

[202] Siehe dazu Battenberg, Das Europäische Zeitalter 1 (wie Anm. 69), S. 86f.

[203] Selge, Ketzerpolitik (wie Anm. 200), S. 324; Diestelkamp, Der Vorwurf des Ritualmordes (wie Anm. 172), S. 23.

[204] Johann Wilhelm Planck, Das deutsche Gerichtsverfahren im Mittelalter nach dem Sachsenspiegel, Bd. 2, Braunschweig 1879 (= Hildesheim 1973), S. 2.

[205] Johann Friedrich Schannat, Historia Fuldensis, Frankfurt a. M. 1729, S. 191f., nach dem um 1500 entstandenen Chronicon Hirsaugiensis des Johann Trithemius. Vermittelt wurde diese Ansicht durch die Schrift des Orien-

talisten Johann Jakob Schudt, Jüdische Merckwürdigkeiten, Frankfurt/Leipzig 1714 (= Frankfurt a.M. 1922), S.390. Siehe auch STERN, Blutbeschuldigung (wie Anm. 181), S.196.

[206] LÜBECK, Ritualmord (wie Anm. 191), S.181.

[207] H. TYKOCINSKI, Art. „Worms", in: Germania Judaica 1 (wie Anm. 179), S.437–474, hier: 442f.

[208] DIETER WERKMÜLLER, Art. „Oberhof", in: HRG (wie Anm. 15), Bd.3, Berlin 1982, Sp.1134–1146, hier: Sp. 1140.

[209] Privileg von 1236 Juli, Nachweis wie Anm. 190 und 191.

[210] Konstitution von 1157 April 6, Druck: LUDWIG WEILAND (Hrsg.), Monumenta Germaniae Historica, Legum Sectio 4: Constitutiones et Acta Publica Imperatorum et Regum, Bd.1, Hannover 1893, S.226–229 Nr.163.

[211] COHN, Friedrich II. (wie Anm. 181), S.320.

[212] Siehe STOW, Alienated Minority (wie Anm. 192), S.102ff. Nach ihm waren bei den Kreuzzügen 1096, 1146 und 1188 die Reformimpulse zur Erneuerung der christlichen Gesellschaft für die Pogrombereitschaft gegenüber den Juden entscheidend (ebd., S.115).

[213] Dazu BATTENBERG, Das Europäiche Zeitalter 1 (wie Anm. 69), S.106ff.; WILLOWEIT, Vom Königsschutz (wie Anm. 192) S.83ff.; FRIEDRICH LOTTER, Geltungsbereich und Wirksamkeit des Rechts der kaiserlichen Judenprivilegien im Hochmittelalter, in: Aschkenas 1, 1991, S.23–64, hier: S.32ff.

[214] So LOTTER, Geltungsbereich (wie Anm. 213), S.32ff.

[215] WILLOWEIT, Königsschutz (wie Anm. 192), S.82ff.; FRIEDRICH BATTENBERG, Heilbronn und des Königs Kammerknechte. Zu Judenschutz und Judennutzung in Stadt, Region und Reich, in: Christhard Schrenk (Hrsg.), Region und Reich. Zur Einbeziehung des Neckar-Raumes in das Karolinger-Reich und zu ihren Parallelen und Folgen, Heilbronn 1992, S.271–395, hier: S.284f.

[216] SELGE, Ketzerpolitik (wie Anm. 200), S.341.

[217] Abdruck: JAKOB SCHWALM (Hrsg.), Monumenta Germaniae Historica. Legum Sectio 4: Constitutiones et Acta Publica Imperatorum et Regum, Bd.3, Hannover/Leipzig 1904–1906, S.1–5, mit Faksimile. Siehe hierzu und zur Judensteuer allgemein: FRIEDRICH BATTENBERG, Zur Rechtsstellung der Juden am Mittelrhein in Spätmittelalter und Früher Neuzeit, in: Zeitschrift für Hist. Forschung 6, 1979, S.129–183, hier: S.147ff.; ISERT RÖSEL, Die Reichssteuern der deutschen Jugendgemeinden von ihren Anfängen bis zur Mitte des 14.Jahrhunderts, in: Monatsschrift für Geschichte und Wissenschaft des Judentums NF 17, 1909, S.679–708, und NF 18, 1910, S.206–233, hier: NF 17, S.682ff. Zuletzt: PETER AUFGEBAUER/ERNST SCHUBERT, Königtum und Juden im deutschen Spätmittelalter, in: Susanna Burghartz u.a. (Hrsg.), Spannungen und Widersprüche. Gedenkschrift für František Graus, Sigmaringen 1992, S.273–318, hier: S.276ff. (hier auch zum Zusammenhang von Kammerknechtschaft und Besteuerung).

[218] Zu den Folgen s. BATTENBERG, Die Ritualmordprozesse (wie Anm. 172), S.111ff.

[219] Zur Einsetzung der Inquisitionsverfahren gegen Ketzer s. ausführlich:

Paul Mikat, Art.: „Inquisition“, in: Lexikon für Theologie und Kirche, Bd. 5, 2. Aufl., Freiburg 1960, Sp. 698–702, hier insb.: Sp. 699 f.

220 Zur Entwickung und Ausprägung dieser Schutzherrschaft s. Kisch, Forschungen (wie Anm. 192), S. 56 ff.; Stow, Alienated Minority (wie Anm. 192), S. 98 ff.; Lotter, Geltungsbereich (wie Anm. 213), S. 32 ff.; Klaus Lohrmann, Judenrecht und Judenpolitik im mittelalterlichen Österreich (= Handbuch zur Geschichte der Juden in Österreich 1), Köln/Wien 1990, S. 23 ff.; Walter Pakter, Medieval Canon Law and the Jews (= Abhandlungen zur rechtswissenschaftlichen Grundlagenforschung 68), Ebelsbach 1988, S. 170 ff.

221 Siehe o. die Nachweise Anm. 190 und 191.

222 Battenberg, Heilbronn (wie Anm. 217), S. 284 f.

223 Zur Ausgestaltung dieses Rechtsverhältnisses s. Lohrmann, Judenrecht (wie Anm. 220), S. 45.

224 Battenberg, Das Europäische Zeitalter 1 (wie Anm. 69), S. 111 ff.; Kisch, Rechtsstellung (wie Anm. 192), S. 62 ff.; Pakter, Medieval Canon Law (wie Anm. 220), S. 134 ff.

225 Siehe i. e. Battenberg, Heilbronn (wie Anm. 217), S. 286 f.

226 Zur päpstlichen Schutzkompetenz über die Juden im 13. Jh. s. jetzt: Solomon Grayzel, Popes, Jews, and Inquisition. From “Sicut” to “Turbato”, in: Ders., The Church and the Jews in the XIIth Century, Bd. 2: 1254–1314, hrsg. von Kenneth R. Stow, New York/Detroit 1989, S. 3–45, hier: insb. S. 4 ff.

227 Oswald Redlich, Die Anfänge König Rudolfs I., in: Mitteilungen des Instituts für österreichische Geschichtsforschung, Bd. 10, 1889, S. 341–418, hier: S. 418.

228 Oswald Redlich, Rudolf von Habsburg. Das deutsche Reich nach dem Untergange des alten Kaisertums, Innsbruck 1903, S. 305.

229 Franklin, Reichshofgericht 1 (wie Anm. 109), S. 166 f.

230 Zuletzt: Karl-Friedrich Krieger, Die Lehnshoheit der deutschen Könige im Spätmittelalter (= Untersuchungen zur deutschen Staats- und Rechtsgeschichte NF 23), Aalen 1979, S. 495 f., 499 f.

231 Mitteis, Politische Prozesse (wie Anm. 40), S. 110 ff.

232 H. Ritter von Zeissberg, Über das Rechtsverfahren Rudolfs von Habsburg gegen Ottokar von Böhmen, in: Archiv der österreichischen Geschichte 69, 1887, S. 1–49; Max Plischke, Das Rechtsverfahren Rudolfs von Habsburg gegen Ottokar von Böhmen, Diss. Bonn 1885; Arnold Busson, Rezension zu ›Plischke, das Rechtsverfahren‹, in: Mitteilungen des Instituts für Österreichische Geschichtsforschung, Bd. 7, 1886, S. 674–676; L[udwig] Q[uidde], Rezension zu den Arbeiten von Plischke, von Zeissberg und Busson, in: HZ, Bd. 60, 1888, S. 300–303; Adolf Bachmann, Rezension zur Arbeit von Plischke, in: Zeitschrift für die österreichischen Gymnasien, Bd. 38, 1887, S. 448–455; Redlich, Anfänge König Rudolfs I. (wie Anm. 227), S. 382 ff.; Arnold Busson, Salzburg und Böhmen vor dem Krieg von 1276, in: Archiv für Kunde der österreichischen Geschichtsquellen, Bd. 65, 1884, S. 255–305. Zuletzt: Andreas Kusternig, Probleme um die Kämpfe zwischen Rudolf und Ottokar und die Schlacht bei Dürnkrut und Jedenspeigen am 26. August 1278,

in: Max Weltin/Andreas Kusternig (Red.), Ottokar-Forschungen (= Jahrbuch für Landeskunde von Niederösterreich NF 44/45), Wien 1978/79, S. 226–311, hier: S. 233 ff.

233 Siehe insb. die erste ausführliche Darstellung bei FRANKLIN, Reichshofgericht 1 (wie Anm. 109), S. 166 ff.

234 So REDLICH, Anfänge (wie Anm. 227), S. 372 ff. Danach auch MITTEIS, Politische Prozesse (wie Anm. 40), S. 111, unter Hinweis darauf jedoch, daß urkundliche Zeugnisse fehlen. BACHMANN, Rezension (wie Anm. 232), S. 449, bezieht sich auf die Nachricht des Johannes von Viktring, die Voraussetzung der Nürnberger Sprüche gewesen sei *(Rudolfus rex venit in Spirensem civitatem, ubi convocatis nobilibus precipit, ut ea, que ad imperium spectant, abducta et ablata indebite non differant resignare)*.

235 FRANKLIN, Reichshofgericht 1 (wie Anm. 109), S. 170; mit wörtlich gleichem Urteil: RÖDEL, Königliche Gerichtsbarkeit (wie Anm. 93), S. 89.

236 So REDLICH, Anfänge (wie Anm. 227), S. 391. Ebenso insgesamt QUIDDE, Rezension (wie Anm. 232), S. 301.

237 BATTENBERG, Reichsacht und Anleite (wie Anm. 4), S. 285 f.

238 So besonders ZEISSBERG, Über das Rechtsverfahren (wie Anm. 232), S. 6 ff. Siehe auch QUIDDE, Rezension (wie Anm. 232), der im Anschluß an v. Zeissberg und Plischke von zwei Hofgerichtsladungen ausgeht.

239 URH 3 (wie Anm. 41), Nr. 38, 55 und 91. Die Biographie von JOHANN FRANZL, Rudolf I. Der erste Habsburger auf dem deutschen Thron, Graz/Wien/Köln 1986, S. 120, umschreibt überdies die hier nicht mehr bezweifelte Aberacht vom 24. Juni 1276 mit den altertümlichen Achtformeln, deren Anwendung freilich im Falle Ottokars in keinem Fall belegt ist. Zu den Achtformeln s. BATTENBERG, Reichsacht und Anleite (wie Anm. 4), S. 356 ff.

240 URH 3 (wie Anm. 41), Nr. 61.

241 BUSSON, Rezension (wie Anm. 232), S. 674.

242 ZEISSBERG, Über das Rechtsverfahren (wie Anm. 232), S. 1 ff.; QUIDDE, Rezension (wie Anm. 232), S. 303; REDLICH, Anfänge (wie Anm. 227), S. 404; ZEISSBERG, Über das Rechtsverfahren (wie Anm. 232), S. 44.

243 BACHMANN, Rezension (wie Anm. 232), S. 451 f. Vgl. auch QUIDDE, Rezension (wie Anm. 232), S. 302 f., der immerhin feststellt, daß die Ächtung Ottokars mit dem Lehnsprozeß nicht zusammenhänge.

244 REDLICH, Anfänge (wie Anm. 227), S. 384 f.

245 So etwa im Vorgehen Kaiser Ferdinands II. gegen Wallenstein, s. KAMPMANN, Reichsrebellion (wie Anm. 42), S. 35 ff.

246 JOSEPH POETSCH, Die Reichsacht im Mittelalter und besonders in der neueren Zeit (= Untersuchungen zur deutschen Staats- und Rechtsgeschichte 105), Breslau 1911 (= Aalen 1971), S. 46 ff.

247 SCHUBERT, König und Reich (wie Anm. 90), S. 128 f.

248 Urk. von 1282 Dezember 27, Regesta Imperii 6,1: Die Regesten des Kaiserreichs unter Rudolf, hrsg. von OSWALD REDLICH (im folgenden RI 6,1), Innsbruck 1898 (= Hildesheim 1969), Nr. 1743; Druck: Monumenta Germaniae Historica, Legum Sectio IV: Constitutiones et Acta Publica Imperatorum

et Regum 3, hrsg. von JACOB SCHWALM (im folgenden: MGH Const. 3), Hannover/Leipzig 1904–1906, S. 325, Nr. 339 *(Romani moderator imperii ab observancia legis solutus legum civilium nexibus; ... ideoque et nos, licet in excellenti specula regie dignitatis et super leges et iura simus positi)*. Siehe auch REDLICH, Rudolf von Habsburg (wie Anm. 227), S. 380ff.

249 MGH Const. 3 (wie Anm. 248), S. 328ff., Nr. 344.

250 Ausweichlich der in den Bänden 3 und 4 der URH (wie Anm. 41 und 95) gesammelten Nachrichten wurde am Hofgericht der Könige Rudolf, Adolf, Albrecht I. und Heinrich VII. die Aberacht sonst nicht verkündet. Erst für das Jahr 1332 und das Hofgericht Ludwigs des Bayern ist die Verhängung der Aberacht wieder bezeugt, s. URH 5 (wie Anm. 110), Nr. 140, 1332 Januar 27. Siehe o. S. 59ff.

251 FRANTIŠEK GRAUS, Přemysl Otakar II. – sein Ruhm und sein Nachruhm. Ein Beitrag zur Geschichte politischer Propaganda und Chronistik, in: Mitteilungen des Instituts für österreichische Geschichtsforschung, Bd. 79, 1971, S. 37–110, hier: S. 73ff.

252 REDLICH, Anfänge (wie Anm. 227), S. 362.

253 REDLICH, Rudolf von Habsburg (wie Anm. 228), S. 239.

254 So KUSTERNIG, Der Kampf König Ottokars (wie Anm. 232), S. 234ff., gegen GÜNTHER RAUCH, Die Bündnisse der Herrschaft mit Reichsangehörigen (= Untersuchungen zur deutschen Staats- und Rechtsgeschichte NF, Bd. 5), Aalen 1966, S. 152 und 143, der den Gebrauch des Begriffs „Reichskrieg" mit Recht ablehnt.

255 REDLICH, Anfänge (wie Anm. 227), S. 364

256 GRAUS, Přemysl Otakar II. (wie Anm. 251), S. 108.

257 RI 6,1 (wie Anm. 248) Nr. 11.

258 Siehe ALOIS GERLICH, Studien zur Landfriedenspolitik König Rudolfs von Habsburg, Mainz 1963, S. 13ff.

259 Zu diesen s. HANS-GEORG HOFACKER, Die schwäbischen Landvogteien im späten Mittelalter (= Spätmittelalter und Frühe Neuzeit. Tübinger Beiträge zur Geschichtsforschung), Stuttgart 1980, S. 91ff.; SCHUBERT, König und Reich (wie Anm. 90), S. 190ff.

260 Siehe SPANGENBERG, Entstehung (wie Anm. 87), S. 249f.

261 THOMAS MICHAEL MARTIN, Die Städtepolitik Rudolfs von Habsburg (= Veröffentlichungen des Max-Planck-Instituts für Geschichte 44), Göttingen 1976, S. 72ff. Daß sich Rudolf zu den Städten und zu ihrer materiellen Kultur hingezogen fühlte, wie FRANZL, Rudolf I. (wie Anm. 239), S. 79, behauptet, dürfte kaum die Realität treffen.

262 Siehe GRAUS, Přemysl Otakar II. (wie Anm. 251), S. 66; REDLICH, Rudolf von Habsburg (wie Anm. 228), S. 224ff. Vgl. auch FRANZL, Rudolf I. (wie Anm. 239), S. 79f.

263 Siehe RI 6,1 (wie Anm. 248), Nr. 48a, zum angeblichen „Revindikationsedikt" des Speyerer Hoftages vom Dezember 1273; zu Johann, Abt von Viktring s. zusammenfassend: H. DOPSCH, Art. „Johann v. Viktring", in: Lexikon des Mittelalters, Bd. 5, München/Zürich 1991, Sp. 519f.

[264] Urk. von 1274 November 19, URH 3 (wie Anm. 41), Nr. 32. Druck: MGH Const. 3 (wie Anm. 248), S. 59 ff., Nr. 72.

[265] So aber fälschlicherweise DIESTELKAMP/RÖDEL, in: URH 3 (wie Anm. 41), Nr. 32, Eingangstext, nach einem Zusatz auf der abschriftlichen Überlieferung des Textes. PLISCHKE, Rechtsverfahren (wie Anm. 232), S. 9, spricht von einem „allgemeinen Rechtssatz", eine in dieser Form heute nicht mehr akzeptable Ansicht; s. dazu die folgenden Ausführungen.

[266] Zu den Zweifeln gegen die Konstruktion des „Reichsweistums" s. DIESTELKAMP, Reichsweistümer (wie Anm. 51), insb. S. 297 ff., 309 f.

[267] So die zutreffende Wertung bei: KARL-FRIEDRICH KRIEGER, Die Lehnshoheit der deutschen Könige im Spätmittelalter (ca. 1200–1437) (= Untersuchungen zur deutschen Staats- und Rechtsgeschichte 23), Aalen 1979, S. 503 f. Die von RÖDEL, Königliche Gerichtsbarkeit (wie Anm. 93), S. 107, im Anschluß an die ältere Literatur vertretene Meinung, daß die in einem „Reichsweistum" gefundenen Rechtssätze Rechtsfragen „definitiv" klären, auch allgemeine und dauerhafte Geltung haben sollten, „vergleichbar einem Gesetz", erscheint jedoch nicht haltbar. Die allgemeinere Verbindlichkeit konnte nur auf die Betroffenen beschränkt sein, was nicht ausschließt, daß das Weistum für einen späteren Fall die Funktion eines „Präjudizes" erhalten konnte.

[268] So aber REDLICH, Anfänge (wie Anm. 227), S. 382.

[269] Urk. von 1274 September 26, RI 6,1 (wie Anm. 248), Nr. 223. Auf den Zusammenhang zwischen der päpstlichen Anerkennung, die vom Papst selbst auch dem Böhmenkönig mitgeteilt wurde, und den bis dahin aufgeschobenen Prozeßbeginn machte vor allem v. Zeissberg aufmerksam, s. ZEISSBERG, Über das Rechtsverfahren (wie Anm. 232), S. 29 f.

[270] So KUSTERNIG, Der Kampf König Ottokars (wie Anm. 232), S. 232.

[271] Insb. PLISCHKE, Rechtsverfahren (wie Anm. 232), vertritt, im Ergebnis zutreffend, in Auseinandersetzung mit FRANKLIN, Reichshofgericht 1 (wie Anm. 109), S. 167 ff., die Ansicht, daß es sich um ein ausschließlich nach Lehnsgrundsätzen ablaufendes Verfahren gehandelt habe. Zum Lehnsprozeß am Königshof s. insb.: KARL-FRIEDRICH KRIEGER, Die königliche Lehnsgerichtsbarkeit im Zeitalter der Staufer, in: Deutsches Archiv 26, 1970, S. 400–433, hier: S. 400 ff.

[272] MITTEIS, Politische Prozesse (wie Anm. 40), S. 111, meint, daß der Prozeß „mit dem Lehnrecht garnichts zu tun hatte". Dies ist insofern richtig, als nicht Lehnsmannen das Gericht bildeten, sondern die bei Hofe anwesenden Großen. Inhaltlich ging es aber doch um die Reaktion auf die unterbliebene Lehnsmutung.

[273] Siehe KRIEGER, Rechtliche Grundlagen (wie Anm. 78), S. 482 f., der das Hofgericht (unter dem Vorsitz eines Hofrichters) von dem Fürstengericht (unter dem Vorsitz des Königs oder eines beauftragten Reichsfürsten) unterscheidet. Es erscheint indes zweckmäßiger, in beiden Fällen von „Hofgericht" zu sprechen, da Zusammensetzung und Verfahren des Gerichts in beiden Fällen, zumindest im 13. Jh., identisch waren: Grafen und Edle wurden bis

zum beginnenden 14. Jh. auch in Fürstensachen als Urteiler einbezogen, s. Rödel, Königliche Gerichtsbarkeit (wie Anm. 93), S. 77.

[274] MGH Const. 3 (wie Anm. 248), S. 61 Nr. 73; URH 3 (wie Anm. 41), Nr. 33.

[275] Allerdings gibt es vereinzelte briefliche Mitteilungen des Königs an Dritte, die die chronikalischen Nachrichten bestätigen, s. Plischke, Rechtsverfahren (wie Anm. 232), S. 12 f. Die historiographischen Nachrichten in einer zufälligen, nicht ganz einsichtigen Auswahl zusammengestellt in: URH 3 (wie Anm. 41), Nr. 38, 46–48, 52, 55, 61, 70, 91, 95. Weiteres ergibt sich aus der undatierten Korrespondenz König Rudolfs mit dem in diese Sache involvierten Erzbischof von Salzburg, Übersicht bei Zeissberg, Über das Rechtsverfahren (wie Anm. 232), S. 12 ff. Vgl. Quidde, Rezension (wie Anm. 232), S. 302.

[276] URH 3 (wie Anm. 41), Nr. 38; RI 6,1 (wie Anm. 248) Nr. 320 a.

[277] URH 3 (wie Anm. 41), Nr. 40.

[278] Ablehnend: Zeissberg, Über das Rechtsverfahren (wie Anm. 232), S. 8 f. Danach „in der Lit. allgemein abgelehnt“, doch nur unter Verweis auf Zeissberg: URH 3 (wie Anm. 419), Nr. 38. Die Nachrichten zum Hoftag zusammengestellt bei RI 6,1 (wie Anm. 248), Nr. 337 a.

[279] Die Nachrichten zu diesem Hoftag bei RI 6,1 (wie Anm. 248), Nr. 372 a.

[280] URH 3 (wie Anm. 41), Nr. 46; ausführlicher: RI 6,1 (wie Anm. 248), Nr. 374.

[281] URH 3 (wie Anm. 41), Nr. 48. Siehe Redlich, Rudolf von Habsburg (wie Anm. 228), S. 239 f.

[282] URH 3 (wie Anm. 41), Nr. 52.

[283] URH 3 (wie Anm. 41), Nr. 61.

[284] URH 3 (wie Anm. 41), Nr. 55. Vgl. Franzl, Rudolf I. von Habsburg (wie Anm. 239), S. 117, 120. Redlich, Rudolf von Habsburg (wie Anm. 228), S. 241 f.

[285] URH 3 (wie Anm. 41), Nr. 91; RI 6,1 (wie Anm. 248), Nr. 565 a.

[286] Urk. von 1276 November 21, URH 3 (wie Anm. 41), Nr. 107. Bestätigung durch König Rudolf mit Urk. von 1276 November 26, ebd., Nr. 108.

[287] Siehe Battenberg, Reichsacht und Anleite (wie Anm. 4), S. 243 f., 291 ff.; Rödel, Königliche Gerichtsbarkeit (wie Anm. 93), S. 103 ff.

[288] URH 3 (wie Anm. 41), Nr. 95; RI 6,1 (wie Anm. 248), Nr. 573; Druck: MGH Const. 3 (wie Anm. 248), S. 101–103, Nr. 111.

[289] So aber fälschlicherweise Franzl, Rudolf I. von Habsburg (wie Anm. 239), S. 120.

[290] Siehe zum Verfahren: Franklin, Reichshofgericht 2 (wie Anm. 109), S. 378 ff.

[291] Nach Redlich, Rudolf von Habsburg (wie Anm. 228), S. 267, wurde das Interdikt durch Papst Johannes XXI. verkündet.

[292] Urk. von 1276 November 21, MGH Const. 3 (wie Anm. 248), S. 103–105, Nr. 113, hier: § 1. Siehe URH 3 (wie Anm. 41), Nr. 107.

[293] Zur „ehaften" Not s. SCHLOSSER, Spätmittelalterlicher Zivilprozeß (wie Anm. 1), S. 316 ff.; MANFRED KULESSA, Ladungsungehorsam und prozessuale Säumnis in den Urteilen des Ingelheimer Oberhofes, Bonn 1964, S. 57 ff. Grundlegend: ARTHUR SCHMIDT, Echte Not, Leipzig 1888.

[294] So ZEISSBERG, Über das Rechtsverfahren (wie Anm. 232), S. 19; QUIDDE, Rezension (wie Anm. 232), S. 303.

[295] So auch ZEISSBERG, Über das Rechtsverfahren (wie Anm. 232), S. 18. Allerdings sieht Zeissberg zu Unrecht die Majestätsverletzung in der verletzten Lehnspflicht. Vgl. auch die ähnliche Wertung bei PLISCHKE, Rechtsverfahren (wie Anm. 232), S. 53 f. und 74 f. Allerdings interpretiert Plischke die Reichsacht zu Unrecht generell als „Strafe für die Auflehnung selbst" und unterschätzt damit die Funktion der ebenso wichtigen Säumnisacht. Beide Formen müssen auseinandergehalten werden.

[296] Am Hofe Rudolfs war der Begriff des *crimen laesae maiestatis* aber durchaus geläufig, wie das Gerichtsverfahren gegen Diether Nezel von 1286 (URH 3, wie Anm. 41, Nr. 489) und eine Rechtsweisung zur Beschuldigung der Brandstiftung von 1290 (ebd., Nr. 612) zeigen.

[297] BATTENBERG, Reichsacht und Anleite (wie Anm. 4), S. 221 ff., 236 ff. Zu dem aus dem justinianischen Recht übernommenen *crimen laesae maiestatis* s. SCHUBERT, König und Reich (wie Anm. 90), S. 139 ff.

[298] BATTENBERG, Reichsacht und Anleite (wie Anm. 4), S. 229, 245 f.; POETSCH, Reichsacht (wie Anm. 245), S. 15. Siehe insgesamt R[OLF] LIEBERWIRTH, Art. „Crimen Laesae maiestatis (Majestätsverbrechen)", in: Handwörterbuch zur deutschen Rechtsgeschichte, hrsg. von ADALBERT ERLER und EKKEHARD KAUFMANN, Bd. 1, Berlin 1971, Sp. 648–651.

[299] REDLICH, Rudolf von Habsburg (wie Anm. 228), S. 733, 753 ff.; SPANGENBERG, Entstehung des Reichskammergerichts (wie Anm. 87), S. 258 f.

[300] Siehe o. Anm. 288.

[301] Nachweise wie Anm. 288.

[302] Hierzu: REDLICH, Rudolf von Habsburg (wie Anm. 228), S. 283 ff.; die für das Rechtsverfahren relevanten Urkunden zusammengestellt in: URH 3 (wie Anm. 41), Nr. 106, 107. 108, 110, 112, 131–134, 148 und 162.

[303] Hierzu besonders: KUSTERNIG, Probleme um die Kämpfe (wie Anm. 232), S. 275 ff.

[304] MITTEIS, Politische Prozesse (wie Anm. 40), S. 111 f.; RÖDEL, Königliche Gerichtsbarkeit (wie Anm. 93), S. 89.

[305] URH 3 (wie Anm. 41), Nr. 33; zitiert auch bei MITTEIS, Politische Prozesse (wie Anm. 40), S. 111 f.

[306] Beispiele aus: FRIEDRICH BATTENBERG (Bearb.), Die Zeit Karls IV. 1355 April–1359 (= Urkundenregesten zur Tätigkeit des deutschen Königs- und Hofgerichts bis 1451, Bd. 7), Köln/Wien/Weimar 1994 (im folgenden: URH 7), Nr. 70, 121, 131, 135, 213, 250 und 355. Eine gewisse Ausnahme bildet wohl das Mandat Kaiser Karls IV. vom 27. Januar 1358, wonach die Stadt Rothenburg zu Vergleichsverhandlungen mit der Familie der Küchenmeister v. Nordenberg geladen wurde. Im Falle des Ausbleibens sollte der Prozeß als verloren

gelten, freilich mit der Maßgabe, daß die Adressaten damit als „ungerichtet" angesehen werden sollten *(wo ir dez nicht tedet, so wollen wir, daz ir uwir sache [...] sullet han verlorn, und sullet dorin sin ungerecht)*, URH 7, Nr. 324. Damit wurde im Falle der Säumnis das von den Betroffenen vorgebrachte Begehren abgeschnitten, ohne daß darüber nochmals entschieden werden mußte. Über das Vorbringen der Gegenseite wurde damit nicht entschieden.

307 Battenberg, Reichsacht und Anleite (wie Anm. 4), S. 412f. Wilhelm Hanisch, Als weit das Römische reich in allen den egenanten Tewtschen landen begriffen ist, in: Zeitschr. für Rechtsgeschichte, Germanist. Abt., Bd. 100, 1984, S. 47–88, hier: S. 63.

308 Poetsch, Reichsacht (wie Anm. 246), S. 58.

309 Urk. von 1276 Januar 22, URH 3 (wie Anm. 41), Nr. 70; Druck: MGH Const. 3 (wie Anm. 248), S. 92f., Nr. 103. Zur Sache s. Zeissberg, Über das Rechtsverfahren (wie Anm. 232), S. 47f.

310 So nach dem Mandat an Herzog Heinrich von Bayern, URH 3 (wie Anm. 41), Nr. 61.

311 Hierzu Brunner, Land und Herrschaft (wie Anm. 33), S. 73ff.

312 Nach dem österreichischen Landfrieden von 1276 Dezember 3 wurde die *diffidatio,* mit der der Krieg mit Ottokar begann, auf den 24. Juni 1276 verlegt: RI 6,1 (wie Anm. 248), Nr.632. Siehe hierzu: Zeissberg, Über das Rechtsverfahren (wie Anm. 232), S. 44f.

313 Ludwig Falck, Mainz in seiner Blütezeit als Freie Stadt (1244 bis 1328) (= Geschichte der Stadt Mainz 3), Düsseldorf 1973, S. 152.

314 Ludwig Falck, Art. „Mainz", in: Handwörterbuch zur Deutschen Rechtsgeschichte, Bd. 3, Berlin 1984, Sp. 186–198, hier: Sp. 195.

315 Al[oysius] Dominicus, Baldewin von Lützelburg, Erzbischof und Kurfürst von Trier. Ein Zeitbild aus der ersten Hälfte des vierzehnten Jahrhunderts, Koblenz 1862, insb. S. 257ff., 288ff.

316 Heinrich Schrohe, Der providierte Erzbischof und der postulierte Administrator im Streit um das Stift (1328–1337) (= Ders., Beiträge zur Geschichte des Erzbischofs Heinrichs III. von Mainz; Beilage zum Jahresbericht des Großherzogl. Gymnasiums zu Bensheim), Bensheim 1902; ders., Mainz in seinen Beziehungen zu den deutschen Königen und den Erzbischöfen der Stadt bis zum Untergang der Stadtfreiheit (1462) (= Beiträge zur Geschichte der Stadt Mainz), Mainz 1915, insb. S. 97ff.

317 Ernst Vogt, Die Reichspolitik Erzbischofs Balduin von Trier in den Jahren 1328–1334, Gotha 1901; Klaus Hansel, Das Stift St. Victor von Mainz, Mainzer philosoph. Diss. Gernsheim 1952, insb. S. 13ff. Die Arbeit Vogts setzt zeitlich eine Dissertation von Julius Priesack, Die Reichspolitik des Erzbischofs Balduin von Trier in den Jahren 1314 bis 1328 [veröffentlicht 1. Teil: 1314–1322], Göttingen 1893, fort.

318 Heinrich Otto (Bearb.), Regesten der Erzbischöfe von Mainz von 1289–1396, 1. Abt, 2. Bd.: 1328–1353, Darmstadt 1932–1935.

319 URH, Bd. 5 (wie Anm. 110); dort die Reg. Nr. 123, 124, 134, 135, 140–150, 174, 238, 255, 313–315.

[320] VOGT, Reichspolitik (wie Anm. 317), S. 16.

[321] SCHROHE, Mainz (wie Anm. 316), S. 98; ders., Beiträge (wie Anm. 316), S. 11f. Insgesamt auch: FRIEDRICH BOCK, Reichsidee und Nationalstaaten. Vom Untergang des Alten Reiches bis zur Kündigung des deutsch-englischen Bündnisses im Jahre 1341, München 1943, S. 309.

[322] OTTO, Regesten (wie Anm. 318), Nr. 3847–3851. Siehe dazu SCHROHE, Mainz (wie Anm. 316), S. 98f.

[323] DOMINICUS, Baldewin (wie Anm. 315), S. 257ff.

[324] Notariatsinstrument von 1330 März 11, OTTO, Regesten (wie Anm. 317), Nr. 3073.

[325] Zusammenstellung der urkundlichen und historiographischen Nachrichten bei OTTO, Regesten (wie Anm. 318), Nr. 3032.

[326] Chronik von alten Dingen (wie Anm. 379), S. 7.

[327] So auch der Hrsg. der Mainzer Chronik (wie Anm. 379), S. 7, Fn. 3.

[328] OTTO, Regesten (wie Anm. 318), Nr. 3054. Dazu s. HANSEL, Das Stift St. Victor (wie Anm. 317), S. 14.

[329] OTTO, Regesten (wie Anm. 318), Nr. 3939, Urk. Erzbischof Heinrichs von Köln, der als päpstlicher Kommissar tätig war. Siehe dazu SCHROHE, Beiträge (wie Anm. 316), S. 17f.

[330] JOHANN FRIEDRICH BÖHMER, Die Urkunden Kaiser Ludwigs des Bayern, in Auszügen, Frankfurt a. M. 1839, Nr. 1181.

[331] VOGT, Reichspolitik (wie Anm. 317), S. 27f.; s. dazu zuletzt auch: THOMAS, Ludwig der Bayer (wie Anm. 39), S. 264f. Ähnlich auch: GERTRUD BENKER, Ludwig der Bayer. Ein Wittelsbacher auf dem Kaiserthron 1282–1347, München 1980, S. 175.

[332] EDMUND E. STENGEL, Baldewin von Luxemburg. Ein grenzdeutscher Staatsmann des 14. Jahrhunderts, Weimar 1937, S. 24.

[333] URH 5 (wie Anm. 110), Nr. 134; auch OTTO, Regesten (wie Anm. 318), Nr. 3175. Druck: WILHELM FELTEN, Die Bulle Ne pretereat und die Reconciliations-Verhandlungen Ludwigs des Bayern mit dem Papste Johann XXII. Ein Beitrag zur Geschichte des 14. Jahrhunderts, Teil 2, Trier 1885, S. 239, Nr. 4.

[334] Zu diesem Vertrag s. VOGT, Reichspolitik (wie Anm. 317), S. 45f.; THOMAS, Ludwig der Bayer (wie Anm. 39), S. 270; BOCK, Reichsidee (wie Anm. 321), S. 318f.

[335] Urk. von 1331 Dezember 13, URH 5 (wie Anm. 110), Nr. 135; Druck: FELTEN, Die Bulle (wie Anm. 334), S. 243, Nr. 5.

[336] Die Stadt Mainz hatte von 1236 ab bis 1285 vier sich ergänzende Gerichtsstandsprivilegien von deutschen Kaisern und Königen erhalten, die schließlich 1298 und 1310 von den Königen Albrecht I. und Heinrich VII. insgesamt bestätigt wurden. Siehe die Nachweise bei: BATTENBERG, Gerichtsstandsprivilegien (wie Anm. 125), Nr. 36 (1236 Juli), 46 (1250 August 9), 69 (1275 März 29), 110 (1285 Juni 26), 167–170 (1298 September 5) und 243 (1310 August 10). Nach dem Privileg von 1285 wurde das Hofgericht verpflichtet, alle gegen die Stadt vorgebrachten Klagen an das Stadtgericht zu verweisen.

[337] Siehe hierzu und für das Folgende: BATTENBERG, Einleitung, in: URH 5 (wie Anm. 110), S. VII–XXXI.

[338] JAKOB SCHWALM (Hrsg.), Monumenta Germaniae Historica. Constitutiones et Acta Publica imperatorum et regum, Bd. 6,1, Hannover 1914/17, S. 72–74, Nr. 105. Siehe o. S. 22.

[339] Zur Statthaltertätigkeit, die den gelegentlichen Vorsitz im Hofgericht im Auftrag des abwesenden oder verhinderten Hofrichters umfaßte, s. BATTENBERG, Die königlichen Hofrichter (wie Anm. 86), zu Anm. 47 ff.

[340] BATTENBERG, Wege (wie Anm. 6), S. 322 ff.

[341] Wenn WOHLGEMUTH, Urkundenwesen (wie Anm. 93), S. 49, für die Zeit von 1331 bis 1341 von einer „erzwungenen Untätigkeit des Gerichts" spricht, so ist dieses Fehlurteil nur durch das damals (1937 bzw. 1973) erst unzureichend bekannte Urkundenmaterial erklärbar.

[342] Siehe PETER MOSER, Das Kanzleipersonal Kaiser Ludwigs des Bayern in den Jahren 1330–1347, München 1985, S. 259 ff.; HELMUT BANSA, Die Register der Kanzlei Ludwigs des Bayern (= Quellen und Erörterungen zur Bayerischen Geschichte NF 24), Bd. 1–2, München 1971 und 1974.

[343] Urk. von 1331 April 12, URH 5 (wie Anm. 110), Nr. 116.

[344] Gerichtsstandsprivilegien von 1298 September 1, 1310 Juni 10, 1314 Dezember 2 und 1314 Dezember 20, BATTENBERG, Gerichtsstandsprivilegien (wie Anm. 125), Nr. 171, 240, 265 und 268.

[345] Urk. von 1332 Januar 1, URH 5 (wie Anm. 110), Nr. 137.

[346] So nach der Urk. von 1332 Januar 28, URH 5 (wie Anm. 110), Nr. 141. In der Chronik des Wilhelm von Egmond ist davon die Rede, daß dem Kaiser in der nach bisher unerhörter Sitte in Frankfurt abgehaltenen Gerichtssitzung viele Fürsten aus Deutschland [als Urteiler] beisaßen *(sedit [. . .] Bav[a]rus potentialiter et inaudito more pro tribunali in eodem loco, astantibus sibi cunctis quasi Alemannie principibus)*, OTTO, Regesten (wie Anm. 318), Nr. 3187.

[347] URH 5 (wie Anm. 110), Nr. 140–150.

[348] Behandelt bei: DOMINICUS, Baldewin von Luxemburg (wie Anm. 315), S. 290 ff.; VOGT, Reichspolitik (wie Anm. 317), S. 51 f.; SCHROHE, Mainz (wie Anm. 316), S. 106 f.; ders., Beiträge (wie Anm. 316), S. 18 ff.; HANSEL, Das Stift St. Victor (wie Anm. 317), S. 15; CARL MÜLLER, Der Kampf Ludwigs des Baiern mit der römischen Curie. Ein Beitrag zur kirchlichen Geschichte des 14. Jahrhunderts, Bd. 1: Ludwig der Baier und Johann XXII., Tübingen 1879, S. 283 f. Kurz auch bei: THOMAS, Ludwig der Bayer (wie Anm. 331), S. 272.

[349] POETSCH, Reichsacht (wie Anm. 246), S. 64 ff.

[350] Nach einer Äußerung von 1364, Nachweise bei BATTENBERG, Reichsacht und Anleite (wie Anm. 4), S. 249.

[351] BATTENBERG, Reichsacht und Anleite (wie Anm. 4), S. 250 ff., 285 ff.

[352] BATTENBERG, Reichsacht und Anleite (wie Anm. 4), S. 304 ff.

[353] BATTENBERG, Hofgerichtsordnung (wie Anm. 71), S. 26 ff., 42 ff.

[354] So SCHROHE, Beiträge (wie Anm. 316), S. 21.

[355] URH 5 (wie Anm. 110), Nr. 140.

[356] URH 5 (wie Anm. 110), Nr. 143 f.

[357] URH 5 (wie Anm. 110), Nr. 141f.

[358] URH 5 (wie Anm. 110), Nr. 145f., 147f.

[359] URH 5 (wie Anm. 110), Nr. 149f.

[360] Siehe dazu ROBERT SCHEYHING, Eide, Amtsgewalt und Bannleihe, Köln/Graz 1960, S. 251.

[361] So URH 5 (wie Anm. 110), Nr. 141. Übereinstimmende Formulierungen in Nr. 143, 145, 147 und 149.

[362] BATTENBERG, Reichsacht und Anleite (wie Anm. 4), S. 361f.

[363] Hierzu: LUDWIG FALCK, Rechtsprechung und Verwaltung im spätmittelalterlichen Mainz, in: Archiv für hess. Geschichte NF, Bd. 36, 1978, S. 63–86, hier: S. 70ff. (Weltliches Gericht) und S. 78ff. (Stadtrat).

[364] FALCK, Rechtsprechung (wie Anm. 363), S. 63.

[365] Außer dem Schultheißen, dem Kämmerer und den vier Richtern wurden auch die Bürgermeister und in ihrer Funktion nicht näher charakterisierte Bürger, wohl überwiegend Schöffen und Ratsherren, erwähnt, s. URH 5 (wie Anm. 110), Nr. 140. Vgl. auch zur Schöffenverfassung der Stadt FALCK, Rechtsprechung (wie Anm. 363), S. 63ff.

[366] URH 5 (wie Anm. 110), Nr. 141, 145 und 147.

[367] So SCHROHE, Mainz (wie Anm. 316), S. 106, mit dem (freilich unzutreffenden) Argument, die in seiner Klage genannten Mainzer Bürger seien identisch mit denen der Klage des Klosters St. Jakob. Es müßte freilich noch geklärt werden, durch welche Eigenschaften bzw. Funktionen die von Billung benannten Bürger aus der Gesamtzahl der vom Domstift und den beiden Klöstern benannten Bürger herausragten.

[368] Ein Ritter Billung von Ingelheim war im Oktober 1339 Beisitzer im Mannengericht Erzbischof Heinrichs v. Virneburg, OTTO, Regesten (wie Anm. 318), Nr. 4430; URH 5 (wie Anm. 110), Nr. 342, Anm. Danach dürfte Billung nach der Resignation Balduins auf das Erzstift zu Heinrich übergelaufen sein, hatte seine kurmainzischen Lehen aber gewiß schon vorher inne und von Balduin als Administrator des Stifts empfangen.

[369] Zum Wortspruch als Synonym für die Acht- bzw. Aberachtverkündung des Kaisers, das vor allem in der Zeit Kaiser Karls IV. gebräuchlich war, s. BATTENBERG, Reichsacht und Anleite (wie Anm. 4), S. 124ff.

[370] So nach dem Hofgerichtsbrief von 1324 August 16, URH 5 (wie Anm. 110), Nr. 74.

[371] Ein solcher Bericht (Anleiterbrief) hat sich unter dem Datum vom 7. Dezember 1342 erhalten, URH 5 (wie Anm. 110), Nr. 458.

[372] URH 5 (wie Anm. 110), Nr. 109–111.

[373] Nach der Hofgerichtsordnung von 1409 war für den Achtspruch eine dreimalige Ladung mit einer Frist von je mindestens fünfzehn Tagen erforderlich, einer Frist, die mit der im alten deutschen Recht üblichen Frist von sechs Wochen und drei Tagen übereinstimmte, s. BATTENBERG, Reichsacht und Anleite (wie Anm. 4), S. 256ff. Nach dieser Regel hätten die Mainzer spätestens Mitte Dezember 1331 erstmals geladen werden müssen, damit am 27. Januar ein Achtspruch erfolgen konnte. Da der Frankfurter Schiedsspruch zwischen

Balduin und Ludwig dem Bayern Voraussetzung dafür war, daß jener sich des Hofgerichts unbeschadet seiner Privilegien bedienen konnte, und auch die geringe Entfernung zwischen dem Hoftagsort und der Stadt Mainz eine schnelle Zustellung ermöglichte, kann eine Klageerhebung für die Zeit um den 13. Dezember als wahrscheinlich angesehen werden.

[374] Bestallungsbriefe von 1331 Dezember 26 und 1332 Januar 8, OTTO, Regesten (wie Anm. 110), Nr. 3123 und 3184 (der erstere wohl zu Unrecht auf 1330 datiert); s. DOMINICUS, Baldewin von Trier (wie Anm. 315), S. 292, Anm. 3.

[375] URH 5 (wie Anm. 110), Nr. 141 und 143.

[376] URH 5 (wie Anm. 110), Nr. 145 und 147.

[377] Vgl. hierzu HANSEL, Das Stift St. Victor (wie Anm. 317), S. 239f., Anm. 75.

[378] So nach URH 5 (wie Anm. 110), Nr. 141. Übereinstimmend Nr. 143, 145, 147 und 149.

[379] C[ARL] HEGEL (Hrsg.), Chronik „von alten Dingen der Stadt Mainz", aus dem 15. Jahrhundert, in: Die Chroniken der mittelrheinischen Städte: Mainz, Bd. 1 (= Die Chroniken der deutschen Städte vom 14. bis ins 16. Jahrhundert, Bd. 17), Göttingen 1881, Nachdruck Stuttgart 1968, S. 7; zit. auch bei OTTO, Regesten (wie Anm. 318), Nr. 3187.

[380] WILHELM FABRICIUS, Die Grafschaft Veldenz. Ein Beitrag zur geschichtlichen Landeskunde des ehemaligen Nahegaus, in: Mitteilungen des Hist. Vereins der Pfalz, Bd. 33, 1913, S. 1–91, und 36, 1916, S. 1–48, hier: 1, S. 2ff.

[381] Siehe zusammenfassend: KARL E. DEMANDT, Geschichte des Landes Hessen, 2. Aufl., Kassel 1972 (= Kassel 1980), S. 290ff.

[382] 1336 von Ludwig dem Bayern zum Landvogt eingesetzt, s. FRIEDRICH BATTENBERG, Einungen mindermächtiger Stände in der hessischen Wetterau. Ein Beitrag zur Identitätsbildung in einer königsnahen Landschaft, in: Peter Moraw (Hrsg.), Regionale Identität und soziale Gruppen im deutschen Mittelalter, Berlin 1992, S. 103–125, hier: S. 110f.

[383] URH 1 (wie Anm. 110), Nr. 142, 144, 146, 148 und 150.

[384] Mandat von 1332 März 3, OTTO, Regesten (wie Anm. 318), Nr. 3202.

[385] Vertrag von 1332 Januar 29, OTTO, Regesten (wie Anm. 318), Nr. 3197.

[386] OTTO, Regesten (wie Anm. 318), Nr. 3221 und 3222. Hierzu s. SCHROHE, Mainz (wie Anm. 316), S. 107f.; ders., Beiträge (wie Anm. 316), S. 19f.; DOMINICUS, Baldewin von Luxemburg (wie Anm. 315), S. 292ff.

[387] So auch MÜLLER, Der Kampf Ludwigs des Baiern (wie Anm. 348), S. 284.

[388] Urk. von 1332 Juli 22, OTTO, Regesten (wie Anm. 318), Nr. 3224. Siehe hierzu SCHROHE, Mainz (wie Anm. 316), S. 108.

[389] URH 5 (wie Anm. 110), Nr. 174.

[390] I. e. BATTENBERG, Gerichtsstandsprivilegien (wie Anm. 125), Nr. 393.

[391] 2 Urk. von 1332 August 7 (vermutlich nicht 1331 August 2), URH 5 (wie Anm. 110), Nr. 123f. Für eine Datierung auf 1332 sprachen sich MÜLLER, Der Kampf Ludwigs des Baiern (wie Anm. 345), S. 284, und VOGT, Reichspolitik (wie Anm. 317), S. 51, aus. HANSEL, Das Stift St. Victor (wie Anm. 317), S. 15,

und SCHROHE, Mainz (wie Anm. 316), S. 105, und ders., Beiträge (wie Anm. 316), S. 18, gehen von der in den beiden Urkunden gegebenen Datierung (1331, Freitag nach Vincula Petri) aus, ohne aber einen Nachweis für den Achtspruch beibringen zu können. Für das Jahr 1332 spricht außer der inhaltliche Zusammenhang mit den anderen Achtlösungsurkunden die in einer der beiden Urkunden (URH 5 Nr. 123) vorhandene Zählung nach dem 18. Regierungsjahr des Kaisers, das erst Ende November 1331 begann, und vor allem die mit der Achtlösungsurkunde URH 5, Nr. 174 übereinstimmende Besiegelung dieser Urkunde: Beide haben ein an rot-grüner Seidenschnur anhangendes Majestätssiegel. Auch der Ausstellungsort „Regensburg" ist für URH 5, Nr. 123 f. möglich: Der Kaiser befand sich an diesem Tag auf der Reise von Straubing nach Nürnberg, und mußte sich auf dieser Reise jedenfalls in Regensburg aufhalten, auch wenn es dafür keine weiteren Nachrichten gibt. Es kann vorerst noch nicht geklärt werden, weshalb die beiden St. Albaner Lösungsurkunden, die auch in das kurmainzische Kanzleiregister aufgenommen wurden, auf 1331 gesetzt wurden. Möglich erscheint ein Versehen, zumal die Verbriefung sehr viel später ausgefertigt wurde und deshalb rückdatiert worden sein könnte.

392 Urk. von 1332 August 21, URH 5 (wie Anm. 110), Nr. 176.

393 Urk. von 1335 April 20, URH 5 (wie Anm. 110), Nr. 238.

394 Urk. von 1336 Januar 22, URH 5 (wie Anm. 110), Nr. 255.

395 Hierzu BATTENBERG, Reichsacht und Anleite (wie Anm. 4), S. 486 ff.

396 Urk. von 1338 November 12, OTTO, Regesten (wie Anm. 318), Nr. 3570 f.

397 Hierzu: SCHROHE, Beiträge (wie Anm. 316), S. 21 ff.

398 Urk. von 1337 Juni 29, OTTO, Regesten (wie Anm. 318), Nr. 4043.

399 Urk. von 1337 Juli 2, OTTO, Regesten (wie Anm. 318), Nr. 4045.

400 Urk. von 1338 Juli 13, URH 5 (wie Anm. 110), Nr. 313.

401 Ladung von 1342 Dezember 9, URH 5 (wie Anm. 110), Nr. 498.

402 KARL FRIEDRICH [VON] KLÖDEN, Diplomatische Geschichte des für falsch erklärten Markgrafen Woldemar von Brandenburg vom Jahre 1345–1356, unmittelbar nach den Quellen dargestellt, Teile 1–2, Berlin 1844/45, hier insb. Teil 2, S. 185 ff.

403 Zu den Beziehungen Woldemars zu den Städten s. ECKHARD MÜLLER-MERTENS, Die Unterwerfung Berlins 1346 und die Haltung der märkischen Städte im wittelsbachisch-luxemburgischen Thronstreit, in: Zeitschr. f. Geschichtswissenschaft, Jg. 8/1, 1960, S. 78–103. Siehe auch die unter Anm. 410 angegebene Arbeit von STRUCK, Märkische Urkunden.

404 Zitiert nach: JOHANNES SCHULTZE, Die Mark Brandenburg, Bd. 2: Die Mark unter der Herrschaft der Wittelsbacher und Luxemburger (1319–1415), Berlin 1961, S. 76.

405 So JIRI SPEVAČEK, Karl IV. Sein Leben und seine staatsmännische Leistung, Wien/Köln/Graz 1978, S. 88. Ähnlich auch MÜLLER-MERTENS, Die Unterwerfung (wie Anm. 403), S. 78.

406 So (erstes Zitat): OTTO TSCHIRCH, Der falsche Woldemar und die märki-

schen Städte, in: Forschungen zur Brandenburgischen und Preußischen Geschichte, Bd. 43, 1930, S. 227–244, hier: S. 239, und (zweites Zitat): HEINZ STOOB, Kaiser Karl IV. und seine Zeit, Graz/Wien/Köln 1990, S. 64.

407 MÜLLER-MERTENS, Die Unterwerfung (wie Anm. 403), S. 78.

408 SPEVAČEK, Karl IV. (wie Anm. 404), S. 87 f.

409 Zitate nach: TSCHIRCH, Der falsche Woldemar (wie Anm. 406), S. 231 (erstes Zitat), und: SCHULTZE, Mark Brandenburg (wie Anm. 404), S. 89 (zweites Zitat).

410 Die insgesamt 15 zeitgenössischen Berichte finden sich bei KLÖDEN, Diplomatische Geschichte (wie Anm. 402), Bd. 2, S. 336 ff. Eine detaillierte Aufstellung mit Inhaltsbeschreibungen und historischer Einordnung bietet TSCHIRCH, Der falsche Woldemar (wie Anm. 406), S. 240–244, unter Einbeziehung auch der späteren Chroniken. Immerhin erklären zwei Chroniken ihn für echt, während bei den übrigen zu unterstellen ist, daß sie in Kenntnis der später aufgedeckten Betrügereien geschrieben wurden. Die bei M[AXIMILIAN] VON FREYBERG, Beurkundete Geschichte Herzog Ludwigs des Brandenburgers (= Abhandlungen der Historischen Classe der Königlich Bayerischen Akademie der Wissenschaften, 2. Bd., 1. Abt., Teil 1), München 1837, S. 75–79 abgedruckte Anhaltinische Chronik des Merseburger Bürgermeisters Ernst Brotuff von 1556 vertrat – 200 Jahre nach den Geschehnissen – den „Standpunkt der Echtheit im Interesse ihres Fürstenhauses“ (so Tschirch [wie Anm. 406], S. 244). WOLF HEINO STRUCK, Märkische Urkunden aus der Zeit des falschen Woldemar im Anhaltinischen Staatsarchiv Zerbst (Anhang: Der sog. falsche Woldemar), in: Forschungen zur brandenburgischen und preußischen Geschichte, Bd. 55, 1943, S. 32–82, insb. S. 71 ff.

411 So SCHULTZE, Mark Brandenburg (wie Anm. 404), S. 76.

412 Vgl. etwa die etwa 1360 geschriebene Magdeburger Schöppenchronik, wonach man im Volk davon gesprochen habe, Woldemar *hadde gan bedevart als ein baggart de langen tid vor sine sunde*. Nachweise bei: S. KARL JAENICKE (Bearb.), Die Chroniken der niedersächsischen Städte: Magdeburg, hrsg. von C[arl] Hegel (= Die Chroniken der deutschen Städte vom 14. ins 16. Jahrhundert, Bd. 7), Bd. 1, Leipzig 1869 (= Stuttgart 1962), S. 202 f. Siehe aus großer Fülle der Literatur die ausführliche Wiedergabe der Ereignisse bei SCHULTZE, Mark Brandenburg (wie Anm. 404), S. 76 ff.; vgl. auch die zuletzt gebrachten knappen Darstellungen bei SPEVAČEK, Karl IV. (wie Anm. 404), S. 88; RODERICH SCHMIDT, Brandenburg und Pommern in der Politik Kaiser Karls IV. Das Kräftespiel zwischen Wittelsbachern, Luxemburgern und Greifen, in: Ferdinand Seibt (Hrsg.), Kaiser Karl IV. Staatsmann und Mäzen, München 1978, S. 203–208, hier: S. 205; EMIL WERUNSKY, Geschichte Kaiser Karls IV. und seiner Zeit, Bd. 1, Innsbruck 1880, S. 125 f. Die ausführlichste Darstellung der Ereignisse um die „Wiederkehrgeschichte“ findet sich in der ›Genealogie der Fürsten von Anhalt‹ des Ernst Brotuff (wie Anm. 410), freilich mit zahlreichen legendären Ausschmückungen, für die es keine direkten Quellenzeugnisse gibt. Siehe auch STRUCK, Märkische Urkunden (wie Anm. 410), S. 74 ff.

413 So SPEVAČEK, Karl IV. (wie Anm. 404), S. 91.

[414] SCHULTZE, Mark Brandenburg (wie Anm. 404), S. 76f.

[415] Urk. von 1348 Oktober 2, Monumenta Germaniae Historica, Constitutiones et Acta Publica, Bd. 8 (1345–1348), hrsg. von KARL ZEUMER und RICHARD SALOMON (im folgenden: MGH Const. 8), Hannover 1910–1926, S. 667–669, Nr. 662. Vgl. auch die zugehörigen Urk. 1348 Oktober 2–11, ebd., S. 669–672, Nr. 663–666.

[416] MÜLLER-MERTENS, Die Unterwerfung (wie Anm. 403), S. 91. Siehe dazu insbes. KLÖDEN, Diplomatische Geschichte 1 (wie Anm. 402), S. 185ff., mit Urkundenanhang, S. 472ff., Nr. 12ff.

[417] SCHULTZE, Mark Brandenburg (wie Anm. 404), S. 80ff.

[418] Urk. von 1348 Oktober 2, URH 6 (wie Anm. 110), Nr. 53–56. Nähere Einzelheiten zum Belehnungsakt, der in der Vorstadt von Frankfurt an der Oder stattfand, zur sogleich zu besprechenden gerichtlichen Kommission und zu den politischen Verhandlungen teilte Karl mit Schreiben vom 1348 Oktober 25 an die Stadt Hagenau mit, URH 6 (wie Anm. 110), Nr. 60.

[419] URH 6 (wie Anm. 110), Nr. 53; auch MGH Const. 8 (wie Anm. 415), S. 659f., Nr. 655.

[420] SCHULTZE, Mark Brandenburg (wie Anm. 404), S. 82.

[421] Erste Hofgerichtsurk. 1349 April 6, URH 6 (wie Anm. 110), Nr. 101. Konrad Bissinger war ebenfalls ab 1349 für die Gerichtskanzlei des Luxemburgers tätig, s. BATTENBERG, Einleitung zu: URH 6 (wie Anm. 110), S. XVff.

[422] URH 6 (wie Anm. 110), Nr. 58.

[423] Zu dieser Form, die seit dem Mainzer Landfrieden von 1235 verschiedentlich am Königshof gebraucht wurde und auch in der Goldenen Bulle von 1356 normiert ist, s. POETSCH, Reichsacht (wie Anm. 246), S. 57ff.

[424] Schreiben von 1348 Oktober 18, URH 6 (wie Anm. 110), Nr. 59.

[425] Ergibt sich aus einem Schreiben König Karls an die Stadt Hagenau von 1348 Oktober 25, URH 6 (wie Anm. 110, Nr. 60).

[426] URH 6 (wie Anm. 110), Nr. 62–65, Urk. von Dezember 1–4.

[427] Die Reichssachen erfaßt in URH 6 (wie Anm. 110), Nr. 62–65; eine Landesangelegenheit des böhmischen Kronlehens Schlesien, entschieden von dem späteren Hofrichter Burggraf Burkhard von Magdeburg, in: Regesta Imperii, Bd. 8 (im folgenden: RI 8): Die Regesten des Kaiserreiches unter Karl IV. (1346–1378), aus dem Nachlaß von JOHANN FRIEDRICH BÖHMER, hrsg. von ALFONS HUBER, mit Ergänzungsheft, Innsbruck 1877 (= Hildesheim 1967) und 1889, Nr. 6551.

[428] SCHULTZE, Mark Brandenburg (wie Anm. 404), S. 85f. Von hier aus konnte Ludwig den Abfall einiger Städte und Herren von Woldemar veranlassen. In Dresden, wo sich kurze Zeit später sowohl Karl als auch Ludwig befanden, kam offensichtlich kein Treffen zustande, s. RI 8 (wie Anm. 427), Nr. 789a.

[429] URH 6 (wie Anm. 110), Nr. 60.

[430] Urk. von 1349 August 15, URH 6 (wie Anm. 110), Nr. 190f.

[431] Siehe zu allem etwa: STOOB, Karl IV. (wie Anm. 406), S. 65ff.; FERDINAND SEIBT, Karl IV. Ein Kaiser in Europa 1346 bis 1378, München 1978, S. 161ff.

432 URH 6 (wie Anm. 110), Nr. 124–130.

433 So SCHULTZE, Mark Brandenburg (wie Anm. 404), S. 89.

434 SCHULTZE, Mark Brandenburg (wie Anm. 404), S. 91 ff., 98.

435 JOSEF PFITZNER, Kaiser Karl IV., Potsdam 1938, S. 56, spricht davon, daß Karl IV. das Steuer seiner bisherigen Politik sehr merklich herumgeworfen habe, weil er die Reichsrechte und die Würde des Reiches in Gefahr gesehen habe, die er „durch die Ausschaltung der Reichsschiedsgerichtsbarkeit für verletzt erklärte".

436 Nachweise s. o. zu Anm. 264. Vgl. RÖDEL, Königliche Gerichtsbarkeit (wie Anm. 93), S. 61 f. Rödel sieht das Problem fälschlicherweise zu sehr unter dem Gesichtspunkt der Beteiligung eines Reichsfürsten. Nach der Weisung von 1274 jedoch kam es auf die Parteieigenschaft des Königs und auf einen Streit *„super bonis imperialibus et ad fiscum pertinentibus"* an.

437 URH 6 (wie Anm. 110), Nr. 215 f.; MGH Const. (wie Anm. 415), Bd. 10: Dokumente zur Geschichte des deutschen Reiches und seiner Verfassung 1350–1353, bearb. von MARGARETE KÜHN, Weimar 1979–1982, S. 31 f., Nr. 42 (dort nicht der separate Gegenbrief Ludwigs).

438 Zur Funktion der Formel „Minne und Recht" s. H[ERMANN] KRAUSE, Art. „Minne und Recht", in: Handwörterbuch zur deutschen Rechtsgeschichte, hrsg. von Adalbert Erler und Ekkehard Kaufmann, Bd. 3, Berlin 1984, Sp. 582–588, insb. Sp. 587 f.

439 Vgl. RÖDEL, Königliche Gerichtsbarkeit (wie Anm. 93), S. 168 ff.

440 Urk. von 1350 Februar 14, URH 6 (wie Anm. 110), Nr. 217; Druck: MGH Const. 10 (wie Anm. 437), S. 32 f., Nr. 43.

441 Urk. von 1350 Februar 15, URH 6 (wie Anm. 110), Nr. 218–220.

442 Zu diesem s. BATTENBERG, Einleitung zu: URH 6 (wie Anm. 110), X, XIV. Ab 1350 übernahm er verschiedentlich den Vorsitz im Hofgericht, ab 1353 unter dem Titel eines Hofrichters.

443 Siehe die Ausführungen hierzu von SCHULTZE, Mark Brandenburg (wie Anm. 404), S. 100 f.

444 Urk. von 1350 Februar 15 – Februar 21, URH 6 (wie Anm. 110), Nr. 221–237 und 239.

445 Urk. von 1350 Februar 15, URH 6 (wie Anm. 110), Nr. 221.

446 Urk. von 1350 Februar 16, URH 6 (wie Anm. 110), Nr. 225.

447 2 Urk. gleichen Datums, URH 6 (wie Anm. 110), Nr. 226 f.

448 Urk. von 1350 Februar 16 und 18, URH 6 (wie Anm. 110), Nr. 231 und 235.

449 3 Urk. gleichen Datums, URH 6 (wie Anm. 110), Nr. 228–230.

450 Urk. gleichen Datums, URH 6 (wie Anm. 110), Nr. 231.

451 12 Urk. von 1350 März 29, URH 6 (wie Anm. 110), Nr. 241 f.

452 So EBEL, Recht und Form (wie Anm. 16), S. 267: vgl. auch: HELMUT COING, Die Rezeption des römischen Rechts in Frankfurt, 2. Aufl., Frankfurt a. M. 1962, S. 32.

453 Siehe HELMUT FELLINGER, Das formelle und materielle Beweisrecht des Stadtgerichts Butzbach im Zivilprozeß des 15. Jahrhunderts (= Gerichtsbü-

cherstudien, Bd. 2), Aalen 1977, S. 41 ff.; Friedrich Battenberg, Das Reichshofgericht und die Herrschaft Hohengeroldseck in der Ortenau. Zur rechtsgeschichtlichen Bedeutung einer Erbauseinandersetzung, in: Ders., Beiträge zur höchsten Gerichtsbarkeit (wie Anm. 71), S. 195–244, hier: S. 210 f.

454 Nachweise wie Anm. 451.

455 Schultze, Mark Brandenburg (wie Anm. 404), S. 101. Ähnlich auch schon: Tschirch, Der falsche Woldemar (wie Anm. 406), S. 231 f.

456 Siehe Battenberg, Die königlichen Hofrichter (wie Anm. 86).

457 So nach den Gesta archiepiscoporum Magdeburgensium, zit. bei: Schultze, Mark Brandenburg (wie Anm. 404), S. 101, Anm. 4.

458 4 separate Urk. von 1350 April 6, URH 6 (wie Anm. 110), Nr. 243–246. Die erste abgedruckt in: MGH Const. 10 (wie Anm. 437), S. 71 f., Nr. 88.

459 URH 6 (wie Anm. 110), Nr. 247; Prenzlau wird in dieses gemeinsam an mehrere Städte ausgefertigte Mandat nochmals einbezogen.

460 URH 6 (wie Anm. 110), Nr. 248 f. Berlin und Köln erhielten ein gemeinsames Mandat.

461 Zur Formel „auf Recht", die urkundlich ab 1353 am Hofgericht zur Kennzeichnung vorläufiger Achtentlassungen zwecks gerichtlicher Verantwortung gebraucht wurde, s. Battenberg, Reichsacht und Anleite (wie Anm. 4), S. 466 ff.

462 Druck der Urk. nach MGH Const. 10 (wie Anm. 437), S. 71 f., Nr. 88.

463 Müller-Mertens, Die Unterwerfung (wie Anm. 403), S. 85 ff.

464 Ergibt sich aus dem Hofgerichtsbrief von 1350 April 12, URH 6 (wie Anm. 110), Nr. 250. Nach einer zeitgenössischen Nachricht des Mathias von Neuenburg hat König Karl IV. auf dem Nürnberger Hoftag vom April 1350 den falschen Woldemar, den er vorher mit Markgraf Ludwig nicht habe vergleichen können, nach vergeblicher Ladung in die Acht gesprochen: *Convenerant autem rex Karolus et Ludewicus marchio in Nurenberg de mense Aprili concordantes omnino, et cum rex non posset concordare occupatores marchionatus cum marchione, quod cederent, ipse marchioni adherens alios coram se citavit fictumque marchionem cum suis bannivit.* Siehe Adolf Hofmeister (Hrsg.), Die Chronik des Mathias von Neuenburg (= Monumenta Germaniae Historica: Scriptores rerum Germanicarum, Nova Series, Bd. 4), 2. Aufl., Berlin 1955, S. 443 f. Ein Bericht über das Auftreten des falschen Woldemar *(in Brandenburg inveniens eumque marchionem esse fingens)* ebd., S. 261 und 420.

465 Urk. von 1350 April 12, URH 6 (wie Anm. 110), Nr. 251. Beide Herzöge waren auch eineinhalb Jahre später Adressaten eines diesbezüglichen Achtmandats, Nachweis wie Anm. 468.

466 So nach dem Mandat an die Herzöge von Lüneburg, Nachweise wie Anm. 465.

467 So nach Urk. Kg. Karls von 1350 April 18, URH 6 (wie Anm. 255), Nr. 255.

468 Schreiben von 1350 April 19, URH 6 (wie Anm. 110), Nr. 256. Entsprechend reagierten gem. einem Schreiben gleichen Datums die Städte Berlin und Köln an der Spree, Nachweise bei Adolph Friedrich Riedel (Hrsg.),

Codex Diplommaticus Brandenburgensis. Sammlung der Urkunden, Chroniken und sonstigen Quellenschriften für die Geschichte der Mark Brandenburg und ihrer Regenten, 1. Hauptteil: Urkundensammlung für die Orts- und spezielle Landesgeschichte, Bd. 9, Berlin 1849, S. 45, Nr. 81. Siehe dazu auch Müller-Mertens, Die Unterwerfung (wie Anm. 403), S. 97, der allerdings nur die weiterhin askanisch orientierten Städte erwähnt, nicht diejenigen, die sich zur Unterwerfung bereit fanden. Aus dem Achtmandat König Karls von 1351 September 12 (URH 6, wie Anm. 110, Nr. 330), mit dem den Herzögen Otto und Wilhelm von Braunschweig-Lüneburg die Ächtung der Städte Görzke, Brandenburg, Stendal, Angermünde, Osterburg, Seehausen, Prenzlau, Pasewalk und Templin auf Klage des Markgrafen Ludwig V. von Brandenburg mitgeteilt wurde, kann geschlossen werden, daß auch die hier genannten Städte die Herrschaft des Wittelsbachers nicht anerkannt hatten, wohingegen die nicht mehr genannten Städte Köln und Berlin wohl zur wittelsbachischen Partei zurückgekehrt sind. Vgl. hierzu: Tschirch, Der falsche Woldemar (wie Anm. 406), S. 238f.

469 Siehe o. Abschnitt: Definition des Politischen Prozesses, zu Anm. 36.

470 Dies schließt nicht aus, daß die ehemaligen Verbündeten und Parteigänger Woldemars, die Herzöge von Sachsen, die Grafen von Anhalt und der Erzbischof von Magdeburg, an ihren Ansprüchen festhielten, die besonders durch die Eventualbelehnung entstanden waren. Dieses Problem war jedoch inzwischen von dem des „falschen" Woldemar losgelöst. Siehe Schultze, Mark Brandenburg (wie Anm. 404), S. 103.

471 RI 8 (wie Anm. 427), Reichssachen Nr. 231.

472 Zu den Hintergründen (wittelsbachisch-anhaltinischer Vergleich) s. Müller-Mertens, Die Unterwerfung (wie Anm. 403), S. 93.

473 Siehe Schmidt, Brandenburg und Pommern (wie Anm. 412), S. 205. Zur Chronik Brotuffs s. die Nachweise bei Tschirch und von Freyberg, wie Anm. 410. Nur am Rande sei erwähnt, daß die romantische Dichtung im falschen Woldemar nahezu unerschöpflichen Stoff für ihre Dramen und Romane gefunden hat (z. B. Friedrich de la Motte-Fouqué, 1811; Achim von Arnim, 1846; Willibald Alexis, 1846/48; G. von Putlitz, 1863; und Eilhard Erich Pauls, 1925); hierzu s. Tschirch, Der falsche Woldemar (wie Anm. 406), S. 232f.

474 Siehe [Benedikt Jakob] Römer-Büchner, Die Ermordung des Herzogs Friedrich von Braunschweig im Jahre 1400, in: Archiv für Frankfurts Geschichte und Kunst NF, Bd. 1, 1860, S. 161–166; [Carl] Neuber, Das Fürstentum Waldeck in Beziehung zu Hessen, in: Mitteilungen an die Mitglieder des Vereins f. hess. Geschichte, Jg. 1906/07, Kassel 1907, S. 66f. [ausführlicher ders., in: Hausfreund. Sonntagsbeilage der Kasseler Allg. Zeitung Nr. 9 und 10 vom 24. 2. 1907 und 3. 3. 1907; [Heinrich] Egon Huckert, War Erzbischof Johann II. von Mainz der Urheber der Tötung Herzog Friedrichs von Braunschweig? (= Wissenschaftliche Beilage zum Programm Nr. 206 des Realgymnasiums zu Neiße, Ostern 1888, Neiße 1888); Albrecht Duncker, War Erzbischof Johann von Mainz Urheber der Ermordung Herzog Friedrichs von Braunschweig-Lüneburg bei Kleinenglis?, in: Mitteilungen (wie o.), Jg. 3,

1880. KARL ADOLF KONSTANTIN VON HÖFLER, Ruprecht von der Pfalz genannt Clem, römischer König 1400–1410, Freiburg 1861, S. 330 ff.; OTTO FELSBERG, Die Ermordung Herzog Friedrichs von Braunschweig im Jahre 1400. Ein Beitrag zur Rechtsgeschichte des XV. Jahrhunderts (= Programm des Herzoglichen Ernestinum zu Coburg), Coburg 1888; W. HAVEMANN, Der Mord Herzog Friedrichs von Braunschweig-Lüneburg, in: Archiv des Historischen Vereins für Niedersachsen NF, Jg. 1847, S. 348–372; H. PH. STEINRUCK, Disquisitio historica de Friderico duce brunsvicensi et luneburgensis, Marburg 1743; WALDEMAR KÜTHER, Historisches Ortslexikon des Landes Hessen, Heft 2: Fritzlar-Homberg, ehem. Landkreis, Marburg 1980, S. 68–70, hier: S. 70. Die Abfolge der Ereignisse nach der „Erzählung von der Ermordung von Herzog Friedrich von Braunschweig“ des Johannes Nuhn von Hersfeld nach einer Handschrift der Leipziger Universitätsbibliothek auch bei: ULRIKE STEIN, Die Überlieferungsgeschichte der Chroniken des Johannes Nuhn von Hersfeld. Ein Beitrag zur Hessischen Historiographie, Frankfurt a. M. u. a. 1994, S. 153–157.

475 Siehe das Schreiben der Herzöge von Braunschweig an die Stadt Regensburg von 1400 August 1, JULIUS WEIZSÄCKER (Hrsg.), Deutsche Reichstagsakten unter König Wenzel, 3. Abt.: 1397–1400 (= RTA 3), 2. Aufl., Göttingen 1956, S. 242 f., Nr. 194. Zum Frankfurter Tag s. THEODOR LINDNER, Deutsche Geschichte unter den Habsburgern und Luxemburgern (1273–1437), 2. Bd.: Von Karl IV. bis zu Sigmund. Die allgemeinen Zustände, Stuttgart 1893 (= Darmstadt 1970), S. 188 ff.

476 Zur Politik Johanns II. s. RICHARD GERITS, Zur Geschichte Erzbischof Johanns II. von Mainz, Diss. Halle 1882; ANTON PHILIPP BRÜCK, Zur Geschichte des Mainzer Kurfürsten Johann II. von Nassau bis zum Jahre 1405, Diss. Frankfurt a. M. 1942; HUCKERT, Erzbischof Johann II. von Mainz (wie Anm. 474), S. 4 ff.

477 Abgedruckt bei RÖMER-BÜCHNER, Die Ermordung (wie Anm. 474), S. 162 ff. Ähnlich auch schon in der frühesten Chronik der Ereignisse, in der lateinischen Weltchronik des Braunschweiger Chronisten Dietrich Engelhus (1362–1434), abgedruckt bei STEIN, Überlieferungsgeschichte (wie Anm. 474), S. 155, Anm. 36. In der bei Johannes Nuhn aufgenommenen deutschen Übersetzung (ebd., S. 156, nach der Leipziger Handschrift Cod. hist. DXLIII Bl. 78 v) heißt es an der einschlägigen Stelle: *Ein gewisse regel dieses ist / Maincz ist ein schalck vollbößer list / Pilati Art die hengt ihm an / so nichts dann Christum creuczign kann / den frommen herzogen Friederich / hatt Meincz erwürget unredtlich / der doch wie David sein statt / braunschweig so wohl beschüczet hat.*

478 So die Beurteilung von DEMANDT, Geschichte des Landes Hessen (wie Anm. 381), S. 526.

479 So im zitierten Schreiben von 1400 August 1; Nachweise wie Anm. 475.

480 Schreiben von 1400 Juli 1, ausgefertigt im kurmainzischen Fritzlar und nur als Insert in dem Rechtfertigungsschreiben des Erzbischofs von 1400 August 18 erhalten, RTA 3 (wie Anm. 475), S. 239 f., Nr. 192 (deutsche Originalfassung mit wohl gleichzeitiger lateinischer Übersetzung). Vgl. auch die in

Anm. 474 genannten Literaturtitel. Man wird allerdings den Eindruck nicht los, daß hinter allen Ehrenerklärungen der Zeitgenossen und auch der modernen Historiker die Grundhaltung stand, daß man einem hohen geistlichen Würdenträger reichsfürstlichen Standes die Anstiftung zu einer Mordtat an einem potentiellen Königskandidaten nicht zutraute. Es soll hier nur auf eine historische Parallele hingewiesen werden, die erst in jüngster Zeit entdeckt worden ist: Der am 30. April 1292 zum König gewählte Herzog Konrad II. von Teck wurde unmittelbar darauf ermordet, weil er den andersartigen politischen Plänen des Kölner Kurfürsten im Wege stand: All dies wurde sofort vertuscht und war bis heute vergessen; s. ARMIN WOLF, König für einen Tag: Konrad von Teck. Gewählt, Ermordet (?) und Vergessen (= Schriftenreihe des Stadtarchivs Kirchheim unter Teck 17), Kirchheim unter Teck 1993. Zur Persönlichkeit der beiden Ritter Friedrich v. Hertingshausen und Kunzmann v. Falkenberg s. KARL E. DEMANDT, Der Personenstaat der Landgrafschaft Hessen im Mittelalter. Ein „Staatshandbuch" Hessens vom Ende des 12. bis zum Anfang des 16. Jahrhunderts, 1. Teil, Marburg 1981, S. 205 und 346–348. Danach standen beide Adeligen seit den achtziger Jahren des 14. Jahrhunderts meistenteils in Dienst- und Lehnsbeziehungen zu den Erzbischöfen von Mainz, der erstere vor allem als Amtmann in Naumburg, machten sich aber den mainzisch-hessischen Gegensatz zunutze. Beide konnten sich eine bedeutende Stellung in Niederhessen aufbauen, wurden häufig zu Vermittlungs- und Bürgerschaftsdiensten herangezogen. Durch ihre Beteiligung an der Ermordung Herzog Friedrichs jedoch brach ihre Stellung zusammen. Sie starben 1422 bzw. 1417 in der Verbannung (detaillierte Daten bei Demandt). Friedrich v. Hertingshausen war nach einem älteren Urteil „einer der berühmtesten Ritter seiner Zeit". Nach Demandt jedoch rechtfertigt Friedrichs Leben das Urteil, „daß er einer der unruhigsten und gefährlichsten Abenteurer seiner Zeit war, ein ebenso unabhängigkeits- wie selbstbewußter Raufbold, ein bedenkenloser Ausbeuter und Nutznießer des Gegensatzes zwischen dem Erzbistum Mainz und der Landgrafschaft Hessen, insgesamt eine abstoßende Erscheinung im adligen Personenkreis seiner Zeit" (ebd., S. 347).

481 Schreiben von 1400 August 18, RTA 3 (wie Anm. 475), S. 243 ff., Nr. 195.

482 Schreiben von [1400 nach Juli 5], RTA 3 (wie Anm. 475), S. 240 ff., Nr. 193.

483 Gemeint ist wohl Wilsnack. Siehe PAUL FRAUENSTÄDT, Blutrache und Totschlagsühne im Deutschen Mittelalter. Studien zur Deutschen Kultur- und Rechtsgeschichte, Berlin 1881 (= Berlin 1980), S. 162. Zu den Wallfahrten dieser Zeit s. insb. LUDWIG SCHMUGGE, Die Pilger, in: Peter Moraw (Hrsg.), Unterwegssein im Spätmittelalter (= Zeitschrift für Historische Forschung, Beiheft 1), Berlin 1985, S. 17–48, hier: S. 27 ff.; ÉTIENNE VAN CAUWENBERGH, Les Pèlerinages expiatoires et judiciaires dans le droit communal de la Belgique au moyen age, Louvain 1922, S. 138 ff. (zu Wilsnach S. 143).

484 Gemeint ist ein in den Jahren 1356 und 1357 vor dem Hofgericht Kaiser Karls IV. geführter Hofgerichtsprozeß der Grafen Otto II. und Heinrich VI. von Waldeck, Großvater und Vater Heinrichs VII., gegen den letzten männli-

chen Vertreter der Lüneburger Linie, Herzog Wilhelm von Braunschweig-Lüneburg, nach dem die Waldecker für einen Betrag von 100000 Mark Silber in Lüneburg eingesetzt worden waren. Siehe zu diesem Prozeß: LOTTE HÜTTEBRÄUKER, Ein Hofgerichtsprozeß aus der Zeit Karls IV., in: Zeitschrift der Savigny-Stiftung für Rechtsgeschichte, Germ. Abt., Bd. 56, 1936, S. 178–201. Die Urkunden bei: URH 7 (wie Anm. 306), Nr. 121, 122, 131, 135, 137, 147, 162, 169, 254, 255, 277, 278, 291, 292 und 304.

485 Siehe zu den genealogischen Verbindungen der Häuser Lüneburg und Waldeck: DETLEV SCHWENNICKE (Hrsg.), Europäische Stammtafeln, Neue Folge, Bd. 1: Die deutschen Staaten: Die Stammesherzoge, die weltlichen Kurfürsten, die kaiserlichen, königlichen und großherzoglichen Familien, Marburg 1980, Tff. 59 und 61 (Braunschweig-Lüneburg); WILHELM KARL PRINZ VON ISENBURG (Hrsg.), Stammtafeln zur Geschichte der europäischen Staaten [Bd. 1]: Die deutschen Staaten, Berlin 1936, Tf. 136 (Waldeck). Die Brüder Otto III. und Wilhelm von Braunschweig-Lüneburg waren auch in den Prozeß um den „falschen“ Woldemar involviert, s. o. die Nachweise Anm. 465 und 468.

486 Zum Tathergang s. LINDNER, Deutsche Geschichte (wie Anm. 475), S. 188f.

487 Nach LINDNER, Deutsche Geschichte (wie Anm. 475), S. 189, war diese Erklärung „durchaus glaubhaft“.

488 LINDNER, Deutsche Geschichte (wie Anm. 475), S. 180f.

489 Siehe dazu HEINZ THOMAS, Deutsche Geschichte des Spätmittelalters 1250–1500, Stuttgart/Berlin/Köln/Mainz 1983, S. 339f.

490 Die Einladungen an die Kurfürsten wurden am 4. Juni von Frankfurt aus ausgefertigt, s. RTA 3 (wie Anm. 475), 194ff., Nr. 146–151.

491 Vgl. THOMAS, Deutsche Geschichte (wie Anm. 489), S. 340.

492 BATTENBERG, Gerichtsschreiberamt (wie Anm. 63), S. 129f., 146f.

493 Zum Itinerar König Wenzels s. INVAN HLAVAČEK, Das Urkunden- und Kanzleiwesen des böhmischen und römischen Königs Wenzel, Stuttgart 1970, S. 396ff., hier: S. 424.

494 Schreiben von 1400 Juni 27, RTA 3 (wie Anm. 475), S. 238, Nr. 191.

495 Siehe zu den Verhandlungen RTA 3 (wie Anm. 475), S. 227ff. FRANTIŠEK GRAUS, Das Scheitern von Königen: Karl VI., Richard II., Wenzel IV., in: Reinhard Schneider (Hrsg.), Das spätmittelalterliche Königtum im europäischen Vergleich (= Vorträge und Forschungen, Bd. 32), Sigmaringen 1987, S. 16–39, hier: S. 33, spricht davon, daß die vier rheinischen Kurfürsten 1400 als die alleinigen Repräsentanten des abstrakten Reiches auftraten. Dies wird auch in dem zitierten Schreiben Ruprechts III. deutlich.

496 JULIUS WEIZSÄCKER (Hrsg.), Deutsche Reichstagsakten unter König Ruprecht, 1. Abt.: 1400–1401 (= RTA 4), 2. Aufl., Göttingen 1956, S. 223f., Nr. 190.

497 Druck von Brief und Gegenbrief: RTA 4 (wie Anm. 496), S. 319ff., Nr. 270f. Beide Urk. sind nur als Entwurf erhalten. Die folgenden Zitate aus der Urk. der Herzöge von Braunschweig entnommen. Es ist allerdings nicht

sicher, ob diese schiedsvertragliche Einigung und Sühne von beiden Parteien wirklich ausgefertigt wurde, auch wenn sich Ruprecht an die gesetzte Frist zur Verkündung einer Entscheidung halten wollte.

[498] Zu den Rechtsfolgen der mittelalterlichen Verwillkürung s. FRIEDRICH EBEL, Die Willkür (= Göttinger Rechtswissenschaftliche Studien 6), Göttingen 1953, insb. S. 12ff. Hinsichtlich der vor dem König klagenden Braunschweiger lag also keine echte Willkür vor, da sie sich nicht in allen Punkten selbst der Entscheidung des Königs unterwerfen wollten, während die Erklärung der anderen Partei, wenn sie wirklich ausgefertigt worden wäre, die Wirkungen einer potentiellen Selbstverurteilung gehabt hätte.

[499] Schreiben von 1401 April 8, mit Ladung auf den 30. Mai nach Nürnberg, RTA 4 (wie Anm. 496), S. 386, Nr. 327.

[500] Die Urk. sind abgedruckt in: RTA 4 (wie Anm. 496), S. 387ff., Nr. 328–335.

[501] Undatierter Brief von ca. Mai/Juni 1491, RTA 4 (wie Anm. 496), Nr. 335.

[502] Landfrieden von 1393 Februar 12 zwischen dem Erzbischof von Mainz, dem Bischof von Paderborn, dem Markgrafen von Meißen, dem Herzog von Braunschweig und dem Landgrafen von Hessen, s. LINDNER, Deutsche Geschichte (wie Anm. 475), S. 297f.; HEINZ ANGERMEIER, Königtum und Landfriede im deutschen Spätmittelalter, München 1966, S. 305ff.

[503] JULIUS WEIZSÄCKER, Deutsche Reichstagsakten unter König Ruprecht, 2. Abteilung: 1401–1405 (= RTA 5), 2. Aufl., Göttingen 1956, S. 310f., Nr. 228.

[504] Schreiben von 1402 Januar 9, Nachweis wie Anm. 503.

[505] Schreiben von 1402 Januar 25, RTA 5 (wie Anm. 503), S. 311, Nr. 229.

[506] Siehe die in RTA 5 (wie Anm. 503), S. 312, Nr. 230–232 abgedruckten königlichen Schreiben und Instruktionen dieser Zeit sowie der von der Stadt Frankfurt an die Stadt Erfurt gerichtete Bericht von 1402 Juli 15, ebd., S. 316f., Nr. 233.

[507] Ein Frieden kam, ohne Beteiligung des Königs, erst im Friedberger Vertrag vom 18. März 1405 zustande, s. hierzu DEMANDT, Geschichte (wie Anm. 381), S. 194f. Abdruck des Vertrags in RTA 5 (wie Anm. 503), S. 689ff., Nr. 475. Durch diesen Vertrag wurde die territoriale Situation in Niederhessen zwischen Hessen und Kurmainz stabilisiert, s. PETER MORAW, Das späte Mittelalter, in: Walter Heinemeyer (Hrsg.), Das Werden Hessens, Marburg 1986, S. 195–223, hier: S. 207.

[508] König Ruprecht konnte (durch ein in Hersfeld ausgefertigtes Mandat von 1402 September 26, RTA 5 [wie Anm. 503], S. 441f., Nr. 328) lediglich eine Bestätigung des alten Landfriedens von 1393 erreichen, der schon damals auf zwölf Jahre abgeschlossen worden war. Die Erneuerung des Landfriedens gelang erst mit Vertrag von 1405 März 20, kurz nach Abschluß des hessisch-kurmainzischen Friedens, freilich ohne Beteiligung des Königs, s. RTA 5 (wie Anm. 503), S. 441, Anm. 1 zu Nr. 328. Abdruck des Landfriedens ebd., S. 694ff., Nr. 476. Der von dem Mainzer Kurfürsten, den Brüdern Bernhard und Heinrich Herzögen von Braunschweig-Lüneburg, Landgraf Her-

mann von Hessen und Herzog Otto von Braunschweig beurkundete Landfrieden wurde *dem Heiligen Romischen Riche zu eren unde ouch umbe nuczes willen unser aller lant und lute, unser mannen, borgmanne unde undirsaße* abgeschlossen. Nach ANGERMEIER, Königtum und Landfrieden (wie Anm. 502), S. 340, bestand in der Zeit König Ruprechts keine eigene Landfriedenspolitik des Königtums. Dies trifft insofern zu, als keine dauernden Impulse von ihm gegeben werden konnte, darf aber nicht bedeuten, daß die Bemühungen um eine Landfriedensordnung nicht fortgesetzt wurden: Es fehlten die machtpolitischen Mittel zur Durchsetzung einer königlich-legitimierten Landfriedensgewalt.

509 König Ruprecht befand sich von Anfang Oktober 1402 ab bis zum März 1403 in der Reichsstadt Nürnberg, s. G[RAF] LUDWIG VON OBERNDORFF/MANFRED KREBS (Bearb.), Regesten der Pfalzgrafen am Rhein 1214–1508, 2. Bd.: Regesten König Ruprechts, mit Nachträgen, Ergänzungen und Berichtigungen zum 1. und 2. Bd., Innsbruck 1939, Nr. 2562–2861.

510 Zum Ablauf der Sühneverhandlungen s. die Darstellung bei WEIZSÄCKER, RTA 5 (wie Anm. 503), S. 364 ff.

511 Siehe die Nachweise in Anm. 507 und 508.

512 Urk. von 1402 August 12, RTA 5 (wie Anm. 503), S. 440 f., Nr. 327.

513 Urk. von 1402 September 26, RTA 5 (wie Anm. 503), S. 411 f., Nr. 328; s. o. Anm. 511.

514 Anlaßbrief von 1402 September 26, RTA 5 (wie Anm. 503), S. 442 f., Nr. 329.

515 Vertrag von 1402 Juli 28, s. die Vermutungen von WEIZSÄCKER, RTA 5 (wie Anm. 503), S. 366.

516 Urk. von 1402 September 27, RTA 5 (wie Anm. 503), S. 451, Anm. 1 zu Nr. 333.

517 Urk. von 1402 September 27, RTA 5 (wie Anm. 503), S. 443 ff., Nr. 330.

518 Art. 7 und 13 der nach der Zählung Weizsäckers 18 Artikel umfassenden Entscheidung.

519 Zur Herkunft und Tätigkeit des Dr. Ulrich von Albeck, den vermutlich der Hofkanzler Bischof Raban von Speyer in die Kanzlei geholt hatte, s. PETER MORAW, Kanzlei und Kanzleipersonal König Ruprechts, in: Archiv für Diplomatik, Bd. 15, 1969, S. 428–531, hier: S. 485 ff. Siehe auch ders., Gelehrte Juristen im Dienst der deutschen Könige des späten Mittelalters (1273–1493), in: Roman Schnur (Hrsg.), Die Rolle der Juristen bei der Entstehung des modernen Staates, Berlin 1986, S. 77–147, hier: S. 91 ff., 104.

520 Urk. von 1403 Februar 3, RTA 5 (wie Anm. 503), S. 451–479, Nr. 333–337.

521 RTA 5 (wie Anm. 503), S. 479, Nr. 338.

522 Siehe die Liste der königlichen Räte bei PETER MORAW, Beamtentum und Rat König Ruprechts, in: Zeitschr. f. d. Gesch. des Oberrheins, Bd. 116, 1968, S. 59–126, hier: S. 86 f.

523 Nachweise s. BATTENBERG, Gerichtsschreiberamt (wie Anm. 63), S. 132 und 135; MORAW, Kanzlei (wie Anm. 519), S. 485 und 489.

[524] Zum Klientelsystem dieser Zeit s. PETER MORAW, Soziale Verflechtungen im Reich unter den Gesichtspunkten Recht, Konfession und Politik, in: Antoni Maczak (Hrsg.), Klientelsysteme im Europa der Frühen Neuzeit (= Schriften des Historischen Kollegs, Kolloquien 9), München 1988, S. 1–18, hier: S. 6ff.

[525] ERNST SCHUBERT, Probleme der Königsherrschaft im spätmittelalterlichen Reich. Das Beispiel Ruprechts von der Pfalz (1400–1410), in: Reinhard Schneider (Hrsg.), Das spätmittelalterliche Königtum im europäischen Vergleich (= Vorträge und Forschungen, Bd. 32), Sigmaringen 1987, S. 135–184, hier: S. 149.

[526] Druck: RTA 5 (wie Anm. 503), S. 451 f., Nr. 333.

[527] Nachweise s. o. Anm. 512.

[528] Siehe hierzu demnächst: FRIEDRICH BATTENBERG, Spätmittelalterliche und Frühneuzeitliche Sühneverträge [als Beitrag vorgesehen für Zeitschr. f. Rechtsgesch., Germ. Abt.], Manuskript zu Vortrag auf dem 29. Rechtshistorikertag in Köln 1992.

[529] Jeder Artikel des Sühnevertrags wird mit den Worten: *scheiden und sprechen wir* oder einer ähnlichen Formulierung eingeleitet.

[530] Siehe NORBERT OHLER, Sterben und Tod im Mittelalter, München/Zürich 1990, S. 34ff.; PHILIPPE ARIÈS, Geschichte des Todes, München/Wien 1980, S. 222ff.

[531] Zu den Sühnewallfahrten und ihrer Funktion für das Seelenheil der Getöteten s. LOUIS CARLEN, Bußwallfahrten in der Schweiz, in: Schweizer Archiv für Volkskunde, Bd. 55, 1959, S. 237–257, hier: S. 248, 251; VAN CAUWENBERGH, Les Pèlerinages (wie Anm. 383), S. 34ff.; JAN VAN HERWAARDEN, Opgelegde Bedevaarten. Een studie over de praktijk van opleggen van bedevaarten (mit name in de stedelijke rechtspraak) in de Nederlanden gedurende de late middeleeuwen (ca. 1300–ca. 1550), Assen/Amsterdam 1978; L. TH. MAES, Mittelalterliche Strafwallfahrten nach Santiago de Compostela und Unsere Liebe Frau von Finisterra, in: Festschrift für Guido Kisch, Stuttgart 1955, S. 99–119, insb. S. 103ff.; CYRILLE VOGEL, Le Pélerinage Pénitentiel, in: Pellegrinaggi e culto dei santi in Europa fino alla la crociata (= Convegni del centro di studi sulla spiritualità medievale 4), Todi 1963, S. 39–90, insb. S. 61ff.

[532] Vgl. hierzu: GERD SCHWERHOFF, Devianz in der alteuropäischen Gesellschaft. Umrisse einer historischen Kriminalitätsforschung, in: Zeitschr. f. Hist. Forschung, Bd. 19, 1992, S. 385–414, hier: S. 391.

[533] Nachweise wie Anm. 507.

[534] Bezug genommen wird auf den Rechtsspruch König Ruprechts von 1403 Februar 3 (RTA 5 [wie Anm. 503], S. 459ff., Nr. 336), in dem beide Ritter als Amtleute des Mainzer Erzbischofs bezeichnet werden, *die der von Mencze von dem Rine gein Hessen geschickt hatte* (ebd., Art. 6). Die Fehdehandlungen beider werden ebd., Art. 14, 20, 27 und 28 aufgeführt.

[535] Siehe dazu BERND MOELLER, Frömmigkeit in Deutschland um 1500, in:

Ders., Die Reformation und das Mittelalter. Kirchenhistorische Aufsätze, Göttingen 1991, S. 73–85, hier: S. 77, 81.

536 Eb. Schmidt, Einführung (wie Anm. 194), S. 52.

537 So s. z. B. Christoph Riggenbach, Die Tötung und ihre Folgen. Ein Beitrag zur alamannisch-schweizerischen Rechtsgeschichte im Mittelalter, in: Zeitschr. der Savigny-Stiftung für Rechtsgesch., Germanist. Abt., Bd. 49, 1929, S. 57–166, hier: S. 92ff., 131ff.; Frauenstädt, Blutrache und Totschlagsühne (wie Anm. 483), insb. S. 96ff., 107ff.; Schmidt, Einführung (wie Anm. 194), S. 51f., sieht die Sühne als „rechtlichen Schatten" der Blutrache, die durch sie überflüssig werden sollte.

538 Frauenstädt, Blutrache (wie Anm. 483), S. 168f.

539 Die Anzahl der Hofgerichtsprozesse nach „dinggenossenschaftlichem" Verfahren nahm unter Ruprecht gegenüber seinen Vorgängern stark zu. Siehe vorläufig die (inzwischen erweiterte) Liste der Hofgerichtsbriefe bei Battenberg, Hofgerichtssiegel (wie Anm. 46), S. 212ff. Die jährliche Frequenz von 15 Ausfertigungen unter Karl IV. (s. Battenberg, Die Hofgerichtsbriefe Karls IV. von Luxemburg [wie Anm. 169]) erweiterte sich unter Ruprecht auf 25 Briefe.

540 Schubert, Probleme (wie Anm. 525), S. 153; Jutta Schutting, Die Schiedsgerichtsbarkeit der römisch-deutschen Herrschaft von Rudolf von Habsburg bis Sigmund, Diss. Wien 1963, S. 65, betont die Überbeanspruchung Ruprechts als Schiedsrichter. Hinsichtlich der Ausgleichsverhandlungen Ruprechts zur Kleinengliser Bluttat meint Schubert (ebd.), daß hier die schiedsrichterliche Aufgabe für den König mehr Last als politischer Vorteil gewesen sei, da damit die Lösung der hessisch-mainzisch-braunschweigischen Territorialverwicklungen und damit letztlich auch die Landfriedenswahrung in diesem Raum verknüpft war.

541 Siehe die Beurteilung der rupertinischen Landfriedenspolitik bei Angermeier, Königtum und Landfrieden (wie Anm. 502), S. 340. Höfler, Ruprecht von der Pfalz (wie Anm. 474), S. 331f., hat sicher recht, wenn er behauptet, daß der König durch die Sühne von 1403 an Ansehen gewonnen habe. Nur war dieses „Autoritätskapital" eben nicht groß genug, um ihm auch gegen Widerstrebende Geltung zu verschaffen.

542 Vgl. hierzu Schubert, Probleme (wie Anm. 525), S. 148ff.

543 Vgl. Battenberg, Einleitung zu: URH 7 (wie Anm. 306), S. Xf.

544 Siehe die gerichtlich relevanten Urk. der Zeit von 1356 November 19 bis 1357 Januar 7, URH 7 (wie Anm. 306), Nr. 170–209.

545 Siehe etwa Peter Moraw, Franken als königsnahe Landschaft im späten Mittelalter, in: Blätter für dt. Landesgeschichte, Jg. 112, 1976, S. 123–138, hier: S. 125f.; ders., Organisation und Funktion von Verwaltung im ausgehenden Mittelalter (ca. 1350–1500), in: Kurt G. A. Jeserich/Hans Pohl/Georg-Christoph von Unruh (Hrsg.), Deutsche Verwaltungsgeschichte, Bd. 1: Vom Spätmittelalter bis zum Ende des Reiches, Stuttgart 1983, S. 21–65, hier: 27f.; ders., Die Entfaltung der deutschen Territorien im 14. und 15. Jahrhundert, in: Landesherrliche Kanzleien im Spätmittelalter. Referate zum VI. Internat.

Kongreß für Diplomatik (= Münchener Beiträge zur Mediävistik und Renaissance-Forschung 35), München 1983, S. 61–108, hier: S. 96.

546 Als eine historische Region muß dabei eine Landschaft verstanden werden, die vor allem subjektiv, im Bewußtsein ihrer Einwohner wie auch der „steuernden" Kräfte (vgl. Anm. 548), als Einheit auftrat; s. LUISE SCHORN-SCHÜTTE, Territorialgeschichte – Provinzialgeschichte – Regionalgeschichte, in: HelmutJäger/Franz Petri/Heinz Quirin (Hrsg.), Civitatum Communitas. Studien zum Europäischen Städtewesen. Festschrift Heinz Stoob zum 65. Geb. (= Städteforschung A 21), Bd. 1, Köln/Wien 1984, S. 390–416; PETER STEINBACH, Zur Diskussion über den Begriff der „Region", in: Hessisches Jahrbuch für Landesgeschichte 31, 1981, S. 185–210; BATTENBERG, Einungen mindermächtiger Stände (wie Anm. 382), S. 104 f., 123 ff.; PETER MORAW, Über Entwicklungsunterschiede und Entwicklungsausgleich im deutschen und europäischen Mittelalter. Ein Versuch, in: Hochfinanz, Wirtschaftsräume, Innovationen. Festschrift für Wolfgang v. Stromer zum 65. Geburtstag, Bd. 2, Trier 1987, S. 583–622, hier: S. 586 f.

547 Siehe zur Einteilung BATTENBERG, Reichsacht und Anleite (wie Anm. 4), S. 132 ff., 155 ff.

548 Das aus der Soziologie stammende Modell der „steuernden", „gesteuerten" und „ausgesteuerten" Gruppen kann dazu dienen, die Führungsgruppen eines mittelalterlichen Gemeinwesens innerhalb eines vorgegebenen Systems („Reich") in ihrer Funktion besser zu verorten. Die steuernde Gruppe wurde in Metz aktiv, als es darum ging, die Restitution der ausgesteuerten Verlierer des Zunftaufstandes zu verhindern. Siehe JEANNETTE SCHMID, Die Wahrnehmung des Anderen. Sozialpsychologische Anmerkungen zu Ethnozentrismus und Marginalisierung, in: Marie Theres Fögen (Hrsg.), Fremde der Gesellschaft. Historische und sozialwissenschaftliche Untersuchungen zur Differenzierung von Normalität und Fremdheit, Frankfurt a. M. 1991, S. 147–167, hier: S. 153; HENRY TAYJFEL, Intergroup Relations, Social Myths and Social Justice in Social Psychology, in: Ders. (Hrsg.), The Social Dimension. European Studies in Social Psychology, Cambridge 1981, S. 695–715, hier: S. 705 ff.

549 Zur Problematik der Freistadteigenschaft im Spätmittelalter s. jetzt: BATTENBERG, Gerichtsbarkeit und Recht (wie Anm. 25), S. 41 f.; vgl. auch: PETER MORAW, Reichsstädte, Reich und Königtum im späten Mittelalter, in: Zeitschr. f. Hist. Forschung, Bd. 6, 1979, S. 385–424, hier: S. 395 ff.

550 Zum Begriff s. o. Anm. 548.

551 Siehe die knappe Darstellung bei: RENÉ BOUR, Histoire de Metz, 2. Aufl., Metz 1983, S. 89 ff.; JEAN FRANÇOIS/NICOLAS TABOUILLET, Histoire Générale de Metz, Bd. 2, Metz 1775, S. 610; NN. WESTPHAL, Geschichte der Stadt Metz 1 (bis zum Jahre 1552), Metz 1875, S. 219 ff. JEAN SCHNEIDER, La ville de Metz aux XIIIe et XIVe siècles, Nancy 1950, S. 493 ff. Neueste Darstellung bei BATTENBERG, Ein Folgeprozeß (wie Anm. 99), S. 82 ff. Die folgende Übersicht orientiert sich an dieser Darstellung unter Verweis auf die dort angegebenen Quellen.

552 Überblick bei: BERND-ULRICH HERGEMÖLLER, Gesellschaftliche Verän-

derungen im engeren Reichsgebiet um 1400, in: Ferdinand Seibt/Winfried Eberhard (Hrsg.), Europa 1400. Die Krise des Spätmittelalters, Stuttgart 1984, S. 39–52, mit einer Liste der städtischen Unruhen der Jahre 1360 bis 1432, in der die «Grande Jacquérie» in der Stadt Metz fehlt.

553 Wilfried Ehbrecht, Bürgertum und Obrigkeit in den hansischen Städten des Spätmittelalters, in: Wilhelm Rausch (Hrsg.), Die Stadt am Ausgang des Mittelalters, Linz/Donau 1974, S. 275–302, hier: S. 278; Hergemöller, Gesellschaftliche Veränderungen (wie Anm. 552), S. 39f.

554 1399 umfaßten die Paraiges 247 Mitglieder, wobei auf die einzelnen Stadtbezirke im Schnitt etwa 35 Personen entfielen (mit Ausnahme der 6. Gruppe, die als «commun» die doppelte Anzahl von Mitgliedern aufwies). Die fünf Stadtbezirke waren: Porte-Moselle, Jurue, Saint-Martin, Porte-Sailly und Outre-Sailly. Siehe die Listen bei: François/Tabouillet, Histoire de Metz (wie Anm. 551), Bd. 3, Metz 1775, S. 200 ff.; Schneider, La ville de Metz (wie Anm. 551), S. 493 ff. Siehe auch den bei Bour, Histoire de Metz (wie Anm. 551), Tf. 18, abgedruckten Plan der Stadt Metz um 1400 (nach der Vorlage von Jean Schneider), aus dem sich die fünf Stadtbezirke ergeben.

555 Zur Organisation der Paraiges s. Bour, Histoire de Metz (wie Anm. 551), S. 73 ff.; Schneider, La ville de Metz (wie Anm. 551), S. 114 ff.

556 Bour, Histoire de Metz (wie Anm. 551), S. 82.

557 Siehe Angermeier, Königtum und Landfriede (wie Anm. 502), S. 215f. (Lothringischer Landfrieden von 1354); s. die kaiserlichen Mandate von 1354 September 23 und 24, URH 6 (wie Anm. 110), Nr. 613f.

558 Verhandlungsinstruktion von 1417, Druck Battenberg, Folgeprozeß (wie Anm. 99), S. 137f., Nr. 5.

559 So nach Bericht in einer Urkunde eines päpstlichen Richters von 1425 Juli 13 (nach Urkunde des Metzer bischöflichen Offizials von 1425 Dezember 29), Stadtarchiv Metz, FF 195, Nr. 92–93.

560 So nach dem Bericht des Rates von 1417, Nachweise wie Anm. 557.

561 Die moselländischen Territorien um Metz ergeben sich aus dem bei Bour, Histoire de Metz (wie Anm. 551), Tf. 19, abgedruckten Plan.

562 Druck: François/Tabouillet, Histoire de Metz (wie Anm. 551), Bd. 4: Preuves, Metz 1775, S. 564–580.

563 Verzeichnis und Plan der Pfarrsprengel der Stadt Metz um 1400 bei: Bour, Histoire de Metz (wie Anm. 551), Tf. 18f.

564 Bour, Histoire de Metz (wie Anm. 551), S. 90, spricht von 31 Mitgliedern der verschiedenen Zünfte, die zum Tode verurteilt worden seien.

565 Urk. von 1407 Januar 7, Druck: François/Tabouillet, Histoire de Metz 4 (wie Anm. 562), S. 598 ff.

566 Urk. von 1408 Juli 2, Druck: François/Tabouillet, Histoire de Metz (wie Anm. 562), S. 630f.

567 Urk. von 1425 Juli 13, Nachweise wie Anm. 559.

568 Zitat nach Hofgerichtsbrief von 1417 Juni 25, Druck Battenberg, Folgeprozeß (wie Anm. 99), S. 131 ff., Nr. 2.

569 Nachweise wie Anm. 567.

[570] So nach der Instruktion von 1417, Battenberg, Folgeprozeß (wie Anm. 99), S. 137f., Nr. 5.

[571] Urk. von 1415 Januar 14, als Archivregest überliefert in Stadtarchiv Metz, FF 195, Nr. 86.

[572] Prokurationsbrief von 1415 Januar 27, Stadtarchiv Metz, FF 195, Nr. 85 (Regest).

[573] Siehe die Urk. von 1415 März 20, Stadtarchiv Metz, PR 195, Nr. 84 (Regest). Gemeint ist ein kurz darauf von König Sigmund bestätigtes Privileg von 1415 Juli 14, Battenberg, Gerichtsstandsprivilegien (wie Anm. 125), Nr. 1195.

[574] Urk. von 1417 Januar 15, Stadtarchiv Metz, FF 195, Nr. 83 (Regest).

[575] Urk. von 1417 Mai 8, Stadtarchiv Metz, FF 195, Nr. 80 (Regest).

[576] Verschiebung nach Urk. von 1417 Mai 15 auf den 30. Mai, Stadtarchiv Metz, FF 195, Nr. 81 (Regest).

[577] Hofgerichtsbrief von 1417 Juni 25, Druck: Battenberg, Folgeprozeß (wie Anm. 99), S. 131 ff., Nr. 2.

[578] Quittung von 1417 Juni 23, Druck: Battenberg, Folgeprozeß (wie Anm. 99), S. 131, Nr. 1.

[579] Hofgerichtsbrief von 1417 Oktober 4, Stadtarchiv Metz, FF 195, Nr. 75 (Regest).

[580] Hofgerichtsbrief von 1417 Dezember 27, Druck: Battenberg, Folgeprozeß (wie Anm. 99), S. 135f., Nr. 3.

[581] Urk. von 1417 Dezember 29, ebd. (wie Anm. 580), S. 136f., Nr. 4. Schon am 22. Oktober 1417 hatte die Stadt ihren Bevollmächtigten am Hofgericht angewiesen, den Geleitsbrief für den Fall auszuhändigen, daß dies notwendig werden würde, Stadtarchiv Metz, FF 195, Nr. 74.

[582] Rückfrage der Bevollmächtigten der Stadt Metz bei ihrer Auftraggeberin, Urk. von 1418 Mai 8, Stadtarchiv Metz, FF 195, Nr. 72 (Regest).

[583] Notiz im Reichsachtbuch von 1418 September 19, Druck: Battenberg, Das Achtbuch der Könige Sigmund und Friedrich III. (wie Anm. 122), S. 53.

[584] Zwei Hofgerichtsbriefe von 1418 September 19, Druck: Battenberg, Folgeprozeß (wie Anm. 99), S. 139f., Nr. 6f.

[585] Schreiben der Stadt Straßburg an Metz vom 21. Juli 1419, Stadtarchiv Metz, FF 195, Nr. 68 (Regest). Vgl. auch die Urk. von 1419 August 13, Druck: Battenberg, Folgeprozeß (wie Anm. 99), S. 140f., Nr. 8.

[586] Über die Neuorganisation des Hofgerichts ab 1414 s. Battenberg, Herrschaft Hohengeroldseck (wie Anm. 453), S. 195ff.

[587] Battenberg, Reichsacht und Anleite (wie Anm. 4), S. 466ff., 486ff.

[588] Bour, Histoire de Metz (wie Anm. 551), S. 90.

[589] Zur Ausgestaltung der Beziehungen der Städte zum Königtum in dieser Zeit s. Paul-Joachim Heinig, Reichsstädte, Freie Städte und Königtum 1389–1450. Ein Beitrag zur deutschen Verfassungsgeschichte, Wiesbaden 1983, S. 353ff.; zu den gerichtlichen Beziehungen s. ebd., S. 302ff.

[590] Siehe Schubert, Probleme (wie Anm. 525), S. 150f.

[591] Urk. von 1419 August 13, Druck: Battenberg, Folgeprozeß (wie Anm. 99), S. 140f., Nr. 8.

[592] Schreiben Straßburgs an Metz von 1419 Oktober 12, Stadtarchiv Metz, AA 31, Nr. 147, Bl. 1.

[593] Urk. von 1419 Oktober 26, Druck: Battenberg, Folgeprozeß (wie Anm. 99), S. 141 f., Nr. 9.

[594] Siehe das Notariatsinstrument von 1419 Oktober 26, in dem eine Verhandlung zwischen dem Stadtschreiber und Reinhard Fuchs protokolliert wurde, nach der letzteren der Inhibitionsbrief König Sigmunds übermittelt wurde, Druck: Battenberg, Folgeprozeß (wie Anm. 99), S. 142 ff., Nr. 10.

[595] Ergibt sich aus Urk. von 1430 November 18, Battenberg, Folgeprozeß (wie Anm. 99), S. 147 ff., Nr. 14.

[596] Siehe die Nachweise in Anm. 595. Ausführlichere Beweisführung bei Battenberg, Folgeprozeß (wie Anm. 99), S. 97 f.

[597] Urk. von 1422 September 19, enthalten in Vidimus von 1425 Dezember 1 im Departementalarchiv in Metz (unauffindbar); Notiz darüber auch im Reichsachtbuch, Battenberg, Reichsachtbuch (wie Anm. 122), S. 75.

[598] Battenberg, Reichsacht und Anleite (wie Anm. 4), S. 285 ff.

[599] Urk. von 1422 September 10, Battenberg, Folgeprozeß (wie Anm. 99), S. 1244 f., Nr. 11 f.

[600] Urfehdebrief von 1423 August 20, Druck: Battenberg, Folgeprozeß (wie Anm. 99), S. 145 f., Nr. 13.

[601] Zeugenaussage nach Protokoll von 1431, Stadtarchiv Metz, FF 195, Nr. 1 («Cahier B»), S. 37–81, hier: S. 76 f.

[602] Inhibitions- und Kompulsorialbriefe des Kardinalpriesters Wilhelm von St. Markus als päpstlichem Kommissar von 1425 Juli 13, jeweils beglaubigt vom Offizial des bischöflichen Hofes zu Metz, 1425 Dezember 29, Stadtarchiv Metz, FF 195, Nr. 92 f. Beide Urkunden legen sehr ausführlich die Hintergründe des Streits dar.

[603] Vgl. das Itinerar des Königs nach RI 11 (wie Anm. 85), Nr. 5396 (1422 November 14) bis 7706 (1430 Juni 24). In der Zeit zwischen den beiden Terminen hielt sich König Sigmund vor allem in seinen ungarischen Residenzen Preßburg, Ofen und Plintenburg (Višegrad an der Drina) auf. Lediglich kurzzeitig im Januar und Februar 1424 (ebd., Nr. 6030 a–6146) und im März 1426 (ebd., Nr. 6502–6597) kam er nach Wien.

[604] Siehe die Liste der in der Zeit von 1424 bis 1429 ausgefertigten Hofgerichtsbriefe bei Battenberg, Hofgerichtssiegel (wie Anm. 46), S. 272 f., Nr. 1405–1421.

[605] Urk. von 1430 Oktober 3, Stadtarchiv Metz (unauffindbar), nach RI 11 (wie Anm. 85), Nr. 7818.

[606] Urk. von 1430 November 18, Druck: Battenberg, Folgeprozeß (wie Anm. 99), S. 147 ff., Nr. 14.

[607] Erfolglos versuchten die Kommissare, die von Graf Johann von Nassau-Saarbrücken beauftragten Subdelegierten, Johann Fust von Diebach gen. Knebel und Johann Reichenhofen, Propst und Amtmann zu Saarbrücken, zur Herausgabe aller Akten zu veranlassen. Außerdem wurde das königliche Kommissionsmandat öffentlich in Metz verkündet. Siehe die Darstellung bei

BATTENBERG, Folgeprozeß (wie Anm. 99), S. 103 f. Siehe auch die Urk. von 1430 Dezember 20, ebd., S. 151 ff., Nr. 15.

608 Stadtarchiv Metz, FF 195, Nr. 1 («Cahier B»), S. 37–81.

609 Siehe zusammenfassend TRUSEN, Anfänge (wie Anm. 28), S. 190 ff.; LECHNER, Reichshofgericht (wie Anm. 28), S. 71 ff.

610 Urk. von 1431 April 17, Druck: BATTENBERG, Folgeprozeß (wie Anm. 99), S. 155 ff., Nr. 16 f.

611 Urk. von 1431 Juli 17, in: Vidimus von 1431 September 12, Stadtarchiv Metz, FF 195, Nr. 43 (Archivregest); RI 11 (wie Anm. 85), Nr. 8715.

612 Urk. von 1431 August 19, Druck: BATTENBERG, Folgeprozeß (wie Anm. 99), S. 164 f.

613 Schreiben König Sigmunds an die Stadt Köln von 1431 Juli 10, BATTENBERG, Folgeprozeß (wie Anm. 99), S. 163 f., Nr. 18.

614 Urk. von 1431 September 28, Stadtarchiv Metz, FF 195, Nr. 42 (Archivregest).

615 Urk. von 1431 September 13 und 1433 November 10, Druck: BATTENBERG, Folgeprozeß (wie Anm. 99), S. 165 ff., Nr. 20 f.

616 BATTENBERG, Hofgerichtsordnung (wie Anm. 71), S. 70 ff.

617 Urteil von 1434 Januar 25, Stadtarchiv Metz, FF 195, Nr. 41 (Archivregest); zu dieser Phase s. BATTENBERG, Folgeprozeß (wie Anm. 99), S. 106.

618 Urk. von 1435 Februar 7, Stadtarchiv Metz, FF 195, Nr. 39 (Archivregest).

619 Notariatsinstrument von 1435 Juli 9, Stadtarchiv Metz, FF 195, Nr. 38 (Archivregest).

620 Urk. von 1436 Juli 7, Druck: BATTENBERG, Folgeprozeß (wie Anm. 99), S. 167 f., Nr. 22. Die Verhandlungen fanden nach der Urk. von 1437 Juni 18 (ebd., S. 170 ff., Nr. 24) wohl in Arlon statt.

621 In Urk. von 1437 Juli 18 (BATTENBERG, Folgeprozeß [wie Anm. 99], S. 170 ff., Nr. 24) wurde die Abwesenheit der Eheleute Fuchs bemängelt.

622 Der aus dem kanonischen Prozeßrecht geläufige Begriff der formellen Rechtskraft, der auch schon im Kammergerichtsbrief König Sigmunds eine Rolle spielte, war im dinggenossenschaftlichen Verfahren unbekannt. Siehe RICHARD PUZA, Res Iudicata. Rechtskraft und fehlerhaftes Urteil in den Decisionen der römischen Rota (= Grazer Rechts- und Staatswissenschaftliche Studien 29), Graz 1973, S. 89 ff.

623 Ergibt sich Mandat von 1436 November 4 an die Stadt Metz, Druck: BATTENBERG, Folgeprozeß (wie Anm. 99), S. 169 f., Nr. 23.

624 Abt Lamprecht von St. Maximin war seit 1400 im Amt (bis 1449), s. (JOHANN NICOLAUS VON HONTHEIM), Prodromus Historiae Trevirensis 2, August 1757, S. 1026 f. Zu ihm s. auch FRIEDRICH BATTENBERG, Der Streit um die Reichslehen des Rudolf von Sachsenhausen. Ein Lehnsgerichtsprozeß des Hofschreibers Peter Wacker von Sinsheim vor König Sigmund, in: Ders., Beiträge zur höchsten Gerichtsbarkeit im Reich im 15. Jahrhundert (= Quellen und Forschungen zur höchsten Gerichtsbarkeit im Alten Reich 11), Köln/Wien 1981, S. 245–308, hier: S. 251 f.

625 Für den Bereich des Erzstifts Trier wurden die Verfahrensregeln 1449 in Statuten geregelt, die auf dem allgemein geltenden kanonischen Prozeßrecht beruhten, s. STEINS, Zivilprozeß (wie Anm. 56), S. 205ff. Druck der Statuten bei: J. J. BLATTAU, Statuta synodalia, ordinationes et mandata archidioecesis Treverensis, Trier 1844, S. 279ff.

626 Notariatsinstrument des Tillman Bynoes von Hundsdorf von 1437 Juni 18, Druck: BATTENBERG, Folgeprozeß (wie Anm. 99), S. 170ff., Nr. 24.

627 Gemeint ist Hofrichter Graf Günther von Schwarzburg, der dem Hofgericht 1417 in Konstanz vorsaß.

628 Hierzu s. STEINS, Der ordentliche Zivilprozeß (wie Anm. 56), S. 208ff.; TRUSEN, Anfänge (wie Anm. 28), S. 34ff.; KNUT WOLFGANG NÖRR, Die Stellung des Richters im gelehrten Prozeß der Frühzeit, München 1967, S. 13ff.

629 Siehe hierzu etwa die Kammergerichtsordnung von 1471, BATTENBERG, Hofgerichtsordnung (wie Anm. 71), S. 54ff.; auch ders., Eine Darmstädter Handschrift zur Kammergerichtsordnung Kaiser Friedrichs III. von 1471, in: Archiv für hess. Geschichte NF 36, 1978, S. 37–62.

630 Siehe hierzu BATTENBERG, Folgeprozeß (wie Anm. 99), S. 110f.

631 Für Metz trat der Stadtsyndikus Johann Fielger auf, für die Eheleute Fuchs sprach ein Magister Hermann, s. die Nachweise in Anm. 632 (Notariatsinstrument).

632 Notariatsinstrument des Tillmann Bynoes von Hundsdorf von 1437 Juni 18, Druck: BATTENBERG, Folgeprozeß (wie Anm. 99), S. 174ff., Nr. 25.

633 Ergibt sich aus Urkunde von 1437 Dezember 10, Stadtarchiv Metz, FF 195, Nr. 101.

634 Gest. 1437 Dezember 9, RI 11 (wie Anm. 85), Nr. 12222a; s. hierzu auch: WILHELM BAUM, Kaiser Sigismund. Hus, Konstanz und die Türkenkriege, Graz/Wien/Köln 1993, S. 292f.

635 Urk. von 1437 Dezember 10, Stadtarchiv Metz, FF 195, Nr. 101.

636 Urk. von 1438 April 4, Stadtarchiv Metz, FF 195, Nr. 24 (Archivregest).

637 Urk. von 1438 August 4, beglaubigt vom Offizial des bischöflichen Hofes zu Metz 1438 August 28, abschriftlich Stadtarchiv Frankfurt am Main, Acht und Abcracht Nr. 26.

638 Notariatsinstrument von 1438 Oktober 19, Stadtarchiv Metz, FF 195, Nr. 22.

639 Urk. des Halberstädter Archidiakons Dr. decr. Andreas Hanselmann von 1439 Oktober 19, Stadtarchiv Metz, FF 195, Nr. 19; Urk. des Archidiakons Augustin de Insula von 1440 Juni 6, ebd., Nr. 188; Urk. des Dr. decr. Manuel de Gualbis von 1440 Oktober 7, ebd., Nr. 17.

640 Ergibt sich aus der Urk. König Albrechts II. von 1439 Januar 27, Druck: BATTENBERG, Folgeprozeß (wie Anm. 99), S. 178ff., Nr. 27.

641 Siehe dazu: BATTENBERG, Herrschaft Hohengeroldseck (wie Anm. 453), S. 227f.

642 Siehe den Relationsvermerk der in Anm. 640 zitierten Urk.

643 Nachweise wie Anm. 640.

644 Am 14. April 1439 hatte Johann von Esch gen. von Luxemburg die

Ladung erhalten; er ließ jedoch wegen der zu knapp bemessenen Frist sogleich (16. April) durch den Metzer Schöffen Johann von Vic notariellen Protest einlegen, Stadtarchiv Metz, FF 195, Nr. 20 (Archivregest).

645 König Albrecht verstarb am 27. Oktober 1439, s. GÜNTHER HÖDL (Hrsg.), Regesta Imperii, Bd. 12, Wien/Köln/Graz 1975, Nr. 1178a. Nach dem hier (RI 12) ersichtlichen Itinerar befand sich Albrecht von Juni bis Oktober vor allem in Ofen, Peterwardein und Gran und dürfte demnach wohl kaum eine Gerichtssitzung in der Metzer Restitutionssache durchgeführt haben.

646 PUZA, Res Iudicata (wie Anm. 622), S. 47 ff.

647 Näheres über den Bestätigungsantrag der Stadt ist nicht bekannt. Obwohl anzunehmen ist, daß die Initiative zur Bestätigung von der Stadt ausging, ist unklar, ob nur die Stadt sich eine Legitimationswirkung von einer Bestätigung durch den König erhoffte, die diesen von sich aus zur inhaltlichen Überprüfung veranlaßte, oder ob erst die Eheleute Fuchs ihn zur erneuten Kommission bewogen.

648 Rudolf Hecker von Rüdesheim, Auditor an der päpstlichen Rota, wurde später Bischof von Lavant und von Breslau, s. LUDWIG PETRY, Rudolf von Rüdesheim, Bischof von Lavant und Breslau, in: Mitteilungen des Instituts für Österr. Geschichtsforschung, Bd. 78, 1970, S. 347–357; vgl. auch MORAW, Gelehrte Juristen (wie Anm. 519), S. 121.

649 Urk. von 1441 November 9, Stadtarchiv Metz, FF 195, Nr. 95. Das Urteil wurde gem. einem Notariatsinstrument vom 20. Januar 1442 vom kaiserlichen Notar Thomas Wiriis an den Pforten der Kathedralen von Metz und Trier sowie der Pfarrkirchen St. Michael zu Luxemburg und Diedenhofen angeschlagen, während dort die Messe gelesen wurde.

650 Urk. von 1442 August, Stadtarchiv Metz, FF 195, Nr. 11 (Archivregest).

651 Erste nachweisbare Hofgerichtssitzung am 18. Juli 1442, Nachweise bei BATTENBERG, Hofgerichtssiegel (wie Anm. 46), S. 248, Nr. 1547f.

652 Zu Formular und Praxis der „gemeinen" (einfachen) Ladung, die ganz den Erfordernissen des dinggenossenschaftlichen Verfahrens entsprach, s. BATTENBERG, Gerichtsschreiberamt (wie Anm. 63), S. 281 ff.

653 Notariatsinstrument des Gerhard Mukine von 1442 Juli 14, Stadtarchiv Metz, FF 195, Nr. 12 (Archivregest). Die Ladung selbst hat sich nicht erhalten, läßt sich jedoch aus dieser Urk. rekonstruieren.

654 Dies ergibt sich aus Schreiben der Stadt Köln von 1441 November 12 und 1442 November 17, in denen sie sich über Repressalien der Stadt Metz gegenüber dem Kölner Bürger Johann Vogel beklagt, die als Gegenmaßnahme gegen Repressalien des Reinhard Fuchs gegen Metzer Bürger gedacht waren, Druck: BATTENBERG, Folgeprozeß (wie Anm. 99), S. 180f., Nr. 28 und S. 183f., Nr. 31.

655 Urk. von 1442 September 8, Druck: BATTENBERG, Folgeprozeß (wie Anm. 99), S. 181f., Nr. 29.

656 Urk. von 1442 Oktober 15, Druck: BATTENBERG, Folgeprozeß (wie Anm. 99), S. 182f., Nr. 30.

[657] Urk. von 1442 Oktober 17, Ladung an die Stadt Metz, Stadtarchiv Metz, FF 195, Nr. 9 (Archivregest). An die Eheleute Fuchs erging vermutlich eine mutatis mutandis gleichlautende Ladung.

[658] Prokurationsurk. von 1442 Oktober 19, Stadtarchiv Metz, FF 195, Nr. 8. Danach wurden Dr. Goswin Mull, Propst zu St. Simeon in Trier, der Metzer Archidiakon Dr. Wilhelm Hugonis, der Kölner Stiftsherr Dr. Johann Pollard, der Kölner Geistliche Mag. Johann Frunt, Dekan zu St. Marien in Metz, Johann Cronssardi von Vic und der Stipendiat Petrus Nicolai (vielleicht mit dem Stadtschreiber Petrus Nicolai Zonem identisch) zur Wahrnehmung der städtischen Interessen beauftragt.

[659] Siehe die Nachweise in Anm. 658.

[660] Urk. von 1443 Mai 12, Stadtarchiv Metz, FF 195, Nr. 7 (Archivregest).

[661] Notariatsinstrument des Gerhard [von] Linz, erhalten in vier Ausfertigungen, Stadtarchiv Metz, FF 96–99. Die gleich vierfache und recht aufwendige Beurkundung dieses Urteils läßt vermuten, daß die Stadt diesem außerordentliche Bedeutung zumaß.

[662] Urk. von 1443 November 26, Druck: BATTENBERG, Folgeprozeß (wie Anm. 99), S. 184ff., Nr. 32.

[663] Gemeint ist das Urteil von 1431 April 17.

[664] Gemeint ist das Urteil von 1440 Oktober 7 zusammen mit den zwei übereinstimmenden Urteilen von 1439 und 1440.

[665] Mit Urk. von 1441 November 9.

[666] Urk. von 1443 Oktober 12.

[667] Ladung von 1442 Juni, zu einer Hofgerichtssitzung nach Frankfurt.

[668] Kommissionsmandat von 1442 September 8.

[669] Urteilsbrief von 1443 Oktober 12.

[670] Hofgerichtsbrief von 1443 Dezember 2, Druck: BATTENBERG, Folgeprozeß (wie Anm. 99), S. 187f., Nr. 33.

[671] Prokurationsurk. von 1444 Februar 9, Druck: BATTENBERG, Folgeprozeß (wie Anm. 99), S. 188f., Nr. 34.

[672] Ladung vor das Kammergericht von 1456 Januar 10, Stadtarchiv Metz, FF 195, Nr. 4 (Archivregest).

[673] Zur Funktion Ulrich Riederers, der zusammen mit Ulrich Sonnenberger und Hans Ungnad als einer der drei „Wetterherren" am Hofe Kaiser Friedrichs bezeichnet wurde, *in welcher dreyer hant allein der gewalt des Römischen reichs stat* (Staatsarchiv Nürnberg, Reichsstadt Nürnberg, Akten 7f A, Nr. 145, Bl. 99), in der Gerichtsbarkeit des Königs s. REINLE, Ulrich Riederer (wie Anm. 47), S. 388ff.; ebd., S. 404f. auch knappe Darstellung des Metzer Restitutionsprozesses.

[674] Vortrag des Metzischen Prokurators von etwa 1458 mit einem ausführlichen Bericht über den bisherigen Verlauf des Prozesses, Druck: BATTENBERG, Folgeprozeß (wie Anm. 99), S. 192ff., Nr. 37.

[675] Urk. von 1459 Januar 18, Stadtarchiv Metz, FF 195, Nr. 1 (Archivregest).

[676] MORAW, Gelehrte Juristen (wie Anm. 519), S. 107ff.

[677] In der Denkschrift von ca. 1458 (Nachweise wie Anm. 673) ist davon die

Rede, daß Gerlach Fuchs und andere auf sein Gebot hin die von Metz weiterhin zu quälen versuchten *(attemptant vexare)*.

678 Hierzu REINLE, Ulrich Riederer (wie Anm. 46), S. 395 und 402.

679 Siehe die knappe Darstellung bei: PETER KARL WEBER, Lichtenberg. Eine elsässische Herrschaft auf dem Weg zum Territorialstaat. Soziale Kosten politischer Innovationen, Heidelberg 1993, S. 34f. Siehe auch: FRIEDRICH BATTENBERG, Die Herrschaft Hanau-Lichtenberg, in: Hans-Martin Schwarzmaier, namens der Kommission für Geschichtliche Landeskunde in Baden-Württemberg (Hrsg.), Handbuch der baden-württembergischen Geschichte, Bd. 2, Stuttgart 1994, S. 29–34.

680 FRITZ EYER, Das Territorium der Herren von Lichtenberg 1202–1480. Untersuchungen über den Besitz, die Herrschaft und die Hausmachtpolitik eines oberrheinischen Herrengeschlechts, Straßburg/Jena 1938 (= Neustadt an der Saale 1985), S. 104. Es handelt sich um die durch Heinrich von Lichtenberg 1378 an Ulrich von Finstingen verkauften und von diesem 1383 an seine mit Emich V. von Leiningen-Daxburg verheiratete Tochter Klara als Wittumsgut verschriebenen Güter.

681 Siehe die Territorialkarten bei EYER, Das Territorium (wie Anm. 680), nach S. 240 [nicht im Nachdruck enthalten], und bei WEBER, Lichtenberg (wie Anm. 679), S. 270f.

682 Die Fehde wurde zeitweise wesentlich von Georg von Ochsenstein getragen, dem letzten männlichen Vertreter dieses Herrengeschlechts. Es haben sich im Lichtenbergischen Archiv zahlreiche Fehdebriefe von Helfern Georgs gegen Ludwig von Lichtenberg aus der Zeit vom August 1450 bis Juni 1451 erhalten, s. FRIEDRICH BATTENBERG (Bearb.), Lichtenberger Urkunden. Regesten zu den Urkundenbeständen und Kopiaren des Archivs der Grafen von Hanau-Lichtenberg (mit Herrschaft Ochsenstein und Grafschaft Zweibrücken-Bitsch), unter Mitarbeit von BERNHARD METZ, Bd. 3 (1441–1470), Darmstadt 1995 (erscheint demnächst), Nr. 3118–3132, 3136–3138, 3141–3147, 3149–3159, 3166, 3167, 3171, 3173, 3194–3199, 3201–3210, 3218, 3220, 3222–3224, 3230–3232, 3234, 3240, 3242, 3244–3248 und 3258. Zu Georg von Ochsenstein s. J[OHANN] G[EORG] LEHMANN, Urkundliche Geschichte der Grafschaft Hanau-Lichtenberg im unteren Elsasse, Bd. 2: Die Geschichte der Dynasten von Ochsenstein, der Grafen von Zweibrücken-Bitsch und der Grafen von Hanau-Lichtenberg, Mannheim 1863, S. 132ff.

683 Siehe PETER MÜLLER, Die Herren von Fleckenstein im späten Mittelalter. Untersuchungen zur Geschichte eines Adelsgeschlechts im pfälzisch-elsässischen Grenzgebiet (= Geschichtliche Landeskunde, Bd. 34), Stuttgart 1990, insb. S. 193ff. Danach machte Ludwig v. Lichtenberg dem Friedrich v. Fleckenstein territoriale Zugeständnisse, um dessen Abschwenken ins Lager der Grafen von Leiningen zu verhindern (ebd., S. 197). Die Urk. über die Verweisung der Dörfer des Uffried an Fleckenstein vom November 1450 bei: BATTENBERG, Lichtenberger Urkunden 3 (wie Anm. 682), Nr. 4168f.

684 Siehe BATTENBERG, Hohengeroldseck (wie Anm. 453).

685 Siehe die Parteien in Schiedsspruch von 1452 März 3, Druck: BATTENBERG, Lichtenberg-Leiningensche Fehde (wie Anm. 49), S. 123 ff., Nr. 2. Siehe auch BATTENBERG, Lichtenberger Urkunden (wie Anm. 682), Nr. 3503. Auch z. B. im Schiedsspruch von 1451 August 26, BATTENBERG, Lichtenberger Urkunden 3 (wie Anm. 682), Nr. 3273.

686 Siehe zur Landvogtei: HENRY J. COHEN, The Government of the Rhine Palatinate in the Fifteenth Century, Oxford 1965, S. 60 ff.; vgl. auch: MEINRAD SCHAAB, Geschichte der Kurpfalz, Bd. 1: Mittelalter, Stuttgart/Berlin/Köln/Mainz 1988, S. 174.

687 Zur Funktion des Rechtsgebots im Fehdewesen s. INGEBORG MOST [-KOLBE], Schiedsgericht, Rechtlicheres Gebot, ordentliches Gericht, Kammergericht, Zur Technik fürstlicher Politik im 15. Jahrhundert, in: Aus Reichstagen des 15. und 16. Jahrhunderts. Festgabe, dargebracht der Historischen Kommission zur Feier des 100jährigen Bestehens, von den Herausgebern der Deutschen Reichstagsakten, Göttingen 1958, S. 116–153, hier: S. 130 ff.

688 Siehe das Rechtsgebot von 1450 April 7, Lichtenberger Urk. (wie Anm. 682), Nr. 3098, ergangen auf die Forderungen des Grafen Jofried (ebd., Nr. 3095 f.). Ob der von Wildgraf Johann von Dhaun als Unterlandvogt im Auftrag Friedrichs anberaumte Schiedstag (ebd., Nr. 3099) überhaupt von den Parteien besucht wurde, scheint fraglich. Noch weniger Erfolg hatten die lichtenbergischen Rechtsgebote auf Herzog Johann von Lothringen (ebd., Nr. 3099–3102).

689 Zu den Auseinandersetzungen im einzelnen s. EYER, Das Territorium (wie Anm. 680), S. 34 f.; ausführlich: J[OHANN] G[EORG] LEHMANN, Urkundliche Geschichte der Grafschaft Hanau-Lichtenberg, Bd. 1: Die Geschichte der Dynasten von Lichtenberg enthaltend, Mannheim 1862, S. 266–327, hier: S. 266 ff.

690 Urk. von 1452 März 3, Nachweise wie Anm. 684.

691 Urk. von 1452 März 4, BATTENBERG, Fehde (wie Anm. 49), S. 127, Nr. 3.

692 Vgl. INGEBORG MOST-KOLBE (Hrsg.), Deutsche Reichstagsakten unter Kaiser Friedrich III., 8. Abt., 1. Hälfte: 1468–1470 (= Deutsche Reichstagsakten, Bd. 22, 1), Göttingen 1973, S. 130 ff.

693 Hierzu: SCHAAB, Kurpfalz 1 (wie Anm. 686), S. 177 f.

694 Siehe hierzu: SCHAAB, Kurpfalz (wie Anm. 686), S. 179 f.

695 Urk. von 1463 Juni 8, Druck: BATTENBERG, Fehde (wie Anm. 49), S. 150 ff., Nr. 37. Auch in: Lichtenberger Urk. (wie Anm. 682), Nr. 3940. Weitere Bündnisbriefe bei: KARL MENZEL, Regesten zur Geschichte Friedrichs I. (= Quellen und Erörterungen zur Bayerischen und Deutschen Geschichte 2: Quellen zur Geschichte Friedrichs I. des Siegreichen), München 1962 (= Aalen 1969), S. 391 (Urk. von 1463 Januar 5), 404 (1463 Juni 8), 411 (1463 November 16) und 414 (1463 Dezember 10).

696 Siehe Urk. von 1463 Juni 8, Lichtenberger Urk. (wie Anm. 682), Nr. 3950.

697 Siehe die Urk. von 1457 Oktober 1, [1465 vor April 4] und 1465 Dezember 5, BATTENBERG, Fehde (wie Anm. 49), S. 128, Nr. 8; S. 164 ff., Nr. 59

und S. 171, Nr. 69; desgl. Lichtenberger Urk. (wie Anm. 682), Nr. 3642, 4098 und 4120.

698 Battenberg, Fehde (wie Anm. 49), S. 128 ff., Nr. 8–17; ders., Lichtenberger Urk. (wie Anm. 682), Nr. 3642, 3643, 3646, 3648, 3649, 3651, 3653–3656. Das Rechtsgebot auf den Kaiser von 1357 November 16 (Nr. 3646) nannte auch alle Kurfürsten, die Herzöge Philipp von Burgund und Johann von Lothringen, Erzherzog Albrecht von Österreich und Markgraf Karl von Baden.

699 So nach Brief von 1458 Februar 11, Lichtenberger Urk. (wie Anm. 682), Nr. 3655.

700 Die Ladungsfrist von 45 Tagen, entsprechend der alten Formel „sechs Wochen und drei Tage", entsprach der Praxis des Kammergerichts, s. Johann Ziegelwagner, König Albrecht II. als oberster Richter im Reich, masch. Diss. Salzburg 1969. Zur Ladung insg. s. W[olfgang] Sellert, Art. „Ladung", in: Handwörterbuch zur deutschen Rechtsgeschichte, Bd. 2, Berlin 1978, Sp. 1336–1350, hier: Sp. 1343 ff.

701 Urk. von 1458 Februar 20, Druck: Battenberg, Fehde (wie Anm. 49), S. 131 f., Nr. 19; auch bei: Ders., Lichtenberger Urk. (wie Anm. 682), Nr. 3658.

702 Zur ›Goldenen Bulle‹ von 1356 s. zuletzt: A[rmin] Wolf, Art. „Goldene Bulle von 1356", in: Lexikon des Mittelalters 4, München/Zürich 1989, Sp. 1542 f., mit zahlreichen Drucknachweisen.

703 Sog. Reformatio Friderici, von 1442 August 14, Druck: Hermann Herre/Ludwig Quidde (Hrsg.), Deutsche Reichstagsakten unter Kaiser Friedrich II., 2. Abteilung (= Deutsche Reichstagsakten, Bd. 16), 2. Aufl., Göttingen 1957, S. 396 ff., Nr. 209.

704 Siehe allgemein: Christoph Ulrich Schminck, Crimen laesae maiestatis. Das politische Strafrecht Siziliens nach den Assisen von Ariano (1140) und den Konstitutionen von Melfi (1232) (= Untersuchungen zur deutschen Staats- und Rechtsgeschichte NF, Bd. 14), Aalen 1970. Zur Rezeption dieses aus der Lex Iulia stammenden Rechtsgrundsatzes durch das römisch-deutsche Königtum s. Schubert, König und Reich (wie Anm. 90), S. 139 ff.

705 Urk. von 1459 Februar 14, Druck: Battenberg, Fehde (wie Anm. 49), S. 133 ff., Nr. 22; auch bei: Ders., Lichtenberger Urk. (wie Anm. 682), Nr. 3659.

706 Urk. von 1459 April 14, Lichtenberger Urk. (wie Anm. 682), Nr. 3703. Druck: Battenberg, Fehde (wie Anm. 49), S. 135 f., Nr. 23.

707 Lichtenberger Urk. (wie Anm. 682), Nr. 3701. Druck, nach Notariatsinstrument von 1459 Mai 22: Battenberg, Fehde (wie Anm. 49), S. 144 ff., Nr. 29.

708 Lichtenberger Urk. (wie Anm. 682), Nr. 3702.

709 Lichtenberger Urk. (wie Anm. 682), Nr. 3704.

710 Lichtenberger Urk. (wie Anm. 682), Nr. 3700. Druck: Battenberg, Fehde (wie Anm. 49), S. 136 ff., Nr. 24.

711 Analyse der Achtbriefformulare des 15. Jahrhunderts bei Battenberg, Reichsacht und Anleite (wie Anm. 4), S. 362 ff.

712 Urk. von 1465 April 5, Druck: BATTENBERG, Fehde (wie Anm. 49), S. 167 ff., Nr. 60; auch bei: Ders., Lichtenberger Urk. (wie Anm. 682), Nr. 4099.

713 Zur Funktion des Fiskalprokurators am Kammergericht s. ULRICH KNOLLE, Studien zum Ursprung und zur Geschichte des Reichsfiskalats im 15. Jahrhundert, Diss. (masch.) Freiburg 1965, S. 84 f. (zum Fiskalat in der lichtenberg-leiningenschen Fehde ebd., S. 129); LECHNER, Reichshofgericht (wie Anm. 28), S. 75 f. Siehe auch: TRUSEN, Anfänge (wie Anm. 28), S. 192, der die Einführung des Fiskalats auf die Einwirkung des kanonischen Prozesses zurückführt, der zur Wahrung der kirchlichen Interessen den Fiskalprokurator als öffentlichen „Ankläger" kannte. Zur Praxis des Fiskalats unter den Königen Sigmund und Friedrich III. s. auch KRIEGER, Rechtliche Grundlagen (wie Anm. 78), S. 486 f. Der Name des Fiskals wird im Lichtenberg-Leiningenschen Prozeß nicht genannt. Es könnte Johann Kellner aus Nürnberg oder Georg Ehinger aus Ulm gewesen sein, s. MORAW, Gelehrte Juristen (wie Anm. 519), S. 128.

714 Der Briefwechsel zwischen Lichtenberg und Leiningen war noch bis Mitte 1458 fortgesetzt worden, s. Lichtenberger Urk. (wie Anm. 682), Nr. 3659, 3663 und 3670.

715 Diese Interpretation wird dadurch bestätigt, daß offensichtlich zumindest das Mandat an den Pfalzgrafen Friedrich mit dreimonatiger Verspätung zugestellt wurde (s. die Nachweise Anm. 725). Dies kann nicht nur an einer Überlastung des kaiserlichen Botenwesens gelegen haben.

716 Zur Entwicklung des Säumnis- zum Eremodizialverfahren s. HEINRICH MITTEIS, Studien zur Geschichte des Versäumnisurteils im französischen Recht, in: Zeitschrift der Savigny-Stiftung für Rechtsgeschichte, Germ. Abt. Bd. 42, 1921, S. 137–239; KULESSA, Ladungsungehorsam (wie Anm. 293), S. 16 ff., insb. S. 39.

717 Der Name ergibt sich aus der Urk. von 1459 Oktober 1 und aus zahlreichen Nachrichten des Lichtenberger Archivs, z. B. Urk. von 1462 Februar–April, BATTENBERG, Lichtenberger Urk. (wie Anm. 682), Nr. 3830–3832, 3835, 3838, 3841. Danach hatte sich Ludwig wegen seines Überfalls auf seinen Bruder Jakob (s. Nr. 3854) mit Pfalzgraf Friedrich entzweit, der deshalb durch seinen Stromberger Amtmann den lichtenbergischen Schreiber Johann von Weyhersheim gefangennehmen ließ, um Druck auszuüben.

718 Zwei Beglaubigungsschreiben von [1459 nach Februar 14] sowie ein Bericht von 1459 Oktober 1 aus Wien, BATTENBERG, Lichtenberger Urk. (wie Anm. 682), Nr. 3705 f. und 3741; Druck: BATTENBERG, Fehde (wie Anm. 49), S. 138 ff., Nr. 26 f. und S. 148, Nr. 33.

719 Als Adressat des Beglaubigungsschreibens (s. folgende Anm.) ist nur ein Geistlicher *(hochwerdiger in got vatter)* genannt, der zusammen mit Ulrich Riederer tätig werden sollte. Die ursprüngliche Vermutung, es handele sich um den kaiserlichen Kammerrichter Ulrich III. von Nußdorf, Bischof zu Passau (BATTENBERG, Fehde [wie Anm. 49], S. 139, Anm. 1), muß nach der überzeugenden Argumentation von Christine Reinle über das Zusammenspiel der drei

„Wetterherren" Ulrich Sonnenberger, Ulrich Riederer und Hans Ungnad am kaiserlichen Hof aufgegeben werden, s. REINLE, Ulrich Riederer (wie Anm. 46), S. 403. Zu Ulrich Sonnenberger s. auch MORAW, Gelehrte Juristen (wie Anm. 519), S. 123.

720 Urk. von 1459 Juli 9, BATTENBERG, Lichtenberger Urk. (wie Anm. 682), Nr. 3728; Druck: Ders., Fehde (wie Anm. 49), S. 146, Nr. 30.

721 So im Bericht von 1465 ausgesprochen, BATTENBERG, Fehde (wie Anm. 682), S. 164ff., Nr. 59, hier: S. 166: *Item in disem gebotte nennet der keiser mynen iunchern [Ludwig] nit „des richs getruwen", w[a]z aber mynen iunchern hadt geiaret [geirret?].*

722 Über ihn ist nichts weiter bekannt. Er könnte Lichtenbergischer Amtmann oder Sekretär auf der Burg Lichtenau gewesen sein. Der Begriff *„advocatus"* ([Amts-]Vogt) läßt sich wohl nur als Übersetzung einer Funktionsbezeichnung interpretieren, für die es keinen direkten lateinischen Ausdruck gab.

723 Notariatsinstrument des Nikolaus Molitoris von Michelbach (im Murgtal östlich Rastatt) von 1459 Mai 8 *(instrumentum procuratorium)*, BATTENBERG, Lichtenberger Urk. (wie Anm. 682), Nr. 3721.

724 Urk. von 1459 Mai 8, BATTENBERG, Lichtenberger Urk. (wie Anm. 682), Nr. 3722; Druck: Ders., Fehde (wie Anm. 49), S. 140ff., Nr. 28. Die Appellation wurde ebenfalls in einem Notariatsinstrument des Nikolaus Molitoris von Michelbach in der Burg Lichtenau vor zahlreichen Zeugen (darunter den Pfarrern und Kaplänen von Scherzheim und Lichtenau, zwei lichtenbergischen Amtsträgern und drei Mitgliedern des lichtenbergischen Lehnshofes im Umkreis von Straßburg) protokolliert.

725 Notariatsinstrument des Johannes Mathis von Oppenheim von 1459 Mai 22, errichtet auf Bitten des kaiserlichen geschworenen Boten Hans Forster, BATTENBERG, Lichtenberger Urk. (wie Anm. 682), Nr. 3724; Druck: Ders., Fehde (wie Anm. 49), S. 144ff., Nr. 29. Bezeugt wurde die Niederschrift von drei leiningenschen Amtleuten. Die Vermittlung Hans Forsters kann nur damit erklärt werden, daß dieser verspätet vom kaiserlichen Hof an den Pfalzgrafen gesandt wurde, daß die Leininger Grafen jedoch sicherheitshalber zu Beweiszwecken im Kammergerichtsverfahren und zur besseren Vollstreckung der „Reichsacht" eine mit kaiserlicher Autorität versehene Beglaubigung veranlaßten.

726 Urk. von 1449 April 21, BATTENBERG, Gerichtsstandsprivilegien (wie Anm. 125), Nr. 1522.

727 Siehe o. die Bemerkungen im Abschnitt: Der König als höchster weltlicher Richter: Ideologischer Anspruch, S. 18ff.

728 Hierzu: REINLE, Ulrich Riederer (wie Anm. 46), S. 372f., 470.

729 Siehe o. Anm. 719 und 720.

730 So KRIEGER, Rechtliche Grundlagen (wie Anm. 78), S. 488.

731 BATTENBERG, Lichtenberger Urk. (wie Anm. 682), Nr. 3774; Druck: Ders., Fehde (wie Anm. 49), S. 148f., Nr. 34. Sie wurden vor allem aus Baden (Altstetten, Griesheim, Haslach, Kork, Merdingen, Müllheim, Öwisheim,

Offenburg, Sinsheim und Willstätt), dem Elsaß (Dambach, Hagenau, Hattmatt, Ingenheim, Kolmar, Molsheim, Ottweiler, Pfaffenhofen, Prinzheim, Schlettstadt, Steinbach und Straßburg) und der Schweiz (Bern, Unterwalden, Zürich) rekrutiert, Einzelne kamen auch aus Augsburg, Bietigheim, Horb, Lindenfels, Speyer und Wimpfen.

732 Urk. von 1461 Juli 11, BATTENBERG, Lichtenberger Urk. (wie Anm. 682), Nr. 3810; Druck: Ders., Fehde (wie Anm. 49), S. 149f., Nr. 35.

733 Urk. von 1463 Juni 8, BATTENBERG, Lichtenberger Urk. (wie Anm. 682), Nr. 3934–3939, 3941–3949; davon teilweise gedr. die Nr. 3935 und 3936 bei: Ders., Fehde (wie Anm. 49), S. 152ff., Nr. 38 und 40 (die übrigen: Nr. 36, 39, 41–49). Urk. Nr. 3934 ist wohl versehentlich auf den 4. Juni datiert.

734 § 8 der Rachtung (BATTENBERG, Fehde [wie Anm. 49], Nr. 38) und Erklärung gleichen Datums (ebd., Nr. 40).

735 Schreiben Jofrieds an Ludwig von 1463 August 22, BATTENBERG, Lichtenberger Urk. (wie Anm. 682), Nr. 3963; Druck: Ders., Fehde (wie Anm. 49), S. 158, Nr. 53.

736 Siehe die 1463 darüber entstandenen Urk. bei BATTENBERG, Lichtenberger Urk. (wie Anm. 682), Nr. 3961–3963 und 4021; Drucke der letztgenannten: Ders., Fehde (wie Anm. 49), S. 158f., Nr. 53f. (die beiden ersten auch ebd., S. 157, Nr. 51f.).

737 Urk. von 1463 November 28, Nachweise wie Anm. 736.

738 Urk. von 1463 Juni 8, BATTENBERG, Lichtenberger Urk. (wie Anm. 682), Nr. 3940; Druck: BATTENBERG, Fehde (wie Anm. 49), S. 150ff., Nr. 37.

739 Zu diesen die Jahre 1461 bis 1466 ausfüllenden Auseinandersetzungen, nach denen Ludwig seinem Bruder Regierungsunfähigkeit und Verschwendung des Familienvermögens, vor allem zugunsten seiner mitregierenden „Mätresse" Barbel von Uttenheim, vorwarf, und in deren Verlauf es im Mai 1462 zur Eroberung der Burg Buchsweiler, der Residenz Jakobs, durch Ludwig gekommen war, s. LEHMANN, Urkundliche Geschichte (wie Anm. 685), S. 258ff., 372ff.; s. auch BATTENBERG, Lichtenberger Urk. (wie Anm. 682), Nr. 3809, 3822, 3828, 3830–3832, 3835, 3837f., 3841, 3843–3864, 3866f., 3869–3888, 3891–3898, 3900–3904, 3907–3914, 3917–3919, 3923–3928, 3931, 3956, 3974–3988, 4006–4010, 4012–4017, 4019f., 4022f. 4025–4028, 4030–4033, 4045f., 4049, 4051–4059, 4061, 4063f. 4066, 4070–4076, 4078–4080, 4094, 4101–4103, 4121, 4123, 4127f., 4130f., 4134, 4137 (Schiedsspruch Kurfürst Friedrichs von der Pfalz von 1466 März 15).

740 Urk. von 1463 Mai 15, BATTENBERG, Lichtenberger Urk. (wie Anm. 682), Nr. 3931.

741 Siehe den Bericht Ludwigs an die Stadt Straßburg vom 9. Oktober 1463, wonach Nachrichten über Truppenbewegungen König Ludwigs XI. und Werbungen zugunsten von Jakobs Verbündeten bekannt wurden, BATTENBERG, Lichtenberger Urk. (wie Anm. 682), Nr. 4006.

742 Siehe hierzu zuletzt: DIETER BROSIUS, Zum Mainzer Bistumsstreit 1459–1463, in: Archiv für Hess. Geschichte, NF Bd. 33, 1975, S. 111–136.

743 Zur „Verpachtung" des Gerichts an Ulrich s. W. D. RÄBIGER, Art.

„Kammergericht, königliches“, in: Handwörterbuch zur deutschen Rechtsgeschichte, Bd. 2, Berlin 1978, Sp. 576–580, hier: Sp. 578; LECHNER, Reichshofgericht (wie Anm. 28), S. 109f.

744 Es wurde allerdings ein Fiskalprozeß in Gang gebracht, auf den eine „privat“ vorgetragene Klage keinen Einfluß hatte. Dennoch wird man von einer Klage sprechen können, da anzunehmen ist, daß die Initiative zur Wiederaufnahme des alten Kammergerichtsprozesses um den lichtenbergischen Überfall auf offener Reichsstraße von Graf Jofried ausgegangen ist.

745 Urk. von 1464 Oktober 1, BATTENBERG, Lichtenberger Urk. (wie Anm. 682), Nr. 4068; Druck: Ders., Fehde (wie Anm. 49), S. 160, Nr. 55.

746 Urk. von 1464 Oktober 8, BATTENBERG, Lichtenberger Urk. (wie Anm. 682), Nr. 4069; Druck: Ders., Fehde (wie Anm. 49), S. 161, Nr. 56.

747 Hierzu s. SCHMIDT, Echte Not (wie Anm. 293); KULESSA, Ladungsungehorsam (wie Anm. 293), S. 57ff.

748 Urk. von 1465 Januar 21, BATTENBERG, Lichtenberger Urk. (wie Anm. 682), Nr. 4088; Druck: Ders., Fehde (wie Anm. 49), S. 161f., Nr. 57.

749 BATTENBERG, Lichtenberger Urk. (wie Anm. 682), Nr. 4089; Druck: Ders., Fehde (wie Anm. 49), S. 162ff., Nr. 58.

750 Genauere Schilderung des *Menczischen kriegs* in dem Bericht eines Lichtenberger Rats von [1465 vor April 4], BATTENBERG, Fehde (wie Anm. 49), S. 164ff., Nr. 59, hier: S. 166. Die Hilfeleistung ist nachweisbar über einen Schuldbrief Erzbischof Adolfs über 1000 Gulden, in dem er als Sicherheit dem Ludwig von Lichtenberg eine Monstranz verpfändet, Staatsarchiv Darmstadt, Archivrepertorium Strecker zum Urkundenbestand Rheinhessen, Stadt Mainz, zu Datum (Orig. verloren).

751 Nachweise s. Anm. 748. Er hat möglicherweise als Vorlage für eine Instruktion eines Lichtenberger Prokurators am kaiserlichen Hof zur Wahrnehmung der lichtenbergischen Rechte gedient. Er muß vor dem am 4. April 1465 ergangenen Urteil entstanden sein, da er dieses nicht mehr erwähnt, ansonsten aber alle vorherigen Prozeßstadien genauestens aufzählt.

752 Zu Dr. Johannes Roth, der dem 1462 beim Aufstand der Wiener gegen Kaiser Friedrich ermordeten Ulrich Riederer im Amt eines Protonotars der kaiserlichen Kanzlei folgte, s. MORAW, Gelehrte Juristen (wie Anm. 519), S. 126.

753 Urk. von 1465 April 4, BATTENBERG, Lichtenberger Urk. (wie Anm. 682), Nr. 4099; ebenso: Ders., Fehde (wie Anm. 49), S. 167f., Nr. 60.

754 Urk. von 1465 April 4, Nachweise wie Anm. 753, Zeile 40 der Amorbacher Ausf.

755 Zu beiden s. MORAW, Gelehrte Juristen (wie Anm. 219), S. 137 und 134f.

756 So MORAW, Gelehrte Juristen (wie Anm. 219), S. 133. Er taucht sonst auch mit dem Titel eines „Meisters“ auf.

757 Die Grafen Rudolf von Sulz, Sigmund von Lupfen, Hug von Werdenberg, Johann von Mülinen und Eberhard von Mülinen sowie die Freiherren Hans von Rohrbach zu Neuburg und Philipp von Weinsberg.

[758] Genannt sind die Krainer Hauptmann Sigmund Sebriacher (aus Semriach), der schwäbische Landvogt Hans Truchseß von Waldburg, Adam von Stubenberg, der österreichische Hofmarschall Georg Fuchs, der Kärntner Erbkämmerer Andreas Greisenecker, Reichard Kärgl, der Kärntner Verweser Sigmund Kreutzer und Dietrich von Giech.

[759] Urk. von 1465 Juni 11, BATTENBERG, Lichtenberger Urk. (wie Anm. 682), Nr. 4105; Druck: Ders., Fehde (wie Anm. 49), S. 168f., Nr. 61.

[760] Urk. von 1465 Juni 11, BATTENBERG, Lichtenberger Urk. (wie Anm. 682), Nr. 4106; Druck: Ders., Fehde (wie Anm. 49), S. 169f., Nr. 62.

[761] Urk. von 1465 Oktober 5, BATTENBERG, Lichtenbergerr Urk. (wie Anm. 682), Nr. 4112–4116. Alle auch bei: Ders., Fehde (wie Anm. 49), S. 170, Nr. 63–67.

[762] Urk. von 1465 Oktober 14, BATTENBERG, Fehde (wie Anm. 49), S. 171, Nr. 68.

[763] Schreiben von 1466 Mai 16, BATTENBERG, Lichtenberger Urk. (wie Anm. 682), Nr. 4144; Druck: Ders., Fehde (wie Anm. 49), S. 172ff., Nr. 71.

[764] Urk. von 1466 Mai 16, BATTENBERG, Lichtenberger Urk. (wie Anm. 682), Nr. 4145; Druck: Ders., Fehde (wie Anm. 49), S. 174f., Nr. 72.

[765] Urk. von 1466 August 14, BATTENBERG, Lichtenberger Urk. (wie Anm. 682), Nr. 4151; auch bei: Ders., Fehde (wie Anm. 49), S. 176, Nr. 73.

[766] Urk. von 1467 Juni 14, LEHMANN, Urkundliche Geschichte 1 (wie Anm. 689), S. 336, Nr. 871 (Urk. verloren).

[767] Urk. von 1468 Januar 9, BATTENBERG, Lichtenberger Urk. (wie Anm. 682), Nr. 4194; desgl. auch: Ders., Fehde (wie Anm. 49), S. 176, Nr. 75. Urk. von 1468 März 3, LEHMANN, Urkundl. Geschichte 1 (wie Anm. 689), S. 336f. (verloren; nach Lehmann hatte dieses Mandat den gleichen Inhalt wie das vom Januar).

[768] Vgl. BATTENBERG, Reichsacht und Anleite (wie Anm. 4), S. 291ff.

[769] Kammergerichtsladung von 1465 August 22, BATTENBERG, Lichtenberger Urk. (wie Anm. 682), Nr. 4109. Allerdings ließ Jakob diese Klage bald wieder fallen, da *des rehten in der sachen [...] zu vollefüren nit not ist*, da der Bruderzwist inzwischen zur schiedsrichterlichen Entscheidung dem Kurfürsten von der Pfalz übertragen worden sei (Urk. von 1466 Februar 22, ebd., Nr. 4134). Dieser wurde am 15. März dieses Jahres von Kurfürst Friedrich in Heidelberg verkündet (ebd., Nr. 4137).

[770] LEHMANN, Urkundliche Geschichte 1 (wie Anm. 689), S. 337.

[771] Zur Heiratspolitik des Hochadels im Spätmittelalter, die nach genauen Regeln ablief, s. jetzt: KARL-HEINZ SPIESS, Familie und Verwandtschaft im deutschen Hochadel des Spätmittelalters. 13. bis Anfang des 16. Jahrhunderts (= Vierteljahresschrift für Sozial- und Wirtschaftsgeschichte, Beihefte, Nr. 111), Stuttgart 1993, insb. S. 532ff.

[772] Siehe die zusammenfassenden Bemerkungen bei: BATTENBERG, Lichtenberger Urk. (wie Anm. 682), Einleitung; ders., Herrschaft Hanau-Lichtenberg (wie Anm. 679).

[773] SPIESS, Familie und Verwandtschaft (wie Anm. 769), S. 249ff.

[774] Siehe hierzu insb.: ELSBET ORTH, Die Fehden der Reichsstadt Frankfurt am Main im Spätmittelalter. Fehderecht und Fehdepraxis im 14. und 15. Jahrhundert (= Frankfurter Historische Abhandlungen, Bd. 6), Wiesbaden 1973, S. 27 ff., insb. 54 ff. und 63 ff.

[775] ORTH, Die Fehden (wie Anm. 774), S. 9 ff.

[776] ORTH, Die Fehden (wie Anm. 774), S. 92 ff.

[777] Zu Antonius Bartholomei s. KNOLLE, Studien (wie Anm. 713), S. 65–74; ERICH FORSTREITER, Die deutsche Reichskanzlei und deren Nebenkanzleien Kaiser Siegmund's von Luxemburg, Diss. (masch.) Wien 1924, S. 39 f., 126 f., 139; MORAW, Gelehrte Juristen (wie Anm. 519), S. 108, 113.

[778] Siehe dazu zuletzt: GERHARD BAAKEN, Ius Imperii ad regnum. Königreich Sizilien, Imperium Romanum und Römisches Papsttum vom Tode Kaiser Heinrichs VI. bis zu den Verzichterklärungen Rudolfs von Habsburg (= Forschungen zur Kaiser- und Papstgeschichte des Mittelalters, Bd. 11), Köln/Weimar/Wien 1993, S. 325, 331.

[779] Zur Landfriedenspolitik Rudolfs s. GERLICH, Landfriedenspolitik (wie Anm. 259), insb. S. 80 ff.; ANGERMEIER, Königtum und Landfriede (wie Anm. 502), S. 57 ff.

[780] Siehe BATTENBERG, Fälschung und königliches Hofgericht (wie Anm. 93), insb. S. 603 ff.

[781] Siehe zu ihm zuletzt: PAUL-JOACHIM HEINIG, Friedrich III. (1440–1493), Hof, Regierung und Politik, Habil.-Schrift (masch.,) Gießen 1993.

[782] Siehe ANGERMEIER, Königtum und Landfriede (wie Anm. 502), S. 488 ff.

[783] Siehe hierzu: Battenberg, Gerichtsstandsprivilegien (wie Anm. 125), S. 1 ff., 17 ff.

[784] HEINRICH KOLLER, Zur Bedeutung der eigenhändigen Briefe Kaiser Friedrichs III., in: Battenberg/Ranieri, Geschichte der Zentraljustiz (wie Anm. 74), S. 119–129, hier: insb. S. 129.

[785] Vgl. BATTENBERG, Hofgerichtsordnung (wie Anm. 71), S. 25 f., 54 ff.

[786] BATTENBERG, Hofgerichtsordnung (wie Anm. 71), S. 25f.; TRUSEN, Anfänge (wie Anm. 28), S. 203f. Man wird deshalb auch der Wertung von REINLE, Zur Gerichtspraxis (wie Anm. 47), S. 317f., nicht zustimmen können, wonach das Kammergericht zum wichtigsten Herrschaftsinstrument des Habsburgers wurde.

[787] TRUSEN, Anfänge (wie Anm. 28), S. 192.

[788] SCHUBERT, König und Reich (wie Anm. 90), S. 145 f.

[789] POETSCH, Reichsacht (wie Anm. 245), S. 176 ff.

[790] Vgl. BATTENBERG, Wege zu mehr Rationalität (wie Anm. 6), insb. S. 360 f.

[791] Siehe die Nachweise bei: BATTENBERG, Reichsacht und Anleite (wie Anm. 4), S. 458 ff.

[792] So im Prozeß gegen die Stadt Besançon, Urk. von 1425 Juli 26 (wie Anm. 85), RI 11, Nr. 6357.

[793] So nach der Urk. im Prozeß des Reinhard Fuchs gegen die Stadt Metz von 1431 April 17, BATTENBERG, Folgeprozeß (wie Anm. 99), S. 161 ff., Nr. 17.

[794] So DIESTELKAMP, Der Vorwurf des Ritualmordes (wie Anm. 172), S. 32 ff.

795 Nachweise bei: BATTENBERG, Fälschung (wie Anm. 93), S. 594. Dieser Beleg ist in URH 3 (wie Anm. 41) nicht enthalten.

796 URH 3 (wie Anm. 41), Nr. 26 und 28.

797 Battenberg, Fälschung (wie Anm. 93), S. 599 ff.

798 Siehe SCHUBERT, König und Reich (wie Anm. 90), S. 312 ff.

799 Siehe hierzu BATTENBERG, Hofgerichtsbriefe (wie Anm. 539).

800 Siehe dazu die Arbeiten von MORAW, Kanzlei (wie Anm. 519); ders., Beamtentum (wie Anm. 522); ders., Gelehrte Juristen (wie Anm. 519), S. 103 ff.; SCHUBERT, Probleme der Königsherrschaft (wie Anm. 525).

801 Siehe BATTENBERG, Die königlichen Hofrichter (wie Anm. 86).

802 Siehe das Schreiben des Hofschreibers Johannes Kirchen vom Januar 1406 an die herzoglich-braunschweigische Kanzlei, BATTENBERG, Gerichtsschreiberamt (wie Anm. 63), S. 140 f.

803 Insofern trifft die Beobachtung Lechners zu, daß das Kammergerichtsverfahren dem Vorbild des Hofgerichtsverfahrens gefolgt sei, s. LECHNER, Reichshofgericht (wie Anm. 28), S. 102 f.

804 LECHNER, Reichshofgericht (wie Anm. 28), S. 50 ff.

805 FRANKLIN, Reichshofgericht 1 (wie Anm. 109), S. 11 ff., in chronologischer Reihung für die Zeit der Könige Heinrich I. bis Lothar, Konrad III. bis zum Ende des Interregnums (S. 50 ff.), Rudolf von Habsburg bis Ludwig der Bayer (S. 132 ff.), Karl IV. bis Sigmund (S. 197 ff.) und Albrecht II. bis Friedrich III. (318 ff.).

806 FRANKLIN 1 (wie Anm. 109), S. 4.

807 Zu den methodischen Problemen einer „nationalen" Geschichtsschreibung für die Geschichte des Hofgerichts s. BATTENBERG, Reichsacht und Anleite (wie Anm. 4), S. 7 ff.

808 URH 1 (wie Anm. 14), Nr. 6.

809 URH 1 (wie Anm. 14), Nr. 16.

810 URH 1 (wie Anm. 14), Nr. 124.

811 Man wird allerdings davon ausgehen können, daß zahlreiche minderwichtige Konfliktfälle in der schriftlosen älteren Zeit vom König und seinem Gericht vornehmlich mündlich entschieden wurden. Kostenaufwendige Königsurkunden, die einen durch Urteil erlangten Rechtstitel verkörperten, konnten sich nur diejenigen Intervenienten leisten, denen ausreichende Herrschaftsressourcen zur Verfügung standen und die mit Hilfe des erlangten Titels hoffen konnten, eine Erweiterung und Stabilisierung ihrer Herrschaft zu erreichen.

812 Siehe die Liste in BATTENBERG, Hofgerichtssiegel (wie Anm. 46), S. 209 ff. Die hier mitgeteilte Liste konnte inzwischen durch gründliche Archivrecherchen wesentlich erweitert werden; Nachweise können vorläufig nur über die im Institut für Rechtsgeschichte an der Universität Frankfurt am Main verfügbare Kartei des Projekts Gerichtsbarkeit geführt werden. Hinzugezählt werden müssen für die Zeit der Könige Sigmund und Friedrich III. die 576 Vermerke über die unter Hofgerichtssiegel ausgefertigten Achtbriefe, von denen nur ein geringer Teil original oder abschriftlich überliefert ist, s. BAT-

TENBERG, Das Achtbuch (wie Anm. 583), S. 29ff. Da zu jedem Achtbrief in der Regel Einzel- und Generalmandate („Gebotsbriefe") ausgefertigt wurden, dürfte die tatsächliche Produktion von Urkunden unter Hofgerichtssiegel sehr viel höher gewesen sein.

813 Für die Zeit Ludwigs des Bayern konnte festgestellt werden, daß den 97 Hofgerichtsbriefen 367 Gerichtsurkunden der allgemeinen königlichen Hofkanzlei oder der Kommissare gegenüberstanden (BATTENBERG, Einleitung, in: URH 5 [wie Anm. 110], S. XXf.). Den bisher ermittelten 431 Hofgerichtsbriefen der Zeit Karls IV. (BATTENBERG, Hofgerichtsbriefe [wie Anm. 539], Anhang) standen nach Einschätzung des bisher in URH 6 und URH 7 publizierten Quellenmaterials ([wie Anm. 110 und 306] jeweils Einleitung: Für den Zeitraum zwischen 1355 und 1359 ist das Verhältnis 68 : 278) ebenfalls die vierfache Menge an Gerichtsbriefen der Hofkanzlei oder der Kommissare gegenüber.

814 Eine statistisch-quantitative Auswertung der hofgerichtlichen Prozesse auf Streitgegenstände hin steht bislang aus. Einzelne Informationen wurden in einer Typologie der Hofgerichtsbriefe zusammengestellt, s. BATTENBERG, Hofgerichtssiegel (wie Anm. 46), S. 142ff. Hinsichtlich der vor dem Königlichen Kammergericht in der zweiten Hälfte des 15. Jahrhunderts verhandelten Konflikte finden sich Informationen bei: HEINRICH MILBRADT, Die Parteien in ihren Prozessen vor König und königlichem Kammergericht in der zweiten Hälfte des 15. Jahrhunderts, Diss. (masch.) Mainz 1979.

815 FRIEDRICH BATTENBERG, Der Reichshofgerichtsprozeß um den Dottenfelder Hof bei Bad Vilbel (1434–1438), in: Archiv für Hess. Geschichte NF, Bd. 33, 1975, S. 87–110.

816 FRIEDRICH BATTENBERG, Reichskämmerer Konrad von Weinsberg und die Falkensteiner Erbschaft. Die Prozesse am Reichshofgericht, am Hofgericht Rottweil und am königlichen Kammergericht 1420–1447, in: Archiv für Hess. Gesch. NF, Bd. 35, 1977, S. 99–176.

817 FRIEDRICH BATTENBERG, Der Streit um die Reichslehen des Rudolf von Sachsenhausen. Ein Lehnsgerichtsprozeß des Hofschreibers Peter Wacker von Sinsheim vor König Sigmund, in: Ders., Beiträge (wie Anm. 71), S. 245–308.

818 WILHELM ALTMANN (Hrsg.), Eberhard Windecke: Denkwürdigkeiten zur Geschichte des Zeitalters Kaiser Sigmunds, Berlin 1893, S. 195, Nr. 231.

819 Siehe die Nachweise bei BATTENBERG, Die königlichen Hofrichter (wie Anm. 86), bes. Anm. 65.

820 Siehe hierzu i. e. FRIEDRICH BATTENBERG, Des Kaisers Kammerknechte. Gedanken zur rechtlich-sozialen Situation der Juden in Spätmittelalter und Früher Neuzeit, in: Hist. Zeitschr., Bd. 245, 1987, S. 545–599, hier: S. 551ff.

821 Siehe den Vergleich von 1338 Juli 13, URH 5 (wie Anm. 110), Nr. 313. Später wiederholte sich diese Konstellation wieder, auch wenn die Stadt Mainz inzwischen die Partei gewechselt hatte. Ein Frieden kam auch jetzt zwischen den Erzbischöfen Heinrich von Virneburg und Balduin von Trier zustande (Urk. von 1347 September 12, ebd., Nr. 576).

822 Siehe oben die Definition im Abschnitt: Definition des Politischen Prozesses.

823 Dieser Fall konnte in den hier analysierten Prozessen nicht mehr eigens thematisiert werden. Er klingt aber in der Endphase des Metzer Zunftfolgeprozesses an, indem Kaiser Friedrich III. trotz an sich abgeschlossener Prozesse über Überprüfungen verfügte.

824 LUHMANN, Legitimation durch Verfahren (wie Anm. 12), S. 21.

825 So hinsichtlich des Gemeinen Prozesses: GEORG WILHELM WETZELL, System des ordentlichen Zivilprozesses, Leipzig 1878, 3. Aufl. (= Aalen 1969), S. 36.

REGISTER

Namen (Personen und Orte)

Sachen

Vorbemerkung: Nicht aufgenommen sind diejenigen Begriffe, die so häufig vorkommen, daß sie über ein Register kaum sinnvoll erfaßt werden können. Es sind dies Begriffe wie „Acht“, „Gericht“, „Herrschaft“, „Hofgericht“, „Kaiser“, „König“, „Königliches Hofgericht“, „Königliches Kammergericht“, „Legitimation“, „Politischer Prozeß“, „Prozeß“, „Reichshofgericht“ und „Verfahren“, sofern sie nicht im betreffenden Text definiert oder ausführlicher beschrieben werden. Begriffe, die einer Orts- oder Personenbezeichnung zugeordnet werden konnten, tauchen in der Regel eher im Namenregister auf (z. B. Mainzer Landfrieden unter „Mainz, Landfrieden von 1235“). Die Stichworte der folgenden Liste kommen als solche nicht unbedingt im Text vor, sondern können auch in synonymen Bezeichnungen oder Umschreibungen genannt sein. Bei ähnlichen oder zusammengehörenden Stichworten werden die Querverbindungen durch Verweise kenntlich gemacht.

ABBILDUNGSVERZEICHNIS

Die Abbildungen sind mit freundlicher Genehmigung des Böhlau Verlags dem Werk Friedrich Battenberg, Das Hofgerichtssiegel der deutschen Kaiser und Könige 1235–1451, Köln/Wien 1979, entnommen.